합격까지 박문각
합격 노하우가 다르다!

류호진 **노동법
핵심주제 및 사례연습**

2차 | 기본서

류호진 편저

브랜드만족
1위
박문각

근거자료
후면표기

제1판

박문각

박문각 공인노무사

박문각에서 공인노무사 2차 노동법 강의를 시작하고 수험생들에게 필요한 강의와 교재에 대한 고민이 많았습니다. 2차 노동법 시험은 사례에서 물어보고 있는 주제가 무엇인지를 찾고 해당 주제를 사례와 접목하여 사안의 해결을 작성하는 것이 주요한 Point입니다. 공부하면서 가장 중요한 것은 연습이며 그 연습은 실전을 방불케 하는 연습만이 합격하는 길입니다. 이번 **노동법 핵심주제 및 사례연습**을 펴낸 이유도 노동법의 이해를 기준으로 핵심 주제의 내용을 사례에 접목하는 연습을 반복적이고 체계적으로 하기 위한 방안입니다.

제가 제일 싫어하는 말이 '즐기면서 하라, 즐기는 자를 이길 수 없다.'라는 말입니다. 공부를 즐길 수 없습니다. 끊임없이 고통 속에서 반복적으로 이해하고 암기하고 답안지에 현출하는 작업이 필수적입니다. '쉬면 안 된다', '아파서도 안 된다', '공부만 하면 된다'등 저는 항상 수업시간에도 말씀 드립니다. 즐기는 사람은 없습니다. 힘든 과정을 버티는 것이며 누가 마지막까지 버티느냐의 싸움입니다. 공인노무사 시험도 이제 버티는 사람이 최종적으로 합격을 하는 시험이 되고 있습니다.

이번 교재가 무엇을 하면서 버텨야 하는지를 알려주고 이 교재를 활용하여 GS-2, 3기를 거쳐 실제 2차 시험에서 노동법 점수가 60점을 넘을 수 있도록 하는 디딤돌이 되었으면 하는 바람입니다. 이해된 노동법의 핵심 주제들을 사례에 접목하는 사고를 확립시킬 수 있는 최고의 연습교재로 활용되길 바랍니다.

이번 출판과 관련하여 박문각 학원 관계자님들의 도움과 출판에 노력을 주신 박문각출판 부서 관계자님들에게 감사를 드리며 교재를 만들 수 있도록 도와준 노무법인 정율 노무사님들과 직원분들에게 감사 인사를 드립니다. 항상 강의와 교재에 대한 피드백을 주시는 노무법인 정율 용희정 이사님께 이번 교재의 검수 및 검토를 도와주신 부분에 대하여 깊은 감사를 표합니다.

류호진 올림

CONTENTS
이 책의 차례

PREFACE

CONTENTS
이 책의 차례

CONTENTS
이 책의 차례

PREFACE

CONTENTS
이 책의 차례

개별적 근로관계
핵심주제

01 | 유리조건 우선의 원칙

제1절 법원의 의의

노동법의 법원이란 노동법상 분쟁을 해결하기 위하여 법관이 기준으로 삼아야 할 규율 근거의 존재형식을 말한다.

> **제97조(위반의 효력)**
> 취업규칙에서 정한 기준에 미달하는 근로조건을 정한 근로계약은 그 부분에 관하여는 무효로 한다. 이 경우 무효로 된 부분은 취업규칙에 정한 기준에 따른다.

제2절 법원 상호간의 충돌

1 상위법 우선의 원칙

(1) 원칙

노동법의 여러 가지 법원은 헌법을 최상순위로 하여 법률 또는 조약, 명령, 단체협약, 취업규칙과 조합규약, 근로계약의 순으로 적용된다.

(2) 예외(유리조건 우선의 원칙)

하위규범인 취업규칙, 근로계약이 근로기준법보다 유리하면 해당 규범이 적용되는바 유리조건 우선의 원칙을 말한다. 다만 노조법 제33조에서 유리한 단체협약임에도 노조법 위반의 경우 강행성으로 무효라고 규정하고 있어 노동법이 유리조건 우선의 원칙을 적용하고 있다고 판단할 수 없다.

(3) 취업규칙과 근로계약의 경합

① 유리조건 우선의 원칙 적용

판례는 근로기준법 제97조는 "취업규칙에서 정한 기준에 미달하는 근로조건을 정한 근로계약은 그 부분에 관하여는 무효로 한다. 이 경우 무효로 된 부분은 취업규칙에 정한 기준에 따른다."라고 정하고 있다. 위 규정은, 근로계약에서 정한 근로조건이 취업규칙에서 정한 기준에 미달하는 경우 취업규칙에 최저기준으로서의 강행적·보충적 효력을 부여하여 근로계약 중 취업규칙에 미달하는 부분을 무효로 하고, 이 부분을 취업규칙에서 정한 기준에 따르게 함으로써, 개별적 노사 간의 합의라는 형식을 빌려 근로자로 하여금 취업규칙이 정한 기준에 미달하는 근로조건을 감수하도록 하는 것을 막아 종속적 지위에 있는 근로자를 보호하기 위한 규정이다. 이러한 규정 내용과 입법취지를 고려하여 근로기준법 제97조를 반대해석하면, 취업규칙에서 정한 기준보다 유리한 근로조건을 정한 개별 근로계약 부분은 유효하고 취업규칙에서 정한 기준에 우선하여 적용된다.

② 취업규칙 집단동의 절차를 거친 불이익 변경의 효력

한편 근로기준법 제94조는 "사용자는 취업규칙의 작성 또는 변경에 관하여 해당 사업 또는 사업장에 근로자의 과반수로 조직된 노동조합이 있는 경우에는 노동조합, 근로자의 과반수로 조직된 노동조합이 없는 경우에는 근로자의 과반수의 의견을 들어야 한다. 다만, 취업규칙을 근로자에게 불리하게 변경하는 경우에는 그 동의를 받아야 한다."라고 정하고 있다. 위 규정은 사용자가 일방적으로 정하는 취업규칙을 근로자에게 불리하게 변경하려고 할 경우 근로자를 보호하기 위하여 위와 같은 집단적 동의를 받을 것을 요건으로 정한 것이다. 그리고 근로기준법 제4조는 "근로조건은 근로자와 사용자가 동등한 지위에서 자유의사에 따라 결정하여야 한다."라고 정하고 있다. 위 규정은 사용자가 일방적으로 근로조건을 결정하여서는 아니 되고, 근로조건은 근로관계당사자 사이에서 자유로운 합의에 따라 정해져야 하는 사항임을 분명히 함으로써 근로자를 보호하고자 하는 것이 주된 취지이다. 이러한 각 규정 내용과 그 취지를 고려하면, 근로기준법 제94조가 정하는 집단적 동의는 취업규칙의 유효한 변경을 위한 요건에 불과하므로, 취업규칙이 집단적 동의를 받아 근로자에게 불리하게 변경된 경우에도 근로기준법 제4조가 정하는 근로조건 자유결정의 원칙은 여전히 지켜져야 한다.

③ 근로자의 개별적 동의

따라서 근로자에게 불리한 내용으로 변경된 취업규칙은 집단적 동의를 받았다고 하더라도 그보다 유리한 근로조건을 정한 기존의 개별 근로계약 부분에 우선하는 효력을 갖는다고 할 수 없다. 이 경우에도 근로계약의 내용은 유효하게 존속하고, 변경된 취업규칙의 기준에 의하여 유리한 근로계약의 내용을 변경할 수 없으며, 근로자의 개별적 동의가 없는 한 취업규칙보다 유리한 근로계약의 내용이 우선하여 적용된다는 입장이다.

(4) 개별 근로계약에서 근로조건에 관하여 구체적으로 정하지 않고 있는 경우

① 유리조건 우선의 원칙

판례는 근로자에게 불리한 내용으로 변경된 취업규칙은 집단적 동의를 받았다고 하더라도 그보다 유리한 근로조건을 정한 기존의 개별 근로계약 부분에 우선하는 효력을 갖는다고 할 수 없다. 이 경우에도 근로계약의 내용은 유효하게 존속하고, 변경된 취업규칙의 기준에 의하여 유리한 근로계약의 내용을 변경할 수 없으며, 근로자의 개별적 동의가 없는 한 취업규칙보다 유리한 근로계약의 내용이 우선하여 적용된다는 입장이다.

② 취업규칙의 적용

그러나 근로기준법 제4조, 제94조 및 제97조의 규정 내용과 입법 취지를 고려할 때, 위와 같은 법리는 근로자와 사용자가 취업규칙에서 정한 기준을 상회하는 근로조건을 개별 근로계약에서 따로 정한 경우에 한하여 적용될 수 있는 것이고, 개별 근로계약에서 근로조건에 관하여 구체적으로 정하지 않고 있는 경우에는 취업규칙 등에서 정하는 근로조건이 근로자에게 적용된다고 보아야 한다.

2 동일한 법원 간의 경합

(1) 신법 우선의 원칙

동위(同位)의 법이라도 최근에 제정된 법은 그 이전에 제정된 법에 우선하여 적용한다는 원칙을 신법 우선의 원칙 또는 질서의 원칙이라고 말한다.

(2) 특별법 우선의 원칙

특별법은 일반법에 비하여 우선적으로 적용되는 법이다.

제 3 절 단체협약과 취업규칙의 경합

1 법규정

노조법 제33조(기준의 효력)
① 단체협약에 정한 근로조건 기타 근로자의 대우에 관한 기준에 위반하는 취업규칙 또는 근로계약의 부분은 무효로 한다.
② 근로계약에 규정되지 아니한 사항 또는 제1항의 규정에 의하여 무효로 된 부분은 단체협약에 정한 기준에 의한다.

근로기준법 제97조(위반의 효력)
취업규칙에서 정한 기준에 미달하는 근로조건을 정한 근로계약은 그 부분에 관하여는 무효로 한다. 이 경우 무효로 된 부분은 취업규칙에 정한 기준에 따른다.

2 판례의 태도

판례는 협약자치의 원칙상 노동조합은 사용자와 사이에 근로조건을 유리하게 변경하는 내용의 단체협약뿐만 아니라 근로조건을 불리하게 변경하는 내용의 단체협약도 체결할 수 있으므로, 근로조건을 불리하게 변경하는 내용의 단체협약이 현저히 합리성을 결하여 노동조합의 목적을 벗어난 것으로 볼 수 있는 것과 같은 특별한 사정이 없는 한 그러한 노사 간의 합의를 무효라고 볼 수는 없고(대법원 1999.11.23. 선고 99다7572 판결, 2000.9.29. 선고 99다67536 판결 등 참조), 한편 위와 같은 단체협약의 개정 경위와 그 취지에 비추어 볼 때, 단체협약의 개정에도 불구하고 종전의 단체협약과 동일한 내용의 취업규칙이 그대로 적용된다면 단체협약의 개정은 그 목적을 달성할 수 없으므로 개정된 단체협약에는 당연히 취업규칙상의 유리한 조건의 적용을 배제하고 개정된 단체협약이 우선적으로 적용된다는 내용의 합의가 포함된 것이라고 봄이 당사자의 의사에 합치한다고 할 것이고, 따라서 개정된 후의 단체협약에 의하여 취업규칙상의 면직기준에 관한 규정의 적용은 배제된다고 보아야 한다는 입장이다.

Q A회사와 근로자 甲은 2014.3.경 기본연봉을 70,900,000원으로 정한 연봉계약을 체결하였다. A회사는 2014.6.25. 과반수 노동조합의 동의를 받아 취업규칙에 해당하는 임금피크제 운용세칙을 적법하게 제정, 공고하였다. 이러한 임금피크제 운용세칙은 甲의 연봉계약에서 정한 연봉보다 불이익한 내용을 정하고 있었다.

A회사가 2014.9.23. 취업규칙에 따라 임금피크제 적용으로 감액된 임금내역을 통지하자, 甲은 A회사에게 임금피크제의 적용에 동의하지 아니한다는 의사를 표시하였다. 甲은 종전 업무를 그대로 수행하다가 2016.6.30.자로 정년퇴직하였다.

A회사가 기본연봉을 정한 근로계약을 체결한 甲의 동의 없이 과반수 노동조합의 동의를 얻어 개정된 취업규칙에 따라 임금피크제를 甲에게 적용할 수 있는지 논하시오. 25점

Ⅰ. 문제의 소재

A회사가 甲의 동의 없이 개정된 취업규칙에 따른 임금피크제를 적용할 수 있는지 여부와 관련하여, ① 甲에게 불리한 취업규칙이 근로기준법 제94조 제1항에 따라 적법하게 변경된다면 甲의 근로계약의 내용도 변경되는지, ② 甲의 근로계약 내용이 취업규칙의 기준보다 유리한 경우로 근로기준법 제97조의 반대해석상 이른바 유리조건 우선의 원칙이 적용될 수 있는지 문제된다.

Ⅱ. 법원 상호간의 충돌 : 판례의 태도

1. 상위법 우선의 원칙

(1) 원칙

노동법의 여러 가지 법원은 헌법을 최상순위로 하여 법률 또는 조약, 명령, 단체협약, 취업규칙과 조합규약, 근로계약의 순으로 적용된다.

(2) 예외(유리조건 우선의 원칙)

하위규범인 취업규칙, 근로계약이 근로기준법보다 유리하면 해당 규범이 적용되는바 유리조건 우선의 원칙을 말한다. 다만 노조법 제33조에서 유리한 단체협약임에도 노조법 위반의 경우 강행성으로 무효라고 규정하고 있어 노동법이 유리조건 우선의 원칙을 적용하고 있다고 판단할 수 없다.

(3) 취업규칙과 근로계약의 경합

① 유리조건 우선의 원칙 적용

판례는 근로기준법 제97조는 "취업규칙에서 정한 기준에 미달하는 근로조건을 정한 근로계약은 그 부분에 관하여는 무효로 한다. 이 경우 무효로 된 부분은 취업규칙에 정한 기준에 따른다."라고 정하고 있다. 위 규정은, 근로계약에서 정한 근로조건이 취업규칙에서 정한 기준에 미달하는 경우 취업규칙에 최저기준으로서의 강행적·보충적 효력을 부여하여 근로계약 중 취업규칙에 미달하는 부분을 무효로 하고, 이 부분을 취업규칙에서 정한 기준

에 따르게 함으로써, 개별적 노사 간의 합의라는 형식을 빌려 근로자로 하여금 취업규칙이 정한 기준에 미달하는 근로조건을 감수하도록 하는 것을 막아 종속적 지위에 있는 근로자를 보호하기 위한 규정이다. 이러한 규정 내용과 입법취지를 고려하여 근로기준법 제97조를 반대해석하면, 취업규칙에서 정한 기준보다 유리한 근로조건을 정한 개별 근로계약 부분은 유효하고 취업규칙에서 정한 기준에 우선하여 적용된다.

② **취업규칙 집단동의 절차를 거친 불이익 변경의 효력**

한편 근로기준법 제94조는 "사용자는 취업규칙의 작성 또는 변경에 관하여 해당 사업 또는 사업장에 근로자의 과반수로 조직된 노동조합이 있는 경우에는 노동조합, 근로자의 과반수로 조직된 노동조합이 없는 경우에는 근로자의 과반수의 의견을 들어야 한다. 다만, 취업규칙을 근로자에게 불리하게 변경하는 경우에는 그 동의를 받아야 한다."라고 정하고 있다. 위 규정은 사용자가 일방적으로 정하는 취업규칙을 근로자에게 불리하게 변경하려고 할 경우 근로자를 보호하기 위하여 위와 같은 집단적 동의를 받을 것을 요건으로 정한 것이다. 그리고 근로기준법 제4조는 "근로조건은 근로자와 사용자가 동등한 지위에서 자유의사에 따라 결정하여야 한다."라고 정하고 있다. 위 규정은 사용자가 일방적으로 근로조건을 결정하여서는 아니 되고, 근로조건은 근로관계당사자 사이에서 자유로운 합의에 따라 정해져야 하는 사항임을 분명히 함으로써 근로자를 보호하고자 하는 것이 주된 취지이다. 이러한 각 규정 내용과 그 취지를 고려하면, 근로기준법 제94조가 정하는 집단적 동의는 취업규칙의 유효한 변경을 위한 요건에 불과하므로, 취업규칙이 집단적 동의를 받아 근로자에게 불리하게 변경된 경우에도 근로기준법 제4조가 정하는 근로조건 자유결정의 원칙은 여전히 지켜져야 한다.

③ **근로자의 개별적 동의**

따라서 근로자에게 불리한 내용으로 변경된 취업규칙은 집단적 동의를 받았다고 하더라도 그보다 유리한 근로조건을 정한 기존의 개별 근로계약 부분에 우선하는 효력을 갖는다고 할 수 없다. 이 경우에도 근로계약의 내용은 유효하게 존속하고, 변경된 취업규칙의 기준에 의하여 유리한 근로계약의 내용을 변경할 수 없으며, 근로자의 개별적 동의가 없는 한 취업규칙보다 유리한 근로계약의 내용이 우선하여 적용된다는 입장이다.

(4) **개별 근로계약에서 근로조건에 관하여 구체적으로 정하지 않고 있는 경우**

① **유리조건 우선의 원칙**

판례는 근로자에게 불리한 내용으로 변경된 취업규칙은 집단적 동의를 받았다고 하더라도 그보다 유리한 근로조건을 정한 기존의 개별 근로계약 부분에 우선하는 효력을 갖는다고 할 수 없다. 이 경우에도 근로계약의 내용은 유효하게 존속하고, 변경된 취업규칙의 기준에 의하여 유리한 근로계약의 내용을 변경할 수 없으며, 근로자의 개별적 동의가 없는 한 취업규칙보다 유리한 근로계약의 내용이 우선하여 적용된다는 입장이다.

② **취업규칙의 적용**

그러나 근로기준법 제4조, 제94조 및 제97조의 규정 내용과 입법 취지를 고려할 때, 위와 같은 법리는 근로자와 사용자가 취업규칙에서 정한 기준을 상회하는 근로조건을 개별 근로계약에서 따로 정한 경우에 한하여 적용될 수 있는 것이고, 개별 근로계약에서 근로조건에 관하여 구체적으로 정하지 않고 있는 경우에는 취업규칙 등에서 정하는 근로조건이 근로자에게 적용된다고 보아야 한다.

2. 관련문제 : 동일한 법원 간의 경합

(1) 신법 우선의 원칙

동위(同位)의 법이라도 최근에 제정된 법은 그 이전에 제정된 법에 우선하여 적용한다는 원칙을 신법 우선의 원칙 또는 질서의 원칙이라고 말한다.

(2) 특별법 우선의 원칙

특별법은 일반법에 비하여 우선적으로 적용되는 법이다.

Ⅲ. 사안의 해결

본 사안은 유리조건 우선의 원칙이 적용되는바 A회사의 취업규칙 변경으로 甲의 근로계약의 내용은 변경되지 않고, 근로계약의 내용은 유효하게 존속하며 변경된 취업규칙의 기준에 의하여 유리한 근로계약의 내용을 변경할 수 없으며, 근로자의 개별적 동의가 없는 한 취업규칙보다 유리한 근로계약의 내용이 우선하여 적용, 즉 유리한 근로계약의 내용이 취업규칙의 기준보다 우선하여 적용된다. 따라서 A회사는 기본연봉을 정한 근로계약을 체결한 甲 동의 없이 과반수 노동조합의 동의를 얻어 개정된 취업규칙에 따라 임금피크제를 甲에게 적용할 수 없다.

02 | 외국인 근로자

제1절 불법체류 외국인의 근로기준법상 보호

1 법규정 및 판례의 태도

(1) 법규정

> **제2조(정의)**
> ① 이 법에서 사용하는 용어의 뜻은 다음과 같다.
>   1. "근로자"란 직업의 종류와 관계없이 임금을 목적으로 사업이나 사업장에 근로를 제공하는
>   사람을 말한다.

(2) 판례의 태도

① 출입국관리법령의 취지

판례는 출입국관리법에서 외국인이 대한민국에서 체류하여 행할 수 있는 활동이나 대한민국에 체류할 수 있는 신분 또는 지위에 관한 체류자격과 그 체류기간에 관하여 규율하면서 아울러 같은 조 제2항에서 외국인 고용제한을 규정하고 있는바, 그 입법취지가 단순히 외국인의 불법체류만을 단속할 목적으로 한 것이라고는 할 수 없고, 위 규정들은 취업자격 없는 외국인의 유입으로 인한 국내 고용시장의 불안정을 해소하고 노동인력의 효율적 관리, 국내 근로자의 근로조건의 유지 등의 목적을 효율적으로 달성하기 위하여 외국인의 취업자격에 관하여 규율하면서 취업자격 없는 외국인의 고용을 금지시키기 위한 입법목적도 아울러 갖고 있고, 이는 취업자격 없는 외국인의 고용이라는 사실적 행위 자체를 금지하고자 하는 것뿐이지 나아가 취업자격 없는 외국인이 사실상 제공한 근로에 따른 권리나 이미 형성된 근로관계에 있어서의 근로자로서의 신분에 따른 노동관계법상의 제반 권리 등의 법률효과까지 금지하려는 규정으로는 보기 어렵다는 입장이다.

② 보호 범위

판례는 취업자격 없는 외국인이 구 출입국관리법상의 고용제한 규정을 위반하여 근로계약을 체결하였다 하더라도 그것만으로 그 근로계약이 당연히 무효라고는 할 수 없고, 취업자격은 외국인이 대한민국 내에서 법률적으로 취업활동을 가능케 하는 것이므로 이미 형성된 근로관계가 아닌 한 취업자격 없는 외국인과의 근로관계는 정지되고, 당사자는 언제든지 그와 같은 취업자격이 없음을 이유로 근로계약을 해지할 수 있다는 입장이다.

2 요양급여 대상자

판례는 외국인이 취업자격이 아닌 산업연수 체류자격으로 입국하여 구 산업재해보상보험법의 적용 대상이 되는 사업장인 회사와 고용계약을 체결하고 근로를 제공하다가 작업도중 부상을 입었을 경우, 비록 그 외국인이 구 출입국관리법상의 취업자격을 갖고 있지 않았다 하더라도 그 고용계약이 당연히 무효라고 할 수 없고, 위 부상 당시 그 외국인은 사용종속관계에서 근로를 제공하고 임금을 받아 온 자로서 근로기준법 소정의 근로자였다 할 것이므로 구 산업재해보상보험법상의 요양급여를 받을 수 있는 대상에 해당한다는 입장이다.

제2절   노조법상 보호

1 법규정

> 제2조(정의)
> 이 법에서 사용하는 용어의 정의는 다음과 같다.
> 1. "근로자"라 함은 직업의 종류를 불문하고 임금·급료 기타 이에 준하는 수입에 의하여 생활하는 자를 말한다.

2 판례의 태도

판례는 노동조합법상 근로자란 타인과의 사용종속관계 하에서 근로를 제공하고 그 대가로 임금 등을 받아 생활하는 사람을 의미하며, 특정한 사용자에게 고용되어 현실적으로 취업하고 있는 사람뿐만 아니라 일시적으로 실업 상태에 있는 사람이나 구직 중인 사람을 포함하여 노동3권을 보장할 필요성이 있는 사람도 여기에 포함되는 것으로 보아야 한다. 그리고 출입국관리법령에서 외국인고용제한 규정을 두고 있는 것은 취업자격 없는 외국인의 고용이라는 사실적 행위 자체를 금지하고자 하는 것뿐이지, 나아가 취업자격 없는 외국인이 사실상 제공한 근로에 따른 권리나 이미 형성된 근로관계에 있어서 근로자로서의 신분에 따른 노동관계법상의 제반 권리 등의 법률효과까지 금지하려는 것으로 보기는 어렵다.

따라서 타인과의 사용종속관계 하에서 근로를 제공하고 그 대가로 임금 등을 받아 생활하는 사람은 노동조합법상 근로자에 해당하고, 노동조합법상의 근로자성이 인정되는 한, 그러한 근로자가 외국인인지 여부나 취업자격의 유무에 따라 노동조합법상 근로자의 범위에 포함되지 아니한다고 볼 수는 없다는 입장이다.

3 대법원 반대견해

취업자격 없는 외국인은 애당초 '정상적으로 취업하려는 근로자'에 해당할 수 없고 이미 취업한 사람 조차도 근로계약의 존속을 보장받지 못할 뿐만 아니라, 노동조합법상의 근로자 개념에 포함된다 하여 취업자격을 자동으로 취득하거나 그의 국내 체류가 합법화되는 것도 아니다. 이런 마당에 장차 근로관계가 성립 혹은 계속될 것을 전제로 사용자와의 단체교섭이나 단체협약의 체결을 통하여 근로 조건을 유지·개선하려 하는 것 자체가 과연 가능한 일인지 의문이 아닐 수 없다. 결국 취업자격 없는 외국인에 대하여는 근로조건의 유지·개선과 지위 향상을 기대할 만한 법률상 이익을 인정하기 어렵고, 취업자격 없는 외국인은 노동조합법상 근로자의 개념에 포함되지 않는다고 봄이 상당하다는 대법원의 반대의견도 있다.

4 검토

대법원은 노조법상 근로자의 보호와 관련하여 '헌법에서 보호하는 노동3권 필요성'을 최우선 고려한다는 점에서 법을 위반하지 않은 자를 한정하여 보호하는 것이 합리적인 해석이라고 보이는바 대법원 반대의견이 타당하다고 보인다.

Q A회사의 乙은 2010.1.21.부터 2022.1.15.까지 결근이나 지각없이 성실하게 업무를 수행하여 왔다. 乙은 스리랑카 국적의 외국인으로서 고국으로 돌아가기 위해 A회사에게 퇴직금지급을 요구하였으며 2021.11.15.부터 업무 중 낙상사고로 병원에 입원해 있던 2022.1.13.까지의 산업재해 요양급여 신청을 도와 달라고 신청하였다. A회사는 乙은 여행 비자로 입국하여 A회사를 속이고 불법체류자 신분으로 업무를 수행하고 있었다는 사유로 근로기준법 및 산업재해보상법 적용대상자가 아니라는 입장으로 퇴직금 및 요양급여 신청대상자가 아니라고 주장하고 있다. 이러한 A회사의 주장은 타당한가? **25점**

해설

✔ **외국인 근로자의 근로기준법상 보호**

Ⅰ. 문제의 소재

출입국관리법상 취업자격이 없는 불법체류자 근로자 乙의 개별적 근로관계법상의 보호를 받을 수 있는지가 문제되는바 판례의 태도를 기준으로 살펴보고자 한다.

Ⅱ. 불법체류 외국인의 근로기준법상 보호

1. 법규정 및 판례의 태도

(1) 법규정

> 제2조(정의)
> ① 이 법에서 사용하는 용어의 뜻은 다음과 같다.
>   1. "근로자"란 직업의 종류와 관계없이 임금을 목적으로 사업이나 사업장에 근로를 제공하는 사람을 말한다.

(2) 판례의 태도

① 원칙

판례는 출입국관리법에서 외국인이 대한민국에서 체류하여 행할 수 있는 활동이나 대한민국에 체류할 수 있는 신분 또는 지위에 관한 체류자격과 그 체류기간에 관하여 규율하면서 아울러 같은 조 제2항에서 외국인 고용제한을 규정하고 있는바, 그 입법취지가 단순히 외국인의 불법체류만을 단속할 목적으로 한 것이라고는 할 수 없고, 위 규정들은 취업자격 없는 외국인의 유입으로 인한 국내 고용시장의 불안정을 해소하고 노동인력의 효율적 관리, 국내 근로자의 근로조건의 유지 등의 목적을 효율적으로 달성하기 위하여 외국인의 취업자격에 관하여 규율하면서 취업자격 없는 외국인의 고용을 금지시키기 위한 입법목적도 아울러 갖고 있고, 이는 취업자격 없는 외국인의 고용이라는 사실적 행위 자체를 금지하고자 하는 것뿐이지 나아가 취업자격 없는 외국인이 사실상 제공한 근로에 따른 권리나 이미 형성된 근로관계에 있어서의 근로자로서의 신분에 따른 노동관계법상의 제반 권리 등의 법률효과까지 금지하려는 규정으로는 보기 어렵다는 입장이다.

② 보호 범위

판례는 취업자격 없는 외국인이 구 출입국관리법상의 고용제한 규정을 위반하여 근로계약을 체결하였다 하더라도 그것만으로 그 근로계약이 당연히 무효라고는 할 수 없고, 취업자격은 외국인이 대한민국 내에서 법률적으로 취업활동을 가능케 하는 것이므로 이미 형성된 근로관계가 아닌 한 취업자격 없는 외국인과의 근로관계는 정지되고, 당사자는 언제든지 그와 같은 취업자격이 없음을 이유로 근로계약을 해지할 수 있다는 입장이다.

2. 요양급여 대상자

판례는 외국인이 취업자격이 아닌 산업연수 체류자격으로 입국하여 구 산업재해보상보험법의 적용대상이 되는 사업장인 회사와 고용계약을 체결하고 근로를 제공하다가 작업도중 부상을 입었을 경우, 비록 그 외국인이 구 출입국관리법상의 취업자격을 갖고 있지 않았다 하더라도 그 고용계약이 당연히 무효라고 할 수 없고, 위 부상 당시 그 외국인은 사용종속관계에서 근로를 제공하고 임금을 받아 온 자로서 근로기준법 소정의 근로자였다 할 것이므로 구 산업재해보상보험법상의 요양급여를 받을 수 있는 대상에 해당한다는 입장이다.

Ⅲ. 사안의 해결

판례는 출입국관리법상의 취업자격을 갖고 있지 않았다 하더라도 그 고용계약이 당연히 무효라고 할 수 없다는 명확한 입장을 취하고 있는바 A회사는 퇴직금 지급 및 요양급여의 신청을 거부할 근거가 없다. 따라서 A회사의 주장은 타당하지 않다.

사례연습

Q A회사는 상시근로자 100명의 근로자를 고용하여 비료를 제조하여 농가들에게 납품하는 회사이다. 100명의 근로자들 중 외국인 근로자 수가 90명이며 외국인들 전부가 「출입국관리법」상 취업자격이 없는 외국인이다. A회사는 업무량이 많아짐에 따라 외국인 근로자들에게 1주 70시간 이상의 근로와 휴게시간 미부여 등의 업무를 강요하고 있다. A회사 외국인 근로자 甲은 노동조합의 필요성을 인식하고 B노동조합을 설립하기 위해 행정관청에 노동조합 설립신고서를 제출하였으나 행정관청은 취업자격 없는 외국인 근로자는 노동조합을 설립할 수 없어 반려하겠다는 통지를 받았다. 이에 甲은 취업자격이 없다는 이유로 노동조합의 설립이나 가입이 금지되는 것이 타당하지 않다고 관할 행정청에 민원을 제기하고자 하는바 이러한 甲의 주장은 타당한가? 25점

해설

✔ **외국인 근로자의 노조법상 근로자성**

Ⅰ. 문제의 소재

A회사 근로자 甲의 주장과 관련하여 취업자격이 없는 외국인 근로자가 노조법 제2조 제1호의 노조법상 근로자의 지위를 가질 수 있는지가 문제되는바 법 규정만으로 해당 사안을 판단하기 어려운바 법원의 구체적인 판단기준을 검토하여 사안을 해결하도록 한다.

Ⅱ. 법규정

> 제2조(정의)
> 이 법에서 사용하는 용어의 정의는 다음과 같다.
> 1. "근로자"라 함은 직업의 종류를 불문하고 임금·급료 기타 이에 준하는 수입에 의하여 생활하는 자를 말한다.

Ⅲ. 판례의 태도

1. **원칙**

   판례는 출입국관리 관련 법령에서 외국인이 대한민국에서 체류하여 행할 수 있는 활동이나 대한민국에 체류할 수 있는 신분 또는 지위에 관한 체류자격과 그 체류기간에 관하여 규율하면서 아울러 같은 규정에서 외국인 고용제한을 규정하고 있는바, 그 입법취지가 단순히 외국인의 불법체류만을 단속할 목적으로 한 것이라고는 할 수 없고, 위 규정들은 취업자격 없는 외국인의 유입으로 인한 국내 고용시장의 불안정을 해소하고 노동인력의 효율적 관리, 국내 근로자의 근로조건의 유지 등의 목적을 효율적으로 달성하기 위하여 외국인의 취업자격에 관하여 규율하면서 취업자격 없는 외국인의 고용을 금지시키기 위한 입법목적도 아울러 갖고 있고, 이는 취업자격 없는 외국인의 고용이라는 사실적 행위 자체를 금지하고자 하는 것뿐이지 나아가 취업자격 없는 외국인이 사실상 제공한 근로에 따른 권리나 이미 형성된 근로관계에 있어서의 근로자로서의 신분에 따른 노동관계법상의 제반 권리 등의 법률효과까지 금지하려는 규정으로는 보기 어렵다는 입장이다.

2. **외국인 근로자의 노조법상 근로자 보호범위**

   판례는 노동조합법상 근로자란 타인과의 사용종속관계 하에서 근로를 제공하고 그 대가로 임금

등을 받아 생활하는 사람을 의미하며, 특정한 사용자에게 고용되어 현실적으로 취업하고 있는 사람뿐만 아니라 일시적으로 실업 상태에 있는 사람이나 구직 중인 사람을 포함하여 노동3권을 보장할 필요성이 있는 사람도 여기에 포함되는 것으로 보아야 한다. 그리고 출입국관리법령에서 외국인고용제한 규정을 두고 있는 것은 취업자격 없는 외국인의 고용이라는 사실적 행위 자체를 금지하고자 하는 것뿐이지, 나아가 취업자격 없는 외국인이 사실상 제공한 근로에 따른 권리나 이미 형성된 근로관계에 있어서 근로자로서의 신분에 따른 노동관계법상의 제반 권리 등의 법률효과까지 금지하려는 것으로 보기는 어렵다.

3. 구체적 검토

따라서 타인과의 사용종속관계 하에서 근로를 제공하고 그 대가로 임금 등을 받아 생활하는 사람은 노동조합법상 근로자에 해당하고, 노동조합법상의 근로자성이 인정되는 한, 그러한 근로자가 외국인인지 여부나 취업자격의 유무에 따라 노동조합법상 근로자의 범위에 포함되지 아니한다고 볼 수는 없다는 입장이다.

4. 대법원의 반대견해

취업자격 없는 외국인은 애당초 '정상적으로 취업하려는 근로자'에 해당할 수 없고 이미 취업한 사람조차도 근로계약의 존속을 보장받지 못할 뿐만 아니라, 노동조합법상의 근로자 개념에 포함된다 하여 취업자격을 자동으로 취득하거나 그의 국내 체류가 합법화되는 것도 아니다. 이런 마당에 장차 근로관계가 성립 혹은 계속될 것을 전제로 사용자와의 단체교섭이나 단체협약의 체결을 통하여 근로조건을 유지·개선하려 하는 것 자체가 과연 가능한 일인지 의문이 아닐 수 없으며 결국 취업자격 없는 외국인에 대하여는 근로조건의 유지·개선과 지위 향상을 기대할 만한 법률상 이익을 인정하기 어렵고, 취업자격 없는 외국인은 노동조합법상 근로자의 개념에 포함되지 않는다고 봄이 상당하다는 반대 견해도 있다.

IV. 사안의 해결

1. 출입국관리 법령의 취지

판례는 출입국관리법령에서 외국인고용제한 규정을 두고 있는 것은 취업자격 없는 외국인의 고용이라는 사실적 행위 자체를 금지하고자 하는 것이므로 A회사에서 근로를 제공하고 있는 취업자격 없는 외국인 근로자가 이미 제공하여 형성된 근로관계에 대한 법률효과를 부정시킬 수 없으므로 출입국관리법령의 적용 여부와 별개로 甲을 포함한 외국인 근로자들의 노동3권 보장의 필요성을 위해 검토를 하여야 한다.

2. 노동3권 보장의 필요성

판례는 노동조합법상 근로자란 타인과의 사용종속관계 하에서 근로를 제공하고 그 대가로 임금 등을 받아 생활하는 사람을 의미하며, 특정한 사용자에게 고용되어 현실적으로 취업하고 있는 사람뿐만 아니라 일시적으로 실업 상태에 있는 사람이나 구직 중인 사람을 포함하여 노동3권을 보장할 필요성이 있는 사람도 포함하고 있는바 A회사의 甲을 포함한 외국인 근로자 모두 사용종속관계 하에서 임금을 받아 생활하는 자에 해당하므로 노동3권을 보장할 필요성은 충분히 인정되며 근로자가 외국인인지 여부나 취업자격의 유무에 따라 노동조합법상 근로자의 범위에 포함되지 아니한다고 볼 수는 없다는 판례에 따라 A회사 근로자 甲은 노조법상 근로자의 범위에 해당한다고 판단된다.

3. 결

취업자격이 없다는 이유로 노동조합의 설립이나 가입이 금지되는 것이 타당하지 않다고 관할행정청에 민원을 제기하려는 甲의 주장은 타당하다.

03 | 근로기준법상 근로자

제1절 개념 및 판례의 태도

1 개념

근로기준법 제2조 제1항 제2호에서 직업의 종류에 관계없이 사업 또는 사업장에 임금을 목적으로 근로를 제공하는 사람을 말한다.

2 법규정

제2조(정의)
① 이 법에서 사용하는 용어의 뜻은 다음과 같다.
  1. "근로자"란 직업의 종류와 관계없이 임금을 목적으로 사업이나 사업장에 근로를 제공하는 사람을 말한다.

3 판례의 태도

(1) 논의의 실익

근로기준법상 근로자가 제공하는 근로는 사업주와 사용종속관계하에 제공하는 것이며 해당 법규정만으로는 개별적·구체적 관계의 근로관계의 사용종속관계의 근로자인지 여부를 판단하기 어려운바 법원은 사용종속관계의 근로기준법상 근로자를 판단하는 개별적·구체적인 기준을 제시하였으므로 법원의 입장을 검토할 필요성이 있다.

(2) 원칙

근로기준법상의 근로자에 해당하는지 여부는 계약의 형식이 고용계약인지 도급계약인지보다 그 실질에 있어 근로자가 사업 또는 사업장에 임금을 목적으로 종속적인 관계에서 사용자에게 근로를 제공하였는지 여부에 따라 판단하여야 한다는 원칙을 취하고 있다.

(3) 형식적 징표

기본급이나 고정급이 정하여졌는지, 근로소득세를 원천징수하였는지, 사회보장제도에 관하여 근로자로 인정받는지 등의 사정은 사용자가 경제적으로 우월한 지위를 이용하여 임의로 정할 여지가 크기 때문에, 그러한 점들이 인정되지 않는다는 것만으로 근로자성을 쉽게 부정하여서는 안 된다.

(4) 실질적 징표

종속적인 관계가 있는지 여부는 ① 업무 내용을 사용자가 정하고 취업규칙 또는 복무(인사)규정 등의 적용을 받으며 ② 업무 수행 과정에서 사용자가 상당한 지휘·감독을 하는지, ③ 사용자가 근무시간과 근무장소를 지정하고 근로자가 이에 구속을 받는지, ④ 노무제공자가 스스로 비품·원자재나 작업도구 등을 소유하거나 ⑤ 제3자를 고용하여 업무를 대행케 하는 등 독립하여 자신의 계산으로 사업을 영위할 수 있는지, ⑥ 노무 제공을 통한 이윤의 창출과 손실의 초래 등 위험을 스스로 안고 있는지, ⑦ 근로 제공 관계의 계속성과 사용자에 대한 전속성을 가지며 보수의 성격이 근로 자체의 대상적 성격인지를 종합적으로 판단해야 한다는 입장이다.

제2절 관련문제

1 임원의 근로자성

(1) 원칙

판례는 상법상 이사와 감사는 주주총회의 선임 결의를 거쳐 임명하고 그 등기를 하여야 하며, 이사와 감사의 법정 권한은 위와 같이 적법하게 선임된 이사와 감사만이 행사할 수 있을 뿐이고 그러한 선임절차를 거치지 아니한 채 다만 회사로부터 이사라는 직함을 형식적·명목적으로 부여받은 것에 불과한 자는 상법상 이사로서의 직무권한을 행사할 수 없으므로 실질적인 임원으로 볼 수 없다는 입장이다.

(2) 임원 보수의 성격

주식회사의 이사, 감사 등 임원은 회사로부터 일정한 사무처리의 위임을 받고 있는 것이므로, 사용자의 지휘·감독 아래 일정한 근로를 제공하고 소정의 임금을 받는 고용관계에 있는 것이 아니며, 따라서 일정한 보수를 받는 경우에도 이를 근로기준법 소정의 임금이라 할 수 없고, 회사의 규정에 의하여 이사 등 임원에게 퇴직금을 지급하는 경우에도 그 퇴직금은 근로기준법 소정의 퇴직금이 아니라 재직 중의 직무집행에 대한 대가로 지급되는 보수에 불과하다.

(3) 판단기준

근로기준법의 적용을 받는 근로자에 해당하는지 여부는 계약의 형식에 관계없이 그 실질에 있어서 임금을 목적으로 종속적 관계에서 사용자에게 근로를 제공하였는지 여부에 따라 판단하여야 할 것이므로, 회사의 이사 또는 감사 등 임원이라고 하더라도 그 지위 또는 명칭이 형식적·명목적인 것이고 실제로는 매일 출근하여 업무집행권을 갖는 대표이사나 사용자의 지휘·감독 아래 일정한 근로를 제공하면서 그 대가로 보수를 받는 관계에 있다거나 또는 회사로부터 위임받은 사무를 처리하는 외에 대표이사 등의 지휘·감독 아래 일정한 노무를 담당하고 그 대가로 일정한 보수를 지급받아 왔다면 그러한 임원은 근로기준법상의 근로자에 해당하며 법인등기부에 이사로 등기되어있는지 여부에 따라 판단할 것은 아니다라는 입장이다.

2 모자회사

원심이 적법하게 확정한 사실과 기록에 의하면, ○○○○코리아는 참가인의 자회사로서 형식상으로는 독립된 법인으로 운영되어 왔으나 실질적으로는 참가인 회사의 한 부서와 같이 사실상 경영에 관한 결정권을 참가인이 행사하여 왔고, 참가인이 물류센터에서 근로할 인원이 필요한 때에는 채용광고 등의 방법으로 대상자를 모집한 뒤 그 면접과정에서부터 참가인의 물류센터 소장과 관리과장 등이 ○○○○코리아의 이사와 함께 참석한 가운데 실시하였으며, 원고들을 비롯한 ○○○○코리아가 보낸 근로자들에 대하여 참가인의 정식 직원과 구별하지 않고 업무지시, 직무교육실시, 표창, 휴가사용 승인 등 제반 인사관리를 참가인이 직접 시행하고, 조직도나 안전환경점검팀 구성표 등의 편성과 경조회의 운영에 있어서 아무런 차이를 두지 아니하였으며, 그 근로자들의 업무수행능력을 참가인이 직접 평가하고 임금인상 수준도 참가인의 정식 직원들에 대한 임금인상과 연동하여 결정하였음을 알 수 있는 바, 이러한 사정을 종합하여 보면 참가인은 '위장도급'의 형식으로 근로자를 사용하기 위하여 ○○○○코리아라는 법인격을 이용한 것에 불과하고, 실질적으로는 참가인이 원고들을 비롯한 근로자들을 직접 채용한 것과 마찬가지로서 참가인과 원고들 사이에 근로계약관계가 존재한다고 보아야 할 것이라는 판결을 내려 '법인격 부인론'을 근거로 수급회사가 형식상으로는 독립된 법인으로 운영되어도 실질적으로는 도급회사의 한 부서와 같이 사실상 경영에 관한 결정권을 도급회사가 행사하는 경우에도 직접 고용이 인정한 사안이다.

3 소사장제

판례는 종전에는 단순한 근로자에 불과하였다가 어떠한 계기로 하나의 경영주체로서의 외관을 갖추고 종전의 사용자(모기업)와 도급계약을 맺는 방법으로 종전과 동일 내지 유사한 내용의 근로를 제공하게 된 경우(이른바 소사장의 형태를 취한 경우)에는, 근로기준법상의 근로자에 해당하는지 여부를 판단함에 있어서 스스로 종전의 근로관계를 단절하고 퇴직한 것인지 아니면 그 의사에 반하여 강제적, 형식적으로 소사장의 형태를 취하게 되었는지 여부, 사업계획, 손익계산, 위험부담 등의 주체로서 사업운영에 독자성을 가지게 되었는지 여부, 작업수행과정이나 노무관리에 있어서 모기업의 개입 내지 간섭의 정도, 보수지급방식과 보수액이 종전과 어떻게 달라졌으며 같은 종류의 일을 하는 모기업 소속 근로자에 비하여는 어떠한 차이가 있는지 여부 등도 아울러 참작하여야 한다는 입장이다.

Q A회사는 상시 근로자 100명을 고용하여 여름 수영복을 제작하는 업체이다. A회사는 여름 성수기를 앞두고 영업사원 100명을 프리랜서 지위로 일시적으로 모집하여 방문 판매 및 야외 판매를 시행하였다. 영업사원들은 주말과 공휴일도 모두 업무를 수행하면서 오전 7시 출근해서 밤 10시가 되어서야 업무가 끝났다. 영업사원들은 업무를 시작하는 오전 7시에 출근부를 작성하고 1일 물량을 할당받았으며 밤 10시에 업무를 마치면서 퇴근부를 작성하고 중간에 개인적인 업무를 보거나 별도 다른 업무를 볼 수 없었다. 영업사원들은 프리랜서(업무위탁) 계약서를 작성하였으며 판매량에 따라 인센티브(판매 물품 가격의 5%)를 지급받았으나 100만원을 고정급의 형태로 지급하였다. 4대 보험을 가입하지 않았으며 사업자 소득으로 세금신고를 하여 공제하였다.

영업사원들은 A회사의 취업규칙을 적용받고 A회사에서 영업사원을 담당하는 팀장급 직원을 통해 업무할당량, 판매방법, 보고방법 등을 교육받고 그대로 시행하지 않는 경우 A회사로부터 징계조치를 받게 되어 있다. 판매하는 수영복들은 A회사에서 전부 제공하며 교통비(1일 만원)를 지원해주고 있으며 제3자를 고용하여 본인의 업무를 대행케는 할 수 없었다. 영업사원이 수영복을 판매하지 못한 경우 판매량에 따른 인센티브만 지급받지 못할 뿐 100만원의 고정급은 지급받을 수 있었다. A회사와 계약한 기간 동안은 다른 회사에서 업무를 수행하지 못하였으며 A회사로부터 지급받는 금품이 영업사원들의 생활을 영위하는 유일한 경제적 수단이었다.

A회사의 영업사원 甲은 본인은 근로기준법상 근로자이며 하루 8시간을 초과한 연장근로 및 휴일과 공휴일에도 근무한 연장수당을 지급해달라고 A회사에 요구하고 있다. A회사는 영업사원들은 프리랜서(업무위탁) 계약서를 작성하였다고 주장하며 연장근로 및 휴일, 공휴일 수당을 지급할 이유가 없다고 주장한다.

A회사의 주장은 타당한가? 25점
※ 연장근로, 휴일근로, 공휴일근로에 대한 논점은 논하지 않는다.

✔ 근로기준법상 근로자

Ⅰ. 문제의 소재

甲은 근로기준법상 지급되는 연장근로 및 휴일, 공휴일 수당을 청구하고 있는바 근로기준법상 근로자에 해당하는 경우에 한하여 근로기준법의 보호 범위에 포함되어 보호받을 수 있으므로 근로자성 판단여부가 중요하며 A회사의 주장의 타당성 또한 甲이 근로기준법상 근로자에 해당하는지에 따라 결론을 달리하는바 이하에서 법규정 및 대법원이 제시한 판단기준을 근거로 살펴보도록 한다.

Ⅱ. 개념 및 판례의 태도

1. 개념

근로기준법 제2조 제1항에서 근로자란 직업의 종류에 관계없이 사업 또는 사업장에 임금을 목적으로 근로를 제공하는 사람을 말한다.

2. 판례의 태도

근로기준법상 근로자가 제공하는 근로는 사업주와 사용종속관계하에 제공하는 것이며 해당 법규정만으로는 개별적·구체적 관계의 근로관계의 사용종속관계의 근로자인지 여부를 판단하기 어려운바 법원은 사용종속관계의 근로기준법상 근로자를 판단하는 개별적·구체적인 기준을 제시하였으므로 법원의 입장을 검토할 필요성이 있다.

(1) 원칙

근로기준법상의 근로자에 해당하는지 여부는 계약의 형식이 고용계약인지 도급계약인지보다 그 실질에 있어 근로자가 사업 또는 사업장에 임금을 목적으로 종속적인 관계에서 사용자에게 근로를 제공하였는지 여부에 따라 판단하여야 한다는 원칙을 취하고 있다.

(2) 형식적 징표

기본급이나 고정급이 정하여졌는지, 근로소득세를 원천징수하였는지, 사회보장제도에 관하여 근로자로 인정받는지 등의 사정은 사용자가 경제적으로 우월한 지위를 이용하여 임의로 정할 여지가 크기 때문에, 그러한 점들이 인정되지 않는다는 것만으로 근로자성을 쉽게 부정하여서는 안 된다.

(3) 실질적 징표

종속적인 관계가 있는지 여부는 업무 내용을 사용자가 정하고 취업규칙 또는 복무(인사)규정 등의 적용을 받으며 업무 수행 과정에서 사용자가 상당한 지휘·감독을 하는지, 사용자가 근무시간과 근무장소를 지정하고 근로자가 이에 구속을 받는지, 노무제공자가 스스로 비품·원자재나 작업도구 등을 소유하거나 제3자를 고용하여 업무를 대행케 하는 등 독립하여 자신의 계산으로 사업을 영위할 수 있는지, 노무 제공을 통한 이윤의 창출과 손실의 초래 등 위험을 스스로 안고 있는지, 근로 제공 관계의 계속성과 사용자에 대한 전속성을 가지며 보수의 성격이 근로 자체의 대상적 성격인지를 종합적으로 판단해야 한다는 입장이다.

Ⅲ. 사안의 해결

1. 원칙

甲과 같은 A회사 영업사원들은 프리랜서(업무위탁) 계약서를 작성하였으나 계약의 형식보다는 실질적으로 사용종속관계하의 근로관계에 있는지를 판단하여야 한다.

2. 형식적 징표

영업사원들은 프리랜서(업무위탁) 계약서를 작성하였으며 판매량에 따라 인센티브(판매 물품 가격의 5%)를 지급받았으나 100만원을 고정급의 형태로 지급하였다. 4대보험을 가입하지 않았으며 사업자 소득으로 세금신고를 하여 공제하였는바 해당 사안들은 A회사에서 경제적, 사회적 우월한 지위를 가지고 있으므로 형식적 징표가 부정되었다 하여 쉽게 근로자성을 부정해서는 아니 된다.

3. 실질적 징표

(1) 업무 내용을 사용자가 정하고 취업규칙 또는 복무(인사)규정 등의 적용을 받으며 업무 수행 과정에서 사용자가 상당한 지휘·감독을 하는지

영업사원들은 A회사의 취업규칙을 적용받고 A회사에서 영업사원을 담당하는 팀장급 직원을 통해 업무할당량, 판매방법, 보고방법 등을 교육받고 그대로 시행하지 않는 경우 A회사로부터 징계조치를 받게 되어 있다.

(2) 사용자가 근무시간과 근무장소를 지정하고 근로자가 이에 구속을 받는지

영업사원들은 업무를 시작하는 오전 7시에 출근부를 작성하고 1일 물량을 할당받았으며 밤10시에 업무를 마치면서 퇴근부를 작성하고 중간에 개인적인 업무를 보거나 별도 다른 업무를 볼 수 없었다.

(3) 노무제공자가 스스로 비품·원자재나 작업도구 등을 소유하거나 제3자를 고용하여 업무를 대행케 하는 등 독립하여 자신의 계산으로 사업을 영위할 수 있는지

판매하는 수영복들은 A회사에서 전부 제공하며 교통비(1일 만원)를 지원해주고 있으며 제3자를 고용하여 본인의 업무를 대행케는 할 수 없었다.

(4) 노무 제공을 통한 이윤의 창출과 손실의 초래 등 위험을 스스로 안고 있는지

영업사원이 수영복을 판매하지 못한 경우 판매량에 따른 인센티브만 지급받지 못할 뿐 100만원의 고정급은 지급받을 수 있었던 사실로 보아 A회사가 이윤의 창출과 손실의 초래 등 위험을 지고 있는 것으로 판단된다.

(5) 근로 제공 관계의 계속성과 사용자에 대한 전속성을 가지며 보수의 성격이 근로 자체의 대상적 성격인지 여부

A회사와 계약한 기간 동안은 다른 회사에서 업무를 수행하지 못하였으며 A회사로부터 지급받는 금품이 영업사원들의 생활을 영위하는 유일한 경제적 수단인바 근로 제공 관계의 계속성과 사용자와의 전속성 및 보수의 근로 자체의 대상적 성격이 있다고 판단된다.

4. 甲은 근로기준법상 근로자로 인정될 여지가 크므로 A회사의 주장은 타당하지 않다.

04 | 사용자 개념의 확장

제1절   서

근로기준법 제2조 제1항 제2호에서는 "사용자"란 사업주 또는 사업 경영 담당자, 그 밖에 근로자에 관한 사항에 대하여 사업주를 위하여 행위하는 자를 말한다고 규정하고 있으나 개별적이고 구체적인 기준을 제시하지 않아 구체적인 사안마다 법원이 제시한 기준으로 사용자성을 판단하고 있는바 법원의 기준을 살펴보도록 한다.

제2절   사업경영담당자

판례는 '사업경영담당자'란 사업경영 일반에 관하여 책임을 지는 자로서 사업주로부터 사업경영의 전부 또는 일부에 대하여 포괄적인 위임을 받고 대외적으로 사업을 대표하거나 대리하는 자를 말하는바, 근로기준법이 같은 법 각 조항에 대한 준수의무자로서의 사용자를 사업주에 한정하지 아니하고 사업경영담당자 등으로 확대한 이유가 노동현장에 있어서 근로기준법의 각 조항에 대한 실효성을 확보하기 위한 정책적 배려에 있는 만큼, 사업경영담당자는 원칙적으로 사업경영 일반에 관하여 권한을 가지고 책임을 부담하는 자로서 관계 법규에 의하여 제도적으로 근로기준법의 각 조항을 이행할 권한과 책임이 부여되었다면 이에 해당한다는 입장이다.

제3절   사업주를 위하여 행위하는 자

판례는 '사업주를 위하여 행위하는 자'라 함은 근로자의 인사, 급여, 후생, 노무관리 등 근로조건의 결정 또는 업무상의 명령이나 지휘감독을 하는 등의 사항에 대하여 사업주로부터 일정한 권한과 책임을 부여받은 자를 말한다는 입장을 취하고 있다.

제4절   사용자 개념의 확장

1 묵시적 근로관계

판례는 원고용주에게 고용되어 제3자의 사업장에서 제3자의 업무에 종사하는 자를 제3자의 근로자라고 할 수 있으려면, 원고용주는 사업주로서의 독자성이 없거나 독립성을 결하여 제3자의 노무대행기관과 동일시할 수 있는 등 그 존재가 형식적, 명목적인 것에 지나지 아니하고, 사실상 당해 피고용인은 제3자와 종속적인 관계에 있으며, 실질적으로 임금을 지급하는 자도 제3자이고, 또 근로제공의 상대방도 제3자이어서 당해 피고용인과 제3자 간에 묵시적 근로계약관계가 성립되어 있다고 평가될 수 있어야 한다는 입장을 취하고 있다.

2 사내하도급 판단기준(현대미포 조선 사례)

판례는 형식적으로는 피고 회사와 도급계약을 체결하고 소속 근로자들인 원고들로부터 노무를 제공받아 자신의 사업을 수행한 것과 같은 외관을 갖추었다고 하더라도, 실질적으로는 업무수행의 독자성이나, 사업경영의 독립성을 갖추지 못한 채, 피고 회사의 일개 사업부서로서 기능하거나, 노무대행기관의 역할을 수행하였을 뿐이고, 오히려 피고 회사가 원고들로부터 종속적인 관계에서 근로를 제공받고, 임금을 포함한 제반 근로조건을 정하였다고 봄이 상당하므로, 원고들과 피고 회사 사이에는 직접 피고 회사가 원고들을 채용한 것과 같은 묵시적인 근로계약관계가 성립되어 있었다고 보는 것이 옳다는 입장을 취하고 있다.

3 한계

근로계약을 체결하지 않은 두 당사자 사이의 고용관계 성립을 인정하는 것이 현실적으로 어려움이 있다는 점 및 인정요건이 엄격하다는 점 등을 고려하면 묵시적 근로관계 성립이 인정될 가능성이 낮다는 한계점이 있다.

사례연습

Q B회사는 전자제품을 생산하는 A회사 사업장 내에서 생산제품의 검사·수리 업무를 수행하여 왔다. A회사는 B회사가 모집한 근로자에 대해 기능시험을 실시하여 채용 여부를 결정하였고, B회사 소속 근로자들의 징계와 승진에 대해서도 실질적인 권한을 행사하였다. 나아가 A회사는 B회사 근로자들의 출근, 퇴근 근무 시간 등을 점검하고 작업방법에 대해서도 직접 지시하였다. A회사는 작업량 단가로 산정된 금액을 B회사에 도급비로 지급하였고, B회사는 그중 수수료를 제하고 남은 금액을 소속 근로자들에게 임금으로 지급하였다. 그러나 상여금과 각종 수당 및 퇴직금은 A회사가 B회사 근로자들에게 직접 지급하였다.

2012년 초 불경기가 계속되자 A회사는 구조조정의 일환으로 B회사와의 도급계약을 해지하고 B회사 근로자들 중 일부를 계약직으로 신규 채용하였다. 도급계약 해지로 B회사가 폐업하자 신규채용이 거부된 甲은 A회사를 상대로 부당해고 구제신청을 하였다. A회사가 부당해고 구제신청의 피신청인으로서 자격이 있는지에 대해 논하시오. 25점

해설

✔ 묵시적 근로관계

I. 문제의 소재

甲이 근로계약을 체결한 B회사가 아닌 A회사를 상대로 부당해고 구제신청을 제기하였는바 형식적 사업주가 아닌 실질 사업주가 A회사로 인정될 수 있는지에 대해 묵시적 근로관계가 인정될 수 있는지에 대한 대법원의 판단기준을 근거로 사안을 해결하고자 한다.

II. 법규정

제2조(정의)
① 이 법에서 사용하는 용어의 뜻은 다음과 같다.
2. "사용자"란 사업주 또는 사업 경영 담당자, 그 밖에 근로자에 관한 사항에 대하여 사업주를 위하여 행위하는 자를 말한다.

III. 판례의 태도

1. 묵시적 근로관계

판례는 원고용주에게 고용되어 제3자의 사업장에서 제3자의 업무에 종사하는 자를 제3자의 근로자라고 할 수 있으려면, 원고용주는 사업주로서의 독자성이 없거나 독립성을 결하여 제3자의 노무대행기관과 동일시할 수 있는 등 그 존재가 형식적, 명목적인 것에 지나지 아니하고, 사실상 당해 피고용인은 제3자와 종속적인 관계에 있으며, 실질적으로 임금을 지급하는 자도 제3자이고, 또 근로제공의 상대방도 제3자이어서 당해 피고용인과 제3자 간에 묵시적 근로계약관계가 성립되어 있다고 평가될 수 있어야 한다는 입장을 취하고 있다.

2. 사내하도급 판단기준(현대미포 조선 사례)

판례는 형식적으로는 피고 회사와 도급계약을 체결하고 소속 근로자들인 원고들로부터 노무를 제공받아 자신의 사업을 수행한 것과 같은 외관을 갖추었다고 하더라도, 실질적으로는 업무수행의 독자성이나, 사업경영의 독립성을 갖추지 못한 채, 피고 회사의 일개 사업부서로서 기능하거나, 노무대행기관의 역할을 수행하였을 뿐이고, 오히려 피고 회사가 원고들로부터 종속적인 관계에서 근로를 제공받고, 임금을 포함한 제반 근로조건을 정하였다고 봄이 상당하므로, 원고들과 피고 회사 사이에는 직접 피고 회사가 원고들을 채용한 것과 같은 묵시적인 근로계약관계가 성립되어 있었다고 보는 것이 옳다는 입장을 취하고 있다.

3. 한계

근로계약을 체결하지 않은 두 당사자 사이의 고용관계 성립을 인정하는 것이 현실적으로 어려움이 있다는 점 및 인정요건이 엄격하다는 점 등을 고려하면 묵시적 근로관계 성립이 인정될 가능성이 낮다는 한계점이 있다.

IV. 사안의 해결

1. B회사의 존재

A회사는 B회사가 모집한 근로자에 대해 기능시험을 실시하여 채용 여부를 결정하였고, B회사 소속 근로자들의 징계와 승진에 대해서도 실질적인 권한을 행사하였다. 나아가 A회사는 B회사 근로자들의 출근, 퇴근 근무 시간 등을 점검하고 작업방법에 대해서도 직접 지시한 사정 등을 보면 B회사는 인사권을 전혀 가지고 있지 않는바 사업주로서의 독자성이 없거나 독립성을 결하여 제3자의 노무 대행기관과 동일시할 수 있는 등 그 존재가 형식적, 명목적인 것에 지나지 아니한다고 판단된다.

2. A회사의 근로기준법상 사용자의 지위

A회사는 B회사 소속 근로자들에게 직접 업무지시를 하고, 상여금과 각종 수당 및 퇴직금은 A회사가 B회사 근로자들에게 직접 지급하였다는 점을 고려하면 A회사와 근로자 甲은 종속적인 관계에 있으며, 실질적으로 임금을 지급하는 자도 A회사이고, 또 근로제공의 상대방도 A회사이어서 甲과 A회사 간에 묵시적 근로계약관계가 성립되었다고 볼 수 있다.

3. 결

甲은 A회사를 상대로 부당해고 구제신청의 피신청인 적격은 타당하다.

05 | 중간착취의 배제

제1절 법규정

제9조(중간착취의 배제)
누구든지 법률에 따르지 아니하고는 영리로 다른 사람의 취업에 개입하거나 중간인으로서 이익을 취득하지 못한다.

제2절 판례

1 영리로 타인의 취업에 개입

근로기준법 제9조는 "누구든지 법률에 의하지 아니하고는 영리로 타인의 취업에 개입하거나 중간인으로서 이익을 취득하지 못한다."라고 규정하고 있는바, 여기서 '영리로 타인의 취업에 개입'한다고 함은 제3자가 영리로 타인의 취업을 소개 또는 알선하는 등 근로관계의 성립 또는 갱신에 영향을 주는 행위를 말한다. 제3자가 타인의 취업에 직접·간접으로 관여하여 근로자를 착취하는 행위를 방지하고자 하는 위 규정의 입법취지와 위 조항에 의하여 원칙적으로 금지되고 있는 타인의 취업에 개입하는 행위 중 허용되는 행위의 유형과 절차에 관하여 상세히 정하고 있는 직업안정법 등의 관련 법률 조항들을 종합적으로 고려해 볼 때, 위 조항의 '영리로 타인의 취업에 개입'하는 행위, 즉 제3자가 영리로 타인의 취업을 소개 또는 알선하는 등 근로관계의 성립 또는 갱신에 영향을 주는 행위에는 취업을 원하는 사람에게 취업을 알선해 주기로 하면서 그 대가로 금품을 수령하는 정도의 행위도 포함된다고 볼 것이고, 반드시 근로관계 성립 또는 갱신에 직접적인 영향을 미칠 정도로 구체적인 소개 또는 알선행위에까지 나아가야만 한다고 볼 것은 아니다.

2 중간인으로서의 이익을 취득하는 행위

판례는 근로기준법 제9조는 "누구든지 법률에 의하지 아니하고는 영리로 타인의 취업에 개입하거나 중간인으로서 이익을 취득하지 못한다"라고 규정하고 있는바, '영리로 타인의 취업에 개입'하는 행위는 제3자가 영리로 타인의 취업을 소개·알선하는 등 노동관계의 성립 또는 갱신에 영향을 주는 행위를 말하고, '중간인으로서 이익을 취득'하는 행위는 근로계약관계 존속 중에 사용자와 근로자 사이의 중간에서 근로자의 노무제공과 관련하여 사용자 또는 근로자로부터 법률에 의하지 아니하는 이익을 취득하는 것을 말한다.

제 3 절   위반의 효과

제107조(벌칙)
제7조, 제8조, 제9조, 제23조 제2항 또는 제40조를 위반한 자는 5년 이하의 징역 또는 5천만원 이하의 벌금에 처한다.

제 4 절   예외

직업안정법, 파견법에 규정된 조항에 따른 사항은 중간착취에 해당하지 않는다.

사례연습

Q A회사는 상시 근로자 500명을 사용하여 가전제품을 제조 및 판매하는 주식회사이다. A회사에는 A회사의 근로자 350명이 가입한 A노동조합이 있다. 甲은 2003년 3월 A회사에 입사하여 생산부에서 근무하면서 2013년 7월부터 2016년 6월까지 3년 동안 A노동조합의 사무국장을 역임하였고, 그 후에는 A노동조합의 대의원으로 활동하고 있다. 그런데 甲은 2016년 9월부터 2017년 2월까지의 기간 동안 A회사 밖에서 지인 3명으로부터 취업알선의 부탁을 받고 그 대가로 적게는 500만원에서 많게는 1,000만원 등 합계 2,200만원을 수령하였으나 A회사의 인사담당자나 임원 등에게 취업을 부탁하는 구체적인 소개 또는 알선행위를 하지는 않았다.

취업청탁을 위해 甲에게 500만원을 제공한 甲의 지인 乙은 취업이 이루어지지 않자 2017년 5월 중순경 A회사에 甲의 금전 수령사실을 알렸다. 이러한 제보를 받은 A회사는 甲을 상대로 금전 수령 경위 등을 조사하게 되었다.

甲은 취업 알선의 명목으로 지인들로부터 상당한 금원을 수령하였지만 실제로 취업에 아무런 영향력을 행사한 바가 없기 때문에 자신의 행위가 위법하지 않다고 주장한다. 이러한 주장은 타당한가?

25점

해설

✔ 중간착취의 배제

Ⅰ. 문제의 소재

　　甲의 행위가 구체적인 소개 및 알선 행위를 하진 않았지만 금품을 수령하였는바 해당 행위가 근로기준법 제9조의 중간착취 배제에 해당하여 '영리로 다른 사람의 취업에 개입'하는 행위가 인정되는지 문제가 되는바 법원의 구체적인 기준을 살펴보도록 한다.

Ⅱ. 법규정

> **제9조(중간착취의 배제)**
> 누구든지 법률에 따르지 아니하고는 영리로 다른 사람의 취업에 개입하거나 중간인으로서 이익을 취득하지 못한다.

Ⅲ. 판례

1. 영리로 타인의 취업에 개입

　　근로기준법 제9조는 "누구든지 법률에 의하지 아니하고는 영리로 타인의 취업에 개입하거나 중간인으로서 이익을 취득하지 못한다."라고 규정하고 있는바, 여기서 '영리로 타인의 취업에 개입'한다고 함은 제3자가 영리로 타인의 취업을 소개 또는 알선하는 등 근로관계의 성립 또는 갱신에 영향을 주는 행위를 말한다. 제3자가 타인의 취업에 직접·간접으로 관여하여 근로자를 착취하는 행위를 방지하고자 하는 위 규정의 입법취지와 위 조항에 의하여 원칙적으로 금지되고 있는 타인의 취업에 개입하는 행위 중 허용되는 행위의 유형과 절차에 관하여 상세히 정하고 있는 직업안정법 등의 관련 법률 조항들을 종합적으로 고려해 볼 때, 위 조항의 '영리로 타인의 취업에 개입'하는 행위, 즉 제3자가 영리로 타인의 취업을 소개 또는 알선하는 등 근로관계의 성립 또는 갱신에 영향을 주는 행위에는 취업을 원하는 사람에게 취업을 알선해 주기로 하면서 그 대가로 금품을 수령하는 정도의 행위도 포함된다고 볼 것이고, 반드시 근로관계 성립 또는 갱신에 직접적인 영향을 미칠 정도로 구체적인 소개 또는 알선행위에까지 나아가야만 한다고 볼 것은 아니다.

2. 중간인으로서의 이익을 취득하는 행위

판례는 근로기준법 제9조는 "누구든지 법률에 의하지 아니하고는 영리로 타인의 취업에 개입하거나 중간인으로서 이익을 취득하지 못한다"라고 규정하고 있는바, '영리로 타인의 취업에 개입'하는 행위는 제3자가 영리로 타인의 취업을 소개·알선하는 등 노동관계의 성립 또는 갱신에 영향을 주는 행위를 말하고, '중간인으로서 이익을 취득'하는 행위는 근로계약관계 존속 중에 사용자와 근로자 사이의 중간에서 근로자의 노무제공과 관련하여 사용자 또는 근로자로부터 법률에 의하지 아니하는 이익을 취득하는 것을 말한다(대기업 취업을 청탁받고 취업사례금 명목으로 금품을 받은 경우, '영리로 타인의 취업에 개입'하는 행위에 해당하는지 여부만이 문제될 뿐 '중간인으로서 이익을 취득'하는 행위에 해당한다고는 볼 수 없다고 한 사례).

※ 대기업 취업을 청탁받고 취업사례금 명목으로 금품을 받은 경우, '중간인으로서 이익을 취득'하는 행위에 해당한다고는 볼 수 없다고 판단한 사안.

IV. 위반의 효과

> 제107조(벌칙)
> 제7조, 제8조, 제9조, 제23조 제2항 또는 제40조를 위반한 자는 5년 이하의 징역 또는 5천만원 이하의 벌금에 처한다.

V. 사안의 해결

1. 영리로 타인의 취업에 개입하였는지 여부

甲은 2016년 9월부터 2017년 2월까지의 기간 동안 A회사 밖에서 지인 3명으로부터 취업알선의 부탁을 받고 그 대가로 적게는 500만원에서 많게는 1,000만원 등 합계 2,200만원을 수령하였으므로 영리로 타인의 취업에 개입하였다고 판단된다.

2. 근로기준법 제9조 위반 여부

판례는 제3자가 영리로 타인의 취업을 소개 또는 알선하는 등 근로관계의 성립 또는 갱신에 영향을 주는 행위에는 취업을 원하는 사람에게 취업을 알선해 주기로 하면서 그 대가로 금품을 수령하는 정도의 행위도 포함된다고 볼 것이고, 반드시 근로관계 성립 또는 갱신에 직접적인 영향을 미칠 정도로 구체적인 소개 또는 알선행위에까지 나아가야만 한다고 볼 것은 아니라는 입장인바 甲이 구체적인 소개 알선 행위를 하지 않았다고 하여 근로기준법 제9조 위반이 아니라고 할 수 없다.

3. 이러한 甲의 주장은 타당하지 않다.

06 | 경업금지의무

제1절 서

경업금지의무란 근로자가 경쟁업체 또는 동종업계로 취업하여 사용자의 이익을 침해하지 않을 의무를 말하며 원칙적으로 사용자와 근로관계가 종료하면 경업금지의무는 소멸한다. 다만 관계법령의 규정이 있거나 별도 경업금지 약정이 있는 경우라면 예외적으로 근로관계 종료여부와 관계없이 효력을 인정할 수 있는바 관련 사안들을 살펴보고자 한다.

제2절 관계법령의 규정이 있는 경우

1 법규정

'부정경쟁방지 및 영업비밀보호에 관한 법률'

> 제2조 제2호
> 2. "영업비밀"이란 공공연히 알려져 있지 아니하고 독립된 경제적 가치를 가지는 것으로서, 비밀로 관리된 생산방법, 판매방법, 그 밖에 영업활동에 유용한 기술상 또는 경영상의 정보를 말한다.
>
> 제10조(영업비밀 침해행위에 대한 금지청구권 등)
> ① 영업비밀의 보유자는 영업비밀 침해행위를 하거나 하려는 자에 대하여 그 행위에 의하여 영업상의 이익이 침해되거나 침해될 우려가 있는 경우에는 법원에 그 행위의 금지 또는 예방을 청구할 수 있다.

2 판례의 입장

(1) 영업비밀로 인정받기 위한 요건

부정경쟁방지 및 영업비밀보호에 관한 법률 제2조 제2호의 "영업비밀"이라 함은 공공연히 알려져 있지 아니하고 독립된 경제적 가치를 가지는 것으로서, 상당한 노력에 의하여 비밀로 유지된 생산방법·판매방법 기타 영업활동에 유용한 기술상 또는 경영상의 정보를 말하는 것이고, 영업비밀 침해금지를 명하기 위해서는 그 영업비밀이 특정되어야 할 것이지만, 상당한 정도의 기술력과 노하우를 가지고 경쟁사로 전직하여 종전의 업무와 동일·유사한 업무에 종사하는 근로자를 상대로 영업비밀 침해금지를 구하는 경우 사용자가 주장하는 영업비밀이 영업비밀로서의 요건을 갖추었는지의 여부 및 영업비밀로서 특정이 되었는지 등을 판단함에 있어서는, 사용자가 주장하는 영업비밀 자체의 내용뿐만 아니라 근로자의 근무기간, 담당업무, 직책, 영업비밀에의 접근 가능성, 전직한 회사에서 담당하는 업무의 내용과 성격, 사용자와 근로자가 전직한 회사와의 관계 등 여러 사정을 고려하여야 한다는 입장을 취하고 있다.

(2) 이직금지가 가능한지 여부

판례는 부정경쟁방지 및 영업비밀보호에 관한 법률 제10조 제1항에 의한 침해행위의 금지 또는 예방 및 이를 위하여 필요한 조치 중의 한 가지로서 "그 근로자로 하여금 전직한 회사에서 영업비밀과 관련된 업무에 종사하는 것을 금지하도록 하는 조치를 취할 수 있다"라는 입장을 취하고 있다.

(3) 경쟁업체로의 이직이 금지되는 기산점

① 원칙(퇴직)

판례는 근로자가 회사에서 퇴직하지는 않았지만 전직을 준비하고 있는 등으로 영업비밀을 침해할 우려가 있어서 이를 방지하기 위한 예방적 조치로서 미리 영업비밀 침해금지 및 전직금지를 구하는 경우에는 근로자가 회사에서 퇴직하지 않았다고 하더라도 실제로 그 영업비밀을 취급하던 업무에서 이탈한 시점을 기준으로 영업비밀 침해금지기간 및 전직금지기간을 산정할 수 있을 것이지만, 근로자가 회사에서 퇴직한 이후 전직금지를 신청하는 경우에는, 전직금지는 기본적으로 근로자가 사용자와 경쟁관계에 있는 업체에 취업하는 것을 제한하는 것이므로, 근로자가 영업비밀을 취급하지 않는 부서로 옮긴 이후 퇴직할 당시까지의 제반 상황에서 사용자가 근로자가 퇴직하기 전에 미리 전직금지를 신청할 수 있었다고 볼 특별한 사정이 인정되지 아니하는 이상 근로자가 퇴직한 시점을 기준으로 산정하여야 한다.

② 영업비밀의 업무에서 배제된 시점

판례는 영업비밀 침해금지의무를 부과함에 있어서 영업비밀의 해당 여부 및 영업비밀의 존속기간은 영업비밀을 취급한 근로자가 지득한 영업비밀을 기준으로 평가하여야 하는데, 부정경쟁방지법 제10조에서 영업비밀 침해행위의 금지 또는 예방을 위한 조치를 취할 수 있다고 규정하고 있으므로 근로자가 회사에서 퇴직하지는 않았지만 전직을 준비하고 있는 등으로 영업비밀을 침해할 우려가 있어서 이를 방지하기 위한 예방적 조치로서 미리 영업비밀 침해금지를 구하는 경우에는 근로자가 그 영업비밀을 취급하던 업무에서 실제로 이탈한 시점을 기준으로 영업비밀 침해금지기간을 산정할 수 있을 것이며, 영업비밀이 존속하는 기간 동안에는 영업비밀의 침해금지를 구할 수 있는 것이므로, 근로자가 퇴직한 이후에 영업비밀 침해금지를 구하는 경우에도 근로자가 영업비밀 취급업무에서 이탈한 시점을 기준으로 영업비밀 침해금지기간을 산정함이 타당할 것이다.

제 3 절　경업금지 약정이 있는 경우

판례는 사용자와 근로자 사이에 경업금지 약정이 존재한다고 하더라도, 그와 같은 약정이 헌법상 보장된 근로자의 직업선택의 자유와 근로권 등을 과도하게 제한하거나 자유로운 경쟁을 지나치게 제한하는 경우에는 민법 제103조에 정한 선량한 풍속 기타 사회질서에 반하는 법률행위로서 무효라고 보아야 하며, 이와 같은 경업금지 약정의 유효성에 관한 판단은 보호할 가치 있는 사용자의 이익, 근로자의 퇴직 전 지위, 경업 제한의 기간·지역 및 대상 직종, 근로자에 대한 대가의 제공 유무, 근로자의 퇴직 경위, 공공의 이익 및 기타 사정 등을 종합적으로 고려하여야 하고, 여기에서 말하는 '보호할 가치 있는 사용자의 이익'이라 함은 부정경쟁방지 및 영업비밀보호에 관한 법률 제2조 제2호에 정한 '영업비밀'뿐만 아니라 그 정도에 이르지 아니하였더라도 당해 사용자만이 가지고 있는 지식 또는 정보로서 근로자와 이를 제3자에게 누설하지 않기로 약정한 것이거나 고객관계나 영업상의 신용의 유지도 이에 해당한다는 입장을 취하고 있다.

제 4 절　경업금지 약정의 성립

판례는 이 사건 각서는 직원들의 명예퇴직 과정에 수반하여 제출된 것으로 그 내용이 '직원들의 퇴직 후 3년 내 동종 경쟁업체에 취직하는 경우 명예퇴직이 아니라 일반퇴직으로 전환되는 것을 인정하고 명예퇴직금을 전액 반납하겠다'는 것이다. 이 사건 각서에는 퇴직 후 일정 기간 다른 회사로의 전직을 명시적으로 금지하는 의무규정이 포함되어 있지는 아니하므로, 위와 같은 문언만으로 곧바로 피고들에게 경업금지의무가 부과된다고 보기는 어렵고, 오히려 명예퇴직 후 3년 내 동종 경쟁업체에 취직하면 명예퇴직의 효력이 상실되어 지급받은 명예퇴직금을 반환해야 하는 '명예퇴직의 해제조건'에 관하여 약정한 것으로 봄이 타당하다.

이 사건 각서의 내용, 명예퇴직제도의 취지, 피고들이 취득한 기술이나 정보의 성격, 전직이 제한되는 기간 및 피고들의 근로권과 직업선택의 자유 등을 종합하면, 이 사건 각서에서 정한 명예퇴직에 관한 해제조건은 단순한 경쟁업체에의 재취업만으로는 부족하고, '재취업 직장이 원고와 동종 경쟁관계에 있어 원고에서 알게 된 정보를 부당하게 영업에 이용함으로써 원고에 손해를 끼칠 염려가 있는 경우'로 엄격하게 해석할 필요가 있다. 따라서 이 사건 각서에서 정한 명예퇴직 해제조건의 성취는 '명예퇴직 후 3년 내 취직한 직장이 원고와 동종 경쟁관계에 있어 원고에서 알게 된 정보를 부당하게 영업에 이용함으로써 원고에 손해를 끼칠 염려가 있는 경우'로 엄격하게 해석하는 것이 타당하다.

제 5 절　관련문제

1 근로자의 불법행위에 대한 손해배상 제한

판례는 일반적으로 사용자가 피용자의 업무수행과 관련하여 행하여진 불법행위로 인하여 직접 손해를 입었거나 그 피해자인 제3자에게 사용자로서의 손해배상책임을 부담한 결과로 손해를 입게 된 경우에 있어서, 사용자는 그 사업의 성격과 규모, 시설의 현황, 피용자의 업무내용과 근로조건 및 근무태도, 가해행위의 발생원인과 성격, 가해행위의 예방이나 손실의 분산에 관한 사용자의 배려의 정도, 기타 제반 사정에 비추어 손해의 공평한 분담이라는 견지에서 신의칙상으로 청구하거나 그 구상권을 행사할 수 있다.

2 업무방해죄 : 별도 논점으로 출제 가능

판례는 형법 제314조 제1항의 업무방해죄는 위계 또는 위력으로써 사람의 업무를 방해한 경우에 성립한다. 여기서 '위력'이란 사람의 자유의사를 제압하거나 혼란하게 할 만한 일체의 유형·무형의 세력으로 폭행·협박은 물론 사회적·경제적·정치적 지위와 권세에 의한 압박도 이에 포함되고, 반드시 업무에 종사 중인 사람에게 직접 가해지는 세력이 아니더라도 사람의 자유의사나 행동을 제압할 만한 일정한 물적 상태를 만들어 그 결과 사람으로 하여금 정상적인 업무수행 활동을 불가능하게 하거나 현저히 곤란하게 하는 행위도 이에 포함될 수 있다.

판례는 피고인들은 피해 회사에서 비교적 높은 직책을 맡고 있었는데, 각 업무용 노트북 컴퓨터에는 피해 회사의 개발 업무, 거래처 및 자재구매 등에 관한 자료가 있었고, 이는 매월 피해 회사의 공용 폴더로 백업되어 왔다. 피고인들은 피해 회사 대표이사에 대한 불만으로 퇴사 전 다른 피고인들과 공모하여 동종업체를 설립하여 운영하였고, 매월 피해 회사의 공용폴더에 자료를 백업하도록 한 피해 회사의 방침에도 불구하고 퇴사하기 전 약 3개월간 백업을 하지 않았다. 피고인들은 퇴사 직전 사용하던 노트북 컴퓨터의 드라이브를 포맷한 후 인수인계 없이 퇴사하였는바, 피고인들이 퇴사 직전에 회사의 공용폴더로 백업을 하지 않은 자료를 인수인계 없이 삭제한 행위는 업무방해죄의 '위력'에 해당한다.

사례연습

Q B회사는 우리나라 탄산음료 업계의 1위를 달리고 있는 회사이며 30년간 음료제조를 담당한 乙은 B회사의 특수한 음료제조 기술을 전부 인지 및 습득하고 있는 유일한 자에 해당한다. B회사는 乙과 최근에 퇴사 후 1년간 경쟁업체를 운영하거나 경쟁업체에 취업하지 않겠다는 내용의 '경업금지 약정서'를 체결하였으며 체결과 동시에 보상금으로 2억원을 乙에게 지급하였다. 그러나 乙은 최근 퇴사를 하고 1개월 후에 바로 B회사와 동일한 품질의 브랜드를 만들어 탄산음료를 런칭하였으며 B회사 보다 저렴한 가격으로 판매를 하여 B회사는 매출이 50% 이상 감소하였다. 이에 B회사는 乙에게 '경업금지 약정서'에 따라 손해배상을 청구하고자 하는바 판례의 법리를 기준으로 사안을 해결해 보도록 하라. 25점

해설

✔ **경업금지 약정의 유효성**

Ⅰ. 문제의 소재

B회사와 乙은 퇴사 후 1년간 경쟁업체를 운영하거나 경쟁업체에 취업하지 않겠다는 약정인 '경업금지 약정서'를 체결하였는바 해당 경업금지 약정의 유효성 여부에 따라 B회사가 乙에게 손해배상을 청구할 수 있는지를 알 수 있는바 법원의 입장을 기준으로 사안을 해결해 보도록 한다.

Ⅱ. 의의

경업금지의무란 근로자가 경쟁업체 또는 동종업계로 취업하여 사용자의 이익을 침해하지 않을 의무를 말하며 원칙적으로 사용자와 근로관계가 종료하면 경업금지의무는 소멸한다. 다만 관계 법령의 규정이 있거나 별도 경업금지 약정이 있는 경우라면 예외적으로 근로관계 종료여부와 관계없이 효력을 인정하고 있으며 해당 사안은 '경업금지 약정서'를 체결하여 경업금지 약정이 있는 경우에 해당한다.

Ⅲ. 판례의 태도

1. 판단기준

판례는 사용자와 근로자 사이에 경업금지 약정이 존재한다고 하더라도, 그와 같은 약정이 헌법상 보장된 근로자의 직업선택의 자유와 근로권 등을 과도하게 제한하거나 자유로운 경쟁을 지나치게 제한하는 경우에는 민법 제103조에 정한 선량한 풍속 기타 사회질서에 반하는 법률행위로서 무효라고 보아야 하며, 이와 같은 경업금지 약정의 유효성에 관한 판단은 보호할 가치 있는 사용자의 이익, 근로자의 퇴직 전 지위, 경업 제한의 기간·지역 및 대상 직종, 근로자에 대한 대가의 제공 유무, 근로자의 퇴직 경위, 공공의 이익 및 기타 사정 등을 종합적으로 고려하여야 하고, 여기에서 말하는 '보호할 가치 있는 사용자의 이익'이라 함은 부정경쟁방지 및 영업비밀보호에 관한 법률 제2조 제2호에 정한 '영업비밀'뿐만 아니라 그 정도에 이르지 아니하였더라도 당해 사용자만이 가지고 있는 지식 또는 정보로서 근로자와 이를 제3자에게 누설하지 않기로 약정한 것이거나 고객관계나 영업상의 신용의 유지도 이에 해당한다는 입장을 취하고 있다.

2. 엄격한 해석의 법리 적용

(1) 최근 판례의 태도

판례는 각서는 직원들의 명예퇴직 과정에 수반하여 제출된 것으로 그 내용이 '직원들의 퇴직

후 3년 내 동종 경쟁업체에 취직하는 경우 명예퇴직이 아니라 일반퇴직으로 전환되는 것을 인정하고 명예퇴직금을 전액 반납하겠다'는 것이다. 이 사건 각서에는 퇴직 후 일정 기간 다른 회사로의 전직을 명시적으로 금지하는 의무규정이 포함되어 있지는 아니하므로, 위와 같은 문언만으로 곧바로 피고들에게 경업금지의무가 부과된다고 보기는 어렵고, 오히려 명예퇴직 후 3년 내 동종 경쟁업체에 취직하면 명예퇴직의 효력이 상실되어 지급받은 명예퇴직금을 반환해야 하는 '명예퇴직의 해제조건'에 관하여 약정한 것으로 봄이 타당하다는 입장을 취하면서 이 사건 각서의 내용, 명예퇴직제도의 취지, 피고들이 취득한 기술이나 정보의 성격, 전직이 제한되는 기간 및 피고들의 근로권과 직업선택의 자유 등을 종합하면, 이 사건 각서에서 정한 명예퇴직에 관한 해제조건은 단순한 경쟁업체에의 재취업만으로는 부족하고, '재취업 직장이 원고와 동종 경쟁관계에 있어 원고에서 알게 된 정보를 부당하게 영업에 이용함으로써 원고에 손해를 끼칠 염려가 있는 경우'로 엄격하게 해석할 필요가 있다. 따라서 이 사건 각서에서 정한 명예퇴직 해제조건의 성취는 '명예퇴직 후 3년 내 취직한 직장이 원고와 동종 경쟁관계에 있어 원고에서 알게 된 정보를 부당하게 영업에 이용함으로써 원고에 손해를 끼칠 염려가 있는 경우'로 엄격하게 해석하는 것이 타당하다는 입장을 취하고 있다.

(2) 검토

법원은 퇴직 시 작성한 각서가 경업금지 약정으로 인정되기 위해서는 명시적으로 의무를 규정하고 있는 것인지 살펴보아야 하고 명백하지 않을 경우에는 경업금지 약정에 해당하는 것으로 해석할 수 없다는 점을 제시하면서 직업선택의 자유를 강조한바 있다.

Ⅳ. 사안의 해결

1. 보호할 가치가 있는 사용자의 이익

B회사는 우리나라 탄산음료 업계의 1위를 달리고 있는 회사이며 乙은 B회사의 특수한 음료제조 기술을 전부 인지 및 습득하고 있는 유일한 자에 해당하는바 乙이 가진 지식은 부정경쟁방지 및 영업비밀보호에 관한 법률 제2조 제2호의 영업비밀에 해당할 소지가 크며 B회사만이 가지고 있는 지식으로 판단되는바 보호할 가치가 있는 사용자의 이익에 해당한다.

2. 퇴직 전 지위, 경업 제한의 기간·지역 및 대상 직종

乙은 30년 동안 음료제조를 담당한 자이며 경업 제한의 기간도 퇴직 후 1년이고 경업 지역에 대한 제한을 별도로 두고 있지 않는바 乙의 직업선택의 자유를 과도하게 제한하는 것으로 보이지 않는다.

3. 근로자에 대한 대가의 제공 유무, 근로자의 퇴직 경위, 공공의 이익 및 기타 사정 등

B회사는 乙과 퇴사 후 1년간 경쟁업체를 운영하거나 경쟁업체에 취업하지 않겠다는 약정인 '경업금지 약정서'를 체결하면서 보상금 2억원을 乙에게 지급하였는바 乙은 경업금지를 준수하겠다는 의미로 대가를 지급받은 것으로 해석할 수 있다. 乙이 퇴사 후 1개월만에 B회사와 동일한 품질의 브랜드를 런칭하였다는 점은 퇴직의 경위가 경쟁업체를 직접 운영하기 위한 목적으로 보이며 B회사 보다 저렴한 가격으로 판매를 하여 B회사의 매출이 50% 이상 감소하였다는 점을 고려하면 乙이 공공의 이익을 위해 퇴사하여 경쟁업체를 운영한 것이라고 보기 어렵다.

4. 결

상기 사항을 종합해면 경업금지 약정이 민법 제103조 위반이거나 乙의 직업선택의 자유를 제한하는 것으로 보기 어려운바 유효성이 인정된다고 판단된다. 따라서 B회사는 乙에게 '경업금지 약정서'에 따라 손해배상을 청구를 구하는 민사의 소를 제기할 수 있다.

07 | 경력사칭과 근로계약의 취소

제1절 진실고지의무

근로자와 사용자는 신의칙상 부수적 의무로서 각 상대방에 대하여 근로계약의 체결과 관련된 여러 가지 사항들을 고지하거나 또는 조회에 응할 의무를 말한다.

제2절 법규정

민법 제141조(취소의 효과)
취소된 법률행위는 처음부터 무효인 것으로 본다. 다만, 제한능력자는 그 행위로 인하여 받은 이익이 현존하는 한도에서 상환(償還)할 책임이 있다.

제3절 판례의 태도

1 근로계약의 취소

판례는 근로계약은 근로자가 사용자에게 근로를 제공하고 사용자는 이에 대하여 임금을 지급하는 것을 목적으로 체결된 계약으로서 기본적으로 그 법적 성질이 사법상 계약이므로 계약 체결에 관한 당사자들의 의사표시에 무효 또는 취소의 사유가 있으면 그 상대방은 이를 이유로 근로계약의 무효 또는 취소를 주장하여 그에 따른 법률효과의 발생을 부정하거나 소멸시킬 수 있다.

2 취소의 적법성

판례는 사용자가 근로자를 고용할 때 근로자의 경력을 요구하는 것은 근로자에 대한 노동력의 평가, 노동조건의 결정, 노무 관리 및 적정한 인력 배치 등을 위한 판단자료와 근로자의 직장에 대한 정착성, 기업질서 및 기업규범 등에 대한 적응성 등에 관한 인격조사자료로 삼음으로써 노사 간의 신뢰관계 설정이나 기업질서의 유지·안정을 도모하려는 데 그 목적이 있다.

3 구체적 검토

판례는 원고가 허위 경력의 이력서를 제출하여 피고 회사의 백화점 매장 매니저로 채용되었다가 사실이 밝혀져 해고되어 부당해고 구제절차에서 해고 절차상의 하자를 이유로 부당해고 판정을 받은 후 소로써 그 부당해고 기간 중의 임금을 청구하자 피고가 소송계속 중 원고의 경력사칭이 기망행위에 해당함을 이유로 근로계약 자체를 취소하였는바, 백화점에서 의류 판매점을 운영하면서 그 매장의 매니저를 고용하려는 피고로서는 고용하고자 하는 근로자의 백화점 매장 매니저 근무경력이 노사간의 신뢰관계를 설정하거나 피고 회사의 내부질서를 유지하는 데 직접적인 영향을 미치는 중요한 부분에 해당하므로, 사전에 원고의 경력이 허위임을 알았더라면 원고를 고용하지 않았거나 적어도 같은 조건으로 계약을 체결하지 아니하였을 것이라고 봄이 타당하다. 그렇다면 원고의 기망으로 체결된 이 사건 근로계약은 그 하자의 정도나 원고의 근무기간 등에 비추어 하자가 치유되었거나 계약의 취소가 부당하다고 볼 만한 특별한 사정이 없는 한 피고의 취소의 의사표시가 담긴 반소장 부본의 송달로써 적법하게 취소되었다고 봄이 상당하다. 그러나 그 취소의 소급효가 제한되어 이 사건 근로계약은 취소의 의사표시가 담긴 반소장 부본 송달 이후의 장래에 관하여만 그 효력이 소멸할 뿐 위 반소장 부본이 원고에게 송달되기 이전의 법률관계는 여전히 유효하다고 보아야 한다.

4 소급효 인정 여부

판례는 그와 같이 근로계약의 무효 또는 취소를 주장할 수 있다 하더라도 근로계약에 따라 그 동안 행하여진 근로자의 노무 제공의 효과를 소급하여 부정하는 것은 타당하지 않으므로 이미 제공된 근로자의 노무를 기초로 형성된 취소 이전의 법률관계까지 효력을 잃는다고 보아서는 아니 되고, 취소의 의사표시 이후 장래에 관하여만 근로계약의 효력이 소멸된다고 보아야 한다.

5 부당해고 기간의 임금

판례는 근로자가 현실적으로 노무를 제공한 경우에 한하는 것이 아닌 현실적으로 노무를 제공하지 않았으나 근로를 제공한 것으로 간주되는 부당해고 기간이더라도 근로계약 취소의 소급효는 제한된다는 입장이다.

사례연습

Q A회사는 상시 500명 근로자를 고용하여 의류를 디자인 제작하고 판매하는 사업을 운영하는 회사이다. 甲은 A회사에 경력직 디자이너로 2022년 1월 1일에 입사하여 디자이너 업무를 수행하였고 신입 디자이너의 2배가 넘는 연봉으로 계약을 체결하였다. 이후 2022년 3월 1일에 甲의 이전 경력이 허위임이 밝혀졌고 甲은 A회사에 지원할 때 제출한 이력서의 경력 자체가 모두 허위로 작성되어 디자이너와 관련한 경력은 전혀 없는 것으로 사실관계 조사 결과로 밝혀졌다. A회사는 甲에게 2022년 4월 1일에 해고예고수당을 지급하며 구두로 해고를 통보하였다. 이후 A회사는 근로기준법 제27조 위반인 부당해고임을 인지하고 甲에게 '2022년 4월 2일로 근로계약이 취소되었음을 안내한다.'라는 내용의 내용증명을 발송하였고, 2022년 5월 1일 甲에게 도달하였다. 이에 甲은 근로계약의 취소를 받아들이면서 부당해고 기간인 2022년 4월 2일부터 2022년 5월 1일까지의 임금을 청구하였다. A회사는 이에 민사소송을 제기하였으며 소장의 내용은 아래와 같다.

〈청구취지〉
① 甲과 A회사와 근로관계는 2022년 4월 1일부터 적법하게 취소되었으며 취소된 시점 이후의 임금은 발생하지 않으며, ② 근로계약의 취소를 甲이 받아들였는바 해고가 아닌 합의의 해지이므로 2022년 4월 1일에 지급한 해고예고수당은 부당이득에 해당함을 인정하고 A회사에 반납하라.

A회사의 민사소송 청구취지는 타당한가? 25점

해설

✔ **근로계약의 취소 및 장래효**

I. 문제의 소재

甲은 허위로 경력사칭하여 근로계약이 적법하게 취소된 자에 해당하나 이러한 취소의 효력 소급무효 여부, 근로계약 취소와 함께 해고예고수당을 받은 것이 부당이득에 해당하는지가 문제인바 법원의 입장을 고려하여 사안을 해결하도록 한다.

II. 법규정

> 민법 제141조(취소의 효과)
> 취소된 법률행위는 처음부터 무효인 것으로 본다. 다만, 제한능력자는 그 행위로 인하여 받은 이익이 현존하는 한도에서 상환(償還)할 책임이 있다.

III. 판례의 태도

1. 근로계약의 취소

   판례는 근로계약은 근로자가 사용자에게 근로를 제공하고 사용자는 이에 대하여 임금을 지급하는 것을 목적으로 체결된 계약으로서 기본적으로 그 법적 성질이 사법상 계약이므로 계약체결에 관한 당사자들의 의사표시에 무효 또는 취소의 사유가 있으면 그 상대방은 이를 이유로 근로계약의 무효 또는 취소를 주장하여 그에 따른 법률효과의 발생을 부정하거나 소멸시킬 수 있다.

2. 취소의 적법성

판례는 사용자가 근로자를 고용할 때 근로자의 경력을 요구하는 것은 근로자에 대한 노동력의 평가, 노동조건의 결정, 노무 관리 및 적정한 인력 배치 등을 위한 판단자료와 근로자의 직장에 대한 정착성, 기업질서 및 기업규범 등에 대한 적응성 등에 관한 인격조사자료로 삼음으로써 노사 간의 신뢰관계 설정이나 기업질서의 유지·안정을 도모하려는 데 그 목적이 있다.

3. 구체적 검토

판례는 원고가 허위 경력의 이력서를 제출하여 피고 회사의 백화점 매장 매니저로 채용되었다가 사실이 밝혀져 해고되어 부당해고 구제절차에서 해고 절차상의 하자를 이유로 부당해고 판정을 받은 후 소로써 그 부당해고 기간 중의 임금을 청구하자 피고가 소송계속 중 원고의 경력사칭이 기망행위에 해당함을 이유로 근로계약 자체를 취소하였는바, 백화점에서 의류 판매점을 운영하면서 그 매장의 매니저를 고용하려는 피고로서는 고용하고자 하는 근로자의 백화점 매장 매니저 근무경력이 노사 간의 신뢰관계를 설정하거나 피고 회사의 내부질서를 유지하는 데 직접적인 영향을 미치는 중요한 부분에 해당하므로, 사전에 원고의 경력이 허위임을 알았더라면 원고를 고용하지 않았거나 적어도 같은 조건으로 계약을 체결하지 아니하였을 것이라고 봄이 타당하다. 그렇다면 원고의 기망으로 체결된 이 사건 근로계약은 그 하자의 정도나 원고의 근무기간 등에 비추어 하자가 치유되었거나 계약의 취소가 부당하다고 볼 만한 특별한 사정이 없는 한 피고의 취소의 의사표시가 담긴 반소장 부본의 송달로써 적법하게 취소되었다고 봄이 상당하다. 그러나 그 취소의 소급효가 제한되어 이 사건 근로계약은 취소의 의사표시가 담긴 반소장 부본 송달 이후의 장래에 관하여만 그 효력이 소멸할 뿐 위 반소장 부본이 원고에게 송달되기 이전의 법률관계는 여전히 유효하다고 보아야 한다.

4. 소급효 인정 여부

판례는 그와 같이 근로계약의 무효 또는 취소를 주장할 수 있다 하더라도 근로계약에 따라 그동안 행하여진 근로자의 노무 제공의 효과를 소급하여 부정하는 것은 타당하지 않으므로 이미 제공된 근로자의 노무를 기초로 형성된 취소 이전의 법률관계까지 효력을 잃는다고 보아서는 아니 되고, 취소의 의사표시 이후 장래에 관하여만 근로계약의 효력이 소멸된다고 보아야 한다.

5. 부당해고 기간의 임금

판례는 근로자가 현실적으로 노무를 제공한 경우에 한하는 것이 아닌 현실적으로 노무를 제공하지 않았으나 근로를 제공한 것으로 간주하는 부당해고 기간이더라도 근로계약 취소의 소급효는 적용할 수 없음을 명확히 하고 있다.

6. 해고예고수당의 부당이득 반환 여부(해고가 무효인 경우)

판례는 근로기준법 제26조 본문에 따라 사용자가 근로자를 해고하면서 30일 전에 예고를 하지 아니하였을 때 근로자에게 지급하는 해고예고수당은 해고가 유효한지 여부와 관계없이 지급되어야 하는 돈이고, 그 해고가 부당해고에 해당하여 효력이 없다고 하더라도 근로자가 해고예고수당을 지급받을 법률상 원인이 없다고 볼 수 없다.

그 근거는 다음과 같다.

(1) 근로기준법 제26조 본문은 "사용자는 근로자를 해고(경영상 이유에 의한 해고를 포함한다)하려면 적어도 30일 전에 예고를 하여야 하고, 30일 전에 예고를 하지 아니하였을 때에는 30일분 이상의 통상임금을 지급하여야 한다."라고 규정하고 있을 뿐이고, 위 규정상 해고가 유효한 경우에만 해고예고 의무나 해고예고수당 지급 의무가 성립한다고 해석할 근거가 없다.

(2) 근로기준법 제26조에서 규정하는 해고예고제도는 근로자로 하여금 해고에 대비하여 새로운 직장을 구할 수 있는 시간적·경제적 여유를 주려는 것으로(대법원 2010.4.15. 선고 2009도13833 판결 참조), 해고의 효력 자체와는 관계가 없는 제도이다. 해고가 무효인 경우에도 해고가 유효한 경우에 비해 해고예고제도를 통해 근로자에게 위와 같은 시간적·경제적 여유를 보장할 필요성이 작다고 할 수 없다.

(3) 사용자가 근로자를 해고하면서 해고예고를 하지 않고 해고예고수당도 지급하지 않은 경우, 그 후 해고가 무효로 판정되어 근로자가 복직을 하고 미지급 임금을 지급받더라도 그것만으로는 해고예고제도를 통하여 해고 과정에서 근로자를 보호하고자 하는 근로기준법 제26조의 입법목적이 충분히 달성된다고 보기 어렵다. 해고예고 여부나 해고예고수당 지급 여부가 해고의 사법상(私法上) 효력에 영향을 미치지 않는다는 점(대법원 1994.3.22. 선고 93다28553 판결 참조)을 고려하면, 해고예고제도 자체를 통해 근로자를 보호할 필요성은 더욱 커진다.

Ⅳ. 사안의 해결

1. 甲의 근로계약 취소 시점

A회사는 '2022년 4월 2일로 근로계약이 취소되었음을 안내한다.'라는 내용의 내용증명을 발송하였고 2022년 5월 1일에 甲에게 도달하였는바 소장 부본 송달 시점을 기준으로 취소 시점을 판단하는 판례의 입장을 고려하면 내용증명이 도달한 시점인 2022년 5월 1일에 근로계약 취소의 효력이 발생한다고 보인다.

2. 소급효 인정 여부

취소의 소급무효는 허용될 수 없는바 취소의 효력이 발생한 2022년 5월 1일까지는 부당해고 기간에 해당하므로 A회사의 임금 지급 의무는 발생한다.

3. 해고예고수당의 부당이득 반환대상

근로계약의 취소를 甲이 받아들였다고 해고가 아닌 것으로 볼 수 없으며 해고예고제도의 취지와 해고의 정당성 판단기준은 별개의 제도라는 점을 고려하면 2022년 4월 1일에 지급한 해고예고수당은 부당이득이라고 보이지 않으며 반환 의무도 없다.

4. 결

A회사의 민사소송 청구취지는 타당하지 않다.

08 | 근로조건 명시의무

제1절 | 법규정

제17조(근로조건의 명시)
① 사용자는 근로계약을 체결할 때에 근로자에게 다음 각 호의 사항을 명시하여야 한다. 근로계약 체결 후 다음 각 호의 사항을 변경하는 경우에도 또한 같다.
  1. 임금
  2. 소정근로시간
  3. 제55조에 따른 휴일
  4. 제60조에 따른 연차 유급휴가
  5. 그 밖에 대통령령으로 정하는 근로조건
② 사용자는 제1항 제1호와 관련한 임금의 구성항목·계산방법·지급방법 및 제2호부터 제4호까지의 사항이 명시된 서면(「전자문서 및 전자거래 기본법」 제2조 제1호에 따른 전자문서를 포함한다)을 근로자에게 교부하여야 한다. 다만, 본문에 따른 사항이 단체협약 또는 취업규칙의 변경 등 대통령령으로 정하는 사유로 인하여 변경되는 경우에는 근로자의 요구가 있으면 그 근로자에게 교부하여야 한다.

제19조(근로조건의 위반)
① 제17조에 따라 명시된 근로조건이 사실과 다를 경우에 근로자는 근로조건 위반을 이유로 손해의 배상을 청구할 수 있으며 즉시 근로계약을 해제할 수 있다.
② 제1항에 따라 근로자가 손해배상을 청구할 경우에는 노동위원회에 신청할 수 있으며, 근로계약이 해제되었을 경우에는 사용자는 취업을 목적으로 거주를 변경하는 근로자에게 귀향 여비를 지급하여야 한다.

제2절 | 판례의 태도

1 명시의 범위

판례는 근로기준법 제17조에 의하면, 사용자는 근로계약을 체결할 때에 근로자에게 임금, 소정근로시간, 주휴일, 연차 유급휴가, 그 밖에 대통령령으로 정하는 근로조건을 명시하여야 하고, 그중 임금의 구성항목·계산방법·지급방법 및 소정근로시간, 주휴일, 연차 유급휴가에 대해서는 그 사항이 명시된 서면을 교부하여야 하며, 근로계약 체결 후 단체협약 또는 취업규칙의 변경 등의 사유로 인하여 위 사항이 변경되는 경우에는 근로자의 요구가 있으면 그 근로자에게 교부하여야 한다. 이는 근로계약을 체결할 때뿐만 아니라, 이를 변경하는 경우에도 위 법에서 열거하고 있는 중요한 근로조건에 대해서는 서면으로 명시하도록 하고, 사용자로 하여금 변경된 근로조건이 명시된 근로계약서를 교부하도록 하여 근로자의 법적 지위를 강화하고자 하는데 그 입법 취지가 있으므로, 위 규정에서 근로자의 요구에 따라 사용자가 교부하여야 하는 것은 '변경된 사항이 명시된 근로계약서 등 서면'을 의미하는 것이지, 변경된 단체협약이나 취업규칙 자체를 말하는 것이 아니다.

2 명시의무 위반

판례는 근로기준법 취지는 근로계약 체결 시에 사용자가 명시한 근로조건이 근로계약 체결 후에 사실과 다른 것을 알게 되었음에도 근로계약관계의 구속에서 벗어나기 어려운 근로자의 입장을 고려하여 취업 초기에 근로자가 원하지 않는 근로를 강제당하는 폐단을 방지하고 근로자를 신속히 구제하려는 데에 있는 것이라 할 것이므로 같은 법 제23조에 정한 계약의 즉시 해제권은 취업 후 상당한 기간이 지나면 행사할 수 없다고 해석되며, 같은 손해배상청구권의 소멸시효 기간은 위와 같은 법 규정의 취지와 규정 내용 등에 비추어 근로조건의 내용 여부를 묻지 않고 같은 법 제41조에 정한 임금채권에 준하여 3년이라고 보아야 한다.

제3절 명시의무 위반한 근로계약의 효력

근로계약은 불요식 계약으로 구두로도 계약이 성립할 수 있는바 근로계약 체결에 특별한 형식을 요하지 않는다. 근로기준법 제17조가 위반 시 제재를 가하는 단속규정이라는 점을 고려하면 근로기준법 제17조를 위반하였다고 하여 근로계약의 효력을 부정시키기는 어려울 것이다.

사례연습

Q 　근로자 A는 의류판매 회사인 B사(상시근로자 100명)에 2022.7.1.자로 취업하였다. A는 취업하기 전에 B사의 인사부장으로부터 다음의 근로조건에 대하여 설명을 듣고 구두로 근로계약을 체결하였다.

- 월 임금은 200만원을 지급함
- 근로시간은 1일 8시간, 1주 40시간으로 함
- 1주에 1일의 주휴일을 부여함

그러나 A가 실제로 약 2개월간 근무하였던 동안의 근로조건은 다음과 같았다.

- 월 임금은 150만원을 지급받았음
- 근로시간은 1주 48시간 근무를 하는 것이 일반적임
- 1주에 1일의 주휴일을 부여받았음

A는 2022.9.2. 오전 출근하여 인사과 사무실을 찾아가 "당초 취업을 결정할 때 들었던 근로조건과 실제로 지급된 임금이나 근로시간이 다르다."라는 취지의 말을 하면서 마침 자리에 있던 인사과장에게 "노동조합 및 변호사와 상담하여 근로기준법에 따른 권리를 행사하겠다."라고 하였다. A는 인사과 사무실을 나오면서 "왜 사람을 속이느냐. 이 나쁜 놈들아."라고 큰 소리로 말하면서 인사과장의 책상을 발로 걷어찼고, 이에 대해 인사과장이 A를 째려보자, A는 인사과장의 멱살을 잡고 두 차례 흔들다가 뒤로 밀쳤다. 이로 인해 인사과장은 약 4주간의 치료를 요하는 상해를 입었다. 이를 두고 B사는 A가 상급자에게 폭언과 폭행을 하였다는 등의 이유로 해고를 하기로 결정한 후 즉시 2022.9.2.자 구두로 해고하였다. B사의 징계규정에는 '상급자를 폭행하거나 상급자에게 상해를 가한 경우'를 해고사유로 규정하고 있다(해고사유에 대한 판단은 논하지 않는다).

A가 B사와 체결한 근로계약의 내용 및 효력을 근로기준법 제17조의 법문에 따라 판단하고, A가 2022.9.2.자에 행사할 수 있는 '근로기준법상의 권리'에 대하여 설명하시오. 　50점

해설

✔ **근로기준법상 권리**

I. 문제의 소재

　　A가 B사와 구두로 체결한 근로계약의 구체적인 내용이 근로기준법 제17조 위반인지 여부 및 B사가 A에게 행한 해고의 정당성 판단과 관련하여 근로기준법 제26조 및 제27조 위반 여부가 문제되는바 A가 주장할 수 있는 근로기준법상 권리에 대하여 논하도록 한다.

II. 근로기준법 제17조 위반 여부

1. 법규정

> **제17조(근로조건의 명시)**
> ① 사용자는 근로계약을 체결할 때에 근로자에게 다음 각 호의 사항을 명시하여야 한다. 근로계약 체결 후 다음 각 호의 사항을 변경하는 경우에도 또한 같다.
> 1. 임금
> 2. 소정근로시간
> 3. 제55조에 따른 휴일
> 4. 제60조에 따른 연차 유급휴가
> 5. 그 밖에 대통령령으로 정하는 근로조건
> ② 사용자는 제1항 제1호와 관련한 임금의 구성항목·계산방법·지급방법 및 제2호부터 제4호까지의 사항이 명시된 서면(「전자문서 및 전자거래 기본법」 제2조 제1호에 따른 전자문서를 포함한다)을 근로자에게 교부하여야 한다.
>
> **제19조(근로조건의 위반)**
> ① 제17조에 따라 명시된 근로조건이 사실과 다를 경우에 근로자는 근로조건 위반을 이유로 손해의 배상을 청구할 수 있으며 즉시 근로계약을 해제할 수 있다.
> ② 제1항에 따라 근로자가 손해배상을 청구할 경우에는 노동위원회에 신청할 수 있으며, 근로계약이 해제되었을 경우에는 사용자는 취업을 목적으로 거주를 변경하는 근로자에게 귀향 여비를 지급하여야 한다.

2. 판례의 태도

(1) 명시의 범위

판례는 근로기준법 제17조에 의하면, 사용자는 근로계약을 체결할 때에 근로자에게 임금, 소정근로시간, 주휴일, 연차 유급휴가, 그 밖에 대통령령으로 정하는 근로조건을 명시하여야 하고, 그중 임금의 구성항목·계산방법·지급방법 및 소정근로시간, 주휴일, 연차 유급휴가에 대해서는 그 사항이 명시된 서면을 교부하여야 하며, 근로계약 체결 후 단체협약 또는 취업규칙의 변경 등의 사유로 인하여 위 사항이 변경되는 경우에는 근로자의 요구가 있으면 그 근로자에게 교부하여야 한다. 이는 근로계약을 체결할 때뿐만 아니라, 이를 변경하는 경우에도 위법에서 열거하고 있는 중요한 근로조건에 대해서는 서면으로 명시하도록 하고, 사용자로 하여금 변경된 근로조건이 명시된 근로계약서를 교부하도록 하여 근로자의 법적 지위를 강화하고자 하는데 그 입법 취지가 있다는 입장이다.

(2) 명시의무 위반

판례는 근로기준법 취지는 근로계약 체결시에 사용자가 명시한 근로조건이 근로계약 체결 후에 사실과 다른 것을 알게 되었음에도 근로계약관계의 구속에서 벗어나기 어려운 근로자의 입장을 고려하여 취업 초기에 근로자가 원하지 않는 근로를 강제당하는 폐단을 방지하고 근로자를 신속히 구제하려는 데에 있는 것이라 할 것이므로 같은 법 제23조에 정한 계약의 즉시해제권은 취업 후 상당한 기간이 지나면 행사할 수 없다고 해석되며, 같은 손해배상청구권의 소멸시효 기간은 위와 같은 법 규정의 취지와 규정 내용 등에 비추어 근로조건의 내용 여부를 묻지 않고 같은 법 제41조에 정한 임금채권에 준하여 3년이라고 보아야 한다.

3. 검토

근로계약은 불요식 계약으로 구두로도 계약이 성립할 수 있는바 근로계약 체결에 특별한 형식을 요하지 않는다. 근로기준법 제17조가 위반 시 제재를 가하는 단속규정이라는 점을 고려하면 근로기준법 제17조를 위반하였다고 하여 근로계약의 효력을 부정시키기는 어려울 것이다.

4. 사안의 해결

A는 B사와 근로계약은 명시의무와 별개로 유효한 근로계약에 해당하며 실제의 근로조건과 다른 점을 근거로 법원 또는 근로기준법 제19조에 따라 노동위원회에 손해배상을 청구할 수 있으며 근로계약을 즉시 해제할 수 있고 취업을 목적으로 거주를 변경하였다면 귀향 여비의 지급도 청구할 수 있다.

Ⅲ. 근로기준법 제26조 및 제27조 위반의 여부

1. 해고예고

(1) 법규정

> **제26조(해고의 예고)**
> 사용자는 근로자를 해고(경영상 이유에 의한 해고를 포함한다)하려면 적어도 30일 전에 예고를 하여야 하고, 30일 전에 예고를 하지 아니하였을 때에는 30일분 이상의 통상임금을 지급하여야 한다. 다만, 다음 각 호의 어느 하나에 해당하는 경우에는 그러하지 아니하다.
> 1. 근로자가 계속 근로한 기간이 3개월 미만인 경우

(2) 판례의 태도

판례는 근로기준법 제26조에서 사용자가 근로자를 해고하는 경우 적어도 30일 전에 예고를 하여야 하고, 30일 전에 예고를 하지 아니하였을 때에는 30일분 이상의 통상임금을 지급하도록 규정한 취지는 근로자로 하여금 해고에 대비하여 새로운 직장을 구할 수 있는 시간적 또는 경제적 여유를 주려는 것이므로, 사용자의 해고예고는 일정 시점을 특정하여 하거나 언제 해고되는지를 근로자가 알 수 있는 방법으로 하여야 한다는 입장이다.

2. 해고사유의 서면통지

(1) 법규정

> **제27조(해고사유 등의 서면통지)**
> ① 사용자는 근로자를 해고하려면 해고사유와 해고시기를 서면으로 통지하여야 한다.
> ② 근로자에 대한 해고는 제1항에 따라 서면으로 통지하여야 효력이 있다.

(2) 판례의 태도

① 취지

판례는 근로기준법 제27조는 사용자가 근로자를 해고하려면 해고사유와 해고시기를 서면으로 통지하여야 효력이 있다고 규정하고 있는데, 이는 해고사유 등의 서면통지를 통해

사용자로 하여금 근로자를 해고하는 데 신중을 기하게 함과 아울러, 해고의 존부 및 시기와 그 사유를 명확하게 하여 사후에 이를 둘러싼 분쟁이 적정하고 용이하게 해결될 수 있도록 하고, 근로자에게도 해고에 적절히 대응할 수 있게 하기 위한 취지이다. 따라서 사용자가 해고사유 등을 서면으로 통지할 때는 근로자의 처지에서 해고사유가 무엇인지를 구체적으로 알 수 있어야 하고, 특히 징계해고의 경우에는 해고의 실질적 사유가 되는 구체적 사실 또는 비위내용을 기재하여야 하며 징계대상자가 위반한 단체협약이나 취업규칙의 조문만 나열하는 것으로는 충분하다고 볼 수 없다는 입장이다.

3. 사안의 해결

A는 2022.7.1.자로 취업하여 2022.9.2.에 즉시 해고된 자로 근속기간이 3개월 미만인 자에 해당하여 근로기준법 제26조의 위반문제는 발생하지 않는다. 다만 B사는 A가 상급자에게 폭언과 폭행을 하였다는 등의 이유로 해고를 하기로 결정한 후 2022.9.2. 그날 당장 구두로 해고한 것에 대하여는 해고의 서면통보 절차를 위반한 것으로 근로기준법 제27조 위반에 해당한다.

IV. 추가 논점

A는 근로기준법 제17조 위반 및 월 50만원의 미지급 임금과 주당 8시간의 연장근로에 대한 체불임금을 주장할 수 있다.

09 | 위약예정 금지

제1절   서

민법 제398조에서 채무불이행에 관한 손해배상액을 예정할 수 있다. 근로관계에서 사용자와 근로자의 채권 채무는 근로의 제공과 임금채권이므로 해당 규정이 근로관계에도 적용이 될 수 있는지에 대해 근로기준법 제20조에서 위약예정의 금지를 명확히 규정하여 근로자의 강제근로 위험성을 배제하고 있다.

제2절   법규정 및 입법취지

1 법규정

> 제20조(위약예정의 금지)
> 사용자는 근로계약 불이행에 대한 위약금 또는 손해배상액을 예정하는 계약을 체결하지 못한다.

2 입법취지

경제적으로 우월한 지위의 사용자가 근로자 근로의 제공을 과도하게 강제하는 것을 방지하기 위한 취지로 강행법규인 근로기준법으로 입법화하였다.

제3절   판례의 태도

1 원칙

판례는 근로자가 일정 기간 동안 근무하기로 하면서 이를 위반할 경우 소정 금원을 사용자에게 지급하기로 약정하는 경우, 그 약정의 취지가 약정한 근무 기간 이전에 퇴직하면 그로 인하여 사용자에게 어떤 손해가 어느 정도 발생하였는지 묻지 않고 바로 소정 금액을 사용자에게 지급하기로 하는 것이라면 이는 명백히 구 근로기준법 제20조에 반하는 것이어서 효력을 인정할 수 없다.

2 의무복무기간을 채우지 못한 경우 임금반환

판례는 그 약정이 미리 정한 근무 기간 이전에 퇴직하였다는 이유로 마땅히 근로자에게 지급되어야 할 임금을 반환하기로 하는 취지일 때에도, 결과적으로 위 조항의 입법 목적에 반하는 것이어서 역시 그 효력을 인정하지 않고 있다.

3 의무복무기간을 채우지 못한 경우 교육목적의 연수비 기타 비용 상환

(1) 원칙

판례는 그 약정이 사용자가 근로자의 교육훈련 또는 연수를 위한 비용을 우선 지출하고 근로자는 실제 지출된 비용의 전부 또는 일부를 상환하는 의무를 부담하기로 하되 장차 일정 기간 동안 근무하는 경우에는 그 상환 의무를 면제해 주기로 하는 취지인 경우에는, 그러한 약정의 필요성이 인정된다.

(2) 구체적 범위

사용자의 업무상 필요와 이익을 위하여 원래 사용자가 부담하여야 할 성질의 비용을 지출한 것에 불과한 정도가 아니라 근로자의 자발적 희망과 이익까지 고려하여 근로자가 전적으로 또는 공동으로 부담하여야 할 비용을 사용자가 대신 지출한 것으로 평가되며, 약정 근무 기간 및 상환해야 할 비용이 합리적이고 타당한 범위 내에서 정해져있는 등 위와 같은 약정으로 인하여 근로자의 의사에 반하는 계속 근로를 부당하게 강제하는 것으로 평가되지 않는다면, 그러한 약정까지 구 근로기준법 제20조에 반하는 것은 아니라는 입장이다.

4 매각위로금 반환약정이 위약예정에 해당하는지 여부

(1) 판단기준

판례는 근로기준법 제20조는 "사용자는 근로계약 불이행에 대한 위약금 또는 손해배상액을 예정하는 계약을 체결하지 못한다."라고 규정하고 있다. 근로자가 근로계약을 불이행한 경우 반대급부인 임금을 지급받지 못한 것에서 더 나아가 위약금이나 손해배상금을 지급하여야 한다면 근로자로서는 비록 불리한 근로계약을 체결하였다 하더라도 그 근로계약의 구속에서 쉽사리 벗어날 수 없을 것이므로, 위와 같은 위약금이나 손해배상액 예정의 약정을 금지함으로써 근로자가 퇴직의 자유를 제한받아 부당하게 근로의 계속을 강요당하는 것을 방지하고, 근로자의 직장선택의 자유를 보장하며 불리한 근로계약을 해지할 수 있도록 보호하려는 데에 위 규정의 취지가 있다 (대법원 2004.4.28. 선고 2001다53875 판결 참조). 사용자가 근로자에게 일정한 금전을 지급하면서 의무근로기간을 설정하고 이를 지키지 못하면 그 전부 또는 일부를 반환받기로 약정한 경우, 의무근로기간의 설정 양상, 반환대상인 금전의 법적 성격 및 규모·액수, 반환약정을 체결한 목적이나 경위 등을 종합할 때 그러한 반환약정이 해당 금전을 지급받은 근로자의 퇴직의 자유를 제한하거나 그 의사에 반하는 근로의 계속을 부당하게 강요하는 것이라고 볼 수 없다면, 이는 근로기준법 제20조가 금지하는 약정이라고 보기 어렵다.

(2) 검토

근로기준법상 위약예정 금지 규정에 따라 위로금 반환약정을 무효로 봐야 하는지가 쟁점이 된 판결로 법원은 기업 매각에 반대하지 않는 조건으로 위로금을 지급받은 근로자가 8개월 안에 퇴사하는 경우 일부를 반환하도록 한 약정은 근로기준법 위반이 아니라고 판단했다.

사례연습

Q IT 사업을 운영하는 주식회사 A는 게임개발 사업의 주식을 B회사에 매각하기로 결정하였다. 2022.1.주식 매각에 대한 사실이 발표되자 A회사 게임개발 사업부 직원들은 본인들의 직장 안정성이 침해된다는 사유로 주식 매각에 반대한다는 의사표시를 하였으며 해당 사유로 집단 이직을 할 것이고 인수인계도 해줄 수 없다는 강경한 입장을 표명하였다. A회사의 대표이사는 원활한 주식 매각이 이루어지기 위해서는 A회사의 게임개발 사업부의 직원들이 2022.12.31.까지 근무를 수행하면서 인수인계가 원활히 이루어져야 하는 것이 필수적인 요소인바 게임개발 사업부 직원들에게 매각위로금의 형태로 월급과 상여금을 제외하고 추가로 1억 2천만원을 지급하며 매각위로금을 지급받은 직원들은 2022.1.부터 2022.12.31. 이전에 퇴사할 경우 퇴사일을 기준으로 월할계산하여 매각위로금의 일부를 반환한다는 약정('매각위로금 지급약정서')을 서면으로 체결하였다. 이후 게임개발 사업부의 甲이 집안 사정으로 인해 2022.7.1.자로 퇴사를 결정하고 A회사에 사직서를 제출하자 A회사는 '매각위로금 지급약정서'에 따라 월할계산하여 6,000만원을 반환해야 한다는 점을 고지하였다. 그러나 甲은 '매각위로금 반환약정'은 위약예정에 해당하여 무효라고 주장한다. 甲의 주장은 타당한가? **25점**

해설

✔ **위약예정 금지**

I. 문제의 소재

A회사와 甲이 체결한 '매각위로금 지급약정서'가 근로기준법 제20조 위약예정에 해당하는지 여부에 따라 甲이 매각위로금 6,000만원을 반환해야 하는지가 문제되는바 법원의 입장을 기준으로 위약예정에 해당하는지 여부를 살펴보기로 한다.

II. 법규정 및 입법취지

1. 법규정

> **제20조(위약예정의 금지)**
> 사용자는 근로계약 불이행에 대한 위약금 또는 손해배상액을 예정하는 계약을 체결하지 못한다.

2. 입법취지

민법 제398조에서 채무불이행에 관한 손해배상액을 예정할 수 있다. 근로관계에서 사용자와 근로자의 채권 채무는 근로의 제공과 임금채권이므로 해당 규정이 근로관계에도 적용이 될 수 있는지에 대해 근로기준법 제20조에서 위약예정의 금지를 명확히 규정하여 근로자의 강제근로 위험성을 배제하고 있으며 경제적으로 우월한 지위의 사용자가 근로자 근로의 제공을 과도하게 강제하는 것을 방지하기 위한 취지이다.

Ⅲ. 판례의 태도

1. 원칙

판례는 근로자가 일정 기간 동안 근무하기로 하면서 이를 위반할 경우 소정 금원을 사용자에게 지급하기로 약정하는 경우, 그 약정의 취지가 약정한 근무 기간 이전에 퇴직하면 그로 인하여 사용자에게 어떤 손해가 어느 정도 발생하였는지 묻지 않고 바로 소정 금액을 사용자에게 지급하기로 하는 것이라면 이는 명백히 구 근로기준법 제20조에 반하는 것이어서 효력을 인정할 수 없다.

2. 의무복무기간을 채우지 못한 경우 임금반환

판례는 그 약정이 미리 정한 근무 기간 이전에 퇴직하였다는 이유로 마땅히 근로자에게 지급되어야 할 임금을 반환하기로 하는 취지일 때에도, 결과적으로 위 조항의 입법 목적에 반하는 것이어서 역시 그 효력을 인정하지 않고 있다.

3. 의무복무기간을 채우지 못한 경우 교육목적의 연수비 기타 비용 상환

(1) 원칙

판례는 그 약정이 사용자가 근로자의 교육훈련 또는 연수를 위한 비용을 우선 지출하고 근로자는 실제 지출된 비용의 전부 또는 일부를 상환하는 의무를 부담하기로 하되 장차 일정 기간 동안 근무하는 경우에는 그 상환 의무를 면제해 주기로 하는 취지인 경우에는, 그러한 약정의 필요성이 인정된다.

(2) 구체적 범위

사용자의 업무상 필요와 이익을 위하여 원래 사용자가 부담하여야 할 성질의 비용을 지출한 것에 불과한 정도가 아니라 근로자의 자발적 희망과 이익까지 고려하여 근로자가 전적으로 또는 공동으로 부담하여야 할 비용을 사용자가 대신 지출한 것으로 평가되며, 약정 근무 기간 및 상환해야 할 비용이 합리적이고 타당한 범위 내에서 정해져 있는 등 위와 같은 약정으로 인하여 근로자의 의사에 반하는 계속 근로를 부당하게 강제하는 것으로 평가되지 않는다면, 그러한 약정까지 구 근로기준법 제20조에 반하는 것은 아니라는 입장이다.

4. 매각위로금 약정의 위약예정 판단기준

(1) 판단기준

판례는 근로기준법 제20조는 "사용자는 근로계약 불이행에 대한 위약금 또는 손해배상액을 예정하는 계약을 체결하지 못한다."라고 규정하고 있다. 근로자가 근로계약을 불이행한 경우 반대급부인 임금을 지급받지 못한 것에서 더 나아가 위약금이나 손해배상금을 지급하여야 한다면 근로자로서는 비록 불리한 근로계약을 체결하였다 하더라도 그 근로계약의 구속에서 쉽사리 벗어날 수 없을 것이므로, 위와 같은 위약금이나 손해배상액 예정의 약정을 금지함으로써 근로자가 퇴직의 자유를 제한받아 부당하게 근로의 계속을 강요당하는 것을 방지하고, 근로자의 직장선택의 자유를 보장하며 불리한 근로계약을 해지할 수 있도록 보호하려는 데에 위 규정의 취지가 있다(대법원 2004.4.28. 선고 2001다53875 판결 참조). 사용자가 근로자에게 일정한 금전을 지급하면서 의무근로기간을 설정하고 이를 지키지 못하면 그 전부 또는 일부를 반환받기로 약정한 경우, 의무근로기간의 설정 양상, 반환대상인 금전의 법적 성격 및 규모·액수, 반환약정을 체결한 목적이나 경위 등을 종합할 때 그러한 반환약정이 해당 금전을 지급받은 근로자의 퇴직의 자유를 제한하거나 그 의사에 반하는 근로의 계속을 부당하게 강요하는 것이라고 볼 수 없다면, 이는 근로기준법 제20조가 금지하는 약정이라고 보기 어렵다는 입장이다.

(2) 검토

해당 판결은 근로기준법상 위약예정 금지 규정에 따라 위로금 반환약정을 무효로 봐야 하는지가 쟁점이 된 판결로 법원은 기업 매각에 반대하지 않는 조건으로 위로금을 지급받은 근로자가 8개월 안에 퇴사하는 경우 일부를 반환하도록 한 약정은 근로기준법 위반이 아니라고 판단하였다.

IV. 사안의 해결

1. 목적이나 경위

A회사의 대표이사는 원활한 주식 매각이 이루어지기 위해서는 A회사의 게임개발 사업부의 직원들이 2022.12.31.까지 근무를 수행하면서 인수인계가 원활히 이루어져야 하는 것이 필수적인 부분이 있어 매각위로금 지급약정서를 체결하였는바 약정을 체결한 목적이나 경위를 고려해 볼 때 사유를 불문하고 근로자의 퇴사를 제한하기 위한 목적이라고 단정하기 어렵다.

2. 의무근로기간의 설정 양상, 반환대상인 금전의 법적 성격 및 규모·액수

A회사는 게임개발 사업부 직원들에게 매각위로금의 형태로 월급과 상여금을 제외하고 추가로 1억 2천만원을 지급하여 직원들은 임금과 별개로 매각위로금을 추가로 지급받은 것으로 보인다. 또한 지급받은 직원들은 2022.1.부터 2022.12.31. 이전에 퇴사할 경우 퇴사일을 기준으로 월할 계산하여 매각위로금의 일부를 반환하므로 중도퇴사자의 경제적 손실도 크지 않다. 의무근로기간의 설정도 1년으로 과도하지 않은 점 등을 고려하면 근로자가 경제적으로 구속되어 퇴직의 제한을 받는 것이라고 볼 수 없다.

3. 결

甲이 체결한 '매각위로금 지급약정'은 퇴직의 자유를 제한한 것으로 보기 어려워 근로기준법 제20조의 적용을 받기 어렵다고 판단되며 甲의 주장은 타당하지 않다.

10 | 사이닝 보너스

제1절 서

사이닝 보너스란 유능한 인재를 확보하기 위해 기업에서 의무복무기간을 정하고 일회성 인센티브로 지급하는 금품을 말한다. 의무복무기간을 근무하지 않는 경우 사이닝 보너스를 반환하는 규정이 근로기준법 제20조 위반인지가 문제된다.

제2절 법규정

제20조(위약예정의 금지)
사용자는 근로계약 불이행에 대한 위약금 또는 손해배상액을 예정하는 계약을 체결하지 못한다.

제3절 판례의 태도

1 원칙

판례는 기업이 경력있는 전문 인력을 채용하기 위한 방법으로 근로계약 등을 체결하면서 일회성의 인센티브 명목으로 지급하는 이른바 사이닝 보너스가 이직에 따른 보상이나 근로계약 등의 체결에 대한 대가로서의 성격만 가지는지, 더 나아가 의무근무기간 동안의 이직금지 내지 전속근무 약속에 대한 대가 및 임금 선급으로서의 성격도 함께 가지는지는 해당 계약이 체결된 동기 및 경위, 당사자가 계약에 의하여 달성하려고 하는 목적과 진정한 의사, 계약서에 특정 기간 동안의 전속근무를 조건으로 사이닝 보너스를 지급한다거나 그 기간의 중간에 퇴직하거나 이직할 경우 이를 반환한다는 등의 문언이 기재되어 있는지 및 거래의 관행 등을 종합적으로 고려하여 판단하여야 한다는 입장이다.

2 이직 및 근로계약 체결에 대한 대가

판례는 사이닝 보너스가 이직에 따른 보상이나 근로계약 등의 체결에 대한 대가로서의 성격에 그칠 뿐이라면 계약 당사자 사이에 근로계약 등이 실제로 체결된 이상 근로자 등이 약정근무기간을 준수하지 아니하였더라도 사이닝 보너스가 예정하는 대가적 관계에 있는 반대급부는 이행된 것으로 볼 수 있을 것이라고 판단하여 사이닝 보너스의 반환의무가 없으므로 근로기준법 제20조 위반문제는 발생하지 않는다는 입장이다.

원고가 피고를 채용하면서 연봉과 별도로 사이닝 보너스 1억원을 지급하되, 원고는 7년간 고용을 보장하고 피고는 그 기간 동안의 근무를 보장하기로 약정하였는데, 피고가 사이닝 보너스 1억원을 지급받고 위 7년의 근무기간을 채우지 못하고 사직하자 원고가 피고의 '근무기간약정 위반을 원인으로 한 손해배상 내지 7년간의 근무조건 불이행에 따른 반환'을 각 청구원인으로 하여 이 사건 소를 제기하였고, 이에 대해 원심은 위 사이닝 보너스는 ① 이직사례금, ② 7년간 전속하는 데에 따른 전속계약금, ③ 임금 선급금으로서의 각 성격이 모두 포함되어 있다는 전제 아래 원고의 청구를 일부 인용하였으나, 이 사건 채용계약서의 해석에 의하여는 위 ②, ③의 성격을 도출하기 어렵고 단지 위 ①의 성격만 도출될 뿐인데, 피고가 이직하여 원고에 입사한 이상 위 사이닝 보너스에 대한 반대급부는 이행된 것으로 볼 수 있다는 이유로 원고의 청구를 기각하는 취지로 원심판결을 파기한 사안

3 전속근무 체결의 대가

판례는 명시적인 입장을 제시하지 않았으나 전속계약금의 성격을 가지는 금품을 임금과는 별개로 보아 근로기준법 제20조 위반은 아니라는 입장을 취한바 있다.

사례연습

Q A회사는 최근 판매부진의 실적을 만회하기 위해 자동차 부품판매의 유경험자로서 다른 회사에서 좋은 판매영업성과를 올리고 있던 근로자 乙을 채용하면서 연봉 1억원과 별도로 사이닝 보너스(signing bonus)로 1억원을 지급하고 7년간 고용을 보장하기로 하는 내용의 채용합의서를 작성하였다. A회사는 乙에게 약정한 사이닝 보너스를 지급하였고, 乙은 2017년 2월 16일부터 A회사의 판매 사업부문 담당 사업부장으로 재직하다가 2018년 4월 15일 개인사유를 이유로 사직하였다. 그리고 다음과 같은 사실이 인정된다.

① 채용합의서에는 7년간의 전속근무를 조건으로 사이닝 보너스를 지급한다거나 乙이 약정근무기간 7년을 채우지 못하였을 경우 이를 반환하여야 한다는 등의 내용은 기재되어 있지 아니하다.

② 채용합의서만으로는 약정근무기간과 고용보장기간을 각 7년으로 약정한 특별한 이유나 동기를 찾기 어렵다.

③ A회사는 채용합의 과정에서 乙에게 장기간 근무의 필요성이나 근무기간이 7년이어야 하는 구체적인 이유는 설명하지 아니하였다.

④ A회사는 채용합의 당시 乙에게 약정근무기간을 채우지 못할 경우 사이닝 보너스를 반환하여야 한다는 사실은 고지하지 아니하였다.

A회사는 乙의 사직을 이유로 乙에게 지급한 사이닝 보너스를 반환할 것을 청구하였다. A회사의 청구의 타당성에 관하여 논하시오. 25점

해설

✔ **사이닝 보너스**

Ⅰ. **문제의 소재**

A회사가 근로자 乙을 채용하면서 지급한 사이닝 보너스 1억원은 반환 청구와 관련하여 A회사가 지급한 사이닝 보너스의 법적 성격과 그 해석방법이 문제되고 乙에게 사이닝 보너스 반환의무가 있는지 문제되는바 법원이 제시한 판단기준을 살펴보고 A회사의 청구의 타당성을 살펴보고자 한다.

Ⅱ. **의의 및 관련 법규정**

1. **의의**

사이닝 보너스란 유능한 인재를 확보하기 위해 기업에서 의무복무기간을 정하고 일회성 인센티브로 지급하는 금품을 말한다. 의무복무기간을 근무하지 않는 경우 사이닝 보너스를 반환하는 규정이 근로기준법 제20조 위반인지가 문제된다.

2. **법규정**

> **제20조(위약예정의 금지)**
> 사용자는 근로계약 불이행에 대한 위약금 또는 손해배상액을 예정하는 계약을 체결하지 못한다.

Ⅲ. 판례의 태도

1. 원칙

판례는 기업이 경력있는 전문 인력을 채용하기 위한 방법으로 근로계약 등을 체결하면서 일회성의 인센티브 명목으로 지급하는 이른바 사이닝 보너스가 이직에 따른 보상이나 근로계약 등의 체결에 대한 대가로서의 성격만 가지는지, 더 나아가 의무근무기간 동안의 이직금지 내지 전속근무 약속에 대한 대가 및 임금 선급으로서의 성격도 함께 가지는지는 해당 계약이 체결된 동기 및 경위, 당사자가 계약에 의하여 달성하려고 하는 목적과 진정한 의사, 계약서에 특정 기간 동안의 전속근무를 조건으로 사이닝 보너스를 지급한다거나 그 기간의 중간에 퇴직하거나 이직할 경우 이를 반환한다는 등의 문언이 기재되어 있는지 및 거래의 관행 등을 종합적으로 고려하여 판단하여야 한다는 입장이다.

2. 이직 및 근로계약 체결에 대한 대가

판례는 사이닝 보너스가 이직에 따른 보상이나 근로계약 등의 체결에 대한 대가로서의 성격에 그칠 뿐이라면 계약 당사자 사이에 근로계약 등이 실제로 체결된 이상 근로자 등이 약정근무기간을 준수하지 아니하였더라도 사이닝 보너스가 예정하는 대가적 관계에 있는 반대급부는 이행된 것으로 볼 수 있을 것이라고 판단하여 사이닝 보너스의 반환의무가 없으므로 근로기준법 제20조 위반문제는 발생하지 않는다는 입장이다.

원고가 피고를 채용하면서 연봉과 별도로 사이닝 보너스 1억원을 지급하되, 원고는 7년간 고용을 보장하고 피고는 그 기간 동안의 근무를 보장하기로 약정하였는데, 피고가 사이닝 보너스 1억원을 지급받고 위 7년의 근무기간을 채우지 못하고 사직하자 원고가 피고의 '근무기간약정 위반을 원인으로 한 손해배상 내지 7년간의 근무조건 불이행에 따른 반환'을 각 청구원인으로 하여 이 사건 소를 제기하였고, 이에 대해 원심은 위 사이닝 보너스는 ① 이직사례금, ② 7년간 전속하는 데에 따른 전속계약금, ③ 임금 선급금으로서의 각 성격이 모두 포함되어 있다는 전제 아래 원고의 청구를 일부 인용하였으나, 이 사건 채용계약서의 해석에 의하여는 위 ②, ③의 성격을 도출하기 어렵고 단지 위 ①의 성격만 도출될 뿐인데, 피고가 이직하여 원고에 입사한 이상 위 사이닝 보너스에 대한 반대급부는 이행된 것으로 볼 수 있다는 이유로 원고의 청구를 기각하는 취지로 원심판결을 파기한 사안

3. 전속근무 체결의 대가

판례는 명시적인 입장을 제시하지 않았으나 전속계약금의 성격을 가지는 금품을 임금과는 별개로 보아 근로기준법 제20조 위반은 아니라는 입장을 취한바 있다.

Ⅳ. 사안의 해결

A회사와 乙이 체결한 사이닝 보너스의 법적 성격은 판례에 따르면 이직에 따른 보상이나 근로계약(신규) 체결에 대한 대가로 해석하는 것이 일반적이다.

해당 계약이 체결된 동기 및 경위, 당사자가 계약에 의하여 달성하려고 하는 목적과 진정한 의사, 계약서에 특정 기간 동안의 전속근무를 조건으로 사이닝 보너스를 지급한다거나 그 기간의 중간에 퇴직하거나 이직할 경우 이를 반환한다는 등의 문언이 기재되어 있는지를 고려하더라도 ① 채용합의서에는 7년간의 전속근무를 조건으로 사이닝 보너스를 지급한다거나 乙이 약정근무기간 7년을 채우지 못하였을 경우 이를 반환하여야 한다는 등의 내용은 기재되어 있지 아니하다는 점, ② 채용합의서

만으로는 약정근무기간과 고용보장기간을 각 7년으로 약정한 특별한 이유나 동기를 찾기 어렵다는 점, ③ A회사는 채용합의 과정에서 乙에게 장기간 근무의 필요성이나 근무기간이 7년이어야 하는 구체적인 이유는 설명하지 아니하였다는 점, ④ A회사는 채용합의 당시 乙에게 약정근무기간을 채우지 못할 경우 사이닝 보너스를 반환하여야 한다는 사실은 고지하지 아니하였다는 점 등을 고려해보면 乙이 지급받은 사이닝 보너스의 성격이 의무근무기간 동안의 이직금지 내지 전속근무 약속에 대한 대가 및 임금 선급으로서의 성격을 가진다고 보기 어렵다.

따라서 A회사의 반환청구는 부당하다.

11 | 채용내정

제1절   서

채용내정이란 정식채용 전에 채용할 자를 미리 결정해두는 것을 말하며 채용내정은 정식으로 근로계약을 체결하지는 않았지만 근로계약의 체결이 예정되어 있는 계약자유 원칙하에 이루어진 계약형태이다.

제2절   법적 성질

1 논의의 실익

채용내정이라는 제도는 실질적으로 근로자와 사용자의 지위로서 근로계약이 이루어진 것은 아니므로 채용내정의 법적 성격을 근로계약의 체결로 보아 채용내정 계약만으로 채용내정자가 근로기준법상 근로자의 지위를 가져 근로기준법의 보호를 받을 수 있는지가 문제된다.

2 판례의 태도

판례는 채용내정시부터 정식발령일까지 사이에는 사용자에게 근로계약의 해약권이 유보된 계약이라는 입장을 취하면서 채용내정에 의해 근로계약은 성립하지만 근로계약의 효력은 실제 취업의 시점에서 발생한다는 입장이다.

제3절   채용내정의 취소

1 채용내정 취소의 성격

학설의 대립은 있으나 채용내정은 근로계약이 성립한 상태이기 때문에 채용내정 취소통보는 실질적으로 해고에 해당한다. 따라서 근로기준법 제23조 및 제24조의 제한을 받으며 다만 사용자에게 해약권이 유보된 근로계약인 성격으로 고려하여 보통의 해고보다는 넓게 인정될 수 있을 것으로 보이나 합리적인 이유가 존재하여 사회통념상 상당하다고 인정되어야 할 것이라고 판단된다.

2 경영상 이유에 의한 채용 취소

(1) 법규정

> **제24조(경영상 이유에 의한 해고의 제한)**
> ① 사용자가 경영상 이유에 의하여 근로자를 해고하려면 긴박한 경영상의 필요가 있어야 한다. 이 경우 경영 악화를 방지하기 위한 사업의 양도·인수·합병은 긴박한 경영상의 필요가 있는 것으로 본다.
> ② 제1항의 경우에 사용자는 해고를 피하기 위한 노력을 다하여야 하며, 합리적이고 공정한 해고의 기준을 정하고 이에 따라 그 대상자를 선정하여야 한다. 이 경우 남녀의 성을 이유로 차별하여서는 아니 된다.
> ③ 사용자는 제2항에 따른 해고를 피하기 위한 방법과 해고의 기준 등에 관하여 그 사업 또는 사업장에 근로자의 과반수로 조직된 노동조합이 있는 경우에는 그 노동조합(근로자의 과반수로 조직된 노동조합이 없는 경우에는 근로자의 과반수를 대표하는 자를 말한다. 이하 "근로자대표"라 한다)에 해고를 하려는 날의 50일 전까지 통보하고 성실하게 협의하여야 한다.
> ④ 사용자는 제1항에 따라 대통령령으로 정하는 일정한 규모 이상의 인원을 해고하려면 대통령령으로 정하는 바에 따라 고용노동부장관에게 신고하여야 한다.
> ⑤ 사용자가 제1항부터 제3항까지의 규정에 따른 요건을 갖추어 근로자를 해고한 경우에는 제23조 제1항에 따른 정당한 이유가 있는 해고를 한 것으로 본다.

(2) 판례의 태도

판례는 정리해고는 여러 인정사실에 비추어 ① 긴박한 경영상의 필요에 의하여, ② 해고 회피를 위한 사용자의 노력이 병행되면서, ③ 객관적·합리적 기준에 의하여 해고대상자를 선정하여, ④ 근로자측과의 성실한 협의를 거쳐서 행하여진 것이고, 한편 회사의 취업규칙에 비추어 신규채용된 자들의 채용내정시부터 정식발령일까지 사이에는 사용자에게 근로계약의 해약권이 유보된다고 할 것이어서 원고들에 대하여는 근로기준법 제24조 제3항이 적용되지 않는다고 보아야 한다고 하여, 결국 회사의 채용내정자에 대한 정리해고가 정당하다는 입장이다.

(3) 채용내정의 취소와 해고예고 및 해고 서면통지 적용여부

> **제26조(해고의 예고)**
> 사용자는 근로자를 해고(경영상 이유에 의한 해고를 포함한다)하려면 적어도 30일 전에 예고를 하여야 하고, 30일 전에 예고를 하지 아니하였을 때에는 30일분 이상의 통상임금을 지급하여야 한다. 다만, 다음 각 호의 어느 하나에 해당하는 경우에는 그러하지 아니하다.
> 1. 근로자가 계속 근로한 기간이 3개월 미만인 경우
>
> **제27조(해고사유 등의 서면통지)**
> ① 사용자는 근로자를 해고하려면 해고사유와 해고시기를 서면으로 통지하여야 한다.
> ② 근로자에 대한 해고는 제1항에 따라 서면으로 통지하여야 효력이 있다.

(4) 민사책임의 관계

판례는 사용자의 특별한 사정없이 채용내정을 취소하는 경우에 채용내정자의 기대권 침해에 따른 불법행위 책임을 부담하고 채용내정 시점부터 채용취소 시점까지의 채권자 귀책사유로 인한 이행불능으로 임금 전액을 배상해야 한다는 취지의 판결도 있다.

제4절 결

채용내정 취소도 실질적으로 해고에 해당하는 바 노동위원회의 구제절차 대상이 된다고 봄이 타당하다.

제5절 구제절차

노동위원회의 부당해고 구제신청 절차를 통해 구제받을 수 있다.

사례연습

Q 대학졸업예정자인 甲은 2015년 9월 8일 자동차 부품생산업체인 B회사의 채용시험에 응시하여 2015년 10월 30일 최종합격통지를 받았다. 합격통지서에 의하면 甲의 입사예정일은 2016년 3월 2일이었다. 甲은 2016년 2월 17일 대학을 졸업하였고, B회사가 배포한 합격통지서에 따라 2015년 12월 1일부터 2016년 1월 17일까지 신입사원연수에 참여하였다. 그 과정에서 입사관계서류도 제출하였다. 그런데 갑작스러운 금융위기로 인해 B회사의 경영상태가 매우 악화되자, B회사는 신입사원 채용을 하지 않기로 결정하였다. 이에 따라 2016년 2월 25일자로 甲에 대해 입사취소통지를 하였다.

B회사의 甲에 대한 입사취소통지의 정당성에 관하여 논하시오. 25점

해설

✔ 채용내정 취소

I. 문제의 소재

甲의 입사예정일은 2016년 3월 2일이고 실제 근로를 제공하지 않았는바 채용내정 상태이고 B회사가 甲에게 2016년 2월 25일자로 입사를 취소한 통지는 채용내정 취소에 해당한다. 이러한 채용내정 취소의 성격이 실질적으로 해고인지 여부 및 해고라면 근로기준법 제24조의 경영상 이유에 의한 해고 규정이 적용되어 정당성을 갖추는지 여부가 문제된다.

II. 채용내정의 개념

채용내정이란 정식채용 전에 채용할 자를 미리 결정해두는 것을 말하며 채용내정은 정식으로 근로계약을 체결하지는 않았지만 근로계약의 체결이 예정되어 있는 계약자유 원칙하에 이루어진 계약의 종류이다.

III. 법적 성질

1. 논의의 실익

채용내정이라는 제도는 실질적으로 근로자와 사용자의 지위로서 근로계약이 이루어진 것은 아니므로 채용내정의 법적 성격을 근로계약의 체결로 보아 채용내정 계약만으로 채용내정자가 근로기준법상 근로자의 지위를 가져 근로기준법의 보호를 받을 수 있는지가 문제된다.

2. 판례의 태도

판례는 채용내정시부터 정식발령일까지 사이에는 사용자에게 근로계약의 해약권이 유보된 계약이라는 입장을 취하면서 채용내정에 의해 근로계약은 성립하지만 근로계약의 효력은 실제 취업의 시점에서 발생한다는 입장이다.

IV. 채용내정의 취소

1. 채용내정 취소의 성격

학설의 대립은 있으나 채용내정은 근로계약이 성립한 상태이기 때문에 채용내정 취소통보는 실질

적으로 해고에 해당한다. 따라서 근로기준법 제23조 및 제24조의 제한을 받으며 다만 사용자에게 해약권이 유보된 근로계약인 성격으로 고려하여 보통의 해고보다는 넓게 인정될 수 있을 것으로 보이나 합리적인 이유가 존재하여 사회통념상 상당하다고 인정되어야 할 것이라고 판단된다.

2. 경영상 이유에 의한 채용 취소

(1) 법규정

> **제24조(경영상 이유에 의한 해고의 제한)**
> ① 사용자가 경영상 이유에 의하여 근로자를 해고하려면 긴박한 경영상의 필요가 있어야 한다. 이 경우 경영 악화를 방지하기 위한 사업의 양도·인수·합병은 긴박한 경영상의 필요가 있는 것으로 본다.
> ② 제1항의 경우에 사용자는 해고를 피하기 위한 노력을 다하여야 하며, 합리적이고 공정한 해고의 기준을 정하고 이에 따라 그 대상자를 선정하여야 한다. 이 경우 남녀의 성을 이유로 차별하여서는 아니 된다.
> ③ 사용자는 제2항에 따른 해고를 피하기 위한 방법과 해고의 기준 등에 관하여 그 사업 또는 사업장에 근로자의 과반수로 조직된 노동조합이 있는 경우에는 그 노동조합(근로자의 과반수로 조직된 노동조합이 없는 경우에는 근로자의 과반수를 대표하는 자를 말한다. 이하 "근로자대표"라 한다)에 해고를 하려는 날의 50일 전까지 통보하고 성실하게 협의하여야 한다.
> ④ 사용자는 제1항에 따라 대통령령으로 정하는 일정한 규모 이상의 인원을 해고하려면 대통령령으로 정하는 바에 따라 고용노동부장관에게 신고하여야 한다.
> ⑤ 사용자가 제1항부터 제3항까지의 규정에 따른 요건을 갖추어 근로자를 해고한 경우에는 제23조 제1항에 따른 정당한 이유가 있는 해고를 한 것으로 본다.

(2) 판례의 태도

판례는 정리해고는 여러 인정사실에 비추어 ① 긴박한 경영상의 필요에 의하여, ② 해고 회피를 위한 사용자의 노력이 병행되면서, ③ 객관적·합리적 기준에 의하여 해고대상자를 선정하여, ④ 근로자측과의 성실한 협의를 거쳐서 행하여진 것이고, 한편 회사의 취업규칙에 비추어 신규채용된 자들의 채용-내정시부터 정식발령일까지 사이에는 사용자에게 근로계약의 해약권이 유보된다고 할 것이어서 원고들에 대하여는 근로기준법 제24조 제3항이 적용되지 않는다고 보아야 한다고 하여, 결국 회사의 채용내정자에 대한 정리해고가 정당하다는 입장이다.

(3) 채용내정의 취소와 해고예고 및 해고 서면통지 적용여부

> **제26조(해고의 예고)**
> 사용자는 근로자를 해고(경영상 이유에 의한 해고를 포함한다)하려면 적어도 30일 전에 예고를 하여야 하고, 30일 전에 예고를 하지 아니하였을 때에는 30일분 이상의 통상임금을 지급하여야 한다. 다만, 다음 각 호의 어느 하나에 해당하는 경우에는 그러하지 아니하다.
> 1. 근로자가 계속 근로한 기간이 3개월 미만인 경우
>
> **제27조(해고사유 등의 서면통지)**
> ① 사용자는 근로자를 해고하려면 해고사유와 해고시기를 서면으로 통지하여야 한다.
> ② 근로자에 대한 해고는 제1항에 따라 서면으로 통지하여야 효력이 있다.

(4) 민사책임의 관계

판례는 사용자의 특별한 사정없이 채용내정을 취소하는 경우에 채용내정자의 기대권 침해에 따른 불법행위 책임을 부담하고 채용내정 시점부터 채용취소 시점까지의 채권자 귀책사유로 인한 이행불능으로 임금 전액을 배상해야 한다는 취지의 판결도 있다.

(5) 구제절차

채용내정 취소도 실질적으로 해고에 해당하는 바 노동위원회의 구제절차 대상이 된다고 봄이 타당하다.

V. 사안의 해결

1. B회사의 입사취소통지의 법적 성질

대학졸업예정자인 甲은 2015년 9월 8일 자동차 부품생산업체인 B회사의 채용시험에 응시하여 2015년 10월 30일 최종합격통지를 받았다. 합격통지서에 의하면 甲의 입사예정일은 2016년 3월 2일이었는바 채용내정에 해당하며 갑작스러운 금융위기로 인해 B회사의 경영상태가 매우 악화되자, B회사는 신입사원 채용을 하지 않기로 결정하였다. 이에 따라 2016년 2월 25일자로 甲에 대해 한 입사취소통지는 채용내정의 취소로 판례에 따르면 실질적으로 해고에 해당한다.

2. 경영상 이유에 의한 해고의 정당성

판례는 회사의 취업규칙에 비추어 신규채용된 자들의 채용내정시부터 정식발령일까지 사이에는 사용자에게 근로계약의 해약권이 유보된다고 할 것이어서 원고들에 대하여는 근로기준법 제24조 제3항이 적용되지 않는다고 보아야 한다는 입장인바 사안은 긴박한 경영상 필요 및 해고회피 노력 또한 정식 근로자에 해당하지 않는 甲을 대상자로 하는 것도 합리적인 이유가 있다고 판단된다. 따라서 근로기준법 제24조의 요건을 충족한다고 판단된다.

3. 결론

B회사의 甲에 대한 입사취소통지는 정당하다.

12 | 시용

제1절 의의

시용이란 근로계약 체결 후 일정 기간을 두고 근로자의 업무능력을 평가 후 정식 근로계약을 체결하는 제도를 말하며 정식 근로계약을 체결 후 일정 기간의 교육 기간을 두는 수습과 구별되는 개념이다.

제2절 시용계약의 법적 성질

(1) 시용기간의 명시

판례는 근로계약에 시용기간이 적용된다고 명시하지 아니한 경우에는 시용 근로자가 아닌 정식 사원으로 채용되었다고 보아야 한다는 입장이다.

(2) 시용기간 도중 또는 이후 본계약 체결 거부의 법적 성격

① 원칙

판례는 시용기간 중에 있는 근로자를 해고하거나 시용기간 만료 시 본계약(本契約)의 체결을 거부하는 것은 사용자에게 유보된 해약권의 행사로서, 당해 근로자의 업무능력, 자질, 인품, 성실성 등 업무적격성을 관할·판단하려는 시용제도의 취지·목적에 비추어 볼 때 보통의 해고보다는 넓게 인정되나, 이 경우에도 객관적으로 합리적인 이유가 존재하여 사회통념상 상당하다고 인정되야 한다는 입장이다.

② 서면통지 여부

판례는 시용(試用) 근로관계에서 사용자가 본 근로계약 체결을 거부하는 경우 해당 근로자에게 그 구체적·실질적 거부사유를 서면으로 통지해야 한다는 입장을 취하면서 해고의 절차적 요건을 갖추어야 한다는 입장이다.

(3) 구체적 검토

판례는 피고 은행이 각 지점별로 C나 D의 평정 등급 해당자 수를 할당한 점, 피고 은행이 근무성적평정표 제출 후 일부 지점장들에게 재작성을 요구하고, 이에 따라 일부 지점장들이 평정자와 확인자를 달리하도록 한 근무성적평정요령에 어긋나게 혼자서 근무성적평정표를 다시 작성하기도 한 점, 원고들에 대한 근무성적평정표와 평정의견서만으로 원고들의 업무수행능력이 얼마나, 어떻게 부족했는지, 그로 인하여 업무수행에 어떠한 차질이 있었는지를 알 수 없는 점 등에 비추어, 피고 은행이 원고들과 맺은 이 사건 근로계약을 해지한 데에 정당한 이유가 있다고 보기 어렵다.

사례연습

Q B회사는 상시 200명을 고용하여 마을버스를 운행하는 버스 회사이다. 乙은 B회사에 입사하기 위해 서류전형 및 면접을 통과한 상태이다. B회사는 취업규칙 제20조에 '면접을 통과한 자는 1개월의 시용기간을 거쳐 본계약 체결 여부를 결정한다.'라고 명시하고 있다. 乙은 2023년 1월 1일부터 1개월 동안 마을버스의 노선을 익히고 시범 운전을 해보는 시용기간을 가지고 근로계약서도 시용기간을 설정하여 작성하였다. 시용기간 동안 10년 이상 경력의 근로자가 직접 교육을 수행하며 월요일부터 금요일까지 매일 오전 7시부터 10시 오전 노선과 오후 3시부터 6시 오후 노선을 운행하기로 하고, 시용기간 평가를 거쳐 정식 채용하기로 하였다. 평소 乙은 음주를 즐겨하여 밤늦도록 술자리를 가지는 경우가 많아 회사에 출근하지 못한 경우가 빈번하였다. 乙은 지각으로 인해 시용기간이 종료되는 2023년 1월 31일까지 오전 노선을 운행한 적이 없으며, 오후 노선을 운행하던 중 음주운전 단속에서 훈방 조치이지만 음주 기록이 측정되어 승객들을 불안하게 하였다. B회사는 이러한 사실을 반영하여 평가하였고 乙과 본계약을 체결하지 않기로 하고 근로기준법 제27조에 따라 적법한 절차를 거쳐 본계약을 거부하였다. 乙은 본채용 거부 사유에 대해 정당성이 없으므로 시용 계약종료는 부당하다고 주장한다.

乙의 주장은 타당한가? **25점**

해설

✔ 시용계약의 본채용 거부

I. 문제의 소재

　　乙은 시용 근로자로서 B회사의 시용 계약종료 사유에 대한 정당성이 없다고 주장하는바 해약권이 유보된 시용 계약과 관련하여 법원이 제시한 판단기준을 근거로 乙 주장의 타당성을 살펴보도록 한다.

II. 의의 및 법규정

　1. 의의

　　시용이란 근로계약 체결 후 일정 기간을 두고 근로자의 업무능력을 평가 후 정식 근로계약을 체결하는 제도를 말하며 정식 근로계약을 체결 후 일정 기간의 교육 기간을 두는 수습과 구별되는 개념이다.

　2. 법규정

> 제23조(해고 등의 제한)
> ① 사용자는 근로자에게 정당한 이유 없이 해고, 휴직, 정직, 전직, 감봉, 그 밖의 징벌(懲罰)(이하 "부당해고 등"이라 한다)을 하지 못한다.

Ⅲ. 판례의 태도

1. 시용기간의 명시

판례는 근로계약에 시용기간이 적용된다고 명시하지 아니한 경우에는 시용 근로자가 아닌 정식 사원으로 채용되었다고 보아야 한다는 입장이다.

2. 시용기간 도중 또는 이후 본계약 체결 거부의 법적 성격

(1) 원칙

판례는 시용 기간 중에 있는 근로자를 해고하거나 시용기간 만료 시 본계약(本契約)의 체결을 거부하는 것은 사용자에게 유보된 해약권의 행사로서, 당해 근로자의 업무능력, 자질, 인품, 성실성 등 업무적격성을 관찰·판단하려는 시용제도의 취지·목적에 비추어 볼 때 보통의 해고보다는 넓게 인정되나, 이 경우에도 객관적으로 합리적인 이유가 존재하여 사회통념상 상당하다고 인정되어야 한다는 입장이다.

(2) 서면통지 여부

판례는 시용(試用) 근로관계에서 사용자가 본 근로계약 체결을 거부하는 경우 해당 근로자에게 그 구체적·실질적 거부사유를 서면으로 통지해야 한다는 입장을 취하면서 해고의 절차적 요건을 갖추어야 한다는 입장이다.

3. 구체적 검토

판례는 피고 은행이 지점별로 C나 D의 평정 등급 해당자 수를 할당한 점, 피고 은행이 근무성적 평정표 제출 후 일부 지점장들에게 재작성을 요구하고, 이에 따라 일부 지점장들이 평정자와 확인자를 달리하도록 한 근무성적평정요령에 어긋나게 혼자서 근무성적평정표를 다시 작성하기도 한 점, 원고들에 대한 근무성적평정표와 평정의견서만으로 원고들의 업무수행능력이 얼마나, 어떻게 부족했는지, 그로 인하여 업무수행에 어떠한 차질이 있었는지를 알 수 없는 점 등에 비추어, 피고 은행이 원고들과 맺은 이 사건 근로계약을 해지한 데에 정당한 이유가 있다고 보기 어렵다.

Ⅳ. 사안의 해결

1. 본채용 거부 사유의 정당성

평소 乙은 음주를 즐겨하여 밤늦도록 술자리를 가지는 경우가 많아 회사에 출근하지 못한 경우가 빈번하였다. 乙은 지각으로 인해 시용기간이 종료되는 2023년 1월 31일까지 오전 노선을 운행한 적이 없으며, 오후 노선을 운행하던 중 음주운전 단속에서 훈방 조치이지만 음주 기록이 측정되어 승객들을 불안하게 한 사실을 고려하면 乙의 업무능력, 자질과 특히 성실성을 전혀 높게 평가할 수 없는바 시용제도의 취지와 목적 그리고 마을버스는 승객의 안전을 고려해야 한다는 점 등을 보면 乙의 시용계약 거절은 객관적으로 합리적인 이유가 사회통념상 인정될 수 있다고 판단된다.

2. 결

乙의 주장은 타당하지 않다.

13 | 취업규칙

제1절 서

10인 이상의 사업장은 획일적으로 적용되는 규칙을 제정할 필요가 있으므로 근로기준법에서 정하는 기준을 준수하는 범위 내에서 사업주가 일방적으로 정하여 사업장의 근로자들에게 획일적으로 적용하는 준칙을 취업규칙이라고 한다. 근로기준법 제93조, 제94조에서 취업규칙의 신고 및 작성, 변경절차 등을 규정하고 있고 제정한 취업규칙을 변경하는 경우 변경할 내용이 근로자들에게 불이익한 내용에 해당하면 별도 동의 주체 및 절차를 검토해야 하는바 법원의 입장을 기준으로 살펴보고자 한다.

제2절 불이익 변경의 판단

1 취업규칙의 변경절차

근로기준법 제94조 제1항은 사용자는 취업규칙의 작성 또는 변경에 관하여 해당 사업 또는 사업장에 근로자의 과반수로 조직된 노동조합이 있는 경우에는 그 노동조합, 근로자의 과반수로 조직된 노동조합이 없는 경우에는 근로자의 과반수의 의견을 들어야 한다는 것을 명시적으로 규정하고 있다.

2 취업규칙 불이익 변경의 경우

(1) 절차

근로기준법 제94조 제1항 단서조항은 취업규칙을 근로자에게 불리하게 변경하는 경우에는 그 동의를 받아야 한다고 하고 있는바 불이익 변경의 절차를 엄격하게 규정하고 있다.

(2) 불이익변경의 판단기준

근로기준법 제94조 제1항에서 불이익한 변경을 구분해서 규정하고 있는바 불이익 변경의 판단기준이 중요하다. 판례는 없던 규정을 신설하는 과정에서 정년제를 실시하거나 징계 사유를 추가하는 경우도 불이익한 변경이라고 보아 기존 근로자들의 동의절차를 구해야 한다는 입장을 취하고 있다.

(3) 유리한 변경과 불리한 변경이 공존

판례는 변경되는 취업규칙의 내용이 유리한 부분과 불리한 부분이 공존하고 있는 경우라면 변경되는 근로조건의 전체적인 내용을 종합적으로 고려하여 유·불리를 판단해야 한다는 입장이다. 또한 불이익 변경인지 여부를 판단함에 있어서는, 근로조건을 결정짓는 여러 요소가 있는 경우 그중 한 요소가 불이익하게 변경되더라도 그와 대가관계나 연계성이 있는 다른 요소가 유리하게 변경되는 경우 이를 종합적으로 고려하여야 한다.

(4) 근로자별로 유리하고 불리한 경우가 다른 경우

판례는 취업규칙의 일부를 이루는 급여규정의 변경이 일부의 근로자에게는 유리하고 일부의 근로자에게는 불리한 경우 그러한 변경에 근로자집단의 동의를 요하는지를 판단하는 것은 근로자 전체에 대하여 획일적으로 결정되어야 할 것이고, 또 이러한 경우 취업규칙의 변경이 근로자에게 전체적으로 유리한지 불리한지를 객관적으로 평가하기가 어려우며, 같은 개정에 의하여 근로자 상호 간의 이·불리에 따른 이익이 충돌되는 경우에는 그러한 개정은 근로자에게 불이익한 것으로 취급하여 근로자들 전체의 의사에 따라 결정하게 하는 것이 타당하다는 입장을 취하고 있다.

3 동의의 주체

근로기준법 제94조 제1항에서는 일반적이고 추상적으로 '동의'의 주체를 규정하고 있어 구체적이고 세부적인 사안에서 동의 주체를 규정할 필요가 있어 법원의 입장을 살펴보는 것이 중요하다.

(1) 원칙

취업규칙은 10인 이상 사업장에 근무하는 근로자들에게 획일적으로 적용하는 것이 원칙으로 불이익 변경 시 동의의 주체는 취업규칙의 적용을 받는 모든 근로자가 대상이며 판례도 이와 같은 입장이다. 과반수를 대표하는 노동조합의 동의를 구한 경우라면 기존 근로자들의 개별동의 여부와 관계없이 변경된 취업규칙을 사업장에 적용할 수 있다는 입장이다.

(2) 취업규칙 불이익 변경 시점에 적용되지 않는 근로자집단의 동의 여부

직군별로 적용되는 취업규칙이 다른 경우라면 직군별로 동의를 받는 것이 상식에 부합하며 판례도 이와 같은 입장이다. 다만 하나의 근로조건의 적용을 받는 사업장에서 불이익한 변경시점에 해당 취업규칙을 적용받지 않더라도 그 적용이 예상되는 집단의 경우에는 장래 변경되는 취업규칙 규정의 적용이 예상되는 근로자집단을 포함한 근로자집단이 동의의 주체가 된다는 입장을 취하고 있다.

4 동의방법

(1) 원칙

근로기준법 제94조 제1항은 불이익한 변경의 경우 근로자의 과반수로 조직된 노동조합이 있는 경우에는 그 노동조합, 근로자의 과반수로 조직된 노동조합이 없는 경우에는 근로자의 과반수의 동의를 받아야 한다고 규정하고 있는바 과반수를 대표할 수 있는 과반 노조가 있는 경우라면 과반 노조의 동의를 구하면 충분하다는 입장을 판례도 취하고 있다.

(2) 근로자의 과반을 대표하는 노조가 없는 경우

1) 원칙

취업규칙에 규정된 근로조건의 내용을 근로자에게 불이익하게 변경하는 경우에 근로자 과반수로 구성된 노동조합이 없는 때에는 근로자들의 회의 방식에 의한 과반수 동의가 필요하다고 하더라도, 그 회의 방식은 반드시 한 사업 또는 사업장의 전 근로자가 일시에 한자리에 집합하여 회의를 개최하는 방식만이 아니라 한 사업 또는 사업장의 기구별 또는 단위 부서별로 사용자 측의 개입이나 간섭이 배제된 상태에서 근로자 상호간에 의견을 교환하여 찬반의견을 집약한 후 이를 전체적으로 취합하는 방식도 허용된다고 할 것인데, 여기서 사용자 측의 개입이나 간섭이라 함은 사용자 측이 근로자들의 자율적이고 집단적인 의사결정을 저해할 정도로 명시 또는 묵시적인 방법으로 동의를 강요하는 경우를 의미하고 사용자 측이 단지 변경될 취업규칙의 내용을 근로자들에게 설명하고 홍보하는 데 그친 경우에는 사용자 측의 부당한 개입이나 간섭이 있었다고 볼 수 없다.

2) 최근 판례의 태도

최근 심리불속행 기각판결을 내리면서 법원은 근로기준법이 '회의 방식'에 의한 근로자 과반수의 동의를 요구하는 이유는 '집단 의사의 주체로서 근로자'의 의사를 형성하기 위함이므로, 사용자의 특수한 사정으로 인하여 전체 근로자들의 회합이 어려워 단위 부서별로 회합하는 방식을 택할 수밖에 없는 경우에, 사용자는 부분적 회합을 통한 의견 취합을 하더라도 전체 근로자들의 회합이 있었던 것과 마찬가지로 근로자들이 집단 의사를 확인, 형성할 수 있도록 상당한 조치를 취할 의무를 부담한다는 입장을 취하면서 원칙을 강조하는 입장을 취하고 있다.

3) 노사협의회의 의결

판례는 노사협의회는 근로자와 사용자 쌍방이 이해와 협조를 통하여 노사공동의 이익을 증진함으로써 산업평화를 도모할 것을 목적으로 하는 제도로서 노동조합과 그 제도의 취지가 다르므로 비록 회사가 근로조건에 관한 사항을 그 협의사항으로 규정하고 있다 하더라도 근로자들이 노사협의회를 구성하는 근로자위원들을 선출함에 있어 그들에게 근로조건을 불이익하게 변경함에 있어서 근로자들을 대신하여 동의를 할 권한까지 포괄적으로 위임한 것이라고 볼 수 없으며, 그 근로자위원들이 퇴직금규정의 개정에 동의를 함에 있어서 사전에 그들이 대표하는 각 부서별로 근로자들의 의견을 집약 및 취합하여 그들의 의사표시를 대리하여 동의권을 행사하였다고 볼 만한 자료도 없다면, 근로자위원들의 동의를 얻은 것을 근로자들 과반수의 동의를 얻은 것과 동일시할 수 없다.

5 동의를 받지 못한 취업규칙 불이익 변경

(1) 원칙

근로기준법 제94조 제1항에서 정한 절차를 준수하지 않은 경우 근로기준법 제114조 제1호에 따라 500만원 이하의 벌금에 처하는 바 벌칙규정이 적용되고 절차위반에 따른 취업규칙 변경은 효력이 없다. 다만 동의를 받지 않은 취업규칙 불이익 변경이 무조건 효력이 없는지에 대한 학계의 견해 대립이 있어 법원의 입장을 기준으로 살펴볼 필요가 있다.

(2) 판례의 태도

1) 문제의 소재

판례는 사회통념상 합리성이 있는 경우에 근로기준법 제94조 제1항을 위반한 동의절차를 준수하지 못한 취업규칙의 효력을 인정하고 있는바 사회통념상 합리성이 있는 경우의 개별적·구체적 요건에 대한 법원 입장을 살펴볼 필요가 있다.

2) 사회통념상 합리성이 있는 경우

① 기본입장

사용자가 일방적으로 새로운 취업규칙의 작성·변경을 통하여 근로자가 가지고 있는 기득의 권리나 이익을 박탈하여 불이익한 근로조건을 부과하는 것은 원칙적으로 허용되지 아니하지만, 당해 취업규칙의 작성 또는 변경이 그 필요성 및 내용의 양면에서 보아 그에 의하여 근로자가 입게 될 불이익의 정도를 고려하더라도 여전히 당해 조항의 법적 규범성을 시인할 수 있을 정도로 사회통념상 합리성이 있다고 인정되는 경우에는 종전 근로조건 또는 취업규칙의 적용을 받고 있던 근로자의 집단적 의사결정방법에 의한 동의가 없다는 이유만으로 그의 적용을 부정할 수는 없다는 입장을 취하고 있다.

② 사회통념상 합리성의 판단기준

판례는 사회통념상 합리성의 유무는 취업규칙의 변경에 의하여 근로자가 입게 되는 불이익의 정도, 사용자 측의 변경 필요성의 내용과 정도, 변경 후의 취업규칙 내용의 상당성, 대상조치 등을 포함한 다른 근로조건의 개선상황, 노동조합 등과의 교섭 경위 및 노동조합이나 다른 근로자의 대응, 동종 사항에 관한 국내의 일반적인 상황 등을 종합적으로 고려하여 판단하여야 한다는 입장을 취하고 있다.

③ 제한적 해석

판례는 사회통념상 합리성을 인정하는 해석이 근로자에게 불리하게 변경하는 경우에는 그 동의를 받도록 한 근로기준법을 사실상 배제하는 것이므로 제한적으로 엄격하게 해석하여야 한다는 입장을 명확하게 하면서 원칙을 강조하고 있다.

④ 사회통념상 합리성 유무 판단기준을 추가로 고려한 판례

최근 판례는 기존 사회통념상 합리성 유무의 판단기준에 더하여 취업규칙 변경에 따라 발생할 경쟁력 강화 등 사용자측의 이익 증대 또는 손실 감소를 장기적으로 근로자들도 함께 향유할 수 있는지에 관한 해당 기업의 경영행태도 고려해야 한다는 입장을 취한바 있다.

⑤ 원칙을 강조한 판례의 태도

최근 판례는 근로기준법 제94조 제1항의 입법 취지를 강조하면서 변경 전후의 문언을 기준으로 하여 취업규칙이 근로자에게 불이익하게 변경되었음이 명백하다면, 취업규칙의 내용 이외의 사정이나 상황을 근거로 하여 그 변경에 사회통념상 합리성이 있다고 보는 것은, 이를 제한적으로 엄격하게 해석·적용하여야 한다.

3) 사회통념상 합리성 법리의 폐기

판례는 사회통념상 합리성이라는 개념 자체가 매우 불확정적이어서 어느 정도에 이르러야 법적 규범성을 시인할 수 있는지 노동관계 당사자가 쉽게 알기 어려울 뿐만 아니라, 개별 사건에서 다툼의 대상이 되었을 때 그 인정 여부의 기준으로 대법원이 제시한 요소들을 종합적으로 고려한 법원의 판단 역시 사후적 평가일 수밖에 없는 한계가 있다. 이에 취업 규칙 변경의 효력을 둘러싼 분쟁이 끊이지 않고 있고, 그 유효성이 확정되지 않은 취업규 칙의 적용에 따른 법적 불안정성이 사용자나 근로자에게 끼치는 폐해 역시 적지 않았다.

종전 판례의 해석은 강행규정인 근로기준법 제94조 제1항 단서의 명문 규정에 반하는 해 석일 뿐만 아니라, 근로기준법이 예정한 범위를 넘어 사용자에게 근로조건의 일방적인 변 경 권한을 부여하는 것이나 마찬가지여서 헌법 정신과 근로자의 권익 보장에 관한 근로기 준법의 근본 취지, 근로조건의 노사대등결정 원칙에 위배된다.

사용자가 근로자의 집단적 동의 없이 일방적으로 취업규칙을 작성·변경하여 근로자에게 기존보다 불리하게 근로조건을 변경하였더라도 해당 취업규칙의 작성 또는 변경에 사회 통념상 합리성이 있다고 인정되는 경우 그 적용을 인정한 종전 판례를 폐기하였다.

6 신규채용 근로자에 대한 동의를 받지 못한 취업규칙 불이익 변경의 효력

(1) 문제의 소재

근로기준법 제94조 제1항에 따라 동의를 받지 못한 취업규칙 불이익 변경은 원칙이 무효이므로 기존 근로자들에게 효력이 없다. 절차를 준수하지 못하고 변경된 취업규칙이 신규채용 근로자들 에게도 적용할 수 없는지에 대해 의견 대립이 있었으나 법원이 기준을 제시하면서 의견을 정리 하였다.

(2) 판례의 태도

판례는 명확하게 '기득이익'이라는 관점에서 입장을 제시하고 있으며 사용자가 취업규칙에서 정 한 근로조건을 근로자에게 불리하게 변경함에 있어서 근로자의 동의를 얻지 않은 경우에 그 변 경으로 기득이익이 침해되는 기존의 근로자에 대한 관계에서는 변경의 효력이 미치지 않게 되어 종전 취업규칙의 효력이 그대로 유지되지만, 변경 후에 변경된 취업규칙에 따른 근로조건을 수 용하고 근로관계를 갖게 된 근로자에 대한 관계에서는 당연히 변경된 취업규칙이 적용되어야 하 고, 기득이익의 침해라는 효력 배제 사유가 없는 변경 후의 취업근로자에 대해서까지 변경의 효 력을 부인하여 종전 취업규칙이 적용되어야 한다고 볼 근거가 없다.

사례연습

Q A회사는 플라스틱 포장용기를 제조하는 제조업체이며 500명의 상시근로자를 채용하고 있다. A회사에는 생산직 근로자 300명, 영업직 200명이 근무하고 있으며 생산직 근로자 200명으로 구성된 노동조합 B가 존재하며 유일한 노동조합이다. A회사는 코로나19로 인한 정부규제가 완화됨에 따라 배달업체 활용이 줄어들어 심각한 경영상 위기는 아니더라도 근로자들의 성과급을 챙겨주기 부담스러운 상황이라고 판단하여 근로자들을 대상으로 2023.1.1.부터 새로운 임금 지급 규정을 시행할 것을 예고하며 취업규칙을 개정하였다.

개정 전	개정 후
제60조(성과급 규정) ① 사원은 기본급 이외의 기본급 100%에 해당하는 성과급을 지급받을 수 있다. ② 성과급은 매 분기별로 지급되며 연 4회로 한다.	제60조(성과급 규정) ① 사원은 기본급 이외의 기본급 50%에 해당하는 성과급을 지급받을 수 있다. ② 성과급은 매 반기별로 지급되며 연 2회로 한다.

A회사는 해당 취업규칙을 개정하기 위해 B노동조합의 대표자 동의를 받았으나 영업직 근로자들은 외부 출장이 많아 개별적인 안내를 하기 힘든 상황이라는 특별한 사정하에 A회사는 근로자 10인을 선정하여 위임동의를 받겠다는 문자메시지를 발송하여 위임동의를 받아 선정된 근로자 10인의 전원 동의를 받았다. 다만 생산직 근로자들은 별도 위임절차를 거치지 않았으며 생산직 근로자들에게 취업규칙 개정에 대한 논의를 하거나 설명조차 하지 않았다.

A회사는 예정대로 취업규칙을 개정하고 2023.1.1.부터 개정된 성과급 규정을 적용하였다.

2023.1.1.부터 개정된 성과급 규정을 A회사의 전직원에게 적용할 수 있는지 여부 및 2023.2.1.부터 새롭게 입사한 乙도 2023.1.1.부터 개정된 성과급 규정을 적용받을 수 있는지에 대해 논하라.
50점

해설

✔ **취업규칙 불이익 변경**

I. 문제의 소재

A회사는 2023.1.1.부터 개정된 취업규칙을 적용하기로 하였으며 해당 취업규칙의 내용이 불이익한 변경인지 판단하고 불이익한 경우라면 근로기준법 제94조의 절차를 준수하였는지에 따라 취업규칙의 효력 유무가 결정되는바 판례의 태도를 기준으로 사안을 해결해 보도록 한다.

II. 의의 및 법규정

1. 의의

10인 이상의 사업장은 획일적으로 적용되는 규칙을 제정할 필요가 있으므로 근로기준법에서 정하는 기준을 준수하는 범위 내에서 사업주가 일방적으로 정하여 사업장의 근로자들에게 획일적으로 적용하는 준칙을 취업규칙이라고 한다.

2. 법규정

> **제94조(규칙의 작성, 변경 절차)**
> ① 사용자는 취업규칙의 작성 또는 변경에 관하여 해당 사업 또는 사업장에 근로자의 과반수로 조직된 노동조합이 있는 경우에는 그 노동조합, 근로자의 과반수로 조직된 노동조합이 없는 경우에는 근로자의 과반수의 의견을 들어야 한다. 다만, 취업규칙을 근로자에게 불리하게 변경하는 경우에는 그 동의를 받아야 한다.

III. 판례의 태도(30)

1. 취업규칙 불이익 변경의 경우

(1) 절차
근로기준법 제94조 제1항 단서조항은 취업규칙을 근로자에게 불리하게 변경하는 경우에는 그 동의를 받아야 한다고 하고 있는바 불이익 변경의 절차를 엄격하게 규정하고 있다.

(2) 불이익변경의 판단기준
근로기준법 제94조 제1항에서 불이익한 변경을 구분해서 규정하고 있는바 불이익 변경의 판단기준이 중요하다. 판례는 없던 규정을 신설하는 과정에서 정년제를 실시하거나 징계 사유를 추가하는 경우도 불이익한 변경이라고 보아 기존 근로자들의 동의절차를 구해야 한다는 입장을 취하고 있다.

(3) 유리한 변경과 불리한 변경이 공존
판례는 변경되는 취업규칙의 내용이 유리한 부분과 불리한 부분이 공존하고 있는 경우라면 변경되는 근로조건의 전체적인 내용을 종합적으로 고려하여 유·불리를 판단해야 한다는 입장이다. 또한 불이익 변경인지 여부를 판단함에 있어서는, 근로조건을 결정짓는 여러 요소가 있는 경우 그중 한 요소가 불이익하게 변경되더라도 그와 대가관계나 연계성이 있는 다른 요소가 유리하게 변경되는 경우 이를 종합적으로 고려하여야 한다.

(4) 근로자별로 유리하고 불리한 경우가 다른 경우
판례는 취업규칙의 일부를 이루는 급여규정의 변경이 일부의 근로자에게는 유리하고 일부의 근로자에게는 불리한 경우 그러한 변경에 근로자집단의 동의를 요하는지를 판단하는 것은 근로자 전체에 대하여 획일적으로 결정되어야 할 것이고, 또 이러한 경우 취업규칙의 변경이 근로자에게 전체적으로 유리한지 불리한지를 객관적으로 평가하기가 어려우며, 같은 개정에 의하여 근로자 상호간의 이·불리에 따른 이익이 충돌되는 경우에는 그러한 개정은 근로자에게 불이익한 것으로 취급하여 근로자들 전체의 의사에 따라 결정하게 하는 것이 타당하다는 입장을 취하고 있다.

2. 동의의 주체
근로기준법 제94조 제1항에서는 일반적이고 추상적으로 '동의'의 주체를 규정하고 있어 구체적이고 세부적인 사안에서 동의 주체를 규정할 필요가 있어 법원의 입장을 살펴보는 것이 중요하다.

(1) 원칙

취업규칙은 10인 이상 사업장에 근무하는 근로자들에게 획일적으로 적용하는 것이 원칙으로
불이익 변경 시 동의의 주체는 취업규칙의 적용을 받는 모든 근로자가 대상이며 판례도 이와
같은 입장이다. 과반수를 대표하는 노동조합의 동의를 구한 경우라면 기존 근로자들의 개별동
의 여부와 관계없이 변경된 취업규칙을 사업장에 적용할 수 있다는 입장이다.

(2) 취업규칙 불이익 변경 시점에 적용되지 않는 근로자집단의 동의 여부

직군별로 적용되는 취업규칙이 다른 경우라면 직군별로 동의를 받는 것이 상식에 부합하며
판례도 이와 같은 입장이다. 다만 하나의 근로조건의 적용을 받는 사업장에서 불이익한 변경
시점에 해당 취업규칙을 적용받지 않더라도 그 적용이 예상되는 집단의 경우에는 장래 변경되
는 취업규칙 규정의 적용이 예상되는 근로자집단을 포함한 근로자집단이 동의의 주체가 된다
는 입장을 취하고 있다.

3. 동의방법

(1) 원칙

근로기준법 제94조 제1항은 불이익한 변경의 경우 근로자의 과반수로 조직된 노동조합이 있
는 경우에는 그 노동조합, 근로자의 과반수로 조직된 노동조합이 없는 경우에는 근로자의 과
반수의 동의를 받아야 한다고 규정하고 있는바 과반수를 대표할 수 있는 과반 노조가 있는
경우라면 과반 노조의 동의를 구하면 충분하다는 입장을 판례도 취하고 있다.

(2) 근로자의 과반을 대표하는 노조가 없는 경우

1) 원칙

취업규칙에 규정된 근로조건의 내용을 근로자에게 불이익하게 변경하는 경우에 근로자 과
반수로 구성된 노동조합이 없는 때에는 근로자들의 회의 방식에 의한 과반수 동의가 필요
하다고 하더라도, 그 회의 방식은 반드시 한 사업 또는 사업장의 전 근로자가 일시에 한자
리에 집합하여 회의를 개최하는 방식만이 아니라 한 사업 또는 사업장의 기구별 또는 단위
부서별로 사용자 측의 개입이나 간섭이 배제된 상태에서 근로자 상호간에 의견을 교환하여
찬반의견을 집약한 후 이를 전체적으로 취합하는 방식도 허용된다고 할 것인데, 여기서 사
용자 측의 개입이나 간섭이라 함은 사용자 측이 근로자들의 자율적이고 집단적인 의사결정
을 저해할 정도로 명시 또는 묵시적인 방법으로 동의를 강요하는 경우를 의미하고 사용자
측이 단지 변경될 취업규칙의 내용을 근로자들에게 설명하고 홍보하는 데 그친 경우에는
사용자 측의 부당한 개입이나 간섭이 있었다고 볼 수 없다.

2) 최근 판례의 태도

최근 심리불속행 기각판결을 내리면서 법원은 근로기준법이 '회의 방식'에 의한 근로자 과
반수의 동의를 요구하는 이유는 '집단 의사의 주체로서 근로자'의 의사를 형성하기 위함이
므로, 사용자의 특수한 사정으로 인하여 전체 근로자들의 회합이 어려워 단위 부서별로 회
합하는 방식을 택할 수밖에 없는 경우에, 사용자는 부분적 회합을 통한 의견 취합을 하더
라도 전체 근로자들의 회합이 있었던 것과 마찬가지로 근로자들이 집단 의사를 확인, 형성
할 수 있도록 상당한 조치를 취할 의무를 부담한다는 입장을 취하면서 원칙을 강조하는
입장을 취하고 있다.

3) 노사협의회의 의결

판례는 노사협의회는 근로자와 사용자 쌍방이 이해와 협조를 통하여 노사공동의 이익을 증진함으로써 산업평화를 도모할 것을 목적으로 하는 제도로서 노동조합과 그 제도의 취지가 다르므로 비록 회사가 근로조건에 관한 사항을 그 협의사항으로 규정하고 있다 하더라도 근로자들이 노사협의회를 구성하는 근로자위원들을 선출함에 있어 그들에게 근로조건을 불이익하게 변경함에 있어서 근로자들을 대신하여 동의를 할 권한까지 포괄적으로 위임한 것이라고 볼 수 없으며, 그 근로자위원들이 퇴직금규정의 개정에 동의를 함에 있어서 사전에 그들이 대표하는 각 부서별로 근로자들의 의견을 집약 및 취합하여 그들의 의사표시를 대리하여 동의권을 행사하였다고 볼 만한 자료도 없다면, 근로자위원들의 동의를 얻은 것을 근로자들 과반수의 동의를 얻은 것과 동일시할 수 없다.

4. 동의를 받지 못한 취업규칙 불이익 변경

(1) 원칙

근로기준법 제94조 제1항에서 정한 절차를 준수하지 않은 경우 근로기준법 제114조 제1호에 따라 500만원 이하의 벌금에 처하는 바 벌칙규정이 적용되고 절차위반에 따른 취업규칙 변경은 효력이 없다. 다만 동의를 받지 않은 취업규칙 불이익 변경이 무조건 효력이 없는지에 대한 학계의 견해 대립이 있어 법원의 입장을 기준으로 살펴볼 필요가 있다.

(2) 판례의 태도

1) 논의의 실익

판례는 사회통념상 합리성이 있는 경우에 근로기준법 제94조 제1항을 위반한 동의절차를 준수하지 못한 취업규칙의 효력을 인정하고 있는바 사회통념상 합리성이 있는 경우의 개별적·구체적 요건에 대한 법원 입장을 살펴볼 필요가 있다.

2) 사회통념상 합리성이 있는 경우

① 기본입장

사용자가 일방적으로 새로운 취업규칙의 작성·변경을 통하여 근로자가 가지고 있는 기득의 권리나 이익을 박탈하여 불이익한 근로조건을 부과하는 것은 원칙적으로 허용되지 아니하지만, 당해 취업규칙의 작성 또는 변경이 그 필요성 및 내용의 양면에서 보아 그에 의하여 근로자가 입게 될 불이익의 정도를 고려하더라도 여전히 당해 조항의 법적 규범성을 시인할 수 있을 정도로 사회통념상 합리성이 있다고 인정되는 경우에는 종전 근로조건 또는 취업규칙의 적용을 받고 있던 근로자의 집단적 의사결정방법에 의한 동의가 없다는 이유만으로 그의 적용을 부정할 수는 없다는 입장을 취하고 있다.

② 사회통념상 합리성의 판단기준

판례는 사회통념상 합리성의 유무는 취업규칙의 변경에 의하여 근로자가 입게 되는 불이익의 정도, 사용자 측의 변경 필요성의 내용과 정도, 변경 후의 취업규칙 내용의 상당성, 대상조치 등을 포함한 다른 근로조건의 개선상황, 노동조합 등과의 교섭 경위 및 노동조합이나 다른 근로자의 대응, 동종 사항에 관한 국내의 일반적인 상황 등을 종합적으로 고려하여 판단하여야 한다는 입장을 취하고 있다.

③ 제한적 해석

판례는 사회통념상 합리성을 인정하는 해석이 근로자에게 불리하게 변경하는 경우에는 그 동의를 받도록 한 근로기준법을 사실상 배제하는 것이므로 제한적으로 엄격하게 해석하여야 한다는 입장을 명확하게 하면서 원칙을 강조하고 있다.

④ 사회통념상 합리성 유무 판단기준을 추가로 고려한 판례

최근 판례는 기존 사회통념상 합리성 유무의 판단기준에 더하여 취업규칙 변경에 따라 발생할 경쟁력 강화 등 사용자 측의 이익 증대 또는 손실 감소를 장기적으로 근로자들도 함께 향유할 수 있는지에 관한 해당 기업의 경영행태도 고려해야 한다는 입장을 취한바 있다.

⑤ 원칙을 강조한 판례의 태도

최근 판례는 근로기준법 제94조 제1항의 입법 취지를 강조하면서 변경 전후의 문언을 기준으로 하여 취업규칙이 근로자에게 불이익하게 변경되었음이 명백하다면, 취업규칙의 내용 이외의 사정이나 상황을 근거로 하여 그 변경에 사회통념상 합리성이 있다고 보는 것은, 이를 제한적으로 엄격하게 해석·적용하여야 한다.

⑥ 사회통념상 합리성 법리의 폐기

판례는 사회통념상 합리성이라는 개념 자체가 매우 불확정적이어서 어느 정도에 이르러야 법적 규범성을 시인할 수 있는지 노동관계 당사자가 쉽게 알기 어려울 뿐만 아니라, 개별 사건에서 다툼의 대상이 되었을 때 그 인정 여부의 기준으로 대법원이 제시한 요소들을 종합적으로 고려한 법원의 판단 역시 사후적 평가일 수밖에 없는 한계가 있다. 이에 취업규칙 변경의 효력을 둘러싼 분쟁이 끊이지 않고 있고, 그 유효성이 확정되지 않은 취업규칙의 적용에 따른 법적 불안정성이 사용자나 근로자에게 끼치는 폐해 역시 적지 않았다.

종전 판례의 해석은 강행규정인 근로기준법 제94조 제1항 단서의 명문 규정에 반하는 해석일 뿐만 아니라, 근로기준법이 예정한 범위를 넘어 사용자에게 근로조건의 일방적인 변경 권한을 부여하는 것이나 마찬가지여서 헌법 정신과 근로자의 권익 보장에 관한 근로기준법의 근본 취지, 근로조건의 노사대등결정 원칙에 위배된다.

사용자가 근로자의 집단적 동의 없이 일방적으로 취업규칙을 작성·변경하여 근로자에게 기존보다 불리하게 근로조건을 변경하였더라도 해당 취업규칙의 작성 또는 변경에 사회통념상 합리성이 있다고 인정되는 경우 그 적용을 인정한 종전 판례를 폐기하였다.

5. 신규채용 근로자에 대한 동의를 받지 못한 취업규칙 불이익 변경의 효력(5)

(1) 문제의 소재

근로기준법 제94조 제1항에 따라 동의를 받지 못한 취업규칙 불이익 변경은 원칙이 무효이므로 기존 근로자들에게 효력이 없다. 절차를 준수하지 못하고 변경된 취업규칙이 신규채용 근로자들에게도 적용할 수 없는지에 대해 의견 대립이 있었으나 법원이 기준을 제시하면서 의견을 정리하였다.

(2) 판례의 태도

판례는 명확하게 '기득이익'이라는 관점에서 입장을 제시하고 있으며 사용자가 취업규칙에서 정한 근로조건을 근로자에게 불리하게 변경함에 있어서 근로자의 동의를 얻지 않은 경우에 그 변경으로 기득이익이 침해되는 기존의 근로자에 대한 관계에서는 변경의 효력이 미치지

않게 되어 종전 취업규칙의 효력이 그대로 유지되지만, 변경 후에 변경된 취업규칙에 따른 근로조건을 수용하고 근로관계를 갖게 된 근로자에 대한 관계에서는 당연히 변경된 취업규칙이 적용되어야 하고, 기득이익의 침해라는 효력배제사유가 없는 변경 후의 취업근로자에 대해서까지 변경의 효력을 부인하여 종전 취업규칙이 적용되어야 한다고 볼 근거가 없다.

6. 소급동의 인정

(1) 판례의 태도

판례는 퇴직금 지급과 관련하여 취업규칙 중 퇴직금 지급률에 관한 규정의 변경이 근로자에게 불이익함에도 불구하고 사용자가 근로자의 집단적 의사결정방법에 의한 동의를 얻지 아니한 채 변경을 함으로써 기득이익을 침해하게 되는 기존의 근로자에 대하여는 종전의 퇴직금 지급률이 적용되어야 하는 경우에도 노동조합이 사용자 측과 변경된 퇴직금 지급률은 따르기로 하는 내용의 단체협약을 체결한 경우에는, 기득이익을 침해하게 되는 기존의 근로자에 대하여 종전의 퇴직금 지급률이 적용되어야 함을 알았는지 여부에 관계없이 원칙적으로 그 협약의 적용을 받게 되는 기존의 근로자에 대하여도 변경된 퇴직금 지급률이 적용되어야 한다는 입장을 취하고 있다.

(2) 검토

해당 판례는 퇴직금 지급 규정에 한하여 적용되고 해석하는 것이 타당하다고 보이며 퇴직금을 후불적 임금 즉 사용자와 근로관계가 종료된 이후에 발생하는 금전채권이므로 기득이익 침해로 보지 않는 입장을 기준으로 해석하고 있다고 보인다.

IV. 사안의 해결

1. 취업규칙 불이익 변경 판단

A회사의 성과급 규정이 기본급 100%에서 50%로 삭감되고 연 4회에서 연 2회로 그 지급횟수도 줄어들었는바 모든 근로자에게 급여가 삭감되는 불이익한 근로조건의 변동이 있어 불이익 변경이라고 판단되므로 과반 노동조합이 없는 경우 근로자의 집단동의를 받아야 효력이 있다.

2. 동의의 주체

(1) B노동조합 대표자의 동의

생산직 근로자 200명으로 구성된 노동조합 B가 존재하며 유일한 노동조합인바 영업직을 대표하고 있지도 않고 500명의 과반수인 250명이 되지 않아 과반수 동의를 얻은 것으로 볼 수 없다.

(2) 모든 근로자의 과반수 동의

영업직 근로자들의 위임 받은 자 10인의 동의를 제외하곤 별도 개별근로자들의 동의가 없는바 근로자 과반수의 동의를 받은 것으로 볼 수 없다.

3. 동의의 방법

A회사는 영업직 근로자들은 문자메시지로 위임동의를 받은 근로자 10인의 결정에 따르기로 하며 10인의 근로자 전원 동의를 받았으며 생산직 근로자들은 별도 위임절차를 거치지 않았고 개정에 대한 논의조차 하지 않았는바 전체 근로자들의 회합이 있었던 것과 마찬가지로 근로자들이 집단 의사를 확인 및 형성할 수 있도록 상당한 조치를 취한 것으로 판단할 수 없다.

4. 소결

A회사의 취업규칙 성과급 지급규정의 개정은 불이익 변경에 해당하며 동의주체나 동의방법에 대한 정당성을 갖추지 못하였는바 근로기준법 제94조 위반으로 해당 취업규칙은 무효이고 전직원에게 효력을 미칠 수 없다.

5. 사회통념상 합리성의 유무

A회사는 코로나-19로 인한 정부규제가 완화됨에 따라 배달업체 활용이 줄어들어 심각한 경영상 위기는 아니더라도 근로자들의 성과급을 챙겨주기 부담스러운 상황이라고 판단하였으나 A회사가 근로기준법 제94조를 위반한 취업규칙 변경임에도 불구하고 당해 성과급 지급조항의 법적 규범성을 시인할 수 있을 정도로 사회통념상 합리성이 있다고 인정하기에는 현저히 부족하다고 판단되므로 2023.1.1.부터 적용되는 취업규칙의 성과급 지급규정은 근로기준법 제94조 위반으로 효력이 없어 기존 근로자들에게 적용되지 아니한다.

6. 신규 입사자 乙의 적용여부

乙은 2023.1.1.부터 적용되는 불이익한 취업규칙의 내용을 근로조건으로 인지하고 수용 후 근로관계를 갖게 된 근로자이므로 기득이익의 침해라는 효력 배제 사유가 존재하지 않아 개정된 취업규칙의 성과급 지급규정을 적용받는다.

7. 결

2023.1.1.부터 개정된 성과급 규정을 A회사의 전직원에게 적용할 수 없으며 2023.2.1.부터 새롭게 입사한 乙도 2023.1.1.부터 개정된 성과급 규정을 적용받을 수 있다.

14 | 평균임금

1 법규정

제2조(정의)
① 이 법에서 사용하는 용어의 뜻은 다음과 같다
  5. "임금"이란 사용자가 근로의 대가로 근로자에게 임금, 봉급, 그 밖에 어떠한 명칭으로든지 지급하
    는 모든 금품을 말한다.

2 근로의 대가

판례는 사용자가 근로자에게 지급하는 금품이 임금에 해당하려면 그 금품이 근로의 대상으로 지급되는 것으로서, 근로자에게 계속적·정기적으로 지급되고 그 지급에 관하여 단체협약, 취업규칙 등에 의하여 사용자에게 지급의무가 지워져 있어야 한다. 그리고 해당 지급의무의 발생이 근로제공과 직접적으로 관련되거나 그것과 밀접하게 관련된다고 볼 수 있는 금품은 근로의 대상으로 지급된 금품으로 본다는 입장이다.

3 복지포인트의 임금성

(1) 판단기준

판례는 선택적 복지제도에 기초한 복지포인트는 근로기준법상의 임금 및 통상임금에 해당하지 않는다는 입장을 취하면서 선택적 복지제도의 근거법령, 연혁과 도입배경, 소멸 및 양도가능성이 없음, 근로제공과 무관하게 매년 일괄 제공, 근로자들도 근로제공과 무관한 금품임을 인식하고 있다는 사정을 종합적으로 고려하였다.

(2) 구체적 검토

판례는 사용자가 선택적 복지제도를 시행하면서 이 사건과 같이 직원 전용 온라인 쇼핑사이트에서 물품을 구매하는 방식 등으로 사용할 수 있는 복지포인트를 단체협약, 취업규칙 등에 근거하여 근로자들에게 계속적·정기적으로 배정한 경우라고 하더라도, 이러한 복지포인트는 근로기준법에서 말하는 임금에 해당하지 않고, 그 결과 통상임금에도 해당하지 않는다.
① 근로복지기본법상 기업근로복지를 구성하는 선택적 복지제도에 기초한 복지포인트는 임금과 같은 근로조건에서 제외된다고 보는 것이 타당하고 ② 선택적 복지제도의 연혁 및 도입경위를 고려할 때 선택적 복지제도는 임금 상승이나 보전을 위한 것이 아니라 근로자의 욕구를 반영한

새로운 기업복지체계를 구축하기 위한 것이며, ③ 복지포인트의 지급 형태를 고려할 때 복지포인트는 사용 용도가 제한되어 있고, 1년 내에 사용하지 않으면 소멸하며, 양도가능성도 부정되므로 '근로의 대가'라고 보기 어려우며, ④ 복지포인트의 '배정'을 금품의 '지급'으로 평가하기 어렵기 때문이라는 입장이다.

4 경영성과급

(1) 원칙

판례는 경영평가성과급이 계속적·정기적으로 지급되고 지급대상, 지급조건 등이 확정되어 있어 사용자에게 지급의무가 있다면, 이는 근로의 대가로 지급되는 임금의 성질을 가지므로 평균임금 산정의 기초가 되는 임금에 포함된다고 보아야 한다. 경영실적 평가결과에 따라 그 지급 여부나 지급률이 달라질 수 있다고 하더라도 그러한 이유만으로 경영평가성과급이 근로의 대가로 지급된 것이 아니라고 볼 수 없다.

(2) 공공기관의 경영성과급

판례는 공공기관 경영평가성과급의 최저지급률과 최저지급액이 정해져 있지 않아 소속 기관의 경영실적 평가결과에 따라서는 경영평가성과급을 지급받지 못할 수도 있다. 이처럼 경영평가성과급을 지급받지 못하는 경우가 있다고 하더라도 성과급이 전체 급여에서 차지하는 비중, 그 지급 실태와 평균임금 제도의 취지 등에 비추어 볼 때 근로의 대가로 지급된 임금으로 보아야 한다.

5 개인성과급 : 임금으로 인정되는 요건

판례는 피고 회사가 인센티브(성과급) 지급규정이나 영업 프로모션 등으로 정한 지급기준과 지급시기에 따라 인센티브(성과급)를 지급하여 왔고, 차량판매는 피고 회사의 주업으로서 영업사원들이 차량판매를 위하여 하는 영업활동은 피고 회사에 대하여 제공하는 근로의 일부라 볼 수 있어 인센티브(성과급)는 근로의 대가로 지급되는 것이라고 보아야 하며, 매월 정기적, 계속적으로 이루어지는 인센티브의 지급이 개인근로자의 특수하고 우연한 사정에 의하여 좌우되는 우발적, 일시적 급여라고 할 수 없고, 지급기준 등의 요건에 맞는 실적을 달성하였다면 피고 회사로서는 그 실적에 따른 인센티브의 지급을 거절할 수 없을 것이므로 이를 은혜적인 급부라고 할 수도 없으며, 인센티브(성과급)를 일률적으로 임금으로 보지 않을 경우 인센티브(성과급)만으로 급여를 지급받기로 한 근로자는 근로를 제공하되 근로의 대상으로서의 임금은 없는 것이 되고 퇴직금도 전혀 받을 수 없게 되는 불합리한 결과가 초래될 것인 점 등에 비추어 보면, 인센티브(성과급)는 퇴직금 산정의 기초가 되는 평균임금에 해당한다는 입장이다.

제 2 절   평균임금

1 법규정

> **제2조(정의)**
> ① 이 법에서 사용하는 용어의 뜻은 다음과 같다.
>   6. "평균임금"이란 이를 산정하여야 할 사유가 발생한 날 이전 3개월 동안에 그 근로자에게 지급된 임금의 총액을 그 기간의 총일수로 나눈 금액을 말한다. 근로자가 취업한 후 3개월 미만인 경우도 이에 준한다.

2 판례의 태도

판례는 평균임금 산정의 기초가 되는 임금총액에는 사용자가 근로의 대상으로 근로자에게 지급하는 일체의 금품으로서, 근로자에게 계속적·정기적으로 지급되고 그 지급에 관하여 단체협약·취업규칙 등에 의하여 사용자에게 지급의무가 지워져 있으면, 그 명칭 여하를 불문하고 모두 포함되는바 사용자에게 근로의 대상성이 있는 금품에 대하여 그 지급의무가 있다는 것은 그 지급 여부를 사용자가 임의적으로 결정할 수 없다는 것을 의미하는 것이고, 그 지급의무의 발생근거는 단체협약이나 취업규칙·급여규정·근로계약에 의한 것이든 그 금품의 지급이 사용자의 방침이나, 관행에 따라 계속적으로 이루어져 노사 간에 그 지급이 당연한 것으로 여겨질 정도의 관례가 형성된 경우처럼 노동관행에 의한 것이든 무방하다는 입장을 취하고 있다.

3 평균임금 산정할 수 없는 경우

(1) 법규정

> **제4조(특별한 경우의 평균임금)**
> 법 제2조 제1항 제6호, 이 영 제2조 및 제3조에 따라 평균임금을 산정할 수 없는 경우에는 고용노동부장관이 정하는 바에 따른다.

(2) 판례의 태도

판례는 근로기준법 제2조 제1항 제6호, 근로기준법 시행령 제2조 등이 정한 원칙에 따라 평균임금을 산정하였다고 하더라도, 근로자의 퇴직을 즈음한 일정 기간 특수하고 우연한 사정으로 인하여 임금액 변동이 있었고, 그 때문에 위와 같이 산정된 평균임금이 근로자의 전체 근로기간, 임금액이 변동된 일정 기간의 장단, 임금액 변동의 정도 등을 비롯한 제반 사정을 종합적으로 평가해 볼 때 통상의 경우보다 현저하게 적거나 많게 산정된 것으로 인정되는 예외적인 경우라면, 이를 기초로 퇴직금을 산출하는 것은 근로자의 통상적인 생활임금을 기준으로 퇴직금을 산출하고자 하는 근로기준법의 정신에 비추어 허용될 수 없는 것이므로, 근로자의 통상적인 생활임금을 사실대로 반영할 수 있는 합리적이고 타당한 다른 방법으로 그 평균임금을 따로 산정하여야 한다. 그러나 근로자의 평균임금이 위와 같이 통상의 경우보다 현저하게 적거나 많다고 볼 예외적인 정도까지 이르지 않은 경우에는 구 근로기준법 제2조 등이 정한 원칙에 따라 평균임금을 산정하여야 하고, 다만 그 금액이 통상임금보다 저액일 경우에는 그 통상임금액을 평균임금으로 할 수 있을 뿐이다.

(3) 구체적 입장

① 판단기준

판례는 평균임금을 산정할 수 없는 경우 및 현저하게 적거나 많은 경우도 함께 고려하고 있으며 의도적인 행위로 평균임금을 높게 산정한 경우 동일한 직종의 근로자들의 임금수준을 고려하여 해당 기간을 제외할지를 결정한다는 입장이고 현저하게 낮게 산정된 경우는 그 기간을 제외한 평상시 통상의 생활을 유지하던 수준의 임금수준을 기준으로 평균임금을 산정해야 하므로 그 기간을 제외한다는 입장을 취하고 있다.

② 현저하게 많게 산정된 경우

판례는 근로자가 의도적으로 현저하게 평균임금을 높이기 위한 행위를 함으로써 근로기준법에 의하여 그 평균임금을 산정하는 것이 부적당한 경우에 해당하게 된 때에는 근로자가 그러한 의도적인 행위를 하지 않았더라면 산정될 수 있는 평균임금 상당액을 기준으로 하여 퇴직금을 산정하여야 한다. 이러한 경우 근로자에게 지급된 임금이 여러 항목으로 구성되어 있어 그러한 임금항목들 가운데 근로자의 의도적인 행위로 현저하게 많이 지급된 것과 그와 관계없이 지급된 임금항목이 혼재되어 있다면, 그중 근로자의 의도적인 행위로 현저하게 많이 지급된 임금항목에 대해서는 그러한 의도적인 행위를 하기 직전 3개월 동안의 임금을 기준으로 하여 근로기준법이 정하는 방식에 따라 평균임금을 산정하여야 할 것이지만, 그와 무관한 임금항목에 대해서는 근로기준법에 정한 원칙적인 산정방식에 따라 퇴직 이전 3개월 동안의 임금을 기준으로 평균임금을 산정하여야 할 것이다. 나아가 근로자의 의도적인 행위로 현저하게 많이 지급된 임금항목에 대하여 위와 같이 그러한 의도적인 행위를 하기 직전 3개월 동안의 임금을 기준으로 하더라도, 만약 근로자가 이처럼 퇴직 직전까지 의도적인 행위를 한 기간 동안에 동일한 임금항목에 관하여 근로자가 소속한 사업 또는 사업장에서 동일한 직종의 근로자에게 지급된 임금수준이 변동되었다고 인정할 수 있는 경우에는 특별한 사정이 없는 한 이를 평균임금의 산정에 반영하는 것이 근로자의 퇴직 당시 통상의 생활임금을 사실대로 반영할 수 있는 보다 합리적이고 타당한 방법이다.

③ 현저하게 적게 산정된 경우

판례는 피고의 휴직기간이 퇴직 전 3개월 이상에 걸쳐있고 그 동안 지급된 급여가 없어 피고의 퇴직금 산정의 기초인 평균임금(월평균급여)이 0원이 되고, 따라서 근로기준법 제19조 제2항에 의하면 그 통상임금을 평균임금으로 하여 퇴직금을 산정하여야 하는데, 피고가 보험회사의 영업소장으로서 그 급여의 대부분이 실적급인 능률급여로 구성되어 있어 능률급여를 제외하고 산정한 통상임금이 월 약 150만원이고, 이는 휴직 전의 평균임금인 월 약 500만원의 3분의 1에도 미치지 못할 뿐만 아니라, 능률급여를 퇴직금 산정의 기초인 월평균급여에 포함시키도록 한 원고회사의 퇴직금 규정의 취지에도 반하게 되는 점을 고려하면, 피고의 퇴직 전 3개월간 지급된 임금을 기초로 산정한 평균임금(월평균급여)과 퇴직금은 피고가 개인적 사정으로 퇴직 전 3개월 이상에 걸쳐 휴직하였다는 특수하고도 우연한 사정에 의하여 통상의 경우보다 현저하게 적은 금액이라 할 것이고, 이러한 결과는 평균임금과 퇴직금 제도의 근본취지에 어긋난다고 하지 않을 수 없으므로, 이 사건의 경우도 위 관계규정에 의하여 평균임금을 산정하는 것이 현저하게 부적당한 경우에 해당한다 할 것이다.

나아가 그 평균임금의 산정방법에 관하여 보건대, 퇴직금 산정기준으로서의 평균임금은 원칙적으로 근로자의 통상의 생활임금을 사실대로 반영하는 것을 그 기본원리로 하고, 이는 장기간의 휴직 등과 같은 특수한 사정이 없었더라면 산정될 수 있는 평균임금 상당액이라 할 것인 바, 앞서 본 피고의 급여실태와 원고회사의 퇴직금 규정, 근로자의 퇴직 직전의 기간이 그 통상의 생활임금을 가장 잘 반영하고 있다고 보아 그 퇴직 직전 기간의 임금을 기준으로 평균임금을 산정하는 것으로 규정하고 있는 근로기준법의 규정취지에 비추어, 피고의 평균임금(월평균급여)은 그 휴직 전 3개월간의 임금을 기준으로 하여 산정함이 상당하다 할 것이다.

제 3 절   결

평균임금을 산정할 수 없는 경우가 아닌 한 근로기준법 제2조 제2항의 원칙에 따라 통상임금을 기준으로 판단해야 한다.

사례연습

Q A회사는 상시근로자 2,000명을 고용하여 철도를 효율적으로 관리하고 운영하는 철도 산업의 공공기관이다. 매년 공공기관들은 '공공기관의 운영에 관한 법률'에 따라 기획재정부의 경영평가를 받는다. 경영평가의 결과에 따라 경영평가성과급의 지급 여부 및 지급액이 결정되며 평가등급에 따라 차등 지급되며 최하위 등급의 경우에는 경영평가성과급이 없다. 평가등급별 금액은 아래의 표와 같으며 해당 경영평가성과급을 받은 공공기관은 단위 부서별·개인별 성과별로 지급해야 하므로 공공기관별 지급기준, 시기 및 방법 등을 정해야 한다. A회사도 이를 반영하여 취업규칙에 '경영평가성과급 지급기준'을 규정하여 적용하고 있다. A회사는 이러한 경영평가성과급은 우연하고도 특수한 사정으로 인한 기획재정부의 평가에 따라 발생하여 근로의 대가가 없다고 판단해서 임금에 해당하지 않으므로 퇴사한 직원들의 퇴직금 산입범위에 포함하지 않았다. 최근 퇴사를 앞둔 甲은 A회사에 20년을 근속하여 퇴직금 지급 대상인바 '경영평가성과급'을 퇴직금 산입범위에 포함해 달라고 주장한다.

〈평가등급별 금액_기획재정부〉

평가등급	공공기관 지급금액
A	10억
B	8억
C	6억
D	5억
E	없음

甲의 주장은 타당한가? 25점

해설

✔ **경영평가성과급의 임금성**

Ⅰ. 문제의 소재

A회사는 공공기관으로 기획재정부 평가에 따른 경영평가성과급을 받고 있는바 이러한 경영평가성과급이 근로기준법 제2조 제1항 제5호의 임금에 해당하는지에 대해 판단하기 어려우므로 법원의 판단기준을 중심으로 사안을 해결해 보도록 한다.

Ⅱ. 법규정

제2조(정의)

① 이 법에서 사용하는 용어의 뜻은 다음과 같다

　　5. "임금"이란 사용자가 근로의 대가로 근로자에게 임금, 봉급, 그 밖에 어떠한 명칭으로든지 지급하는 모든 금품을 말한다.

Ⅲ. 판례의 태도

1. 근로의 대가

판례는 사용자가 근로자에게 지급하는 금품이 임금에 해당하려면 그 금품이 근로의 대상으로 지급되는 것으로서, 근로자에게 계속적·정기적으로 지급되고 사용자에게 지급의무가 지워져 있어야 한다. 그 지급의무가 있다는 것은 그 지급 여부를 사용자가 임의적으로 결정할 수 없다는 것을 의미하는 것이고, 그 지급의무 발생 근거는 단체협약이나 취업규칙·급여규정·근로계약에 의한 것이든 그 금품의 지급이 사용자의 방침이나, 관행에 따라 계속적으로 이루어져 노사 간에 그 지급이 당연한 것으로 여겨질 정도의 관례가 형성된 경우처럼 노동관행에 의한 것이든 무방하며 해당 지급의무의 발생이 근로제공과 직접적으로 관련되거나 그것과 밀접하게 관련된다고 볼 수 있는 금품은 근로의 대상으로 지급된 금품으로 본다는 입장이다.

2. 경영성과급

(1) 원칙

판례는 경영평가성과급이 계속적·정기적으로 지급되고 지급대상, 지급조건 등이 확정되어 있어 사용자에게 지급의무가 있다면, 이는 근로의 대가로 지급되는 임금의 성질을 가지므로 평균임금 산정의 기초가 되는 임금에 포함된다고 보아야 한다. 경영실적 평가결과에 따라 그 지급 여부나 지급률이 달라질 수 있다고 하더라도 그러한 이유만으로 경영평가성과급이 근로의 대가로 지급된 것이 아니라고 볼 수 없다.

(2) 공공기관의 경영성과급

판례는 공공기관 경영평가성과급의 최저지급률과 최저지급액이 정해져 있지 않아 소속 기관의 경영실적 평가결과에 따라서는 경영평가성과급을 지급받지 못할 수도 있다. 이처럼 경영평가성과급을 지급받지 못하는 경우가 있다고 하더라도 성과급이 전체 급여에서 차지하는 비중, 그 지급 실태와 평균임금 제도의 취지 등에 비추어 볼 때 근로의 대가로 지급된 임금으로 보아야 한다.

Ⅳ. 사안의 해결

1. A회사 경영평가성과급이 근로자에게 계속적·정기적 지급 여부

매년 공공기관들은 '공공기관의 운영에 관한 법률'에 따라 기획재정부 경영평가의 결과에 따라 경영평가성과급의 지급 여부 및 지급액이 결정되므로 매해 A회사 근로자들에게 등급에 따라 계속적·정기적으로 지급된 금품에 해당한다.

2. 지급의무가 있는지 여부

평가등급에 따라 차등 지급되며 최하위 등급의 경우에는 경영평가성과급이 없으나 해당 경영평가성과급을 받은 공공기관은 단위 부서별·개인별로 성과별로 지급해야 하므로 공공기관별 지급기준, 시기 및 방법 등을 정한다는 점을 고려하여 A회사도 이를 반영하여 취업규칙에 '경영평가성과급 지급기준'을 규정하여 적용하고 있으므로 취업규칙을 통해 사용자에게 지급의무가 존재한다.

3. 지급의무의 발생이 근로 제공과 관련

경영평가성과급은 공공기관이 우수한 실적을 통해 경영평가가 좋게 나왔으므로 지급되는 것이므로 공공기관 소속 근로자 근로의 대가와 직접은 아니더라도 밀접한 관련이 있다고 보는 것이 합리적이다.

4. 결

甲의 주장은 타당하다.

15 | 통상임금

제1절 서

통상임금은 연장·휴일·야간 근로의 가산수당을 계산하는 기준이 되는 임금계산 방식으로 통상임금의 범위를 설정하는 것이 중요하며 법원도 개별적인 사안에서 구체적인 기준을 제시하면서 통상임금의 해당 여부를 검토하고 있는바 법원이 제시한 통상임금 판단기준을 중심으로 살펴볼 필요가 있다.

제2절 법규정

근로기준법 제2조(정의)
① 이 법에서 사용하는 용어의 뜻은 다음과 같다.
  5. "임금"이란 사용자가 근로의 대가로 근로자에게 임금, 봉급, 그 밖에 어떠한 명칭으로든지 지급하는 모든 금품을 말한다.

근로기준법 시행령 제6조(통상임금)
① 법과 이 영에서 "통상임금"이란 근로자에게 정기적이고 일률적으로 소정(所定)근로 또는 총 근로에 대하여 지급하기로 정한 시간급 금액, 일급 금액, 주급 금액, 월급 금액 또는 도급 금액을 말한다.

제3절 통상임금 판단기준

1 원칙

판례는 임금이 통상임금에 속하는지 여부는 그 임금이 소정근로의 대가로 근로자에게 지급되는 금품으로서 정기적·일률적·고정적으로 지급되는 것인지를 기준으로 그 객관적인 성질에 따라 판단하여야 하고, 임금의 명칭이나 그 지급주기의 장단 등 형식적 기준에 의해 정할 것이 아니라는 입장을 취하고 있다.

2 소정근로의 대가

소정근로의 대가라 함은 근로자가 소정근로시간에 통상적으로 제공하기로 정한 근로에 관하여 사용자와 근로자가 지급하기로 약정한 금품을 말한다. 근로자가 소정근로시간을 초과하여 근로를 제공하거나 근로계약에서 제공하기로 정한 근로 외의 근로를 특별히 제공함으로써 사용자로부터 추가로 지급받는 임금이나 소정근로시간의 근로와는 관련 없이 지급받는 임금은 소정근로의 대가라 할 수 없으므로 통상임금에 속하지 아니한다. 소정근로의 대가가 무엇인지는 근로자와 사용자가 소정근로시간에 통상적으로 제공하기로 정한 근로자의 근로의 가치를 어떻게 평가하고 그에 대하여 얼마의 금품을 지급하기로 정하였는지를 기준으로 전체적으로 판단하여야 한다는 입장이다.

3 정기성

판례는 임금이 통상임금에 속하기 위해서 정기성을 갖추어야 한다는 것은 그 임금이 일정한 간격을 두고 계속적으로 지급되어야 함을 의미한다. 통상임금에 속하기 위한 성질을 갖춘 임금이 1개월을 넘는 기간마다 정기적으로 지급되는 경우, 이는 노사 간의 합의 등에 따라 근로자가 소정근로시간에 통상적으로 제공하는 근로의 대가가 1개월을 넘는 기간마다 분할지급되고 있는 것일 뿐, 그러한 사정 때문에 갑자기 그 임금이 소정근로의 대가로서의 성질을 상실하거나 정기성을 상실하게 되는 것이 아님은 분명하다. 따라서 정기상여금과 같이 일정한 주기로 지급되는 임금의 경우 단지 그 지급주기가 1개월을 넘는다는 사정만으로 그 임금이 통상임금에서 제외된다고 할 수는 없다는 입장이다.

4 일률성

판례는 어떤 임금이 통상임금에 속하기 위해서는 그것이 일률적으로 지급되는 성질을 갖추어야 한다. '일률적'으로 지급되는 것에는 '모든 근로자'에게 지급되는 것뿐만 아니라 '일정한 조건 또는 기준에 달한 모든 근로자'에게 지급되는 것도 포함된다. 여기서 '일정한 조건'이란 고정적이고 평균적인 임금을 산출하려는 통상임금의 개념에 비추어 볼 때 고정적인 조건이어야 한다. 일정 범위의 모든 근로자에게 지급된 임금이 일률성을 갖추고 있는지 판단하는 잣대인 '일정한 조건 또는 기준'은 통상임금이 소정근로의 가치를 평가한 개념이라는 점을 고려할 때, 작업 내용이나 기술, 경력 등과 같이 소정근로의 가치 평가와 관련된 조건이라야 한다는 입장이다.

5 고정성

판례는 '고정성'이라 함은 '근로자가 제공한 근로에 대하여 그 업적, 성과 기타의 추가적인 조건과 관계없이 당연히 지급될 것이 확정되어 있는 성질'을 말하고, '고정적인 임금'은 '임금의 명칭 여하를 불문하고 임의의 날에 소정근로시간을 근무한 근로자가 그 다음 날 퇴직한다 하더라도 그 하루의 근로에 대한 대가로 당연하고도 확정적으로 지급받게 되는 '최소한의 임금'이라고 정의할 수 있다. 고정성을 갖춘 임금은 근로자가 임의의 날에 소정근로를 제공하면 추가적인 조건의 충족 여부와 관계없이 당연히 지급될 것이 예정된 임금이므로, 그 지급 여부나 지급액이 사전에 확정된 것이라 할 수 있다. 이와 달리 근로자가 소정근로를 제공하더라도 추가적인 조건을 충족하여야 지급되는 임금이나 그 조건 충족 여부에 따라 지급액이 변동되는 임금 부분은 고정성을 갖춘 것이라고 할 수 없다는 입장이다.

제4절 통상임금 배제규정의 효력

1 원칙

강행법규 위반으로 허용될 수 없다.

2 판례의 입장

(1) 원칙

판례는 성질상 근로기준법상의 통상임금에 속하는 임금을 통상임금에서 제외하기로 노사 간에 합의하였다 하더라도 그 합의는 효력이 없다. 연장·야간·휴일 근로에 대하여 통상임금의 50% 이상을 가산하여 지급하도록 한 근로기준법의 규정은 각 해당 근로에 대한 임금산정의 최저기준을 정한 것이므로, 통상임금의 성질을 가지는 임금을 일부 제외한 채 연장·야간·휴일 근로에 대한 가산임금을 산정하도록 노사 간에 합의한 경우 그 노사합의에 따라 계산한 금액이 근로기준법에서 정한 위 기준에 미달할 때에는 그 미달하는 범위 내에서 노사합의는 무효라 할 것이고, 그 무효로 된 부분은 근로기준법이 정하는 기준에 따라야 할 것이다.

(2) 예외

단체협약 등 노사합의의 내용이 근로기준법의 강행규정을 위반하여 무효인 경우에, 그 무효를 주장하는 것이 신의칙에 위배되는 권리의 행사라는 이유로 이를 배척한다면 강행규정으로 정한 입법취지를 몰각시키는 결과가 될 것이므로, 그러한 주장이 신의칙에 위배된다고 볼 수 없음이 원칙이다. 그러나 노사합의의 내용이 근로기준법의 강행규정을 위반한다고 하여 그 노사합의의 무효 주장에 대하여 예외 없이 신의칙의 적용이 배제되는 것은 아니며 근로기준법의 강행규정성에도 불구하고 신의칙을 우선하여 적용하는 것을 수긍할 만한 특별한 사정이 있는 예외적인 경우에 한하여 그 노사합의의 무효를 주장하는 것은 신의칙에 위배되어 허용될 수 없다는 입장이다.

(3) 구체적 검토

판례는 정기상여금은 그 자체로 통상임금에 해당하지 아니한다고 오인한 나머지 정기상여금을 통상임금 산정 기준에서 제외하기로 합의하고 이를 전제로 임금수준을 정한 경우, 근로자 측이 앞서 본 임금협상의 방법과 경위, 실질적인 목표와 결과 등은 도외시한 채 임금협상 당시 전혀 생각하지 못한 사유를 들어 정기상여금을 통상임금에 가산하고 이를 토대로 추가적인 법정수당의 지급을 구함으로써, 노사가 합의한 임금수준을 훨씬 초과하는 예상 외의 이익을 추구하고 그로 말미암아 사용자에게 예측하지 못한 새로운 재정적 부담을 지워 중대한 경영상의 어려움을 초래하거나 기업의 존립을 위태롭게 한다면, 이는 종국적으로 근로자 측에까지 그 피해가 미치게 되어 노사 어느 쪽에도 도움이 되지 않는 결과를 가져오므로 정의와 형평 관념에 비추어 신의에 현저히 반하고 도저히 용인될 수 없음이 분명하다. 그러므로 이와 같은 경우 근로자 측의 추가 법정수당 청구는 신의칙에 위배되어 받아들일 수 없다는 입장이다.

(4) 엄격한 해석 강조

판례는 근로관계를 규율하는 강행규정보다 신의칙을 우선하여 적용할 것인지를 판단할 때에는 근로조건의 최저기준을 정하여 근로자의 기본적 생활을 보장·향상시키고자 하는 근로기준법 등의 입법 취지를 충분히 고려할 필요가 있다. 또한 기업을 경영하는 주체는 사용자이고, 기업의 경영 상황은 기업 내·외부의 여러 경제적·사회적 사정에 따라 수시로 변할 수 있으므로, 통상임금 재산정에 따른 근로자의 추가 법정수당 청구를 중대한 경영상의 어려움을 초래하거나 기업 존립을 위태롭게 한다는 이유로 배척한다면, 기업 경영에 따른 위험을 사실상 근로자에게 전가하는 결과가 초래될 수 있다. 따라서 근로자의 추가 법정수당 청구가 사용자에게 중대한 경영상의 어려움을 초래하거나 기업의 존립을 위태롭게 하여 신의칙에 위반되는지는 신중하고 엄격하게 판단하여야 한다는 입장이다.

3 검토

판례도 특수한 사정하에 통상임금 배제 합의의 유효성을 인정하였을 뿐 근로기준법이 강행법규이며 강행법규를 배제할 목적의 신의칙상 합의는 허용될 수 없다는 점을 명확하게 하고 있으며 이후 법원의 입장도 엄격한 해석을 강조하고 있다. 최근 대법원에서 취업규칙의 사회통념상 합리성 법리를 공식적으로 폐기하였는바 강행법규의 성격을 강조하고 근로기준법의 실효성 확보 차원을 강조하고 있다고 판단되므로 통상임금을 배제하는 효력의 유효성은 결코 인정할 수 없다.

Q C회사는 인사팀에서 공인노무사 자격증을 갖춘 자만 자격증 수당 1,000,000원을 매월 지급하고 있다. 공인노무사의 경력이나 회사의 입사경력, 업무실적과 관련 없이 공인노무사 자격증만을 취득하면 C회사의 인사팀 업무에 도움이 되므로 자격증 수당을 지급하고 있다. 이러한 C회사의 자격증 수당은 통상임금에 해당하는가? 25점

해설

✔ 통상임금_ 자격증 수당

Ⅰ. 문제의 소재

C회사의 공인노무사 자격증 소지자에게만 지급되는 자격증 수당이 통상임금에 해당하는지와 관련하여 일률성이 문제인바 법원의 판단기준을 근거로 통상임금 판단을 해보도록 한다.

Ⅱ. 법규정

> **근로기준법 제2조(정의)**
> ① 이 법에서 사용하는 용어의 뜻은 다음과 같다.
> 　5. "임금"이란 사용자가 근로의 대가로 근로자에게 임금, 봉급, 그 밖에 어떠한 명칭으로든지 지급하는 모든 금품을 말한다.

> **근로기준법 시행령 제6조(통상임금)**
> ① 법과 이 영에서 "통상임금"이란 근로자에게 정기적이고 일률적으로 소정(所定)근로 또는 총 근로에 대하여 지급하기로 정한 시간급 금액, 일급 금액, 주급 금액, 월급 금액 또는 도급 금액을 말한다.

Ⅲ. 판례의 태도

1. 원칙

판례는 임금이 통상임금에 속하는지 여부는 그 임금이 소정근로의 대가로 근로자에게 지급되는 금품으로서 정기적·일률적·고정적으로 지급되는 것인지를 기준으로 그 객관적인 성질에 따라 판단하여야 하고, 임금의 명칭이나 그 지급주기의 장단 등 형식적 기준에 의해 정할 것이 아니라는 입장을 취하고 있다.

2. 소정근로의 대가

소정근로의 대가라 함은 근로자가 소정근로시간에 통상적으로 제공하기로 정한 근로에 관하여 사용자와 근로자가 지급하기로 약정한 금품을 말한다. 근로자가 소정근로시간을 초과하여 근로를 제공하거나 근로계약에서 제공하기로 정한 근로 외의 근로를 특별히 제공함으로써 사용자로부터 추가로 지급받는 임금이나 소정근로시간의 근로와는 관련 없이 지급받는 임금은 소정근로의 대가라 할 수 없으므로 통상임금에 속하지 아니한다. 소정근로의 대가가 무엇인지는 근로자와 사용자

가 소정근로시간에 통상적으로 제공하기로 정한 근로자의 근로의 가치를 어떻게 평가하고 그에 대하여 얼마의 금품을 지급하기로 정하였는지를 기준으로 전체적으로 판단하여야 한다는 입장이다.

3. 정기성

판례는 임금이 통상임금에 속하기 위해서 정기성을 갖추어야 한다는 것은 그 임금이 일정한 간격을 두고 계속적으로 지급되어야 함을 의미한다. 통상임금에 속하기 위한 성질을 갖춘 임금이 1개월을 넘는 기간마다 정기적으로 지급되는 경우, 이는 노사 간의 합의 등에 따라 근로자가 소정근로시간에 통상적으로 제공하는 근로의 대가가 1개월을 넘는 기간마다 분할지급되고 있는 것일 뿐, 그러한 사정 때문에 갑자기 그 임금이 소정근로의 대가로서의 성질을 상실하거나 정기성을 상실하게 되는 것이 아님은 분명하다. 따라서 정기상여금과 같이 일정한 주기로 지급되는 임금의 경우 단지 그 지급주기가 1개월을 넘는다는 사정만으로 그 임금이 통상임금에서 제외된다고 할 수는 없다는 입장이다.

4. 일률성

판례는 어떤 임금이 통상임금에 속하기 위해서는 그것이 일률적으로 지급되는 성질을 갖추어야 한다. '일률적'으로 지급되는 것에는 '모든 근로자'에게 지급되는 것뿐만 아니라 '일정한 조건 또는 기준에 달한 모든 근로자'에게 지급되는 것도 포함된다. 여기서 '일정한 조건'이란 고정적이고 평균적인 임금을 산출하려는 통상임금의 개념에 비추어 볼 때 고정적인 조건이어야 한다. 일정 범위의 모든 근로자에게 지급된 임금이 일률성을 갖추고 있는지 판단하는 잣대인 '일정한 조건 또는 기준'은 통상임금이 소정근로의 가치를 평가한 개념이라는 점을 고려할 때, 작업 내용이나 기술, 경력 등과 같이 소정근로의 가치 평가와 관련된 조건이라야 한다는 입장이다.

5. 고정성

판례는 '고정성'이라 함은 '근로자가 제공한 근로에 대하여 그 업적, 성과 기타의 추가적인 조건과 관계없이 당연히 지급될 것이 확정되어 있는 성질'을 말하고, '고정적인 임금'은 '임금의 명칭 여하를 불문하고 임의의 날에 소정근로시간을 근무한 근로자가 그 다음 날 퇴직한다 하더라도 그 하루의 근로에 대한 대가로 당연하고도 확정적으로 지급받게 되는 최소한의 임금'이라고 정의할 수 있다. 고정성을 갖춘 임금은 근로자가 임의의 날에 소정근로를 제공하면 추가적인 조건의 충족 여부와 관계없이 당연히 지급될 것이 예정된 임금이므로, 그 지급 여부나 지급액이 사전에 확정된 것이라 할 수 있다. 이와 달리 근로자가 소정근로를 제공하더라도 추가적인 조건을 충족하여야 지급되는 임금이나 그 조건 충족 여부에 따라 지급액이 변동되는 임금 부분은 고정성을 갖춘 것이라고 할 수 없다는 입장이다.

Ⅳ. 사안의 해결

C회사의 자격증 수당은 '일정한 조건 또는 기준에 달한 모든 근로자'에게 지급되는 것으로 고정적인 조건이며 인사팀 업무와 관련된 공인노무사 자격증이므로 작업 내용이나 기술, 경력 등과 같이 소정근로의 가치 평가와 관련된 조건에 해당하는바 C회사의 자격증 수당은 통상임금에 해당한다.

16 | 임금지급 원칙

제1절 법규정

제43조(임금지급)
① 임금은 통화(通貨)로 직접 근로자에게 그 전액을 지급하여야 한다. 다만, 법령 또는 단체협약에 특별한 규정이 있는 경우에는 임금의 일부를 공제하거나 통화 이외의 것으로 지급할 수 있다.
② 임금은 매월 1회 이상 일정한 날짜를 정하여 지급하여야 한다. 다만, 임시로 지급하는 임금, 수당, 그 밖에 이에 준하는 것 또는 대통령령으로 정하는 임금에 대하여는 그러하지 아니하다.

제2절 임금지급에 갈음하는 채권양도 합의

판례는 임금은 법령 또는 단체협약에 특별한 규정이 있는 경우를 제외하고는 통화로 직접 근로자에게 그 전액을 지급하여야 한다. 따라서 사용자가 근로자의 임금지급에 갈음하여 제3자에 대하여 가지는 채권을 근로자에게 양도하기로 하는 약정은 그 전부가 무효임이 원칙이다. 다만, 당사자 쌍방이 위와 같은 무효를 알았더라면 임금의 지급에 갈음하는 것이 아니라 그 지급을 위하여 채권을 양도하는 것을 의욕하였으리라고 인정될 때에는 무효행위 전환의 법리 민법(제138조)에 따라 그 채권양도 약정은 임금의 지급을 위하여 한 것으로서 효력을 가질 수 있다는 입장을 취하고 있다.

제3절 임금채권의 양도

1 근로기준법상 임금에 해당하는지 여부

판례는 사용자가 근로자에게 지급하는 금품이 임금에 해당하려면 그 금품이 근로의 대상으로 지급되는 것으로서, 근로자에게 계속적·정기적으로 지급되고 그 지급에 관하여 단체협약, 취업규칙 등에 의하여 사용자에게 지급의무가 지워져 있어야 한다. 그리고 해당 지급의무의 발생이 근로제공과 직접적으로 관련되거나 그것과 밀접하게 관련된다고 볼 수 있는 금품은 근로의 대상으로 지급된 금품으로 본다는 입장이다.

2 임금채권 양도가능 여부

(1) 직접지급 원칙

근로기준법상 임금은 근로기준법 제43조 제1항의 적용을 받으므로 근로자에게 직접 지급함을 원칙으로 한다. 다만 근로자의 임금채권의 양도를 금지하는 법률규정이 없으므로 임금채권을 양도할 수 있다는 해석이 가능하며 판례의 입장도 이와 같다.

(2) 양도가능 여부

판례에서는 근로기준법의 취지가 임금이 확실하게 본인의 수중에 들어가게 하여 그의 자유로운 처분에 맡기고 나아가 근로자의 생활을 보호하고자 하는 데 있으므로 근로자가 그 임금채권을 양도한 경우라 할지라도 그 임금의 지급에 관하여는 양수인은 사용자에 대하여 임금지급을 청구할 수 없다는 입장이다.

3 검토(대법원 반대의견)

임금채권이 자유롭게 양도할 수 있는 성질의 것이라면 그 임금채권의 양도로 임금채권의 채권자는 근로자로부터 양수인으로 변경되고, 임금채권은 '사용자와 근로자와의 관계'를 떠나서 '사용자와 양수인과의 관계'로 옮겨지게 됨으로써 양수인은 사용자에게 직접 임금지급을 구할 수 있다고 한다는 대법원의 반대의견이 있다.

4 관련문제

선원법상 선원의 청구에 의하여 가족 등 다른 제3자에게 지급하는 경우, 민사집행법에 따라 임금이 압류된 경우 근로기준법 제43조 제1항의 직접지급 원칙의 예외로 관련법에서 규정하고 있다.

제4절 임금채권의 상계(전액불 원칙의 예외)

1 근로자 동의로 인한 상계가능 여부

판례는 근로기준법 제43조 제1항 본문에서 '임금은 통화로 직접 근로자에게 그 전액을 지급하여야 한다.'라고 규정하여 이른바 임금 전액지급의 원칙을 선언한 취지는 사용자가 일방적으로 임금을 공제하는 것을 금지하여 근로자에게 임금 전액을 확실하게 지급받게 함으로써 근로자의 경제생활을 위협하는 일이 없도록 그 보호를 도모하려는 데 있으므로, 사용자가 근로자에 대하여 가지는 채권을 가지고 일방적으로 근로자의 임금채권을 상계하는 것은 금지된다고 할 것이지만, 사용자가 근로자의 동의를 얻어 근로자의 임금채권에 대하여 상계하는 경우에 그 동의가 근로자의 자유로운 의사에 터잡아 이루어진 것이라고 인정할 만한 합리적인 이유가 객관적으로 존재하는 때에는 근로기준법

제43조 제1항 본문에 위반하지 아니한다고 보아야 할 것이고, 다만 임금 전액지급의 원칙의 취지에 비추어 볼 때 그 동의가 근로자의 자유로운 의사에 기한 것이라는 판단은 엄격하고 신중하게 이루어져야 한다.

2 계산상 착오로 인한 상계가능 여부

판례는 퇴직금을 미리 지급한 경우 실제 근로관계 종료에 따른 퇴직금 발생 시 사전에 지급된 퇴직금 채권과 상계가 가능한지가 문제된 사안에서 근로기준법 제43조 제1항 본문에 의하면 임금은 통화로 직접 근로자에게 그 전액을 지급하여야 하므로 사용자가 근로자에 대하여 가지는 채권으로써 근로자의 임금채권과 상계를 하지 못하는 것이 원칙이고, 이는 경제적·사회적 종속관계에 있는 근로자를 보호하기 위한 것인바, 근로자가 받을 퇴직금도 임금의 성질을 가지므로 역시 마찬가지이다. 다만 계산의 착오 등으로 임금을 초과 지급한 경우에, 근로자가 퇴직 후 그 재직 중 받지 못한 임금이나 퇴직금을 청구하거나, 근로자가 비록 재직 중에 임금을 청구하더라도 위 초과 지급한 시기와 상계권 행사의 시기가 임금의 정산, 조정의 실질을 잃지 않을 만큼 근접하여 있고 나아가 사용자가 상계의 금액과 방법을 미리 예고하는 등으로 근로자의 경제생활의 안정을 해할 염려가 없는 때에는, 사용자는 위 초과 지급한 임금의 반환청구권을 자동채권으로 하여 근로자의 임금채권이나 퇴직금채권과 상계할 수 있다. 그리고 이러한 법리는 사용자가 근로자에게 이미 퇴직금 명목의 금원을 지급하였으나 그것이 퇴직금 지급으로서의 효력이 없어 사용자가 같은 금원 상당의 부당이득반환채권을 갖게 된 경우에 이를 자동채권으로 하여 근로자의 퇴직금채권과 상계하는 때에도 적용된다는 입장을 취하고 있다.

제5절 임금전액 지급원칙을 강조한 입장

판례는 근로기준법 제43조 제1항에 의하면 임금은 직접 근로자에게 그 전액을 지급하여야 하므로, 사용자가 임의로 근로자에게 지급하여야 할 임금 중 일부를 공제하지 못하는 것이 원칙이고, 이는 경제적·사회적으로 종속관계에 있는 근로자를 보호하기 위한 것이다. 다만, 사용자는 같은 항 단서에 따라 법령 또는 단체협약에 특별한 규정이 있는 경우에는 예외적으로 임금의 일부를 공제하여 지급할 수 있지만, 그 예외의 경우를 넓게 인정하게 되면 임금을 생계수단으로 하는 근로자의 생활안정을 저해할 우려가 있으므로 그에 해당하는지 여부는 엄격하게 판단하여야 한다. 위와 같은 근로기준법 제43조의 규정 형식이나 취지, 그 법적 성격 등에 비추어 보면, 취업규칙이나 근로계약에 임금의 일부를 공제할 수 있는 근거를 마련하였다고 하더라도 그 효력이 없다고 보아야 한다는 입장이다.

사례연습

Q 근로기준법이 적용되는 사업장에 근무하는 근로자 甲은 사용자 乙로부터 지급받게 될 6개월 분의 임금에 대한 청구권을 자신의 채권자 丙에게 양도하였으며 이를 乙에게 내용증명으로 통지하여 乙은 이를 수령하였다. 丙이 양도받은 채권에 대하여 그 지급을 청구하면 乙은 지급할 의무가 있는지에 대해 논하라. 25점

해설

✔ 임금채권 양도

I. 문제의 소재

甲은 채권자 丙에게 임금채권을 양도하였는바 근로기준법상 임금에 해당하는 임금채권이 양도가 가능한지 여부 및 사용자 乙이 丙에게 임금을 지급할 경우 근로기준법 제43조의 임금 직접지급 원칙 위반여부가 문제되는바 법규정과 법원의 입장을 기준으로 사안을 해결해 보도록 한다.

II. 법규정

> 제2조(정의)
> ① 이 법에서 사용하는 용어의 뜻은 다음과 같다
> 　5. "임금"이란 사용자가 근로의 대가로 근로자에게 임금, 봉급, 그 밖에 어떠한 명칭으로든지 지급하는 모든 금품을 말한다.
>
> 제43조(임금지급)
> ① 임금은 통화(通貨)로 직접 근로자에게 그 전액을 지급하여야 한다. 다만, 법령 또는 단체협약에 특별한 규정이 있는 경우에는 임금의 일부를 공제하거나 통화 이외의 것으로 지급할 수 있다.

III. 판례의 태도

1. 근로기준법상 임금에 해당하는지 여부

판례는 사용자가 근로자에게 지급하는 금품이 임금에 해당하려면 그 금품이 근로의 대상으로 지급되는 것으로서, 근로자에게 계속적·정기적으로 지급되고 그 지급에 관하여 단체협약, 취업규칙 등에 의하여 사용자에게 지급의무가 지워져 있어야 한다. 그리고 해당 지급의무의 발생이 근로제공과 직접적으로 관련되거나 그것과 밀접하게 관련된다고 볼 수 있는 금품은 근로의 대상으로 지급된 금품으로 본다는 입장이다.

2. 임금채권 양도가능 여부

(1) 직접지급 원칙

근로기준법상 임금은 근로기준법 제43조 제1항의 적용을 받으므로 근로자에게 직접 지급함을 원칙으로 한다. 다만 근로자의 임금채권의 양도를 금지하는 법률규정이 없으므로 임금채권을 양도할 수 있다는 해석이 가능하며 판례의 입장도 이와 같다.

(2) 양도가능 여부

판례에서는 근로기준법의 취지가 임금이 확실하게 본인의 수중에 들어가게 하여 그의 자유로운 처분에 맡기고 나아가 근로자의 생활을 보호하고자 하는 데 있으므로 근로자가 그 임금채권을 양도한 경우라 할지라도 그 임금의 지급에 관하여는 양수인은 사용자에 대하여 임금지급을 청구할 수 없다는 입장이다.

3. 검토(대법원 반대의견)

임금채권이 자유롭게 양도할 수 있는 성질의 것이라면 그 임금채권의 양도로 임금채권의 채권자는 근로자로부터 양수인으로 변경되고, 임금채권은 '사용자와 근로자와의 관계'를 떠나서 '사용자와 양수인과의 관계'로 옮겨지게 됨으로써 양수인은 사용자에게 직접 임금지급을 구할 수 있다고 한다는 대법원의 반대의견이 있다.

IV. 관련문제

선원법상 선원의 청구에 의하여 가족 등 다른 제3자에게 지급하는 경우, 민사집행법에 따라 임금이 압류된 경우 근로기준법 제43조 제1항의 직접지급 원칙의 예외로 관련 법에서 규정하고 있다.

V. 사안의 해결

1. 임금채권 양도를 금지하는 법률의 규정이 없으므로 근로자 甲의 임금채권을 자신의 채권자 丙에게 양도할 수 있다.

2. 다만 근로기준법 제43조의 해석 및 판례에 따르면 임금이 확실하게 본인의 수중에 들어가게 하여 그의 자유로운 처분에 맡기고 나아가 근로자의 생활을 보호하는 것에 취지가 있으므로 乙은 甲에게 직접 임금을 지급해야 하며 丙이 양도받은 채권에 대하여 그 지급을 청구하더라도 乙은 지급할 의무가 없다.

3. 결론

丙이 양도받은 채권에 대하여 그 지급을 청구하면 乙은 지급할 의무가 없다.

17 | 포괄임금제

제1절 서

포괄임금제는 월급여에 연장수당 등 법정 제수당을 미리 포함하여 매월 일정액을 제수당으로 지급하기로 하는 계약을 포괄임금계약이라고 한다.

> 제56조(연장·야간 및 휴일근로)
> ① 사용자는 연장근로(제53조·제59조 및 제69조 단서에 따라 연장된 시간의 근로를 말한다)에 대하여는 통상임금의 100분의 50 이상을 가산하여 근로자에게 지급하여야 한다.
> ② 제1항에도 불구하고 사용자는 휴일근로에 대하여는 다음 각 호의 기준에 따른 금액 이상을 가산하여 근로자에게 지급하여야 한다.
>   1. 8시간 이내의 휴일근로 : 통상임금의 100분의 50
>   2. 8시간을 초과한 휴일근로 : 통상임금의 100분의 100
> ③ 사용자는 야간근로(오후 10시부터 다음 날 오전 6시 사이의 근로를 말한다)에 대하여는 통상임금의 100분의 50 이상을 가산하여 근로자에게 지급하여야 한다.

제2절 판례의 태도

1 원칙

판례는 근로계약서·취업규칙·단체협약 등에 근거 규정을 두고 포괄임금제의 계약이 이루어져야 한다는 원칙하에 단체협약이나 취업규칙 및 근로계약서에 포괄임금이라는 취지를 명시하지 않았음에도 묵시적 합의에 의한 포괄임금약정이 성립하였다고 인정하기 위해서는, 근로형태의 특수성으로 인하여 실제 근로시간을 정확하게 산정하는 것이 곤란하거나 일정한 연장·야간·휴일근로가 예상되는 경우 등 실질적인 필요성이 인정될 뿐 아니라, 근로시간, 정하여진 임금의 형태나 수준 등 제반 사정에 비추어 사용자와 근로자 사이에 정액의 월급여액이나 일당임금 외에 추가로 어떠한 수당도 지급하지 않기로 하거나 특정한 수당을 지급하지 않기로 하는 합의가 있었다고 객관적으로 인정되는 경우이어야 한다는 묵시적 합의도 인정하고 있다.

2 유효요건

(1) 원칙

임금지급방법은 근로시간 수의 산정을 전제로 한 것인데, 예외적으로 감시단속적 근로 등과 같이 근로시간, 근로형태와 업무의 성질을 고려할 때 근로시간의 산정이 어려운 것으로 인정되는 경우가 있을 수 있고, 이러한 경우에는 사용자와 근로자 사이에 기본임금을 미리 산정하지 아니한 채 법정수당까지 포함된 금액을 월급여액이나 일당임금으로 정하거나 기본임금을 미리 산정하면서도 법정 제수당을 구분하지 아니한 채 일정액을 법정 제수당으로 정하여 이를 근로시간 수에 상관없이 지급하기로 약정하는 내용의 이른바 포괄임금제에 의한 임금 지급계약을 체결하더라도 그것이 달리 근로자에게 불이익이 없고 여러 사정에 비추어 정당하다고 인정될 때에는 유효하다는 입장이다.

(2) 제한

위와 같이 근로시간의 산정이 어려운 경우가 아니라면 달리 근로기준법상의 근로시간에 관한 규정을 그대로 적용할 수 없다고 볼 만한 특별한 사정이 없는 한 앞서 본 바와 같은 근로기준법상의 근로시간에 따른 임금지급의 원칙이 적용되어야 할 것이므로, 이러한 경우에도 근로시간 수에 상관없이 일정액을 법정수당으로 지급하는 내용의 포괄임금제 방식의 임금 지급계약을 체결하는 것은 그것이 근로기준법이 정한 근로시간에 관한 규제를 위반하는 이상 허용될 수 없다는 입장이다.

(3) 강행성·보충성

근로기준법에 정한 기준에 미치지 못하는 근로조건을 정한 근로계약은 그 부분에 한하여 무효로 하면서(근로기준법의 강행성) 그 무효로 된 부분은 근로기준법이 정한 기준에 의하도록 정하고 있으므로(근로기준법의 보충성), 근로시간의 산정이 어려운 등의 사정이 없음에도 포괄임금제 방식으로 약정된 경우 그 포괄임금에 포함된 정액의 법정수당이 근로기준법이 정한 기준에 따라 산정된 법정수당에 미달하는 때에는 그에 해당하는 포괄임금제에 의한 임금지급계약 부분은 근로자에게 불이익하여 무효라 할 것이고, 사용자는 근로기준법의 강행성과 보충성 원칙에 의해 근로자에게 그 미달되는 법정수당을 지급할 의무가 있다는 입장이다.

3 구체적 검토

(1) 법정수당 지급의무가 있는 경우

판례는 사용자와 근로자가 근로계약을 체결함에 있어서는 기본임금을 정하고 이를 기초로 각종 수당을 가산하여 지급하는 것이 원칙이다. 그러나 기본임금을 정하지 아니한 채 각종 수당을 합한 금액을 월 급여액이나 일당임금으로 정하거나 기본임금을 정하고 매월 일정액을 각종 수당으로 지급하는 내용의 이른바 포괄임금제에 의한 임금지급계약 또는 단체협약을 체결하였다고 하더라도 그것이 근로자에게 불이익하지 않으면 유효하다. 그런데 포괄임금제에 관한 약정이 성립하였는지 여부는 근로시간, 근로형태와 업무의 성질, 임금 산정의 단위, 단체협약과 취업규칙의 내용, 동종 사업장의 실태 등 여러 사정을 종합적으로 고려하여 판단하여야 한다. 근로형태나 업무의 성격상 연장·야간·휴일근로가 당연히 예상되는 경우라도, 기본급과는 별도로 연장·야간·휴일근로수당 등을 세부항목으로 나누어 지급하도록 단체협약이나 취업규칙, 급여규정 등에 명백히 규정되어 있는 경우에는 포괄임금제에 관한 약정이 성립되었다고 볼 수 없다.

(2) 연장근로의 합의

판례는 단체협약 등에 일정 근로시간을 초과한 연장근로시간에 대한 합의가 있다거나 기본급에 수당을 포함한 금액을 기준으로 임금인상률을 정하였다는 사정 등을 들어 바로 위와 같은 포괄임금제에 관한 합의가 있다고 섣불리 단정할 수는 없다.

제3절   관련문제 : 보장시간제도

판례는 근무형태나 근무환경의 특성 등을 감안하여 노사 간에 실제의 연장근로시간 또는 휴일근로시간과 관계없이 일정 시간을 연장근로시간 또는 휴일근로시간으로 간주하기로 합의하였다면 사용자로서는 근로자의 실제 연장근로시간 또는 휴일근로시간이 위 합의한 시간에 미달함을 이유로 근로시간을 다투는 것이 허용되지 않는다. 따라서 이러한 합의가 있는 경우 근로기준법상 통상임금을 기초로 구 근로기준법(2018.3.20. 법률 제15513호로 개정되기 전의 것) 제56조가 정한 기준에 따라 연장근로수당 또는 휴일근로수당을 산정할 때에는 실제의 연장근로시간 또는 휴일근로시간이 위 합의한 시간에 미달하더라도 합의한 시간을 기준으로 삼아야 한다.

Q 甲은 상시 근로자 100명을 고용하여 대중음식점을 운영하는 A회사에 근무하는 조리사이다. 甲은 취업규칙상 정해진 출퇴근 시간이 있음에도 불구하고 A회사의 지시에 따라 연장근로를 수시로 수행하였는데, 甲이 실제로 근무한 시간을 계산함에는 아무런 어려움이 없었다. 甲이 실제 근무한 연장근로시간을 기초로 「근로기준법」에 따라 계산한 연장근로수당은 근로계약서에 약정된 정액의 연장근로수당을 초과하였지만, A회사는 甲에게 근로계약서에 약정된 정액의 연장근로수당만 매월 지급하였다. 임금 및 근로시간에 관한 甲의 근로계약서 내용은 다음과 같다.

1. 기본급 : 매월 4,000,000원 지급
2. 연장근로 : 회사의 업무상 필요에 따라 1주 12시간 이내 수행
3. 연장근로수당 : 실근무시간과 무관하게 포괄적으로 계산하여 매월 정액 800,000원 지급

甲은 근로계약서상 연장근로수당에 관한 포괄임금제 약정이 「근로기준법」을 위반하여 무효이므로, 실제 근무한 시간으로 「근로기준법」에 따라 계산된 연장근로수당과 자신이 받은 정액의 연장근로수당 사이의 차액을 A회사가 지급할 의무가 있다고 주장한다. 甲의 주장은 타당한가? 25점

✔ **포괄임금제 유효성**

I. 문제의 소재

근로계약서에 정액의 연장근로수당만을 매월 지급하기로 하는 포괄임금약정이 성립한 경우인바 甲의 주장의 당부와 관련하여 이러한 포괄임금약정이 유효한지 문제된다. 구체적으로 실제 근무시간 산정에 어려움이 없음에도 불구하고 성립된 포괄임금약정의 효력이 인정되는지, A회사의 甲에 대한 차액 지급 의무가 있는지 문제된다.

II. 판례의 태도

1. 원칙

판례는 근로계약서·취업규칙·단체협약 등에 근거 규정을 두고 포괄임금제의 계약이 이루어져야 한다는 원칙하에 단체협약이나 취업규칙 및 근로계약서에 포괄임금이라는 취지를 명시하지 않았음에도 묵시적 합의에 의한 포괄임금약정이 성립하였다고 인정하기 위해서는, 근로형태의 특수성으로 인하여 실제 근로시간을 정확하게 산정하는 것이 곤란하거나 일정한 연장·야간·휴일근로가 예상되는 경우 등 실질적인 필요성이 인정될 뿐 아니라, 근로시간, 정하여진 임금의 형태나 수준 등 제반 사정에 비추어 사용자와 근로자 사이에 정액의 월급여액이나 일당임금 외에 추가로 어떠한 수당도 지급하지 않기로 하거나 특정한 수당을 지급하지 않기로 하는 합의가 있었다고 객관적으로 인정되는 경우이어야 한다는 묵시적 합의도 인정하고 있다.

2. 유효요건

(1) 원칙

임금지급방법은 근로시간 수의 산정을 전제로 한 것인데, 예외적으로 감시단속적 근로 등과 같이 근로시간, 근로형태와 업무의 성질을 고려할 때 근로시간의 산정이 어려운 것으로 인정되는 경우가 있을 수 있고, 이러한 경우에는 사용자와 근로자 사이에 기본임금을 미리 산정하지 아니한 채 법정수당까지 포함된 금액을 월급여액이나 일당임금으로 정하거나 기본임금을 미리 산정하면서도 법정 제수당을 구분하지 아니한 채 일정액을 법정 제수당으로 정하여 이를 근로시간 수에 상관없이 지급하기로 약정하는 내용의 이른바 포괄임금제에 의한 임금 지급계약을 체결하더라도 그것이 달리 근로자에게 불이익이 없고 여러 사정에 비추어 정당하다고 인정될 때에는 유효하다는 입장이다.

(2) 제한

위와 같이 근로시간의 산정이 어려운 경우가 아니라면 달리 근로기준법상의 근로시간에 관한 규정을 그대로 적용할 수 없다고 볼 만한 특별한 사정이 없는 한 앞서 본 바와 같은 근로기준법상의 근로시간에 따른 임금지급의 원칙이 적용되어야 할 것이므로, 이러한 경우에도 근로시간 수에 상관없이 일정액을 법정수당으로 지급하는 내용의 포괄임금제 방식의 임금 지급계약을 체결하는 것은 그것이 근로기준법이 정한 근로시간에 관한 규제를 위반하는 이상 허용될 수 없다는 입장이다.

(3) 강행성·보충성

근로기준법에 정한 기준에 미치지 못하는 근로조건을 정한 근로계약은 그 부분에 한하여 무효로 하면서(근로기준법의 강행성) 그 무효로 된 부분은 근로기준법이 정한 기준에 의하도록 정하고 있으므로(근로기준법의 보충성), 근로시간의 산정이 어려운 등의 사정이 없음에도 포괄임금제 방식으로 약정된 경우 그 포괄임금에 포함된 정액의 법정수당이 근로기준법이 정한 기준에 따라 산정된 법정수당에 미달하는 때에는 그에 해당하는 포괄임금제에 의한 임금지급계약 부분은 근로자에게 불이익하여 무효라 할 것이고, 사용자는 근로기준법의 강행성과 보충성 원칙에 의해 근로자에게 그 미달되는 법정수당을 지급할 의무가 있다는 입장이다.

3. 구체적 검토

(1) 법정수당 지급의무가 있는 경우

판례는 사용자와 근로자가 근로계약을 체결함에 있어서는 기본임금을 정하고 이를 기초로 각종 수당을 가산하여 지급하는 것이 원칙이다. 그러나 기본임금을 정하지 아니한 채 각종 수당을 합한 금액을 월 급여액이나 일당임금으로 정하거나 기본임금을 정하고 매월 일정액을 각종 수당으로 지급하는 내용의 이른바 포괄임금제에 의한 임금지급계약 또는 단체협약을 체결하였다고 하더라도 그것이 근로자에게 불이익하지 않으면 유효하다. 그런데 포괄임금제에 관한 약정이 성립하였는지 여부는 근로시간, 근로형태와 업무의 성질, 임금 산정의 단위, 단체협약과 취업규칙의 내용, 동종 사업장의 실태 등 여러 사정을 종합적으로 고려하여 판단하여야 한다. 근로형태나 업무의 성격상 연장·야간·휴일근로가 당연히 예상되는 경우라도, 기본급과는 별도로 연장·야간·휴일근로수당 등을 세부항목으로 나누어 지급하도록 단체협약이나 취업규칙, 급여규정 등에 명백히 규정되어 있는 경우에는 포괄임금제에 관한 약정이 성립되었다고 볼 수 없다.

(2) 연장근로의 합의

판례는 단체협약 등에 일정 근로시간을 초과한 연장근로시간에 대한 합의가 있다거나 기본급에 수당을 포함한 금액을 기준으로 임금인상률을 정하였다는 사정 등을 들어 바로 위와 같은 포괄임금제에 관한 합의가 있다고 섣불리 단정할 수는 없다.

Ⅲ. 사안의 해결

1. 포괄임금계약의 성립

A회사와 甲은 연장근로수당을 매월 정액 800,000원 지급받고 실제 연장근로가 추가로 이루어졌다 하더라도 정액 800,000원을 초과해서 지급하지 않고 있는바 일정액을 법정 제수당으로 정하여 이를 근로시간 수에 상관없이 지급하기로 약정하는 내용의 이른바 포괄임금제에 의한 임금지급계약을 체결하였다고 판단된다.

2. 포괄임금계약의 유효성

甲이 실제로 근무한 시간을 계산함에는 아무런 어려움이 없었다는 점, 甲이 실제 근무한 연장근로시간을 기초로 「근로기준법」에 따라 계산한 연장근로수당은 근로계약서에 약정된 정액의 연장근로수당을 초과하였지만, A회사는 甲에게 근로계약서에 약정된 정액의 연장근로수당만 매월 지급하였는바 근로자에게 불이익이 존재한다는 점을 고려하면 A회사와 甲이 체결한 포괄임금 계약서의 유효성은 부정될 것이다.

3. 강행성 · 보충성

A회사는 甲이 실제 근무한 연장근로가 매월 800,0000원의 정액수당을 초과할 경우 포괄임금에 포함된 정액의 법정수당이 근로기준법이 정한 기준에 따라 산정된 법정수당에 미달하므로 포괄임금제에 의한 임금지급계약 부분은 무효라 할 것이고, 사용자는 근로기준법의 강행성과 보충성 원칙에 의해 근로자에게 그 미달되는 법정수당을 지급할 의무가 있다.

4. 결

포괄임금제 약정은 무효이고, A회사는 甲에게 차액 지급의무가 있는바 甲의 주장은 타당하다.

18 | 연차유급휴가

제1절 법규정

제60조(연차유급휴가)

① 사용자는 1년간 80퍼센트 이상 출근한 근로자에게 15일의 유급휴가를 주어야 한다.

② 사용자는 계속하여 근로한 기간이 1년 미만인 근로자 또는 1년간 80퍼센트 미만 출근한 근로자에게 1개월 개근 시 1일의 유급휴가를 주어야 한다.

④ 사용자는 3년 이상 계속하여 근로한 근로자에게는 제1항에 따른 휴가에 최초 1년을 초과하는 계속 근로 연수 매 2년에 대하여 1일을 가산한 유급휴가를 주어야 한다. 이 경우 가산휴가를 포함한 총 휴가 일수는 25일을 한도로 한다.

⑤ 사용자는 제1항부터 제4항까지의 규정에 따른 휴가를 근로자가 청구한 시기에 주어야 하고, 그 기간에 대하여는 취업규칙 등에서 정하는 통상임금 또는 평균임금을 지급하여야 한다. 다만, 근로자가 청구한 시기에 휴가를 주는 것이 사업 운영에 막대한 지장이 있는 경우에는 그 시기를 변경할 수 있다.

⑥ 제1항 및 제2항을 적용하는 경우 다음 각 호의 어느 하나에 해당하는 기간은 출근한 것으로 본다.

　1. 근로자가 업무상의 부상 또는 질병으로 휴업한 기간

　2. 임신 중의 여성이 제74조 제1항부터 제3항까지의 규정에 따른 휴가로 휴업한 기간

　3. 「남녀고용평등과 일·가정 양립 지원에 관한 법률」 제19조 제1항에 따른 육아휴직으로 휴업한 기간

⑦ 제1항·제2항 및 제4항에 따른 휴가는 1년간(계속하여 근로한 기간이 1년 미만인 근로자의 제2항에 따른 유급휴가는 최초 1년의 근로가 끝날 때까지의 기간을 말한다) 행사하지 아니하면 소멸된다. 다만, 사용자의 귀책사유로 사용하지 못한 경우에는 그러하지 아니하다.

제2절 판례의 태도

1 출근으로 간주되는 기간

(1) 근로기준법 제60조 제6항

　① 출근율

　　판례는 근로기준법 제60조 제1항이 규정한 유급연차휴가는 1년간 80% 이상 출근한 근로자에게 부여된다. 이 경우 근로자가 1년간 80% 이상 출근하였는지 여부는, 1년간의 총 역일(曆日)에서 법령·단체협약·취업규칙 등에 의하여 근로의무가 없는 것으로 정해진 날을 뺀

일수(이하 '소정근로일수'라고 한다) 중 근로자가 현실적으로 근로를 제공한 출근일수의 비율, 즉 출근율을 기준으로 판단하여야 한다.

② 출근 간주

㉠ 취지

한편 근로기준법 제60조 제6항 제1호는 위와 같이 출근율을 계산할 때 근로자가 업무상의 부상 또는 질병으로 휴업한 기간은 출근한 것으로 간주하도록 규정하고 있다. 이는 근로자가 업무상 재해 때문에 근로를 제공할 수 없었음에도 업무상 재해가 없었을 경우보다 적은 연차휴가를 부여받는 불이익을 방지하려는 데에 그 취지가 있다. 그러므로 근로자가 업무상 재해로 휴업한 기간은 장단(長短)을 불문하고 소정근로일수와 출근일수에 모두 포함시켜 출근율을 계산하여야 한다. 설령 그 기간이 1년 전체에 걸치거나 소정근로일수 전부를 차지한다고 하더라도, 이와 달리 볼 아무런 근거나 이유가 없다.

㉡ 미사용 연차휴가

나아가 근로자가 연차휴가에 관한 권리를 취득한 후 1년 이내에 연차휴가를 사용하지 아니하거나 1년이 지나기 전에 퇴직하는 등의 사유로 인하여 더 이상 연차휴가를 사용하지 못하게 될 경우에는 사용자에게 그 연차휴가일수에 상응하는 임금인 연차휴가수당을 청구할 수 있다. 한편 연차휴가를 사용할 권리 혹은 연차휴가수당 청구권은 근로자가 전년도에 출근율을 충족하면서 근로를 제공하면 당연히 발생하는 것으로서, 연차휴가를 사용할 해당 연도가 아니라 그 전년도 1년간의 근로에 대한 대가에 해당한다.

㉢ 연차휴가 미사용 수당 청구의 제한

따라서 근로자가 업무상 재해 등의 사정으로 말미암아 연차휴가를 사용할 해당 연도에 전혀 출근하지 못한 경우라 하더라도, 이미 부여받은 연차휴가를 사용하지 않은 데 따른 연차휴가수당은 청구할 수 있다. 이러한 연차휴가수당의 청구를 제한하는 내용의 단체협약이나 취업규칙은 근로기준법에서 정하는 기준에 미치지 못하는 근로조건을 정한 것으로서, 효력이 없다고 보아야 한다.

(2) 부당해고기간

① 사용자의 책임 있는 사유

판례는 사용자가 근로자를 해고하였으나 그 해고에 정당한 이유가 없어 무효인 경우에 근로자는 그 부당해고기간 동안에 정상적으로 일을 계속하였더라면 받을 수 있었던 임금을 모두 지급받을 수 있다. 해고 근로자가 해고기간 동안 근무를 하지는 않았다고 하더라도 해고가 무효인 이상 그동안 사용자와의 근로관계는 계속되고 있는 것이고, 근로자가 해고기간 동안 근무를 하지 못한 것은 근로자를 부당하게 해고한 사용자에게 책임 있는 사유로 인한 것이기 때문이다.

② 출근 간주 여부

따라서 근로자가 부당해고로 인하여 지급받지 못한 임금이 연차휴가수당인 경우에도 해당 근로자의 연간 소정근로일수와 출근일수를 고려하여 근로기준법 제60조 제1항의 요건을 충족하면 연차유급휴가가 부여되는 것을 전제로 연차휴가수당을 지급하여야 하고, 이를 산정하기 위한 연간 소정근로일수와 출근일수를 계산함에 있어서 사용자의 부당해고로 인하여 근로자가 출근하지 못한 기간을 근로자에 대하여 불리하게 고려할 수는 없으므로 그 기간은 연간 소정근로일수 및 출근일수에 모두 산입되는 것으로 보는 것이 타당하며, 설령 부당해고 기간이 연간 총근로일수 전부를 차지하고 있는 경우에도 달리 볼 수는 없다.

(3) 직장폐쇄 기간

① 원칙

판례는 사용자의 적법한 직장폐쇄로 인하여 근로자가 출근하지 못한 기간은 원칙적으로 연차휴가일수 산정을 위한 연간 소정근로일수에서 제외되어야 한다(대법원 2017.7.11. 선고 2013도7896 판결 등 참조). 다만 노동조합의 쟁의행위에 대한 방어수단으로서 사용자의 적법한 직장폐쇄가 이루어진 경우, 이러한 적법한 직장폐쇄 중 근로자가 위법한 쟁의행위에 참가한 기간은 근로자의 귀책으로 근로를 제공하지 않은 기간에 해당하므로, 연간 소정근로일수에 포함시키되 결근한 것으로 처리하여야 할 것이다.

※ 직장폐쇄와 쟁의행위가 중첩되는 기간 연차휴가산정을 위한 출근율 계산법 명확히 함. 즉 직장폐쇄와 쟁의행위가 겹치는 경우 직장폐쇄의 적법 여부가 아니라 쟁의행위의 적법 여부를 중심으로 연차유급휴가 일수 산정방법을 달리 해야 한다.

이와 달리 사용자의 위법한 직장폐쇄로 인하여 근로자가 출근하지 못한 기간을 근로자에 대하여 불리하게 고려할 수는 없으므로 원칙적으로 그 기간은 연간 소정근로일수 및 출근일수에 모두 산입되는 것으로 보는 것이 타당하다.

② 예외

판례는 위법한 직장폐쇄 중 근로자가 쟁의행위에 참가하였거나 쟁의행위 중 위법한 직장폐쇄가 이루어진 경우에 만일 위법한 직장폐쇄가 없었어도 해당 근로자가 쟁의행위에 참가하여 근로를 제공하지 않았을 것이 명백하다면, 이러한 쟁의행위가 적법한지 여부를 살펴 적법한 경우에는 그 기간을 연간 소정근로일수에서 제외하고, 위법한 경우에는 연간 소정근로일수에 포함시키되 결근한 것으로 처리하여야 할 것이다.

③ 구체적 판단기준

판례는 위법한 직장폐쇄가 없었다고 하더라도 쟁의행위에 참가하여 근로를 제공하지 않았을 것임이 명백한지는 쟁의행위에 이른 경위 및 원인, 직장폐쇄 사유와의 관계, 해당 근로자의 쟁의행위에서의 지위 및 역할, 실제 이루어진 쟁의행위에 참가한 근로자의 수 등 제반 사정을 참작하여 신중하게 판단하여야 하고, 그 증명책임은 사용자에게 있다.

2 결근으로 처리

(1) 위법한 쟁의행위

판례는 위법한 쟁의행위에 참가한 경우 그 귀책이 근로자에게 있기에 결근한 것으로 처리해도 무방하다는 입장이다.

(2) 징계처분

판례는 구 근로기준법 제59조는 '사용자는 1년간 개근한 근로자에 대하여는 10일, 9할 이상 출근한 자에 대하여는 8일의 유급휴가를 주어야 한다.'고 규정하면서 '개근'이나 '9할 이상 출근한 자'에 관하여 아무런 정의 규정을 두고 있지 않으나, 위 규정에 의한 연차유급휴가는 근로자에게 일정기간 근로의무를 면제함으로써 정신적·육체적 휴양의 기회를 제공하고 문화적 생활의 향상을 기하려는 데에 그 의의가 있다. 그런데 정직이나 직위해제 등의 징계를 받은 근로자는 징계기간 중 근로자의 신분을 보유하면서도 근로의무가 면제되므로, 사용자는 취업규칙에서 근로자의 정직 또는 직위해제 기간을 소정근로일수에 포함시키되 그 기간 중 근로의무가 면제되었다는 점을 참작하여 연차유급휴가 부여에 필요한 출근일수에는 포함되지 않는 것으로 규정할 수도 있고, 이러한 취업규칙의 규정이 구 근로기준법 제59조에 반하여 근로자에게 불리한 것이라고 보기는 어렵다.

3 소정근로일에서 제외

(1) 정당한 쟁의행위

① 연차유급휴가의 취지

근로기준법 제60조 제1항은 연차유급휴가에 관하여 "사용자는 1년간 8할 이상 출근한 근로자에게 15일의 유급휴가를 주어야 한다."고 규정하고 있는데, 이는 근로자에게 일정 기간 근로의무를 면제함으로써 정신적·육체적 휴양의 기회를 제공하고 문화적 생활의 향상을 기하려는 데 그 취지가 있다. 이러한 연차유급휴가는 근로자가 사용자에게 근로를 제공하는 관계에 있다는 사정만으로 당연히 보장받을 수 있는 것이 아니라, 1년간 8할 이상 출근하였을 때 비로소 부여받을 수 있는 것이므로 다른 특별한 정함이 없는 이상 이는 1년간의 근로에 대한 대가라고 볼 수 있고, 근로자가 연차유급휴가를 사용하지 못하게 됨에 따라 사용자에게 청구할 수 있는 연차휴가수당은 임금이라고 할 것이다.

② 소정근로일수의 의미

근로자가 1년간 8할 이상 출근하였는지 여부는 1년간의 총 역일(曆日)에서 법령, 단체협약, 취업규칙 등에 의하여 근로의무가 없는 날로 정하여진 날을 제외한 나머지 일수, 즉 연간 근로의무가 있는 일수(이하 '연간 소정근로일수'라고 한다)를 기준으로 그중 근로자가 현실적으로 근로를 제공한 날이 얼마인지를 비율적으로 따져 판단하여야 하고, 연간 소정근로일수는 본래 사용자와 근로자 사이에 평상적인 근로관계, 즉 근로자가 사용자에게 근로를 제공하여 왔고 또한 계속적인 근로제공이 예정되어 있는 상태를 전제로 한 것이다.

③ 소정근로일수의 제외

1) 결근에서 제외 가능 여부

근로자가 정당한 쟁의행위를 하거나 육아휴직을 하여 현실적으로 근로를 제공하지 아니한 경우, 쟁의행위 등은 헌법이나 법률에 의하여 보장된 근로자의 정당한 권리행사이고 그 권리행사에 의하여 쟁의행위 등 기간 동안 근로관계가 정지됨으로써 근로자는 근로의무가 없으며, 쟁의행위 등을 이유로 근로자를 부당하거나 불리하게 처우하는 것이 법률상 금지되어 있으므로, 근로자가 본래 연간 소정근로일수에 포함되었던 쟁의행위 등 기간 동안 근로를 제공하지 아니하였다 하더라도 이를 두고 근로자가 결근한 것으로 볼 수는 없다.

2) 출근 간주 가능 여부

다른 한편 그 기간 동안 근로자가 현실적으로 근로를 제공한 바가 없고, 근로기준법, 노동조합 및 노동관계조정법, 남녀고용평등법 등 관련 법령에서 그 기간 동안 근로자가 '출근한 것으로 본다.'는 규정을 두고 있지도 아니하므로, 이를 두고 근로자가 출근한 것으로 의제할 수도 없다.

3) 소정근로일수에서 제외

이러한 경우에는 헌법과 관련 법률에 따라 쟁의행위 등 근로자의 정당한 권리행사를 보장하고, 아울러 근로자에게 정신적·육체적 휴양의 기회를 제공하고 문화적 생활의 향상을 기하려는 연차유급휴가 제도의 취지를 살리는 한편, 연차유급휴가가 1년간의 근로에 대한 대가로서의 성질을 갖고 있고 현실적인 근로의 제공이 없었던 쟁의행위 등 기간에는 원칙적으로 근로에 대한 대가를 부여할 의무가 없는 점 등을 종합적으로 고려할 때, 연간 소정근로일수에서 쟁의행위 등 기간이 차지하는 일수를 제외한 나머지 일수를 기준으로 근로자의 출근율을 산정하여 연차유급휴가 취득 요건의 충족 여부를 판단한다는 것이 법원의 입장이다.

④ 비례적 삭감

그 요건이 충족된 경우에는 본래 평상적인 근로관계에서 8할의 출근율을 충족할 경우 산출되었을 연차유급휴가일수에 대하여 '연간 소정근로일수에서 쟁의행위 등 기간이 차지하는 일수를 제외한 나머지 일수'를 '연간 소정근로일수'로 나눈 비율을 곱하여 산출된 연차유급휴가일수를 근로자에게 부여함이 합리적이라 할 것이다.

※ 정당한 파업 기간과 휴업 기간은 출근율을 산정할 때 소정근로일에서 제외되고 해당 기간에 비례해 연차휴가일수를 부여한다.

(2) 노조전임자

판례는 노동조합의 전임자(이하 '노조전임자'라고 한다)는 사용자와의 사이에 기본적 노사관계는 유지되고 근로자로서의 신분도 그대로 가지는 것이지만 근로제공의무가 면제되고 사용자의 임금지급의무도 면제된다는 점에서 휴직상태에 있는 근로자와 유사하다. 이러한 노조전임자 제도가 단체협약 또는 사용자의 동의에 근거한 것으로 근로자의 단결권 유지·강화를 위해 필요할 뿐만 아니라 사용자의 노무관리업무를 대행하는 성격 역시 일부 가지는 점 등을 고려하면, 노조전임기간 동안 현실적으로 근로를 제공하지 않았다고 하더라도 결근한 것으로 볼 수 없고, 다른 한편 「노동조합 및 노동관계조정법」 등 관련 법령에서 출근한 것으로 간주한다는 규정 역시 두고 있지 않으므로 출근한 것으로 의제할 수도 없다. 결국 근로제공의무가 면제되는 노조전임기간은 연차휴가일수 산정을 위한 연간 소정근로일수에서 제외함이 타당하다. 다만 노조전임기간이 연차휴가 취득 기준이 되는 연간 총근로일 전부를 차지하고 있는 경우라면, 단체협약 등에서 달리 정하지 않는 한 이러한 노조전임기간에 대하여는 연차휴가에 관한 권리가 발생하지 않는다고 할 것이다.

사례연습

Q A회사는 근로자 500명을 고용하고 있으며 전자제품의 제조·판매를 주된 업무로 하고 있다. A회사에서는 기업별 노동조합인 B노동조합(이하 B노조)이 유일한 노동조합이고, A회사 근로자 400명이 가입되어 있다. B노조는 2015.5.1.부터 같은 해 8.31.까지 업무를 전면적으로 거부하는 파업을 벌였다. A회사의 연간 소정근로일수는 240일이고, B노조의 파업기간은 이 소정근로일수 중 80일에 해당한다. B노조의 파업은 위법하지 않았고, A회사도 이에 대해서는 별도로 문제를 제기한 바가 없다. 한편 2008.1.1.에 입사한 근로자 甲은 생산1부의 평사원으로 계속 근무해 왔다. 甲은 입사 이후 곧바로 B노조에 가입하였으며 2015년에는 B노조의 대의원으로 선출되어 파업 전 기간에 걸쳐 B노조의 파업에 참여하였다. 甲은 파업기간에 파업에 참여한 것 이외에는 2015년 회사에 결근한 적이 없었다. 그리고 A회사의 취업규칙과 단체협약에서는 연차유급휴가는 근로기준법에 의한다고 규정되어 있다. 2016.2. 甲은 개인적인 일로 A회사에 연차유급휴가 8일을 신청하였다. 그러나 A회사는 甲이 파업 전 기간에 걸쳐 파업에 참여한 결과로 2015년에 甲이 출근한 일수가 소정근로일수의 80퍼센트가 되지 않아 근로기준법상 전년도에 80퍼센트 이상 출근한 경우에 부여되는 연차 유급휴가를 사용할 수 없다고 주장하였다.

A회사의 이러한 주장의 정당성에 대하여 논하시오. **25점**

해설

✔ **연차유급휴가**

Ⅰ. 문제의 소재

A회사의 주장의 당부와 관련하여 甲에게 연차유급휴가를 부여하기 위한 '출근율' 요건을 충족하였는지 문제된다. 甲이 2015년에 참가한 정당한 파업기간에 대하여 출근으로 간주하는 규정이 없는바 출근율 산정과 관련한 법원의 입장을 살펴보고자 한다.

Ⅱ. 법규정

> 제60조(연차유급휴가)
> ① 사용자는 1년간 80퍼센트 이상 출근한 근로자에게 15일의 유급휴가를 주어야 한다.
> ⑥ 제1항 및 제2항을 적용하는 경우 다음 각 호의 어느 하나에 해당하는 기간은 출근한 것으로 본다.
>   1. 근로자가 업무상의 부상 또는 질병으로 휴업한 기간
>   2. 임신 중의 여성이 제74조 제1항부터 제3항까지의 규정에 따른 휴가로 휴업한 기간
>   3. 「남녀고용평등과 일·가정 양립 지원에 관한 법률」 제19조 제1항에 따른 육아휴직으로 휴업한 기간

Ⅲ. 판례의 태도

1. 출근율 산정의 기준

판례는 근로기준법 제60조 제1항이 규정한 유급연차휴가는 1년간 80% 이상 출근한 근로자에게 부여된다. 이 경우 근로자가 1년간 80% 이상 출근하였는지 여부는, 1년간의 총 역일(曆日)에서 법령·단체협약·취업규칙 등에 의하여 근로의무가 없는 것으로 정해진 날을 뺀 일수(이하 '소정근로일수'라고 한다) 중 근로자가 현실적으로 근로를 제공한 출근일수의 비율, 즉 출근율을 기준으로 판단하여야 한다.

2. 정당한 파업기간의 출근율 산정기준

(1) 원칙

① 연차유급휴가의 취지

근로기준법 제60조 제1항은 연차유급휴가에 관하여 "사용자는 1년간 8할 이상 출근한 근로자에게 15일의 유급휴가를 주어야 한다."고 규정하고 있는데, 이는 근로자에게 일정 기간 근로의무를 면제함으로써 정신적·육체적 휴양의 기회를 제공하고 문화적 생활의 향상을 기하려는 데 그 취지가 있다. 이러한 연차유급휴가는 근로자가 사용자에게 근로를 제공하는 관계에 있다는 사정만으로 당연히 보장받을 수 있는 것이 아니라, 1년간 8할 이상 출근하였을 때 비로소 부여받을 수 있는 것이므로 다른 특별한 정함이 없는 이상 이는 1년간의 근로에 대한 대가라고 볼 수 있고, 근로자가 연차유급휴가를 사용하지 못하게 됨에 따라 사용자에게 청구할 수 있는 연차휴가수당은 임금이라고 할 것이다.

② 소정근로일수의 의미

근로자가 1년간 8할 이상 출근하였는지 여부는 1년간의 총 역일(曆日)에서 법령, 단체협약, 취업규칙 등에 의하여 근로의무가 없는 날로 정하여진 날을 제외한 나머지 일수, 즉 연간 근로의무가 있는 일수(이하 '연간 소정근로일수'라고 한다)를 기준으로 그중 근로자가 현실적으로 근로를 제공한 날이 얼마인지를 비율적으로 따져 판단하여야 하고, 연간 소정근로일수는 본래 사용자와 근로자 사이에 평상적인 근로관계, 즉 근로자가 사용자에게 근로를 제공하여 왔고 또한 계속적인 근로제공이 예정되어 있는 상태를 전제로 한 것이다.

③ 소정근로일수의 제외

근로자가 정당한 쟁의행위를 하거나 육아휴직을 하여 현실적으로 근로를 제공하지 아니한 경우, 쟁의행위 등은 헌법이나 법률에 의하여 보장된 근로자의 정당한 권리행사이고 그 권리행사에 의하여 쟁의행위 등 기간 동안 근로관계가 정지됨으로써 근로자는 근로의무가 없으며, 쟁의행위 등을 이유로 근로자를 부당하거나 불리하게 처우하는 것이 법률상 금지되어 있으므로, 근로자가 본래 연간 소정근로일수에 포함되었던 쟁의행위 등 기간 동안 근로를 제공하지 아니하였다 하더라도 이를 두고 근로자가 결근한 것으로 볼 수는 없다. 그런데 다른 한편 그 기간 동안 근로자가 현실적으로 근로를 제공한 바가 없고, 근로기준법, 노동조합 및 노동관계조정법, 남녀고용평등법 등 관련 법령에서 그 기간 동안 근로자가 '출근한 것으로 본다.'는 규정을 두고 있지도 아니하므로, 이를 두고 근로자가 출근한 것으로 의제할 수도 없다. 따라서 이러한 경우에는 헌법과 관련 법률에 따라 쟁의행위 등 근로자의 정당한 권리행사를 보장하고, 아울러 근로자에게 정신적·육체적 휴양의 기회를 제공하고 문화적 생활의 향상을 기하려는 연차유급휴가 제도의 취지를 살리는 한편, 연차유급휴가가 1년간의 근로에 대한 대가로서의 성질을 갖고 있고 현실적인 근로의 제공이 없었던 쟁의행위 등 기간에는 원칙적으로 근로에 대한 대가를 부여할 의무가 없는 점 등을 종합적으로 고려할 때, 연간 소정근로일수에서 쟁의행위 등 기간이 차지하는 일수를 제외한 나머지 일수를 기준으로 근로자의 출근율을 산정하여 연차유급휴가 취득 요건의 충족 여부를 판단한다는 것이 법원의 입장이다.

④ 비례적 삭감

그 요건이 충족된 경우에는 본래 평상적인 근로관계에서 8할의 출근율을 충족할 경우 산출되었을 연차유급휴가일수에 대하여 '연간 소정근로일수에서 쟁의행위 등 기간이 차지하는 일수를 제외한 나머지 일수'를 '연간 소정근로일수'로 나눈 비율을 곱하여 산출된 연차유급휴가일수를 근로자에게 부여함이 합리적이라 할 것이다.

(2) 검토

법원은 정당한 파업기간과 휴업기간은 출근율을 산정할 때 소정근로일에서 제외되고 해당 기간에 비례해 연차휴가일수를 부여한다는 입장을 취하고 위법한 쟁의행위에 참가한 경우 그 귀책이 근로자에게 있기에 결근한 것으로 처리해도 무방하다는 입장이다.

3. 관련문제

판례는 노동조합의 전임자(이하 '노조전임자'라고 한다)는 사용자와의 사이에 기본적 노사관계는 유지되고 근로자로서의 신분도 그대로 가지는 것이지만 근로제공의무가 면제되고 사용자의 임금 지급의무도 면제된다는 점에서 휴직상태에 있는 근로자와 유사하다. 이러한 노조전임자 제도가 단체협약 또는 사용자의 동의에 근거한 것으로 근로자의 단결권 유지·강화를 위해 필요할 뿐만 아니라 사용자의 노무관리업무를 대행하는 성격 역시 일부 가지는 점 등을 고려하면, 노조전임기간 동안 현실적으로 근로를 제공하지 않았다고 하더라도 결근한 것으로 볼 수 없고, 다른 한편 「노동조합 및 노동관계조정법」 등 관련 법령에서 출근한 것으로 간주한다는 규정 역시 두고 있지 않으므로 출근한 것으로 의제할 수도 없다. 결국 근로제공의무가 면제되는 노조전임기간은 연차휴가일수 산정을 위한 연간 소정근로일수에서 제외함이 타당하다. 다만 노조전임기간이 연차휴가 취득 기준이 되는 연간 총근로일 전부를 차지하고 있는 경우라면, 단체협약 등에서 달리 정하지 않는 한 이러한 노조전임기간에 대하여는 연차휴가에 관한 권리가 발생하지 않는다고 할 것이다.

IV. 사안의 해결

1. 출근율 산정

甲이 참여한 정당한 파업기간은 결근으로 처리할 수도 없고 출근으로 간주할 수도 없다. 출근율은 연간 소정근로일수 240일에서 정당한 파업기간 80일을 뺀 나머지 일수인 160일을 기준으로 산정하여야 한다. 甲은 2015년에 파업기간 외에는 모두 출근하였으므로 결국 甲의 출근율은 100%이다.

2. 소정근로일수 제외 및 비례적 삭감

甲은 2008.1.1.에 입사하여 2015년 기준 입사 8년차 근로자가 되므로 근로기준법 제60조 제4항의 가산휴가를 포함하여 18일이다. 2015년 연간 출근일수(160일)가 연간 소정근로일수(240일)이므로 비례삭감하여야 하므로 18일의 휴가일수에서 실질 소정근로일수를 연간 소정근로일수로 나눈 비율을 곱하여 산정하면 12일의 연차유급휴가 일수가 된다.

3. 결

2016.2.에 연차유급휴가 8일을 신청한 것은 정당하며 A회사의 주장은 부당하다.

19 | 전직

제1절　서

전직이란 사업주가 근로자에게 근무장소 및 근로내용 등을 변경시키는 인사명령을 말하며 기업 간 인사이동인 전적과 구별되는 기업 내 인사이동을 말한다.

제2절　법규정

제23조(해고 등의 제한)
① 사용자는 근로자에게 정당한 이유 없이 해고, 휴직, 정직, 전직, 감봉, 그 밖의 징벌(懲罰)(이하 "부당해고 등"이라 한다)을 하지 못한다.

제3절　판례의 태도

1 원칙

판례는 근로자에 대한 전직이나 전보처분은 근로자가 제공하여야 할 근로의 종류·내용·장소 등에 변경을 가져온다는 점에서 근로자에게 불이익한 처분이 될 수도 있으나, 원칙적으로 인사권자인 사용자의 권한에 속하므로 업무상 필요한 범위 안에서는 상당한 재량을 인정해야 한다는 입장이다.

2 근무장소 및 근로 내용이 특별히 한정한 근로계약의 경우

판례는 근로계약에서 근로 내용이나 근무장소를 특별히 한정한 경우에 사용자가 근로자에 대하여 전보나 전직처분을 하려면 근로자의 동의가 있어야 한다는 입장이며 넓은 의미에서 명시적 약정 이외 묵시적인 약정도 인정한 바 있다.

3 근로 내용 및 근로장소를 특별히 한정하지 않은 경우

판례는 사용자가 근로자에 대하여 정당한 이유 없이 해고·휴직·정직·감봉 기타 징벌을 하지 못하도록 하는 근로기준법 제23조 제1항에 위배되거나 권리남용에 해당하는 등 특별한 사정이 없는 한 무효라고는 할 수 없고, 전직처분 등이 정당한 인사권의 범위 내에 속하는지의 여부는 당해 전직처분 등의 업무상의 필요성과 전직에 따른 근로자의 생활상의 불이익을 비교·교량하고, 근로자가 속하는 노동조합(노동조합이 없으면 근로자 본인)과의 협의 등 그 전직처분을 하는 과정에서 신의칙상 요구되는 절차를 거쳤는지 여부를 종합적으로 고려하여 결정하여야 한다는 입장을 취하고 있다.

(1) 업무상 필요성

판례는 사용자가 전직처분 등을 함에 있어서 요구되는 업무상의 필요란 인원 배치를 변경할 필요성이 있고 그 변경에 어떠한 근로자를 포함시키는 것이 적절할 것인가 하는 인원선택의 합리성을 의미하는데, 여기에는 업무능률의 증진, 직장질서의 유지나 회복, 근로자 간의 인화 등의 사정도 포함된다는 입장이다.

(2) 생활상의 불이익

판례는 업무상 필요에 의한 전직 등에 따른 생활상의 불이익이 근로자가 통상 감수하여야 할 정도를 현저하게 벗어난 것이 아니라면 이는 정당한 인사권의 범위 내에 속하는 것으로서 권리남용에 해당하지 않는다고 할 것이라는 입장이다.

(3) 신의칙상 요구되는 절차

판례는 전직처분 등을 함에 있어서 근로자 본인과 성실한 협의절차를 거쳤는지의 여부는 정당한 인사권의 행사인지의 여부를 판단하는 하나의 요소라고는 할 수 있으나, 그러한 절차를 거치지 아니하였다는 사정만으로 전직처분 등이 권리남용에 해당하여 당연히 무효가 된다고 볼 수는 없다는 입장이다.

4 입증책임

판례는 인사명령이 정당하다는 입증책임은 그 정당성을 주장하는 자가 가지는바 전직명령의 정당성은 사용자가 입증책임을 갖는 것으로 해석하는 것이 타당하다.

5 절차상 제한

판례는 별도 취업규칙 또는 단체협약의 인사절차 규정을 규정하고 있지 않는 한 절차를 거치지 않았다는 사유만으로 전직명령이 무효로 볼 수 없다는 입장이다.

제4절　이중징계 금지

판례는 인사상 조치로서, 이로 인하여 근로자가 제공하여야 할 근로의 종류나 내용, 장소, 임금 등에 변경을 가져오는 불이익이 있다고 하더라도, 기업 활동을 계속적으로 유지하기 위해서 노동력을 재배치하거나 그 수급 조절을 위하여 인사권자인 사용자가 자신의 고유 권한에 기하여 발령한 인사명령이지 징계처분이라고 볼 수 없으므로, 이 사건 감봉처분과 이 사건 업무지원역 발령이 동일한 사유에 기초하여 이루어졌다고 하여 이를 통틀어 하나의 징계처분으로 볼 수 없다는 입장이다.

제5절　부당한 전직명령의 구제

노동위원회 및 법원을 통한 구제

사례연습

Q A회사는 상시 근로자 300명을 고용하여 사무용품의 판매업을 영위하는 회사로서, 서울에 본점이 있고 대전·부산·제주에 지점을 두고 있다. 甲은 A회사의 서울본점에서 영업부 과장으로 근무하고 있었다.

甲의 근로계약서에는 근무장소가 기재되어 있지 않으며, A회사의 취업규칙에는 회사는 업무상 필요한 경우 직원을 본사 및 지점에 근무할 것을 명할 수 있다고 규정되어 있다. 또한 위 취업규칙에는 과장이 차장으로 승진하기 위한 요건으로 서울 이외의 지점에서 1년 이상 근무할 것이 규정되어 있다.

A회사는 대전지점의 영업부 과장 乙이 사직을 하자 차장 승진이 유력한 甲이 가장 적합하다고 판단하여 甲의 의사는 묻지 않고 甲을 대전지점의 영업부 과장으로 전근을 명령하였다. 위 취업규칙에는 연고가 없는 지역에 근무하는 직원에 대해서는 회사의 비용으로 사택을 제공하고 매월 기본급의 100%에 해당하는 지역근무수당을 추가하여 지급한다고 규정되어 있다. 그러나 甲은 자신은 서울에서만 살았고 대전에는 연고가 전혀 없으며 사진 동호회의 정기 모임이 매월 첫째 주 일요일에 서울에서 열리는데 자신이 동호회의 회장이라는 이유로 대전에서 근무할 수 없다고 하소연하면서 대전지점에 부임하지 않고 1개월간 출근을 거부하였다. A회사의 甲에 대한 전근명령은 정당한가? 25점

해설

✔ **전직명령**

I. 문제의 소재

A회사의 甲에 대한 전근명령은 A회사의 근무장소를 변경하는 인사이동으로 전직으로 보이며 근로기준법 제23조 제1항의 정당한 이유가 있는 경우에 한한다. A회사가 甲에게 내린 전근명령(이하 '전직'이라 함)의 정당성 판단기준을 명시한 규정이 없어 판례는 구체적인 정당성 판단기준을 제시하였는바 ① 전직명령의 근거, ② A회사의 업무상 필요성, ③ 甲의 생활상 불이익, ④ 기타 상호협의 절차 등에 대해 판례가 해당 기준을 근거로 사안을 해결하고자 한다.

II. 법규정

> **제23조(해고 등의 제한)**
> ① 사용자는 근로자에게 정당한 이유 없이 해고, 휴직, 정직, 전직, 감봉, 그 밖의 징벌(懲罰)(이하 "부당해고 등"이라 한다)을 하지 못한다.

Ⅲ. 판례의 태도

1. 원칙

판례는 근로자에 대한 전직이나 전보처분은 근로자가 제공하여야 할 근로의 종류·내용·장소 등에 변경을 가져온다는 점에서 근로자에게 불이익한 처분이 될 수도 있으나, 원칙적으로 인사권자인 사용자의 권한에 속하므로 업무상 필요한 범위 안에서는 상당한 재량을 인정해야 한다는 입장이다.

2. 근무장소 및 근로 내용이 특별히 한정한 근로계약의 경우

판례는 근로계약에서 근로 내용이나 근무장소를 특별히 한정한 경우에 사용자가 근로자에 대하여 전보나 전직처분을 하려면 근로자의 동의가 있어야 한다는 입장이며 넓은 의미에서 명시적 약정 이외 묵시적인 약정도 인정한 바 있다.

3. 근로 내용 및 근로장소를 특별히 한정하지 않은 경우

판례는 사용자가 근로자에 대하여 정당한 이유 없이 해고·휴직·정직·감봉 기타 징벌을 하지 못하도록 하는 근로기준법 제23조 제1항에 위배되거나 권리남용에 해당하는 등 특별한 사정이 없는 한 무효라고는 할 수 없고, 전직처분 등이 정당한 인사권의 범위 내에 속하는지의 여부는 당해 전직처분 등의 업무상의 필요성과 전직에 따른 근로자의 생활상의 불이익을 비교·교량하고, 근로자가 속하는 노동조합(노동조합이 없으면 근로자 본인)과의 협의 등 그 전직처분을 하는 과정에서 신의칙상 요구되는 절차를 거쳤는지 여부를 종합적으로 고려하여 결정하여야 한다는 입장을 취하고 있다.

(1) 업무상 필요성

판례는 사용자가 전직처분 등을 함에 있어서 요구되는 업무상의 필요란 인원 배치를 변경할 필요성이 있고 그 변경에 어떠한 근로자를 포함시키는 것이 적절할 것인가 하는 인원선택의 합리성을 의미하는데, 여기에는 업무능률의 증진, 직장질서의 유지나 회복, 근로자 간의 인화 등의 사정도 포함된다는 입장이다.

(2) 생활상의 불이익

판례는 업무상 필요에 의한 전직 등에 따른 생활상의 불이익이 근로자가 통상 감수하여야 할 정도를 현저하게 벗어난 것이 아니라면 이는 정당한 인사권의 범위 내에 속하는 것으로서 권리남용에 해당하지 않는다고 할 것이라는 입장이다.

(3) 신의칙상 요구되는 절차

판례는 전직처분 등을 함에 있어서 근로자 본인과 성실한 협의절차를 거쳤는지의 여부는 정당한 인사권의 행사인지의 여부를 판단하는 하나의 요소라고는 할 수 있으나, 그러한 절차를 거치지 아니하였다는 사정만으로 전직처분 등이 권리남용에 해당하여 당연히 무효가 된다고 볼 수는 없다는 입장이다.

4. 입증책임

판례는 인사명령이 정당하다는 입증책임은 그 정당성을 주장하는 자가 가지는바 전직명령의 정당성은 사용자가 입증책임을 갖는 것으로 해석하는 것이 타당하다.

5. 절차상 제한

판례는 별도 취업규칙 또는 단체협약의 인사절차 규정을 규정하고 있지 않는 한 절차를 거치지 않았다는 사유만으로 전직명령이 무효로 볼수 없다는 입장이다.

IV. 사안의 해결

1. 근무장소가 한정되어 있는지 여부

甲의 근로계약서에는 근무장소가 기재되어 있지 않으며, A회사의 취업규칙에는 회사는 업무상 필요한 경우 직원을 본사 및 지점에 근무할 것을 명할 수 있다고 규정되어 있는바 근무장소가 한정되어 있지 않아 A회사의 인사상 재량으로 甲의 대전지점의 전근명령 시 동의를 필수적으로 요하지 않는다.

2. 업무상 필요성

A회사의 甲에 대한 전근명령이 권리남용에 해당하는지가 문제되는바 업무상 필요성과 관련하여 인원배치 필요성과 인원선택의 합리성에서 甲은 (1) A회사는 대전지점의 영업부 과장 乙이 사직하여 공석이므로 인원배치 필요성이 있으며, (2) 취업규칙에는 과장이 차장으로 승진하기 위한 요건으로 서울 이외의 지점에서 1년 이상 근무할 것이 규정, 차장 승진이 유력한 甲이 가장 적합하다고 판단하였는바 인원선택의 합리성도 있다고 판단된다.

3. 생활상 불이익

(1) 甲의 불이익

甲은 자신은 서울에서만 살았고 대전에는 연고가 전혀 없으며 사진 동호회의 정기 모임이 매월 첫째 주 일요일에 서울에서 열리는데 자신이 동호회의 회장이라는 이유로 생활상 불이익이 크다고 하나 해당 사유만으로 A회사의 전근명령이 권리남용에 해당하기는 어려워 보인다.

(2) A회사 대상조치

연고가 없는 지역에 근무하는 직원에 대해서는 회사의 비용으로 사택을 제공하고 매월 기본급의 100%에 해당하는 지역근무수당을 추가하여 지급한다고 규정하고 있는바 甲의 생활상 불이익에 대한 적절한 대상조치 또한 보상해주고 있다고 판단된다.

4. 협의절차

동의를 거치지 않았으나 판례에 따르면 협의절차는 권리남용여부를 판단하는 효력요건은 아닌바 A회사의 전근명령 정당성에 영향을 미칠 수 없다.

5. 결

A회사의 甲에 대한 전근명령은 정당하다.

20 | 전적

제1절 서

전적이란 기업 내 인사이동인 전직과 구별되는 개념의 인사명령으로 근로자가 소속 기업과 근로관계를 종료하고 새로운 기업과 근로관계를 체결하는 것을 말한다.

제2절 법규정

제23조(해고 등의 제한)
① 사용자는 근로자에게 정당한 이유 없이 해고, 휴직, 정직, 전직, 감봉, 그 밖의 징벌(懲罰)(이하 "부당해고 등"이라 한다)을 하지 못한다.

제3절 판례의 태도

1 원칙

원칙적으로 이전 기업과 전적할 기업의 사이에 전적계약이 체결되어야 한다.

2 근로자의 동의 여부

판례는 근로자를 그가 고용된 기업으로부터 다른 기업으로 적을 옮겨 다른 기업의 업무에 종사하게 하는 이른바 전적은 종래에 종사하던 기업과 사이의 근로계약을 합의해지하고 이적하게 될 기업과 사이에 새로운 근로계약을 체결하는 것이거나 근로계약상의 사용자의 지위를 양도하는 것이므로, 동일기업 내의 인사이동인 전근이나 전보와 달리 특별한 사정이 없는 한 근로자의 동의를 얻어야 효력이 생긴다는 입장이다.

3 포괄적 동의 가능 여부

(1) 포괄적 동의 인정 여부

판례는 근로자의 동의를 전적의 요건으로 하는 이유는 근로관계에 있어서 업무지휘권의 주체가 변경됨으로 인하여 근로자가 받을 불이익을 방지하려는 데에 있다고 할 것인바, 그룹 내의 기업에 고용된 근로자를 다른 계열기업으로 전적시키는 것은 형식적으로는 사용자의 법인격이 달라지게 된다 하더라도 실질적으로 업무지휘권의 주체가 변동된 것으로 보기 어려운 면이 있으므로, 사용자가 기업그룹 내부의 전적에 관하여 미리(근로자가 입사할 때 또는 근무하는 동안에) 근로자의 포괄적인 동의를 얻어 두면 그때마다 근로자의 동의를 얻지 아니하더라도 근로자를 다른 계열기업으로 유효하게 전적시킬 수 있다는 입장이다.

(2) 포괄적 동의 방법

판례는 사용자가 기업그룹 내의 전적에 관하여 근로자의 포괄적인 사전동의를 받는 경우에는 전적할 기업을 특정하고(복수기업이라도 좋다) 그 기업에서 종사하여야 할 업무에 관한 사항 등의 기본적인 근로조건을 명시하여 근로자의 동의를 얻어야 된다는 입장이다.

(3) 관행에 의한 동의 허용

판례는 사용자가 근로자의 동의를 얻지 아니하고 기업그룹 내의 다른 계열회사로 근로자를 전적시키는 관행이 있어서 그 관행이 근로계약의 내용을 이루고 있다고 인정하기 위하여는 그와 같은 관행이 기업사회에서 일반적으로 근로관계를 규율하는 규범적인 사실로서 명확히 승인되거나, 기업의 구성원이 일반적으로 아무런 이의도 제기하지 아니한 채 당연한 것으로 받아들여 기업 내에서 사실상의 제도로서 확립되어 있지 않으면 안 된다는 입장이다.

(4) 위반의 효과

근로자의 동의가 없거나 정당성이 없는 사용자의 전적명령은 사법상 효력이 없으므로 해당 근로자는 노동위원회 또는 법원을 통해 구제를 받을 수 있다.

제 4 절 　 전적 후의 근로관계

판례는 원칙적으로 유효한 전적의 경우 종전 기업과 근로관계가 종료되나 유효한 전적이 아닌 경우 전적한 근로자가 전 회사에서 퇴직금을 지급받았더라도 근무가 그 계속성이 유지되는 단일기간의 근로라고 볼 만한 특수한 사정이 있으면 전 근무기간을 통산한 퇴직금이 지급돼야 한다는 입장을 취한바 있다.

제5절   회사의 일방적 경영방침에 의한 전적의 경우

판례는 비록 전적 당시 원고가 소외 회사에 사직서를, 피고회사에 입사서류를 각각 제출하는 형식을 거쳐 퇴직금을 지급받았다 하더라도 원고에게 근로관계를 단절할 의사가 있었다고 할 수는 없고, 따라서 소외 회사와의 계속근로관계도 단절되지 않는다고 할 것이며, 또한 피고회사가 비록 독립한 법인이기는 하나 소외 회사의 대주주들에 의하여 설립된 특수관계에 있는 회사인 점, 전적 전후에 걸쳐 원고의 업무내용 및 업무처리 장소에 변동이 없었던 점, 또 호봉, 근속수당 등에 대하여도 소외 회사에 최초 입사일을 결정기준으로 삼아온 점과 함께 원고의 퇴직금 산정의 기초가 될 근속기간에 대하여는 소외 회사의 근속기간을 통산하지 아니하고 전적 이후 피고회사의 근속기간만을 산정한다는 별도의 약정이 있었음을 인정할 아무런 자료가 없는 점에 비추어 보더라도, 위 전적에도 불구하고 소외 회사와 피고회사에서의 근무는 그 계속성이 유지되는 단일기간의 근로라고 보아야 할 것이다.

사례연습

Q A그룹은 그 산하에 A전자, A백화점 등의 계열회사를 두고 있다. A그룹은 대졸관리직 사원을 그룹차원에서 일괄채용한 후에 각 계열회사에 배정하며, 계열회사 간 인사이동을 실시하여 왔다. A그룹의 각 계열회사의 취업규칙에서는 "회사는 근로자를 계열회사 간 인사이동을 시킬 수 있다." 는 규정을 두고 있고, A그룹은 근로자가 입사할 때 "전근, 출장 기타 귀사의 명령에 대해서는 불평 없이 절대 복종하겠습니다."라는 서약서를 받아 왔다. 甲은 2022.3.2.에 A전자에 위의 서약서를 제출하고 대졸관리직 사원으로 입사하여 근무하고 있다. A전자는 2023.3.1.자 인사에서 甲을 A백화점에서 종전과 같은 직급으로 근무하도록 발령하였다. 甲은 2023.3.1.자 인사발령이 계열회사 간 전적의 요건을 갖추지 않은 것으로 부당하다고 주장한다. 이 주장은 타당한가? **25점**

해설

✔ **전적**

I. 문제의 소재

A전자가 전적명령 당시 甲에게 동의를 얻지 못하였지만 입사 시에 제출한 서약서에 '사전적 포괄동 의'가 인정되는지 여부 및 그룹계열사 간 '관행상 전적'이 인정될 수 있는지에 대하여 구체적 판단기 준이 없는바 법원의 입장을 살펴보도록 한다.

II. 의의 및 법규정

1. 의의

전적이란 기업 내 인사이동인 전직과 구별되는 개념의 인사명령으로 근로자가 소속 기업과 근로 관계를 종료하고 새로운 기업과 근로관계를 체결하는 것을 말한다.

2. 법규정

> 제23조(해고 등의 제한)
> ① 사용자는 근로자에게 정당한 이유 없이 해고, 휴직, 정직, 전직, 감봉, 그 밖의 징벌(懲 罰)(이하 "부당해고 등"이라 한다)을 하지 못한다.

III. 판례의 태도

1. 원칙

원칙적으로 이전 기업과 전적할 기업의 사이에 전적계약이 체결되어야 한다.

2. 근로자의 동의 여부

판례는 근로자를 그가 고용된 기업으로부터 다른 기업으로 적을 옮겨 다른 기업의 업무에 종사하 게 하는 이른바 전적은 종래에 종사하던 기업과 사이의 근로계약을 합의해지하고 이적하게 될 기업과 사이에 새로운 근로계약을 체결하는 것이거나 근로계약상의 사용자의 지위를 양도하는 것이므로, 동일기업 내의 인사이동인 전근이나 전보와 달라 특별한 사정이 없는 한 근로자의 동의를 얻어야 효력이 생긴다는 입장이다.

3. 포괄적 동의 가능 여부

(1) 포괄적 동의 인정 여부

판례는 근로자의 동의를 전적의 요건으로 하는 이유는 근로관계에 있어서 업무지휘권의 주체가 변경됨으로 인하여 근로자가 받을 불이익을 방지하려는 데에 있다고 할 것인바, 그룹 내의 기업에 고용된 근로자를 다른 계열기업으로 전적시키는 것은 형식적으로는 사용자의 법인격이 달라지게 된다 하더라도 실질적으로 업무지휘권의 주체가 변동된 것으로 보기 어려운 면이 있으므로, 사용자가 기업그룹 내부의 전적에 관하여 미리(근로자가 입사할 때 또는 근무하는 동안에) 근로자의 포괄적인 동의를 얻어 두면 그때마다 근로자의 동의를 얻지 아니하더라도 근로자를 다른 계열기업으로 유효하게 전적시킬 수 있다는 입장이다.

(2) 포괄적 동의 방법

판례는 사용자가 기업그룹 내의 전적에 관하여 근로자의 포괄적인 사전동의를 받는 경우에는 전적할 기업을 특정하고(복수기업이라도 좋다) 그 기업에서 종사하여야 할 업무에 관한 사항 등의 기본적인 근로조건을 명시하여 근로자의 동의를 얻어야 된다는 입장이다.

(3) 관행에 의한 동의 허용

판례는 사용자가 근로자의 동의를 얻지 아니하고 기업그룹 내의 다른 계열회사로 근로자를 전적시키는 관행이 있어서 그 관행이 근로계약의 내용을 이루고 있다고 인정하기 위하여는 그와 같은 관행이 기업사회에서 일반적으로 근로관계를 규율하는 규범적인 사실로서 명확히 승인되거나, 기업의 구성원이 일반적으로 아무런 이의도 제기하지 아니한 채 당연한 것으로 받아들여 기업 내에서 사실상의 제도로서 확립되어 있지 않으면 안 된다는 입장이다.

(4) 위반의 효과

근로자의 동의가 없거나 정당성이 없는 사용자의 전적명령은 사법상 효력이 없으므로 해당 근로자는 노동위원회 또는 법원을 통해 구제를 받을 수 있다.

IV. 전적 후의 근로관계

판례는 원칙적으로 유효한 전적의 경우 종전 기업과 근로관계가 종료되나 유효한 전적이 아닌 경우 전적한 근로자가 전 회사에서 퇴직금을 지급받았더라도 근무가 그 계속성이 유지되는 단일기간의 근로라고 볼 만한 특수한 사정이 있으면 전 근무기간을 통산한 퇴직금이 지급돼야 한다는 입장을 취한바 있다.

V. 관련문제 : 회사의 일방적 경영방침에 의한 전적의 경우

판례는 비록 전적 당시 원고가 소외 회사에 사직서를, 피고회사에 입사서류를 각각 제출하는 형식을 거쳐 퇴직금을 지급받았다 하더라도 원고에게 근로관계를 단절할 의사가 있었다고 할 수는 없고, 따라서 소외 회사와의 계속근로관계도 단절되지 않는다고 할 것이며, 또한 피고회사가 비록 독립한 법인이기는 하나 소외 회사의 대주주들에 의하여 설립된 특수관계에 있는 회사인 점, 전적 전후에 걸쳐 원고의 업무내용 및 업무처리 장소에 변동이 없었던 점, 또 호봉, 근속수당 등에 대하여도 소외 회사에 최초 입사일을 결정기준으로 삼아온 점과 함께 원고의 퇴직금 산정의 기초가 될 근속기간에 대하여는 소외 회사의 근속기간을 통산하지 아니하고 전적 이후 피고회사의 근속기간만을 산정한다는 별도의 약정이 있었음을 인정할 아무런 자료가 없는 점에 비추어 보더라도, 위 전적에도 불구하고 소외 회사와 피고회사에서의 근무는 그 계속성이 유지되는 단일기간의 근로라고 보아야 할 것이다.

Ⅵ. 사안의 해결

1. 사전적 포괄동의 가능(개별동의를 받지 못하였으므로)

A그룹은 그 산하에 A전자, A백화점 등의 계열회사를 두고 있다. A그룹은 대졸관리직 사원을 그룹차원에서 일괄채용한 후에 각 계열회사에 배정하며, 계열회사 간 인사이동을 실시하여 왔는바 실질적인 업무지휘권의 주체(A그룹)가 변동된 것으로 보기 어려운 면이 있다. 사전적 포괄적 동의를 얻은 경우 그때마다 동의를 얻을 필요는 없을 것이다.

2. 유효요건

A그룹은 근로자가 입사할 때 "전근, 출장 기타 귀사의 명령에 대해서는 불평없이 절대 복종하겠습니다."라는 서약서를 받아 왔다. 甲은 2022.3.2.에 A전자에 위의 서약서를 제출하고 대졸관리직 사원으로 입사하여 근무하고 있으나 기업이 특정되어 있지 않고 전적 후 기본적인 근로조건도 명시되지 않아 유효요건을 갖춘 것이라 보기 어렵다.

3. 전적 관행의 인정

A그룹의 각 계열회사의 취업규칙에서는 "회사는 근로자를 계열회사 간 인사이동을 시킬 수 있다."는 규정을 두고 있으나 규범적 사실로서 명확히 승인되기 힘들다고 보이며 甲과 같은 이의제기가 있는바 아무도 이의를 제기하지 아니한 채 당연한 것으로 받아들여져서 사실상의 제도로 확립되어 있다고 할 정도의 규범의식에 의하여 지지되어 있다고 보기는 어렵다.

4. 결

A전자는 2023.3.1.자 인사에서 甲을 A백화점에서 종전과 같은 직급으로 근무하도록 발령하였고 甲은 2023.3.1.자 인사발령이 계열회사 간 전적의 요건을 갖추지 않은 것으로 부당하다고 주장하는 甲의 주장은 타당하다.

21 | 직위해제

제1절 서

직위해제란 일반적으로 근로자가 직무수행능력이 부족하거나 근무성적 또는 근무태도 등이 불량한 경우, 근로자에 대한 징계절차가 진행 중인 경우, 근로자가 형사사건으로 기소된 경우 등에 있어서 당해 근로자가 장래에 있어서 계속 직무를 담당하게 될 경우 예상되는 업무상의 장애 등을 예방하기 위하여 일시적으로 당해 근로자에게 직위를 부여하지 아니함으로써 직무에 종사하지 못하도록 하는 잠정적인 조치로서의 보직의 해제를 의미한다.

제2절 법규정 및 원칙

1 법규정

제23조(해고 등의 제한)
① 사용자는 근로자에게 정당한 이유 없이 해고, 휴직, 정직, 전직, 감봉, 그 밖의 징벌(懲罰)(이하 "부당해고 등"이라 한다)을 하지 못한다.

2 원칙

판례는 기업이 그 활동을 계속적으로 유지하기 위하여는 노동력을 재배치하거나 그 수급을 조절하는 것이 필요불가결하므로, 대기발령을 포함한 인사명령은 원칙적으로 인사권자인 사용자의 고유권한에 속한다 할 것이고, 따라서 이러한 인사명령에 대하여는 업무상 필요한 범위 안에서 사용자에게 상당한 재량을 인정하여야 하며, 이것이 근로기준법 등에 위반되거나 권리남용에 해당하는 등의 특별한 사정이 없는 한 위법하다고 할 수 없다는 입장이다.

제3절 정당성 판단기준

판례는 대기발령이 정당한 인사권의 범위 내에 속하는지 여부는 대기발령의 업무상의 필요성과 그에 따른 근로자의 생활상의 불이익과의 비교교량, 근로자와의 협의 등 대기발령을 하는 과정에서 신의칙상 요구되는 절차를 거쳤는지의 여부 등에 의하여 결정되어야 하며, 근로자 본인과 성실한 협의절차를 거쳤는지의 여부는 정당한 인사권의 행사인지의 여부를 판단하는 하나의 요소라고는 할 수 있으나 그러한 절차를 거치지 아니하였다는 사정만으로 대기발령이 권리남용에 해당되어 당연히 무효가 된다고는 볼 수 없다는 입장이다.

제 4 절 장기간 직위해제

판례는 대기발령과 같은 잠정적인 인사명령이 명령 당시에는 정당한 경우라고 하더라도, 그러한 명령의 목적과 실제 기능, 유지의 합리성 여부 및 그로 인하여 근로자가 받게 될 신분상·경제상의 불이익 등 구체적인 사정을 모두 참작하여 그 기간은 합리적인 범위 내에서 이루어져야 한다. 따라서 대기발령 등의 인사명령을 받은 근로자가 상당한 기간에 걸쳐 근로의 제공을 할 수 없다거나 근로제공을 함이 매우 부적당한 경우가 아닌데도, 사회통념상 합리성이 없을 정도로 부당하게 장기간 동안 잠정적 지위의 상태로 유지하는 것은 특별한 사정이 없는 한 정당한 이유가 있다고 보기 어려우므로 그와 같은 조치는 무효라고 보아야 한다. 그리고 위와 같은 법리는, 대기발령처럼 근로자에게 아무런 직무도 부여하지 않아 근로의 제공을 할 수 없는 상태에서 단순히 다음 보직을 기다리도록 하는 경우뿐 아니라, 당해 근로자의 기존의 직무범위 중 본질적인 부분을 제한하는 등의 방식으로 사실상 아무런 직무도 부여하지 않은 것과 별 차이가 없는 경우 등에도 마찬가지로 적용된다고 보아야 한다는 입장이다.

제 5 절 직위해제 관련문제

1 당연퇴직 문제

판례는 취업규칙에 직위해제 후 일정 기간 별도 직위를 부여받지 못한 경우 당연퇴직으로 간주한다는 규정이 있는 경우 해당 규정과 관련하여 실질상 해고로 보아 근로기준법의 제한을 받는다는 입장을 취하고 있다.

2 직위해제에 이은 당연퇴직의 정당성

판례는 대기발령이 인사규정 등에 의하여 정당하게 내려진 경우라도 일정한 기간이 경과한 후의 당연퇴직 처리 그 자체가 인사권 내지 징계권의 남용에 해당하지 아니하는 정당한 처분이 되기 위해서는 대기발령 당시에 이미 사회통념상 당해 근로자와의 고용관계를 계속할 수 없을 정도의 사유가 존재하였거나 대기발령 기간 중 그와 같은 해고사유가 확정되어야 할 것이며, 사회통념상 당해 근로자와의 고용관계를 계속할 수 없을 정도인지의 여부는 당해 사용자의 사업의 목적과 성격, 사업장의 여건, 당해 근로자의 지위 및 담당직무의 내용, 비위행위의 동기와 경위, 이로 인하여 기업의 위계질서가 문란하게 될 위험성 등 기업질서에 미칠 영향, 과거의 근무태도 등 여러 가지 사정을 종합적으로 검토하여 판단해야 한다는 입장이다.

3 승진 및 승급에 영향을 주는 경우

판례는 직위해제처분이 근로자의 승진 및 승급에 영향을 주는 경우에는 해당 직위해제처분의 기간이 도과하였음에도 직위해제처분을 없애기 위한 실효된 직위해제처분에 대한 구제를 신청할 구제이익 있다는 입장이다.

4 출근의무

판례는 직위해제를 당한 원고들은 단순히 직위의 부여가 중지되었던 것에 불과하고 근로관계가 종료된 것이 아니어서 당연히 출근의 의무가 있다 할 것이고, 피고보조참가인의 정관에서는 직무수행능력이 부족하거나 근무성적이 극히 불량한 자에 대한 직위해제의 경우에 3월 이내의 기간 대기를 명하고, 능력회복이나 직무성적의 향상을 위한 교육훈련 또는 특별한 연구과제의 부여 등 필요한 조치를 취하도록 되어 있으나 근로자가 직위해제를 당한 경우 단순히 직위의 부여가 금지된 것일 뿐이고 근로자와 사용자의 근로관계가 당연히 종료되는 것은 아니라 할 것이다.

5 직위해제처분과 해고처분의 관계

(1) 원칙

판례는 근로계약의 종료사유는 퇴직, 해고, 자동소멸 등으로 나누어 볼 수 있다. 퇴직은 근로자의 의사로 또는 동의를 받아서 하는 것이고, 해고는 근로자의 의사에 반하여 사용자의 일방적 의사로 하는 것이며, 자동소멸은 근로자나 사용자의 의사와는 관계없이 근로계약이 자동적으로 소멸하는 것이다. 근로기준법 제23조에서 말하는 해고란 실제 사업장에서 불리는 명칭이나 절차에 관계없이 위의 두 번째에 해당하는 모든 근로계약관계의 종료를 뜻한다. 사용자가 어떠한 사유의 발생을 당연퇴직사유로 정하고 그 절차를 통상의 해고나 징계해고와 달리 하였더라도 근로자의 의사와 관계없이 사용자가 일방적으로 근로관계를 종료시키는 것은 성질상 해고로서 근로기준법에 정한 제한을 받는다고 보아야 한다. 이 경우 근로자는 사용자를 상대로 당연퇴직조치에 근로기준법 제23조가 정한 정당한 이유가 없음을 들어 당연퇴직처분 무효확인의 소를 제기할 수 있다. 한편 확인의 소는 현재의 권리 또는 법률상 지위에 관한 위험이나 불안을 제거하기 위하여 허용되지만, 과거의 법률관계도 현재의 권리 또는 법률상 지위에 영향을 미치고 있고 현재의 권리 또는 법률상 지위에 대한 위험이나 불안을 제거하기 위하여 그 법률관계에 관한 확인판결을 받는 것이 유효·적절한 수단이라고 인정될 때에는 확인의 이익이 있다는 입장이다.

(2) 직위해제처분과 관계

판례는 이 사건 자동해임처분은 징계처분인 대기처분과 독립된 별개의 처분으로, 근로자인 원고의 의사에 반하여 사용자인 피고의 일방적 의사에 따라 근로계약관계를 종료시키는 해고에 해당하므로, 원심의 이 부분 전제 판단은 잘못이나, 이 사건 대기처분으로 원고는 대기처분 기간 동안 승진·승급에 제한을 받고 임금이 감액되는 등 인사와 급여에서 불이익을 입었고, 원고가 이 사건 대기처분 이후 이 사건 자동해임처분에 따라 해고되었더라도 해고의 효력을 둘러싸고 법률적인 다툼이 있어 해고가 정당한지가 아직 확정되지 않았으며, 더군다나 이 사건 자동해임처분이 이 사건 대기처분 후 6개월 동안의 보직 미부여를 이유로 삼고 있는 것이어서 이 사건 대기처분이 적법한지 여부가 이 사건 자동해임처분 사유에도 직접 영향을 주게 되므로, 그렇다면 여전히 이러한 불이익을 받는 상태에 있는 원고로서는 이 사건 자동해임처분과 별개로 이 사건 대기처분의 무효 여부에 관한 확인 판결을 받음으로써 유효·적절하게 자신의 현재의 권리 또는 법률상 지위에 대한 위험이나 불안을 제거할 수 있다고 보아야 한다. 원심의 판결에 영향을 미친 잘못은 없다.

6 업무 저성과자에 대한 직위해제

판례는 기업이 그 활동을 계속적으로 유지하기 위해서는 노동력을 재배치하거나 그 수급을 조절하는 것이 필요불가결하므로, 대기발령을 포함한 인사명령은 원칙적으로 인사권자인 사용자의 고유권한에 속한다 할 것이고, 따라서 이러한 인사명령에 대하여는 업무상 필요한 범위 안에서 사용자에게 상당한 재량을 인정하여야 하며, 이것이 근로기준법 등에 위반되거나 권리남용에 해당하는 등의 특별한 사정이 없는 한 위법하다고 할 수 없다. 원고 은행은 인력관리를 통하여 은행의 존립을 보장받고 나아가 경쟁력을 강화하기 위하여 성과주의 인사관리방식을 운용하고 있었고, 그에 따라 지점장으로 근무할 당시 지점평가에서 하위의 평가를 받은 피고보조참가인을 업무추진역으로 발령하였는데 그 이후에도 피고보조참가인이 업무 성과를 달성하지 못하자 이 사건 대기발령을 한 점 등에 비추어 보면, 피고보조참가인에 대한 이 사건 대기발령은 정당하다.

7 직위해제와 징계와의 관계

판례는 직위해제는 징벌적 제재인 징계와는 그 성질을 달리하는 것이어서 어느 사유로 인하여 징계를 받았다 하더라도 그것이 직위해제사유로 평가될 수 있다면 이를 이유로 새로이 직위해제를 할 수도 있는 것이고, 이는 일사부재리나 이중처벌금지의 원칙에 저촉되는 것이 아니라는 입장이다. 취업규칙 등에 직위해제에 관한 특별한 절차규정이 있는 경우가 아닌 한 직위해제를 함에 있어서 징계에 관한 절차 등을 거쳐야 하는 것은 아니라는 입장이다.

8 경영상 필요에 따른 대기발령과 휴업수당

판례는 근로기준법 제46조 제1항에서 정하는 '휴업'에는 개개의 근로자가 근로계약에 따라 근로를 제공할 의사가 있는데도 그 의사에 반하여 취업이 거부되거나 불가능하게 된 경우도 포함되므로,

이는 '휴직'을 포함하는 광의의 개념인데, 근로기준법 제23조 제1항에서 정하는 '휴직'은 어떤 근로자를 그 직무에 종사하게 하는 것이 불가능하거나 적당하지 아니한 사유가 발생한 때에 그 근로자의 지위를 그대로 두면서 일정한 기간 그 직무에 종사하는 것을 금지시키는 사용자의 처분을 말하는 것이고, '대기발령'은 근로자가 현재의 직위 또는 직무를 장래에 계속 담당하게 되면 업무상 장애 등이 예상되는 경우에 이를 예방하기 위하여 일시적으로 당해 근로자에게 직위를 부여하지 아니함으로써 직무에 종사하지 못하도록 하는 잠정적인 조치를 의미하므로, 대기발령은 근로기준법 제23조 제1항에서 정한 '휴직'에 해당한다고 볼 수 있다. 따라서 사용자가 자신의 귀책사유에 해당하는 경영상의 필요에 따라 개별 근로자들에 대하여 대기발령을 하였다면 이는 근로기준법 제46조 제1항에서 정한 휴업을 실시한 경우에 해당하므로 사용자는 그 근로자들에게 휴업수당을 지급할 의무가 있다.

9 업무 저성과자의 대기발령에 따른 해고의 정당성

(1) 대기발령의 정당성 판단기준

판례는 기업이 계속 활동하기 위해서는 노동력을 재배치하거나 수급을 조절하는 것이 필요불가결하므로 대기발령을 포함한 인사명령은 원칙적으로 인사권자인 사용자의 고유권한에 속한다. 따라서 이러한 인사명령에 대하여는 업무상 필요한 범위 안에서 사용자에게 상당한 재량을 인정하여야 하고, 이것이 근로기준법 등에 위반되거나 권리남용에 해당하는 등의 특별한 사정이 없는 한 위법하다고 할 수 없다. 대기발령이 정당한 인사권의 범위 내에 속하는지 여부는 대기발령의 업무상 필요성과 그에 따른 근로자의 생활상 불이익의 비교교량, 근로자와 협의 등 대기발령을 하는 과정에서 신의칙상 요구되는 절차를 거쳤는지 여부 등에 의하여 결정되어야 하고, 근로자 본인과 성실한 협의절차를 거쳤는지는 정당한 인사권 행사인지 여부를 판단하는 한 요소라고는 할 수 있으나 그러한 절차를 거치지 아니하였다는 사정만으로 대기발령이 권리남용에 해당되어 당연히 무효가 된다고는 볼 수 없다는 입장이다.

(2) 대기발령 후 일정 기간이 경과하도록 보직을 다시 부여받지 못한 경우를 취업규칙상 해고사유로 정한 경우, 그 취업규칙 조항에 따른 해고의 정당성 판단기준

판례는 근로기준법 제23조 제1항은 사용자는 근로자에게 정당한 이유 없이 해고를 하지 못한다고 규정하여 해고를 제한하고 있다. 사용자가 취업규칙에서 정한 해고사유에 해당한다는 이유로 근로자를 해고할 때에도 정당한 이유가 있어야 한다. 일반적으로 사용자가 근무성적이나 근무능력이 불량하여 직무를 수행할 수 없는 경우에 해고할 수 있다고 정한 취업규칙 등에 따라 근로자를 해고한 경우, 사용자가 근로자의 근무성적이나 근무능력이 불량하다고 판단한 근거가 되는 평가가 공정하고 객관적인 기준에 따라 이루어진 것이어야 할 뿐 아니라, 근로자의 근무성적이나 근무능력이 다른 근로자에 비하여 상대적으로 낮은 정도를 넘어 상당한 기간 동안 일반적으로 기대되는 최소한에도 미치지 못하고 향후에도 개선될 가능성을 인정하기 어렵다는 등 사회통념상 고용관계를 계속할 수 없을 정도인 경우에 한하여 해고의 정당성이 인정된다. 이러한 법리는 취업규칙이나 인사규정 등에서 근로자의 근무성적이나 근무능력 부진에 따른 대기발령 후 일정 기간이 경과하도록 보직을 다시 부여받지 못하는 경우에는 해고한다는 규정을 두고 사용자가 이러한 규정에 따라 해고할 때에도 마찬가지로 적용한다는 입장이다.

(3) 해고의 정당성 판단기준

판례는 이때 사회통념상 고용관계를 계속할 수 없을 정도인지는 근로자의 지위와 담당 업무의 내용, 그에 따라 요구되는 성과나 전문성의 정도, 근로자의 근무성적이나 근무능력이 부진한 정도와 기간, 사용자가 교육과 전환배치 등 근무성적이나 근무능력 개선을 위한 기회를 부여하였는지 여부, 개선의 기회가 부여된 이후 근로자의 근무성적이나 근무능력의 개선 여부, 근로자의 태도, 사업장의 여건 등 여러 사정을 종합적으로 고려하여 합리적으로 판단하는바 일반적인 해고의 정당성 법리로 판단하고 있다.

제6절 결

직위해제는 징계가 아니며 인사발령이라는 점, 회사의 귀책사유로 대기발령한 경우에는 휴업수당을 지급할 의무가 있다.

Q A회사(보험업)의 인사규정은 "근무성적이 불량한 직원에 대해 인사위원회의 의결을 거쳐 직위해제 및 대기발령을 할 수 있고, 대기발령 기간에는 기본급을 지급하되 대기발령 후 3개월이 경과해도 재발령을 받지 못하였을 때에는 당연퇴직된 것으로 간주한다."고 규정하고 있다. A회사는 영업팀장(과장급) 및 영업사원에 대해 기본급의 15배에 해당하는 월 거수목표액(보험계약의 체결에 따른 보험료 입금액)을 부여하고 있다. 10년 전에 입사해 서울 남부지점 영업1팀장으로 근무하고 있는 근로자 甲의 최근 3년간 월 평균 거수실적은 거수목표액 대비 22%였다. 이러한 거수실적은 같은 기간 甲보다 직급이 낮은 A회사 전체 영업사원 평균 실적의 10%에 불과했고, 이를 이유로 甲은 경고 및 견책 각 2회, 감봉 1회의 처분을 받은 바 있다. 한편, 위 기간 동안 甲의 월 평균 급여액은 약 500만원이었다(기본급의 비중은 약 70%). A회사는 인사위원회(甲은 인사위원회에 출석해 의견을 진술함)의 의결을 거쳐 2014년 1월 10일부로 甲에 대해 직위해제 및 대기발령, 직무능력향상교육의 이수를 명했다.

甲에 대한 A회사의 직위해제·대기발령 처분이 정당한지 논하시오. 25점

✔ **대기발령의 정당성**

Ⅰ. 문제의 소재

A회사가 甲에게 행한 인사규정상 직위해제 및 대기발령이 인사상 불이익 처분으로 보이는바 법적 성격이 징계에 해당하는지 여부 및 근로기준법 제23조의 적용 여부, 해당 업무 성과 부진에 따른 직위해제 및 대기발령의 정당성을 판단하는 것이 사안의 해결에 중요한 부분인바 법원의 입장을 고려해서 판단하고자 한다.

Ⅱ. 직위해제(대기발령)의 의의 및 법규정

1. 의의

직위해제란 일반적으로 근로자가 직무수행능력이 부족하거나 근무성적 또는 근무태도 등이 불량한 경우, 근로자에 대한 징계절차가 진행 중인 경우, 근로자가 형사사건으로 기소된 경우 등에 있어서 당해 근로자가 장래에 있어서 계속 직무를 담당하게 될 경우 예상되는 업무상의 장애 등을 예방하기 위하여 일시적으로 당해 근로자에게 직위를 부여하지 아니함으로써 직무에 종사하지 못하도록 하는 잠정적인 조치로서의 보직의 해제를 의미한다.

2. 법규정

> 제23조(해고 등의 제한)
> ① 사용자는 근로자에게 정당한 이유 없이 해고, 휴직, 정직, 전직, 감봉, 그 밖의 징벌(懲罰)(이하 "부당해고 등"이라 한다)을 하지 못한다.

III. 판례의 태도

1. 원칙

판례는 기업이 그 활동을 계속적으로 유지하기 위하여는 노동력을 재배치하거나 그 수급을 조절하는 것이 필요불가결하므로, 대기발령을 포함한 인사명령은 원칙적으로 인사권자인 사용자의 고유권한에 속한다 할 것이고, 따라서 이러한 인사명령에 대하여는 업무상 필요한 범위 안에서 사용자에게 상당한 재량을 인정하여야 하며, 이것이 근로기준법 등에 위반되거나 권리남용에 해당하는 등의 특별한 사정이 없는 한 위법하다고 할 수 없다는 입장이다.

2. 직위해제처분이 징계에 해당하는지 여부

판례는 직위해제는 징벌적 제재인 징계와는 그 성질을 달리하는 것이어서 어느 사유로 인하여 징계를 받았다 하더라도 그것이 직위해제사유로 평가될 수 있다면 이를 이유로 새로이 직위해제를 할 수도 있는 것이고, 이는 일사부재리나 이중처벌금지의 원칙에 저촉되는 것이 아니라는 입장이다. 취업규칙 등에 직위해제에 관한 특별한 절차규정이 있는 경우가 아닌 한 직위해제를 함에 있어서 징계에 관한 절차 등을 거쳐야 하는 것은 아니라는 입장이다.

3. 직위해제처분의 정당성 판단기준

판례는 대기발령이 정당한 인사권의 범위 내에 속하는지 여부는 대기발령의 업무상의 필요성과 그에 따른 근로자의 생활상의 불이익과의 비교교량, 근로자와의 협의 등 대기발령을 하는 과정에서 신의칙상 요구되는 절차를 거쳤는지의 여부 등에 의하여 결정되어야 하며, 근로자 본인과 성실한 협의절차를 거쳤는지의 여부는 정당한 인사권의 행사인지의 여부를 판단하는 하나의 요소라고는 할 수 있으나 그러한 절차를 거치지 아니하였다는 사정만으로 대기발령이 권리남용에 해당되어 당연히 무효가 된다고는 볼 수 없다는 입장이다.

4. 업무 저성과자에 대한 직위해제

판례는 기업이 그 활동을 계속적으로 유지하기 위해서는 노동력을 재배치하거나 그 수급을 조절하는 것이 필요불가결하므로, 대기발령을 포함한 인사명령은 원칙적으로 인사권자인 사용자의 고유권한에 속한다 할 것이고, 따라서 이러한 인사명령에 대하여는 업무상 필요한 범위 안에서 사용자에게 상당한 재량을 인정하여야 하며, 이것이 근로기준법 등에 위반되거나 권리남용에 해당하는 등의 특별한 사정이 없는 한 위법하다고 할 수 없다. 원고 은행은 인력관리를 통하여 은행의 존립을 보장받고 나아가 경쟁력을 강화하기 위하여 성과주의 인사관리방식을 운용하고 있었고, 그에 따라 지점장으로 근무할 당시 지점평가에서 하위의 평가를 받은 피고보조참가인을 업무추진역으로 발령하였는데 그 이후에도 피고보조참가인이 업무 성과를 달성하지 못하자 이 사건 대기발령을 한 점 등에 비추어 보면, 피고보조참가인에 대한 이 사건 대기발령은 정당하다.

IV. 사안의 해결

1. A회사의 직위해제(대기발령)가 징계에 해당하는지 여부

인사규정은 "근무성적이 불량한 직원에 대해 인사위원회의 의결을 거쳐 직위해제 및 대기발령을 할 수 있고, 대기발령 기간에는 기본급을 지급하되 대기발령 후 3개월이 경과해도 재발령을 받지 못하였을 때에는 당연퇴직된 것으로 간주한다."고 규정하고 있으며 업무 저성과로 인하여 과거 甲은 경고 및 견책 각 2회, 감봉 1회의 처분을 받았던 사실을 고려하면 직위해제(대기발령)와 징계 처분은 확실히 구분하고 있으며 판례의 태도에 따르더라도 직위해제는 징계와 별도의 인사처분임을 명확히 하고 있다.

2. A회사가 甲에게 행한 직위해제의 정당성 판단

(1) 업무상 필요성

A회사는 영업팀장(과장급) 및 영업사원에 대해 기본급의 15배에 해당하는 월 거수목표액(보험계약의 체결에 따른 보험료 입금액)을 부여하고 있다. 10년 전에 입사해 서울 남부지점 영업1팀장으로 근무하고 있는 근로자 甲의 최근 3년간 월 평균 거수실적은 거수목표액 대비 22%였다. 이러한 거수실적은 같은 기간 甲보다 직급이 낮은 A회사 전체 영업사원 평균 실적의 10%에 불과하였다는 점을 고려하면 업무상 필요성이 충분히 인정된다.

(2) 생활상 불이익

甲은 甲의 월 평균 급여액이 약 500만원이었다(기본급의 비중은 약 70%)는 점을 고려하면 경제적으로 어렵다고 보기 어려우므로 생활상 불이익은 사안에서 크게 문제되지 않으며 오히려 A회사가 별도 교육을 진행하는바 불이익을 상쇄할 수 있는 대상조치 또한 존재한다고 판단된다.

(3) 신의칙상 협의절차

인사위원회를 거쳐 결정하였는바 절차적 정당성은 문제되지 않는다.

3. 결

甲에 대한 A회사의 직위해제·대기발령 처분은 정당하다. (끝)

22 | 징계

제1절 서

징계란 근로자가 직장질서를 어지럽히거나 규칙을 위반한 행위의 제재로서 사용자가 근로자에게 주는 인사상 불이익 조치를 말한다.

> 제23조(해고 등의 제한)
> ① 사용자는 근로자에게 정당한 이유 없이 해고, 휴직, 정직, 전직, 감봉, 그 밖의 징벌(懲罰)(이하 "부당해고 등"이라 한다)을 하지 못한다.

제2절 원칙

판례는 근로자의 상벌 등에 관한 인사권은 사용자의 고유권한으로서 그 범위에 속하는 징계권 역시 기업운영 또는 노동계약의 본질상 당연히 사용자에게 인정되는 권한이라는 입장이다.

제3절 징계사유

1 단체협약이나 취업규칙에 명시

판례는 단체협약이나 취업규칙에 근로자에 대한 징계해고사유가 제한적으로 열거되어 있는 경우에는 그와 같이 열거되어 있는 사유 이외의 사유로는 징계해고할 수 없다는 입장이다.

2 사유의 정당성

판례는 단체협약이나 취업규칙에 명시되어 있을 뿐 아니라 해당 징계사유도 정당해야 한다는 입장을 취하고 있다. 구체적으로 근로자의 어떤 비위행위가 징계사유로 되어 있느냐 여부는 구체적인 자료들을 통하여 징계위원회 등에서 그것을 징계사유로 삼았는지 여부에 의하여 결정되어야 하고, 그 비위행위가 정당한 징계사유에 해당하는지 여부는 취업규칙상 징계사유를 정한 규정의 객관적인 의미를 합리적으로 해석하여 판단하여야 한다는 입장이다.

3 시말서 제출 거부행위

판례는 취업규칙에서 사용자가 사고나 비위행위 등을 저지른 근로자에게 시말서를 제출하도록 명령할 수 있다고 규정하는 경우, 그 시말서가 단순히 사건의 경위를 보고하는 데 그치지 않고 더 나아가 근로관계에서 발생한 사고 등에 관하여 자신의 잘못을 반성하고 사죄한다는 내용이 포함된 사죄문 또는 반성문을 의미하는 것이라면, 이는 헌법이 보장하는 내심의 윤리적 판단에 대한 강제로서 양심의 자유를 침해하는 것이므로, 그러한 취업규칙 규정은 헌법에 위반되어 근로기준법에 따라 효력이 없고, 그에 근거한 사용자의 시말서 제출명령은 업무상 정당한 명령으로 볼 수 없다는 입장이다.

4 근무실적에 따른 징계사유

판례는 피고회사가 보험업을 영위하는 영리법인으로서 업무상, 성격상 그 거수실적의 많고 적음에 따라 회사운영의 성패가 좌우된다고 할 수 있는 점에 비추어 앞서 본 바와 같은 징계규정이 무효의 규정이라고 할 수 없고 또 그 거수실적불량의 정도가 추상적, 자의적인 기준에 의한 것이 아니라 근로자의 직위, 보수, 근무경력, 다른 근로자의 전반적인 근로성적, 회사의 경영실태 등 제반사정을 참작하여 근로자로서 최소한도의 직무수행능력이 결여되었다고 인정되는 경우라면 위 징계규정에 따라 해고한 데에 정당한 이유가 있다고 할 것이라고 전제한 다음, 위 인정사실에 의하여 원고의 앞서 본 장기간의 거수실적이 단지 다른 사원에 비하여 상대적으로 다소 낮은 정도가 아니라 원고의 직위와 보수에 비추어 보면 일반적으로 기대되는 최저한의 실적에도 미치지 못하는 정도였다고 할 것이므로 이와 같은 사정아래에서 피고회사가 회사의 인사규정을 적용하여 원고를 징계면직한 조치가 징계권의 남용으로 볼 수 없고 근로기준법 제23조 제1항 소정의 정당한 이유가 있는 때에 해당한다고 판단하였다.

5 경력사칭

(1) 징계가능성 여부

판례는 사용자가 근로자에게 이력서를 요구한 이유는 근로능력의 평가 외에 근로자의 진정성과 정직성, 당해 기업의 근로환경에 대한 적응성 등을 판단하기 위한 자료를 확보하고 나아가 노사 간 신뢰관계의 형성과 안정적인 경영환경의 유지 등을 도모하고자 하는데에도 그 목적이 있다고 하면서, 진실고지의무 위반이 근로자가 입사할 때 동의한 취업규칙상의 징계규정에 위반될 경우 징계가 가능하다는 입장을 취하고 있다.

(2) 징계해고 가능성

판례는 사용자가 이력서에 근로자의 학력 등의 기재를 요구하는 것은 근로능력의 평가 외에 근로자의 진정성과 정직성, 당해 기업의 근로환경에 대한 적응성 등을 판단하기 위한 자료를 확보하고 나아가 노사 간 신뢰관계의 형성과 안정적인 경영환경의 유지 등을 도모하고자 하는 데에도 그 목적이 있는 것으로, 이는 고용계약의 체결뿐 아니라 고용관계의 유지에 있어서도 중요한 고려요소가 된다고 볼 수 있다. 따라서 취업규칙에서 근로자가 고용 당시 제출한 이력서 등에 학력 등을 허위로 기재한 행위를 징계해고사유로 특히 명시하고 있는 경우에는 이를 이유로 해고하는 것은, 고용 당시 및 그 이후의 제반사정에 비추어 보더라도 사회통념상 현저히 부당하지 않다면 그 정당성이 인정된다는 입장이다.

(3) 징계해고의 정당성

① 과거판례

판례는 근대적 기업에 있어서 사용자가 노동자를 고용함에 있어서 경력 등을 기재한 이력서를 요구한 이유는 노동자의 기능경험등 노동력 평가의 조사자료로 하기 위해서뿐만 아니라 그 노동자의 직장에 대한 정착성, 기업질서, 기업규범에 대한 적응성 기타 협조성 등 인격조사자료로 함으로써 노사 간의 신뢰관계의 설정이나 기업질서의 유지안정을 도모하고자 하는 데에도 그 목적이 있다 할 것이므로 노동자가 그 이력서에서 그 경력을 은폐하거나 사칭한 내용이 위 두 가지 목적 중 어느 것에 관계되든지 간에 사용자의 노동자에 대한 신뢰관계나 기업질서유지 등에 영향을 주는 것으로써 그 전력사칭이 사전에 발각되었다면 사용자는 고용계약을 체결하지 아니하였거나 적어도 동일 조건으로는 계약을 체결하지 아니하였을 것으로 인정되는 정도의 것이라면 그 노동자에 대한 징계해고사유가 된다.

② 최신판례

판례는 근로자가 입사 당시 제출한 이력서 등에 학력 등을 허위로 기재한 행위를 이유로 징계해고를 하는 경우 사회통념상 고용관계를 계속할 수 없을 정도인지는 사용자가 사전에 그 허위기재 사실을 알았더라면 근로계약을 체결하지 아니하였거나 적어도 동일 조건으로는 계약을 체결하지 않았으리라는 등 고용 당시의 사정뿐 아니라, 고용 이후 해고에 이르기까지 그 근로자가 종사한 근로의 내용과 기간, 허위기재를 한 학력 등이 종사한 근로의 정상적인 제공에 지장을 초래하는지 여부, 사용자가 학력 등의 허위기재 사실을 알게 된 경위, 알고 난 이후 당해 근로자의 태도 및 사용자의 조치 내용, 학력 등이 종전에 알고 있던 것과 다르다는 사정이 드러남으로써 노사 간 및 근로자 상호 간 신뢰관계의 유지와 안정적인 기업경영과 질서유지에 미치는 영향 기타 여러 사정을 종합적으로 고려하여 판단할 것이다.

> ※ 이전까지의 판례와 다르게 "고용 당시"에 사용자가 근로자의 실제 학력 등을 알았더라면 어떻게 하였을지에 대하여 추단하는 이른바 가정적 인과관계의 요소뿐만 아니라 "고용 이후 해고시점"까지 제반사정을 보태어 보더라도 그 해고가 사회통념상 현저히 부당한 것은 아니라고 인정이 되어야만 정당성이 인정될 수 있다고 하여 이력서 허위기재에 따른 해고의 정당성 판단시점을 넓게 보고 있는 추세임.

(4) 학설(추가)

소위 가정적 인과관계설과 현실적 인과관계설 등의 견해 대립이 있다. 이와 관련하여 대법원은 그동안 일관되게 고용 당시 사정이 주목하는 이른바 가정적 인과관계설의 입장을 취해왔으나 최근 판례는 과거와 달리 경력 허위기재로 인한 해고의 정당성 판단시점을 입사 시가 아니라 해고 시로 보았다는 데에 의미가 있다. 진실고지의무 위반이 해고에 이를 정도로 직장질서를 심각하게 침해했는지 여부는 개별적 사안에 따라 다르다 할 것이므로 구체적·개별적으로 보아 판단해야 한다는 입장으로 정리하는 것이 좋을 것이다.

6 사생활

(1) 원칙

사생활의 비행은 그 자체로 직장질서를 침해할 수 없어 징계사유가 아니다.

(2) 예외

판례는 사용자가 근로자에 대하여 징계권을 행사할 수 있는 것은 사업활동을 원활하게 수행하는데 필요한 범위 내에서 규율과 질서를 유지하기 위한 데에 그 근거가 있으므로, 근로자의 사생활에서의 비행은 사업활동에 직접 관련이 있거나 기업의 사회적 평가를 훼손할 염려가 있는 것에 한하여 정당한 징계사유가 될 수 있다 할 것이다.

여기서 기업의 사회적 평가를 훼손할 염려가 있다고 하기 위하여는 반드시 구체적인 업무저해의 결과나 거래상의 불이익이 발생하여야 하는 것은 아니고 당해 행위의 성질과 정상, 기업의 목적과 경영방침, 사업의 종류와 규모 및 그 근로자의 기업에 있어서의 지위와 담당 업무 등 제반사정을 종합적으로 고려하여 그 비위행위가 기업의 사회적 평가에 미친 악영향이 상당히 중대하다고 객관적으로 평가될 수 있어야 한다는 입장이다.

7 유죄판결을 받은 경우

(1) 원칙

판례는 단체협약에 해고사유로서 업무 외의 사건으로 형사상 유죄판결을 받은 자라는 규정을 두고 있을 때 그와 같은 해고 규정을 두게 된 취지는 그 유죄판결로 인하여 근로자의 기본적인 의무인 근로제공의무를 이행할 수 없는 상태가 장기화되어 근로계약의 목적이 달성될 수 없게 되었거나 사용자인 회사의 명예나 신용이 심히 실추되거나 거래관계에 악영향을 끼친 경우 또는 사용자와 근로자의 신뢰관계가 상실됨으로써 근로관계의 유지가 기대될 수 없게 되었기 때문일 것이다.

(2) 해석의 한계

유죄판결이란 단체협약의 규정상 미확정 유죄판결도 해고사유로 삼고 있음이 분명한 경우를 제외하고는 유죄의 확정판결을 받은 자만을 의미하는 것으로 해석되어야 한다는 입장이다.

8 직장 내 성희롱

(1) 인정요건

판례는 성희롱이란 업무, 고용, 그 밖의 관계에서 국가기관·지방자치단체, 각급 학교, 공직유관단체 등 공공단체의 종사자, 직장의 사업주·상급자 또는 근로자가 ① 지위를 이용하거나 업무 등과 관련하여 성적 언동 또는 성적 요구 등으로 상대방에게 성적 굴욕감이나 혐오감을 느끼게 하는 행위, ② 상대방이 성적 언동 또는 요구 등에 따르지 아니한다는 이유로 불이익을 주거나 그에 따르는 것을 조건으로 이익 공여의 의사표시를 하는 행위를 하는 것을 말한다(양성평등기본법 제3조 제2호, 남녀고용평등과 일·가정 양립 지원에 관한 법률 제2조 제2호, 국가인권위원회법 제2조 제3호 라목 등 참조). 여기에서 '성적 언동'이란, 남녀 간의 육체적 관계나 남성 또는 여성의 신체적 특징과 관련된 육체적, 언어적, 시각적 행위로서 사회공동체의 건전한 상식 과 관행에 비추어 볼 때, 객관적으로 상대방과 같은 처지에 있는 일반적이고도 평균적인 사람으 로 하여금 성적 굴욕감이나 혐오감을 느끼게 할 수 있는 행위를 의미한다는 입장이다.

(2) 징계의 정당성

① 일반적인 판단기준

판례는 남녀고용평등법에서 규정한 '직장 내 성희롱'의 전제요건인 '성적인 언동 등'이란 남녀 간의 육체적 관계나 남성 또는 여성의 신체적 특징과 관련된 육체적, 언어적, 시각적 행위로 서 사회공동체의 건전한 상식과 관행에 비추어 볼 때 객관적으로 상대방과 같은 처지에 있는 일반적이고도 평균적인 사람에게 성적 굴욕감이나 혐오감을 느끼게 할 수 있는 행위를 의미 한다. 나아가 위 규정상의 성희롱이 성립하기 위해서는 행위자에게 반드시 성적 동기나 의도 가 있어야 하는 것은 아니지만, 당사자의 관계, 행위가 행해진 장소 및 상황, 행위에 대한 상대방의 명시적 또는 추정적인 반응의 내용, 행위의 내용 및 정도, 행위가 일회적 또는 단기 간의 것인지 아니면 계속적인 것인지 여부 등의 구체적 사정을 참작하여 볼 때, 객관적으로 상대방과 같은 처지에 있는 일반적이고도 평균적인 사람에게 성적 굴욕감이나 혐오감을 느 낄 수 있게 하는 행위가 있고, 그로 인하여 행위의 상대방이 성적 굴욕감이나 혐오감을 느꼈 음이 인정되어야 한다.

② 피해자의 고용조건 악화 고려

객관적으로 상대방과 같은 처지에 있는 일반적이고도 평균적인 사람의 입장에서 보아 어떠 한 성희롱 행위가 고용환경을 악화시킬 정도로 매우 심하거나 또는 반복적으로 행해지는 경 우, 사업주가 사용자책임으로 피해 근로자에 대해 손해배상책임을 지게 될 수도 있을 뿐 아 니라 성희롱 행위자가 징계해고되지 않고 같은 직장에서 계속 근무하는 것이 성희롱 피해 근로자들의 고용환경을 감내할 수 없을 정도로 악화시키는 결과를 가져올 수도 있으므로, 근로관계를 계속할 수 없을 정도로 근로자에게 책임이 있다고 보아 내린 징계해고처분은 객 관적으로 명백히 부당하다고 인정되는 경우가 아닌 한 쉽게 징계권을 남용하였다고 보아서 는 안 된다는 입장이다.

9 고소나 고발

판례는 근로자가 뚜렷한 자료도 없이 사실을 허위로 기재하거나 왜곡하여 소속 직장의 대표자, 관리 자나 동료 등을 수사기관 등에 고소·고발하거나 진정하는 행위는 징계규정에서 정한 징계사유가 될 수 있다. 다만 범죄에 해당한다고 의심할 만한 행위에 대해 처벌을 구하고자 고소·고발 등을 하는 것은 합리적인 근거가 있는 한 적법한 권리 행사라고 할 수 있으므로 수사기관이 불기소처분을 하였다는 이유만으로 고소·고발 등이 징계사유에 해당하지 않는다. 위와 같은 고소·고발 등이 징 계사유에 해당하는지는 고소·고발 등의 내용과 진위, 고소·고발 등에 이르게 된 경위와 목적, 횟 수 등에 따라 신중하게 판단하여야 한다는 입장이다.

제 **4**절	징계수단

1 상당성 원칙

판례는 피징계자에게 징계사유가 있어서 징계처분을 하는 경우, 어떠한 처분을 할 것인지는 징계권자의 재량에 맡겨져 있다. 다만 징계권자의 징계처분이 사회통념상 현저하게 타당성을 잃어 징계권자에게 맡겨진 재량권을 남용하였다고 인정되는 경우에 한하여 그 처분이 위법하다고 할 수 있다. 징계처분이 사회통념상 현저하게 타당성을 잃어 재량권의 범위를 벗어난 위법한 처분이라고 할 수 있으려면 구체적인 사례에 따라 징계의 원인인 비위사실의 내용과 성질, 징계로 달성하려는 목적, 징계양정의 기준 등 여러 요소를 종합하여 판단할 때에 징계 내용이 객관적으로 명백히 부당하다고 인정되어야 한다.

2 형평성의 원칙

같은 비위행위에 대해 동등 또는 유사한 징계수단이 적용되어야 한다.

3 사유와 수단의 관계 : 비례의 원칙

판례는 취업규칙이나 상벌규정에서 징계사유를 규정하면서 동일한 사유에 대하여 여러 등급의 징계가 가능한 것으로 규정한 경우에 그중 어떤 징계처분을 선택할 것인지는 징계권자의 재량에 속한다. 그러나 이러한 재량은 징계권자의 자의적이고 편의적인 재량이 아니며 징계사유와 징계처분 사이에 사회통념상 상당하다고 인정되는 균형의 존재가 요구되므로 경미한 징계사유에 대하여 가혹한 제재를 하는 것은 징계권 남용으로서 무효라는 입장이다.

4 징계해고

판례는 취업규칙 등의 징계해고사유에 해당하는 경우, 이에 따라 이루어진 해고처분이 당연히 정당한 것으로 되는 것이 아니라 사회통념상 고용관계를 계속할 수 없을 정도로 근로자에게 책임 있는 사유가 있는 경우에 행하여져야 정당성이 인정되는 것이고 사회통념상 당해 근로자와의 고용관계를 계속할 수 없을 정도인지는 당해 사용자의 사업의 목적과 성격, 사업장의 여건, 당해 근로자의 지위 및 담당 직무의 내용, 비위행위의 동기와 경위, 이로 인하여 기업의 위계질서가 문란하게 될 위험성 등 기업질서에 미칠 영향, 과거의 근무태도 등 여러 가지 사정을 종합적으로 검토하여 판단하여야 할 것이라는 입장이다.

제 5 절　　징계절차

1 자치규범(취업규칙, 단체협약)에 의한 절차적 제한

판례는 단체협약이나 취업규칙 등에 징계절차를 규정하고 있는 경우 징계절차를 거치지 않는 경우 절차위반으로 무효라는 입장이다.

2 동의조항

판례는 단체협약 등에 규정된 인사합의조항의 구체적 내용이 사용자가 인사처분을 함에 있어서 신중을 기할 수 있도록 노동조합이 의견을 제시할 수 있는 기회를 주어야 하도록 규정된 경우에는 그 절차를 거치지 아니하였다고 하더라도 인사처분의 효력에는 영향이 없다고 보아야 할 것이지만, 사용자가 인사처분을 함에 있어 노동조합의 사전동의나 승낙을 얻어야 한다거나 노동조합과 인사처분에 관한 논의를 하여 의견의 합치를 보아 인사처분을 하도록 규정된 경우에는 그 절차를 거치지 아니한 인사처분은 원칙적으로 무효라고 보아야 할 것이나, 이 경우에도 근로자나 노동조합 측에서 스스로 이러한 사전합의절차를 포기하였다는 등의 특별한 사정이 있는 경우에는 그 징계처분은 유효하다는 입장이다.

3 남용 여부

판례는 단체협약에 해고의 사전합의조항을 두고 있다고 하더라도 사용자의 해고 권한이 어떠한 경우를 불문하고 노동조합의 동의가 있어야만 행사할 수 있다는 것은 아니고, 노동조합이 사전동의권을 남용하거나 스스로 사전동의권을 포기한 것으로 인정되는 경우에는 노동조합의 동의가 없더라도 사용자의 해고권 행사가 가능하나, 여기서 노동조합이 사전동의권을 남용한 경우라 함은 노동조합 측에 중대한 배신행위가 있고 그로 인하여 사용자 측의 절차의 흠결이 초래되었다거나, 피징계자가 사용자인 회사에 대하여 중대한 위법행위를 하여 직접적으로 막대한 손해를 입히고 비위사실이 징계사유에 해당함이 객관적으로 명백하며 회사가 노동조합 측과 사전합의를 위하여 성실하고 진지한 노력을 다하였음에도 불구하고 노동조합 측이 합리적 근거나 이유 제시도 없이 무작정 반대함으로써 사전합의에 이르지 못하였다는 등의 사정이 있는 경우에 인정되므로, 이러한 경우에 이르지 아니하고 단순히 해고사유에 해당한다거나 실체적으로 정당성 있는 해고로 보인다는 이유만으로는 노동조합이 사전동의권을 남용하여 해고를 반대하고 있다고 단정하여서는 안 된다는 입장이다.

4 소명권 부여

(1) 원칙

징계규정에 징계대상자에게 징계위원회에 출석하여 변명과 소명자료를 제출할 기회를 부여하도록 되어 있다면 그 통보의 시기와 방법에 관하여 특별히 규정한 바가 없다고 하여도 변명과 소명자료를 준비할 만한 상당한 기간을 두고 개최일시와 장소를 통보하여야 한다는 입장이다.

(2) 소명권 부여의 방식

단체협약이나 취업규칙에서 당사자에게 징계사유와 관련한 소명기회를 주도록 규정하고 있는 경우에도 대상자에게 그 기회를 제공하면 되며, 소명 자체가 반드시 이루어져야 하는 것은 아니다. 그리고 징계위원회에서 징계대상자에게 징계혐의 사실을 고지하고 그에 대하여 진술할 기회를 부여하면 충분하고, 혐의사실 개개의 사항에 대하여 구체적으로 발문하여 징계대상자가 이에 대하여 빠짐없이 진술하도록 조치하여야 하는 것은 아니라는 입장이다.

5 재심절차

판례는 징계처분에 대한 재심절차는 원래의 징계절차와 함께 전부가 하나의 징계처분 절차를 이루는 것으로서 그 절차의 정당성도 징계 과정 전부에 관하여 판단되어야 할 것이므로, 원래의 징계 과정에 절차 위반의 하자가 있더라도 재심 과정에서 보완되었다면 그 절차 위반의 하자는 치유된다는 입장이다.

6 통상해고사유와 중복

판례는 특정사유가 단체협약이나 취업규칙 등에서 징계해고사유와 통상해고사유의 양쪽에 모두 해당하는 경우뿐 아니라 징계해고사유에는 해당하나 통상해고사유에는 해당하지 않는 경우에도, 그 사유를 이유로 징계해고처분의 규정상 근거나 형식을 취하지 아니하고 근로자에게 보다 유리한 통상해고처분을 택하는 것은, 근로기준법 제27조 제1항에 반하지 않는 범위 내에서 사용자의 재량에 속하는 적법한 것이나, 근로자에게 변명의 기회가 부여되지 않더라도 해고가 당연시될 정도라는 등의 특별한 사유가 없는 한, 징계해고사유가 통상해고사유에도 해당하여 통상해고의 방법을 취하더라도 징계해고에 따른 소정의 절차는 부가적으로 요구된다고 할 것이고, 나아가 징계해고사유로 통상해고를 한다는 구실로 징계절차를 생략할 수는 없는 것이니, 절차적 보장을 한 관계규정의 취지가 회피됨으로써 근로자의 지위에 불안정이 초래될 수 있기 때문이라는 입장이다.

7 징계사유 추가 변경

(1) 원칙

판례는 징계처분을 받은 근로자가 재심을 청구할 수 있는 경우 그 재심절차는 징계처분에 대한 구제절차에 해당하고, 징계처분이 그 요건을 모두 갖추었다 하더라도 재심절차를 전혀 이행하지 않거나 재심절차에 중대한 하자가 있어 재심의 효력을 인정할 수 없는 경우에는 그 징계처분은 무효로 되므로, 원래의 징계처분에서 징계사유로 삼지 아니한 징계사유를 재심절차에서 추가하는 것은 추가된 징계사유에 대한 재심의 기회를 박탈하는 것으로 되어 특별한 사정이 없는 한 허용되지 아니한다.

(2) 징계절차 규정이 존재하는 경우

취업규칙 등 징계규정에서, 근로자에게 일정한 징계사유가 있을 때 징계의결 요구권자가 먼저 징계사유를 들어 징계위원회에 징계의결 요구를 하고 징계의결 결과에 따라 징계처분을 하되 징계위원회는 징계대상자에게 진술의 기회를 부여하고 이익되는 사실을 증명할 수 있도록 하며 징계의결을 하는 경우에는 징계의 원인이 된 사실 등을 명시한 징계의결서에 의하도록 규정하고 있을 경우, 징계위원회는 어디까지나 징계의결 요구권자에 의하여 징계의결이 요구된 징계사유를 심리대상으로 하여 그에 대하여만 심리·판단하여야 하고 징계의결이 요구된 징계사유를 근본적으로 수정하거나 징계의결 이후에 발생한 사정 등 그 밖의 징계사유를 추가하여 징계의결을 할 수는 없다. 또한 징계대상자에게 징계위원회에 출석하여 변명과 소명자료를 제출할 기회를 부여하도록 되어 있음에도 이러한 징계절차를 위반하여 징계해고하였다면 이러한 징계권의 행사는 징계사유가 인정되는지와 관계없이 절차의 정의에 반하여 무효라고 보아야 한다.

8 단체협약과 충돌

판례는 단체협약에서 규율하고 있는 기업질서 위반행위 외의 근로자의 기업질서에 관련된 비위행위에 대하여 이를 취업규칙에서 해고 등의 징계사유로 규정하는 것은 원래 사용자의 권한에 속하는 것이므로, 단체협약에서 '해고에 관하여는 단체협약에 의하여야 하고 취업규칙에 의하여 해고할 수 없다.'는 취지로 규정하거나 '단체협약에 정한 사유 외의 사유로는 근로자를 해고할 수 없다.'고 규정하는 등 근로자를 해고함에 있어서 해고사유 및 해고절차를 단체협약에 의하도록 명시적으로 규정하고 있거나 동일한 징계사유나 징계절차에 관하여 단체협약상의 규정과 취업규칙 등의 규정이 상호 저촉되는 경우가 아닌 한 사용자는 취업규칙에서 단체협약 소정의 해고사유와는 관련이 없는 새로운 해고사유를 정할 수 있고, 그 해고사유에 터잡아 근로자를 해고할 수 있으며, 비록 단체협약에서 해고사유와 해고 이외의 징계사유를 나누어 구체적으로 열거하고 있다 하더라도 취업규칙에서 이와 다른 사유를 해고사유로 규정하는 것이 단체협약에 반하는 것이라고 할 수 없다는 입장이다.

9 징계시효

(1) 원칙

판례는 취업규칙 위반행위시와 징계처분시에 있어서 서로 다른 내용의 취업규칙이 있는 경우, 다른 특별한 사정이 없는 한 해고 등의 의사표시는 의사표시의 시점에 시행되고 있는 신 취업규칙 소정의 절차에 따라 행하면 족하지만, 징계권(징계사유)의 유무에 관한 결정은 징계가 근로자에게 있어서 불이익한 처분이므로 문제로 되어 있는 행위시에 시행되고 있던 구 취업규칙에 따라 행하여야 할 것이다.

신 취업규칙을 함께 적용하였다 하더라도 그 적용된 신 취업규칙 소정의 징계사유가 구 취업규칙상의 징계사유 이상으로 부가 확대한 것이 아니라 이와 동일하거나 이를 유형화, 세분화한 것에 불과하다면 근로자에게 있어서 특별히 불이익한 것이 아니므로, 근로자는 이를 이유로 그 징계가 위법하여 무효라고 주장할 수는 없다.

(2) 구체적 검토

판례는 지방공기업 근로자에 대한 징계절차를 규정하고 있는 인사규정의 징계시효기간에 관한 규정은 근로자에 대한 징계사유가 발생하여 지방공기업이 일방적으로 근로자를 징계할 수 있었음에도 그 행사 여부를 확정하지 아니함으로써 근로자로 하여금 상당 기간 불안정한 지위에 있게 하는 것을 방지하고, 아울러 지방공기업이 비교적 장기간에 걸쳐 징계권 행사를 게을리하여 근로자로서도 이제는 지방공기업이 징계권을 행사하지 않으리라는 기대를 갖게 된 상태에서 지방공기업이 새삼스럽게 징계권을 행사하는 것은 신의칙에도 반하는 것이 되므로 위 기간의 경과를 이유로 사용자의 징계권 행사에 제한을 가하려는 취지에서 둔 규정으로서, 그 기산점은 원칙적으로 징계사유가 발생한 때라는 입장이다.

※ 징계자체가 불가능한 기간(쟁의행위 기간 동안 징계금지) 해당 기간이 종료된 이후 시점부터 기산된다.

10 징계위원회의 구성

(1) 자치규범 존재

판례는 단체협약이나 취업규칙 또는 이에 근거를 둔 징계규정에서 징계위원회의 구성에 노동조합의 대표자를 참여시키도록 되어 있음에도 불구하고 이러한 징계절차를 위배하여 징계해고를 하였다면 이러한 징계권의 행사는 징계사유가 인정되는 여부에 관계없이 절차에 있어서의 정의에 반하는 처사로서 무효라는 입장이다.

(2) 근로자위원 선임방법

판례는 취업규칙 등에서 노·사 동수로 징계위원회를 구성하도록 하고 있다면 이는 근로자들 중에서 징계위원을 위촉하여 징계위원회에 대한 근로자들의 참여권을 보장함으로써 절차적 공정성을 확보함과 아울러 사측의 징계권 남용을 견제하기 위한 것이라고 할 것이므로, 취업규칙에 직접적으로 징계위원의 자격과 선임절차에 관해서 규정하고 있지는 않지만, 노측 징계위원들이 이전부터 근로자들을 대표하거나 근로자들의 의견을 대변해왔다는 등의 특별한 사정이 없는 한 근로자들의 의견을 반영하는 과정 없이 임의로 노측 징계위원을 위촉할 수 있는 것으로까지 해석할 수는 없다는 입장이다.

11 쟁의행위 기간 중 징계금지

(1) 원칙

판례는 피징계자에게 징계사유가 있어서 징계처분을 하는 경우, 어떠한 처분을 할 것인지는 징계권자의 재량에 맡겨져 있다. 다만 징계권자의 징계처분이 사회통념상 현저하게 타당성을 잃어 징계권자에게 맡겨진 재량권을 남용하였다고 인정되는 경우에 한하여 그 처분이 위법하다고 할 수 있다. 징계처분이 사회통념상 현저하게 타당성을 잃어 재량권의 범위를 벗어난 위법한 처분이라고 할 수 있으려면 구체적인 사례에 따라 징계의 원인인 비위사실의 내용과 성질, 징계로 달성하려는 목적, 징계양정의 기준 등 여러 요소를 종합하여 판단할 때에 징계 내용이 객관적으로 명백히 부당하다고 인정되어야 한다. 한편 해고처분은 사회통념상 고용관계를 계속할 수 없을 정도로 근로자에게 책임 있는 사유가 있는 경우에 정당성이 인정되는 것이고, 사회통념상 근로자와 고용관계를 계속할 수 없을 정도인지는 사용자의 사업 목적과 성격, 사업장의 여건, 근로자의 지위와 담당 직무의 내용, 비위행위의 동기와 경위, 근로자의 행위로 기업의 위계질서가 문란하게 될 위험성 등 기업질서에 미칠 영향, 과거의 근무태도 등 여러 가지 사정을 종합적으로 검토하여 판단하여야 한다.

(2) 사실관계

1. 원고들을 비롯한 피고 소속 근로자들이 2011.3.경 쟁의행위를 시작하자, 피고가 이에 대항하여 직장폐쇄 조치와 이에 따른 1차 해고처분을 하였다(이후 해고처분이 취소되어 복직됨). 그 후 2012.3.경 원고들을 비롯한 피고 소속 근로자들이 임금협약 결렬을 이유로 쟁의행위를 개시하자, 피고는 그 쟁의행위 기간 중인 2013.10.21. 원고들을 다시 해고하였는데, 징계사유는 모두 기존 쟁의행위 기간 동안 발생한 사유들이었다.

2. 원고들을 비롯한 피고 소속 근로자들이 다시 쟁의행위를 개시한 것은 주된 목적이 임금협상을 위한 것이었고, 그 쟁의행위를 개시하기 위한 절차적 요건도 적법하게 갖추었다고 볼 수 있어 쟁의행위의 정당성이 인정된다.

당시 단체협약에는 쟁의기간 중에 일체의 징계 등 인사조치를 할 수 없다는 취지의 소위 '쟁의 중 신분보장' 규정이 존재하는데, 피고가 당시 원고들의 쟁의가 적법하게 개시되었음에도 종전 쟁의행위 기간 중에 이루어진 사유를 들어 원고들을 징계한 것은 위 규정을 위반한 것이고, 당시 노조 측 징계위원의 참석 없이 징계의결이 이루어진 것도 위법하다.

원고들을 비롯한 당시 피고 소속 근로자들이 당초 쟁의행위를 개시하게 된 동기와 경위, 이에 대항한 피고의 위법한 직장폐쇄 조치의 유지 또는 개시 및 일련의 부당노동행위(지배·개입), 이에 따른 피고의 원고들에 대한 1차 해고처분의 취소경위, 재차 원고들에 대해 이루어진 해고와 관련된 징계사유와 처분내용, 그 해고의 시점과 동기 등에 비추어 볼 때, 1차 해고처분 취소 이후 동일한 사유를 들어 동일한 처분에 이른 이 사건 해고는 원고들에게 지나치게 가혹하여 피고가 징계재량권을 일탈·남용한 경우에 해당하므로 이 사건 해고는 무효이다.

※ 명백한 폭력·폭언 등 물리력을 동원한 개인적 일탈행위의 경우에도 회사의 경영권과 인사권을 무력화시킬 수준에 이르지 않는 한 징계권을 행사할 수 없다고 한 점에 주목할 필요가 있음.

(3) 구체적 검토

판례는 비위사실이 쟁의행위와 관련이 없는 개인적 일탈에 해당하거나 노동조합의 활동이 저해될 우려가 없는 경우에는 정당한 쟁의행위 기간 중에도 피고가 징계권을 행사할 수 있다는 식으로 '쟁의 중 신분보장' 규정의 적용 범위를 축소하여 해석하게 되면, 위 규정의 문언 및 그 객관적인 의미보다 근로자에게 불리하게 되어 허용되지 않는다고 보아야 한다. 이와 같이 근로자에게 불리한 해석은, 쟁의기간 중에 쟁의행위에 참가한 조합원에 대한 징계 등 인사 조치에 의하여 노동조합의 활동이 위축되는 것을 방지함으로써 노동조합의 단체행동권을 실질적으로 보장하기 위한 위 규정의 도입 취지에 반한다.

사용자인 피고가 근로자를 징계하게 되면 그 적법성·정당성 여부를 떠나 그 자체로 노동조합의 활동을 위축시킬 추상적 위험이 있으므로, 정당한 쟁의행위 기간 중에는 징계사유의 발생시기 및 그 내용을 불문하고 일률적으로 징계를 금지하기 위하여 '쟁의 중 신분보장' 규정이 도입된 것이지, 각각의 개별적인 징계사유 내지 징계로 야기되는 구체적인 결과별로 위 규정의 적용 여부를 다르게 취급하라는 취지로는 볼 수 없기 때문이다.

'쟁의 중 신분보장' 규정이 앞서 본 취지에 따라 도입된 것임에도 쟁의행위와 무관하다거나 개인적 일탈이라 하여 징계가 허용된다고 새기게 되면, 사용자인 피고가 개인적 일탈에 해당한다는 명목으로 정당한 쟁의행위 기간 중에 임의로 징계권을 행사함으로써 노동조합의 단체행동권을 침해할 우려가 있다. 근로자의 비위행위가 쟁의행위와 무관한 개인적 일탈에 불과한 것인지, 쟁의행위와 관련이 있는지를 구분하는 것 역시 항상 명확하게 판가름되는 것이 아니어서, 근로자는 그만큼 불안정한 지위에 놓이게 된다.

요컨대, '쟁의 중 신분보장' 규정은 앞서 본 바와 같이 정당하게 개시된 쟁의행위의 기간 중에는 일체의 징계를 금지한다는 의미로 해석하여야 할 것이므로, 피고가 이 사건 쟁의행위 기간 중에 원고를 징계해고한 것은 위 규정에 위배되어 무효라고 봄이 타당하다.

사례연습

Q1 노동조합 대표자 乙은 2022.5. 정리해고에 강하게 반대하면서 정리해고에 주도적 역할을 담당하였던 총무과장과 말다툼하는 과정에서 폭력을 행사하여 전치 5주의 상해를 입혔다. 이 점에 대해 A회사는 동일한 내용으로 규정되어 있는 취업규칙과 단체협약상 징계규정에 따라 노동조합 대표자 乙을 징계하기로 결정하고, 징계위원회를 소집하였다. A회사의 대표이사는 취업규칙과 단체협약에 '징계위원회는 노·사 각 2명으로 구성한다'고 규정되어 있을 뿐, 징계의원의 자격이나 선임절차에 대하여 별도의 정함이 없다는 이유로 A회사 소속 인사과장과 사업장이 A회사와 동일하고 실제는 자신이 사주인 별도의 회사의 대표이사를 사측 징계위원으로, A회사 소속 근로자 2명을 노측 징계위원으로 각각 위촉하였다. 이후 징계위원회는 A회사의 취업규칙과 단체협약에는 징계사유의 사전통고와 소명기회 부여에 관한 절차는 별도로 규정되어 있지 않았기 때문에 노동조합 대표자 乙에 대해 징계사유의 사전통고 및 소명기회의 보장 없이 정직 3개월의 징계를 의결하였다. 이에 근거하여 A회사는 乙에게 정직 3개월의 징계를 하였다. 다음 물음에 답하시오.

Q2 노동조합 대표자 乙은 총무과장에 대한 폭력행사가 징계사유에 해당된다 하더라도 징계사유를 사전에 통보받거나 그에 관하여 소명할 기회를 부여받지 못하였고 징계위원회 구성에도 중대한 하자가 있기 때문에 정직 3개월의 징계처분은 무효라고 주장한다. 노동조합 대표자 乙의 주장의 타당성에 관하여 논하시오. **25점**

해설

✔ 징계절차_소명권, 징계위원회 구성

Ⅰ. 문제의 소재

乙은 A회사의 정직 3개월의 징계에 대한 절차상의 중대한 하자가 있다고 주장하고 있는바 취업규칙에 규정된 A회사의 징계위원회 구성 및 별도 규정되지 않았으나 소명권을 부여하지 않은 점에 대해 징계절차상 중대한 하자의 인정 여부에 따라 乙 주장의 타당성이 달라지므로 법원의 입장을 기준으로 사안을 해결해 보도록 한다.

Ⅱ. 법규정

> 제23조(해고 등의 제한)
> ① 사용자는 근로자에게 정당한 이유 없이 해고, 휴직, 정직, 전직, 감봉, 그 밖의 징벌(懲罰)(이하 "부당해고 등"이라 한다)을 하지 못한다.

Ⅲ. 판례의 태도

1. 자치규범(취업규칙, 단체협약)에 의한 절차적 제한

판례는 단체협약이나 취업규칙 등에 징계절차를 규정하고 있는 경우 징계절차를 거치지 않는 경우 절차위반으로 무효라는 입장이다.

2. 징계위원회의 구성

(1) 자치규범 존재

판례는 단체협약이나 취업규칙 또는 이에 근거를 둔 징계규정에서 징계위원회의 구성에 노동조합의 대표자를 참여시키도록 되어 있음에도 불구하고 이러한 징계절차를 위배하여 징계해고를 하였다면 이러한 징계권의 행사는 징계사유가 인정되는 여부에 관계없이 절차에 있어서의 정의에 반하는 처사로서 무효라는 입장이다.

(2) 근로자위원 선임방법

판례는 취업규칙 등에서 노·사 동수로 징계위원회를 구성하도록 하고 있다면 이는 근로자들 중에서 징계위원을 위촉하여 징계위원회에 대한 근로자들의 참여권을 보장함으로써 절차적 공정성을 확보함과 아울러 사측의 징계권 남용을 견제하기 위한 것이라고 할 것이므로, 취업규칙에 직접적으로 징계위원의 자격과 선임절차에 관해서 규정하고 있지는 않지만, 노측 징계위원들이 이전부터 근로자들을 대표하거나 근로자들의 의견을 대변해왔다는 등의 특별한 사정이 없는 한 근로자들의 의견을 반영하는 과정 없이 임의로 노측 징계위원을 위촉할 수 있는 것으로까지 해석할 수는 없다는 입장이다.

3. 소명권 부여

(1) 원칙

징계규정에 징계대상자에게 징계위원회에 출석하여 변명과 소명자료를 제출할 기회를 부여하도록 되어 있다면 그 통보의 시기와 방법에 관하여 특별히 규정한 바가 없다고 하여도 변명과 소명자료를 준비할 만한 상당한 기간을 두고 개최일시와 장소를 통보하여야 한다는 입장이다.

(2) 소명권 부여의 방식

단체협약이나 취업규칙에서 당사자에게 징계사유와 관련한 소명기회를 주도록 규정하고 있는 경우에도 대상자에게 그 기회를 제공하면 되며, 소명 자체가 반드시 이루어져야 하는 것은 아니다. 그리고 징계위원회에서 징계대상자에게 징계혐의 사실을 고지하고 그에 대하여 진술할 기회를 부여하면 충분하고, 혐의사실 개개의 사항에 대하여 구체적으로 발문하여 징계대상자가 이에 대하여 빠짐없이 진술하도록 조치하여야 하는 것은 아니라는 입장이다.

IV. 사안의 해결

1. 자치규범의 존재

A회사는 취업규칙과 단체협약상 징계위원회는 노·사 각 2명으로 구성한다는 규정이 존재하므로 해당 절차를 준수해야 한다.

2. 징계위원회 구성

A회사는 징계위원의 자격이나 선임절차에 대하여 별도의 정함이 없다는 이유로 A회사 소속 인사과장과 사업장이 A회사와 동일하고 실제는 자신이 사주인 별도의 회사의 대표이사를 사측 징계위원으로, A회사 소속 근로자 2명을 노측 징계위원으로 각각 위촉하였는바 취업규칙 등에서 노·사 동수로 징계위원회를 구성하도록 하고 있다면 근로자들의 참여권을 보장함으로써 절차적 공정성을 확보함과 아울러 사측의 징계권 남용을 견제하기 위한 것이라고 할 것이므로 취업규칙에 직접적으로 징계위원의 자격과 선임절차에 관해서 규정하고 있지는 않더라도 근로자들의 의견을

반영하는 과정 없이 임의로 노측 징계위원을 위촉할 수 있는 것으로까지 해석할 수는 없으므로 A회사의 징계위원회 구성은 절차를 위반한 것이라고 판단된다.

3. 특별한 사정

A회사 소속 근로자 2명이 이전부터 근로자들을 대표하거나 근로자들의 의견을 대변해왔다는 등의 특별한 사정이 존재하지도 않는다고 판단된다.

4. 소명권 부여

징계사유의 사전통고 및 소명기회의 보장 없이 정직 3개월의 징계를 의결하였는바 A회사의 취업규칙과 단체협약에는 징계사유의 사전통고와 소명기회 부여에 관한 절차는 별도로 규정되어 있지 않았다 하더라도 변명과 소명자료를 준비할 만한 상당한 기간을 두고 개최일시와 장소를 통보하여야 하므로 소명권 절차의 위반도 문제된다.

5. 결

A회사의 징계는 절차상 중대한 하자가 있어 무효라는 노동조합 대표자 乙의 주장은 타당하다.

23 | 영업양도

제1절 서

영업의 양도는 근로기준법에 규정이 없으나 일정한 영업목적에 의하여 조직화된 업체, 즉 인적·물적 조직을 그 동일성은 유지하면서 일체로서 이전하는 것을 말한다.

제2절 판례의 태도

1 영업양도 성립요건

판례는 영업의 양도라 함은 일정한 영업목적에 의하여 조직화된 업체 즉 인적, 물적 조직을 그 동일성을 유지하면서 일체로서 이전하는 것을 말하고, 영업이 포괄적으로 양도되면 양도인과 근로자 간에 체결된 고용계약도 양수인에게 승계된다. 영업의 일부만의 양도도 가능하고, 영업의 동일성 여부는 일반 사회관념에 의하여 결정되어져야 할 사실인정의 문제이기는 하지만, 문제의 행위가 영업의 양도로 인정되느냐 안 되느냐는 단지 어떠한 영업재산이 어느 정도로 이전되어 있는가에 의하여 결정되어져야 하는 것이 아니고 거기에 종래의 영업조직이 유지되어 그 조직이 전부 또는 중요한 일부로서 기능할 수 있는가에 의하여 결정되어져야 하는 것이므로, 예컨대 영업재산의 전부를 양도했어도 그 조직을 해체하여 양도했다면 영업의 양도는 되지 않는 반면에 그 일부를 유보한 채 영업시설을 양도했어도 그 양도한 부분만으로도 종래의 조직이 유지되어 있다고 사회관념상 인정되면 그것을 영업의 양도라 볼 것이다. 또한, 위와 같은 영업양도가 인정되려면 영업양도 당사자 사이의 명시적 또는 묵시적 계약이 있어야 한다는 입장이다.

2 근로관계 승계 여부

(1) 원칙

판례는 영업의 양도라 함은 일정한 영업목적에 의하여 조직화된 업체, 즉 인적·물적 조직을 그 동일성은 유지하면서 일체로서 이전하는 것을 말하고, 영업이 포괄적으로 양도되면 반대의 특약이 없는 한 양도인과 근로자 간의 근로관계도 원칙적으로 양수인에게 포괄적으로 승계된다는 입장이다.

(2) 예외

판례는 영업양도 당사자 사이에 근로관계의 일부를 승계의 대상에서 제외하기로 하는 특약이 있는 경우에는 그에 따라 근로관계의 승계가 이루어지지 않을 수 있으나, 그러한 특약은 실질적으로 해고나 다름이 없으므로, 근로기준법 제23조 제1항 소정의 정당한 이유가 있어야 유효하며, 영업양도 그 자체만을 사유로 삼아 근로자를 해고하는 것은 정당한 이유가 있는 경우에 해당한다고 볼 수 없다는 입장이다.

3 검토

과거에는 특약(양도기업과 양수기업 사이)필요설과 원칙승계설의 학설의 대립이 있었으나 판례는 원칙승계설의 입장을 취하고 있으며 명문의 규정은 없으나 근로기준법상 해고제한을 부당하게 회피하는 것을 방지하여야 할 필요성이 커서 원칙승계설 입장이 타당하다.

(1) 해고의 효력을 다투는 자 : 일부 양도의 경우

판례는 영업양도에 의하여 승계되는 근로관계는 계약체결일 현재 실제로 그 영업부문에서 근무하고 있는 근로자와의 근로관계만을 의미하고, 계약체결일 이전에 해당 영업부문에서 근무하다가 해고된 근로자로서 해고의 효력을 다투는 근로자와의 근로관계까지 승계되는 것은 아니라는 입장이다.

(2) 영업 전체가 전부 양도된 경우

판례는 근로자가 영업양도일 이전에 정당한 이유 없이 해고된 경우 양도인과 근로자 사이의 근로관계는 여전히 유효하고, 해고 이후 영업 전부의 양도가 이루어진 경우라면 해고된 근로자로서는 양도인과의 사이에서 원직 복직도 사실상 불가능하게 되므로, 영업양도 계약에 따라 영업의 전부를 동일성을 유지하면서 이전받는 양수인으로서는 양도인으로부터 정당한 이유 없이 해고된 근로자와의 근로관계를 원칙적으로 승계한다고 보아야 한다는 입장이다.

4 근로자의 승계거부권

(1) 원칙

판례는 근로관계의 승계를 거부하는 근로자에 대하여는 그 근로관계가 양수하는 기업에 승계되지 않고 여전히 양도하는 기업과 사이에 존속되는 것이며, 이러한 경우 원래의 사용자는 영업 일부의 양도로 인한 경영상의 필요에 따라 감원이 불가피하게 되는 사정이 있어 정리해고로서의 정당한 요건이 갖추어졌다면 그 절차를 갖춰 승계를 거부한 근로자를 해고할 수 있다.

(2) 구체적 검토

① 양도기업 잔류 내지 퇴직

판례는 영업양도에 의하여 양도인과 근로자 사이의 근로관계는 원칙적으로 양수인에게 포괄 승계되는 것이지만 근로자가 반대의 의사를 표시함으로써 양수기업에 승계되는 대신 양도기업에 잔류하거나 양도기업과 양수기업 모두에서 퇴직할 수도 있는 것이고, 영업이 양도되는 과정에서 근로자가 일단 양수기업에의 취업을 희망하는 의사를 표시하였다고 하더라도 그

승계취업이 확정되기 전이라면 취업희망 의사표시를 철회하는 방법으로 위와 같은 반대의사를 표시할 수 있는 것으로 보아야 한다.

② 양도기업 퇴사 및 양수기업 입사

판례는 영업양도가 이루어진 경우에는 원칙적으로 해당 근로자들의 근로관계가 양수하는 기업에 포괄적으로 승계되는 것이지만 근로자가 반대의 의사를 표시함으로써 양수기업에 승계되는 대신 양도기업에 잔류하거나 양도기업과 양수기업 모두에서 퇴직할 수도 있다. 또한 이와 같은 경우 근로자가 자의에 의하여 계속근로관계를 단절할 의사로 양도기업에서 퇴직하고 양수기업에 새로이 입사할 수도 있다.

(3) 승계거부의사표시의 기한

판례는 근로관계 승계에 반대하는 의사는 근로자가 영업양도가 이루어진 사실을 안 날로부터 상당한 기간 내에 양도기업 또는 양수기업에게 표시하여야 하고, 상당한 기간 내에 표시하였는지 여부는 양도기업 또는 양수기업이 근로자에게 영업양도 사실, 양도이유, 양도가 근로자에게 미치는 법적·경제적·사회적 영향, 근로자와 관련하여 예상되는 조치 등을 고지하였는지 여부, 그와 같은 고지가 없었다면 근로자가 그러한 정보를 알았거나 알 수 있었던 시점, 통상적인 근로자라면 그와 같은 정보를 바탕으로 근로관계 승계에 대한 자신의 의사를 결정하는 데 필요한 시간 등 제반사정을 고려하여 판단하여야 한다.

Q A회사는 상시 500명의 근로자를 사용하여 각종 전자부품을 제조·판매하는 회사이고, B회사는 상시 100명의 근로자를 사용하여 자동차용 오디오를 제조·판매하는 회사이다. A회사는 2014.3.경부터 자동차용 전자장비 생산부를 확장하기로 하고, 그 일환으로 B회사를 양수하기로 결정하였다.

두 회사가 2014.5.1. 체결한 영업양도계약 제25조는 "① B회사는 2014.7.31.자로 A회사에 그 건물과 시설 및 설비 등 영업에 필요한 재산 일체를 양도한다. ② A회사는 2014.8.1.자로 B회사 근로자들의 고용을 모두 승계한다. 다만, 근로 연수 20년 이상인 근로자의 고용은 승계하지 않을 수 있다."라고 규정하고 있다. B회사의 모든 근로자들은 영업양도 절차에 협조하기 위하여 A회사의 요청에 따라 B회사에 사직서와 A회사로의 재취업신청서를 함께 제출하였다. 그러나 A회사는 2014.8.1. B회사의 근로 연수 20년 이상인 근로자 10명 중에서 인사고과 점수가 낮은 甲 등 5명의 고용을 승계하지 않았다.

A회사가 2014.8.1.자로 甲 등 5명의 고용을 승계하지 않은 행위는 정당한가? 25점

✔ **영업양도(근로관계 승계)**

Ⅰ. 문제의 소재

A회사의 영업양도로 인하여 甲 등의 근로관계가 승계되는지 여부, 고용 승계배제 행위의 법적 성질이 해고에 해당하는지, 근로기준법 제23조 제1항의 정당한 사유 및 제27조의 해고서면 통지의 적용 여부가 문제인바 판례의 입장을 기준으로 살펴보고자 한다.

Ⅱ. 개념 및 법규정

1. 영업양도의 개념

영업의 양도는 근로기준법에 규정이 없으나 일정한 영업목적에 의하여 조직화된 업체, 즉 인적·물적 조직을 그 동일성은 유지하면서 일체로서 이전하는 것을 말한다.

2. 법규정

> **제23조(해고 등의 제한)**
> ① 사용자는 근로자에게 정당한 이유 없이 해고, 휴직, 정직, 전직, 감봉, 그 밖의 징벌(懲罰)(이하 "부당해고 등"이라 한다)을 하지 못한다.
>
> **제27조(해고사유 등의 서면통지)**
> ① 사용자는 근로자를 해고하려면 해고사유와 해고시기를 서면으로 통지하여야 한다.

Ⅲ. 판례의 태도

1. 영업양도 성립요건

판례는 영업의 양도라 함은 일정한 영업목적에 의하여 조직화된 업체 즉 인적, 물적 조직을 그 동일성을 유지하면서 일체로서 이전하는 것을 말하고, 영업이 포괄적으로 양도되면 양도인과 근로자 간에 체결된 고용계약도 양수인에게 승계된다. 영업의 일부만의 양도도 가능하고, 영업의 동일성 여부는 일반 사회관념에 의하여 결정되어져야 할 사실인정의 문제이기는 하지만, 문제의 행위가 영업의 양도로 인정되느냐 안 되느냐는 단지 어떠한 영업재산이 어느 정도로 이전되어 있는가에 의하여 결정되어져야 하는 것이 아니고 거기에 종래의 영업조직이 유지되어 그 조직이 전부 또는 중요한 일부로서 기능할 수 있는가에 의하여 결정되어져야 하는 것이므로, 예컨대 영업재산의 전부를 양도했어도 그 조직을 해체하여 양도했다면 영업의 양도는 되지 않는 반면에 그 일부를 유보한 채 영업시설을 양도했어도 그 양도한 부분만으로도 종래의 조직이 유지되어 있다고 사회관념상 인정되면 그것을 영업의 양도라 볼 것이다. 또한, 위와 같은 영업양도가 인정 되려면 영업양도 당사자 사이의 명시적 또는 묵시적 계약이 있어야 한다는 입장이다.

2. 근로관계 승계 여부

(1) 원칙

판례는 영업의 양도라 함은 일정한 영업목적에 의하여 조직화된 업체, 즉 인적·물적 조직을 그 동일성은 유지하면서 일체로서 이전하는 것을 말하고, 영업이 포괄적으로 양도되면 반대의 특약이 없는 한 양도인과 근로자 간의 근로관계도 원칙적으로 양수인에게 포괄적으로 승계된 다는 입장이다.

(2) 예외

판례는 영업양도 당사자 사이에 근로관계의 일부를 승계의 대상에서 제외하기로 하는 특약이 있는 경우에는 그에 따라 근로관계의 승계가 이루어지지 않을 수 있으나, 그러한 특약은 실질 적으로 해고나 다름이 없으므로, 근로기준법 제23조 제1항 소정의 정당한 이유가 있어야 유 효하며, 영업양도 그 자체만을 사유로 삼아 근로자를 해고하는 것은 정당한 이유가 있는 경우 에 해당한다고 볼 수 없다는 입장이다.

3. 검토

과거에는 특약(양도기업과 양수기업 사이)필요설과 원칙승계설의 학설의 대립이 있었으나 판례는 원칙승계설의 입장을 취하고 있으며 명문의 규정은 없으나 근로기준법상 해고제한을 부당하게 회피하는 것을 방지하여야 할 필요성이 커서 원칙승계설 입장이 타당하다.

4. 정당한 해고에 해당하는지 여부

판례는 해고사유가 정당하기 위해서는 사회통념상 고용관계를 계속할 수 없을 정도로 근로자에게 책임 있는 사유가 있는 경우에 행하여져야 정당성이 인정되는 것이고 사회통념상 당해 근로자와 의 고용관계를 계속할 수 없을 정도인지는 당해 사용자의 사업의 목적과 성격, 사업장의 여건, 당해 근로자의 지위 및 담당 직무의 내용, 비위행위의 동기와 경위, 이로 인하여 기업의 위계질서 가 문란하게 될 위험성 등 기업질서에 미칠 영향, 과거의 근무태도 등 여러 가지 사정을 종합적으 로 검토하여 판단하여야 할 것이라는 입장이다.

Ⅳ. 사안의 해결

1. 근로관계의 승계

A회사가 2014.5.1. 체결한 영업양도계약 제25조는 "① B회사는 2014.7.31.자로 A회사에 그 건물과 시설 및 설비 등 영업에 필요한 재산 일체를 양도한다."라고 규정하고 있는바 원칙승계설의 입장을 취하고 있는 판례에 따르면 근로관계는 B회사의 근로관계로 포괄적으로 승계된다고 보인다.

2. 고용 승계배제 조항의 효력

"② A회사는 2014.8.1.자로 B회사 근로자들의 고용을 모두 승계한다. 다만, 근로 연수 20년 이상인 근로자의 고용은 승계하지 않을 수 있다."라고 규정하고 있는바 해당 승계배제 조항에 따라 실제 B회사의 모든 근로자들은 영업양도 절차에 협조하기 위하여 A회사의 요청에 따라 B회사에 사직서와 A회사로의 재취업신청서를 함께 제출하였으나 A회사는 2014.8.1. B회사의 근로 연수 20년 이상인 근로자 10명 중에서 인사고과 점수가 낮은 甲 등 5명의 고용을 승계하지 않았는바 해당 행위는 실질적으로 해고에 해당한다.

3. 해고사유의 정당성

영업양도만의 행위가 사회통념상 고용관계를 계속할 수 없을 정도로 근로자에게 책임 있는 사유가 있는 경우에 해당한다고 해석하기 어렵다.

4. 해고절차의 정당성

서면통지를 하지 아니하였는바 근로기준법 제27조 위반이다.

5. 결론

A회사가 2014.8.1.자로 甲 등 5명의 고용을 승계하지 않은 행위는 정당하지 않다.

24 | 용역업체 변경에 따른 근로자 고용승계 기대

제1절 논의의 실익

영업양도와 같은 기업변동 시 고용승계에 관한 명문의 규정이 없더라도 판례의 법리에 따라 고용승계가 이루어질 수 있다. 별도의 '양도계약'이라는 법률행위가 존재하지 않더라도 제3자를 매개로 하는 용역업체의 교체가 이루어진 경우라면 신규 용역업체의 종전 용역업체의 근로자에 대한 승계의무가 인정되는지에 대한 고찰이 필요하다.

제2절 판례의 태도

1 고용승계 기대권의 인정 여부

판례는 도급업체가 사업장 내 업무의 일부를 기간을 정하여 다른 업체(용역업체)에 위탁하고, 용역업체가 위탁받은 용역업무의 수행을 위해 해당 용역계약의 종료 시점까지 기간제근로자를 사용하여 왔는데, 해당 용역업체의 계약기간이 만료되고 새로운 용역업체가 해당 업무를 위탁받아 도급업체와 사이에 용역계약을 체결한 경우, 새로운 용역업체가 종전 용역업체 소속 근로자에 대한 고용을 승계하여 새로운 근로관계가 성립될 것이라는 신뢰관계가 형성되었다면, 특별한 사정이 없는 한 근로자에게는 그에 따라 새로운 용역업체로 고용이 승계되리라는 기대권이 인정된다.

2 판단기준

근로자에게 고용승계에 대한 기대권이 인정되는지 여부는 새로운 용역업체가 종전 용역업체 소속 근로자에 대한 고용을 승계하기로 하는 조항을 포함하고 있는지 여부를 포함한 구체적인 계약내용, 해당 용역계약의 체결 동기와 경위, 도급업체 사업장에서의 용역업체 변경에 따른 고용승계 관련 기존 관행, 위탁의 대상으로서 근로자가 수행하는 업무의 내용, 새로운 용역업체와 근로자들의 인식 등 근로관계 및 해당 용역계약을 둘러싼 여러 사정을 종합적으로 고려하여 판단하여야 한다는 입장이다.

3 고용승계 거부의 효과

이와 같이 근로자에게 고용승계에 대한 기대권이 인정되는 경우 근로자가 고용승계를 원하였는데도 새로운 용역업체가 합리적 이유 없이 고용승계를 거절하는 것은 부당해고와 마찬가지로 근로자에게 효력이 없다.

제 3 절   검토

해당 판결은 "고용승계 기대권"에 관한 법리를 명확히 하고 있으며 새로운 용역업체가 종전 용역업체 소속 근로자에 대한 고용을 승계해 새로운 근로관계가 성립될 것이라는 신뢰관계가 형성됐다면 특별한 사정이 없는 한 근로자에게는 그에 따라 새로운 용역업체로 고용이 승계되리라는 기대권이 인정된다는 것으로 의미가 있다.

제 4 절   추가 논점

고용노동부 행정해석은 1차적으로 기존 기업(승계 전 기업)에서 전직이나 보직변경을 통해 새로운 업무를 부여할 수 있는지를 살펴본 후 2차적으로 승계 기업으로 포괄승계 여부를 검토해야 한다는 입장이다.

Q A학교는 매년 환경미화 업체와 용역계약을 통해 학교 강의실과 교수실 등의 미화를 책임지게 하고 있다. 미화를 담당하는 근로자는 100명으로 현재 20년 동안 학교의 미화를 책임지고 있는 근로자들이다. A학교는 매해 다른 용역업체와 계약을 체결하면서 이전 근로자들을 전부 승계한다는 조항을 계약서에 기재하였고 A학교도 이러한 의향을 가진 새로운 용역업체와 계약을 하였으며 지난 20년 동안 매해 같은 방식으로 용역계약이 체결되었다. 2023년에 A학교는 재정난으로 이사장이 교체되면서 사학재단도 설립하였다. 이사장은 새로운 사학재단으로 새롭게 단장한 A학교의 이름을 B학교로 바꾸면서 미화 용역업체도 甲으로 교체하였다. 甲은 이전에 근무하던 근로자들을 승계하지 않기로 하는 승계 배제 특약을 설정하고 새로운 직원들을 모집하여 채용하였다. 이에 20년을 근로하던 근로자들은 부당해고에 해당한다고 주장한다. 근로자들의 이러한 주장은 타당한가? **20점**

해설

✔ **Q** 고용승계 기대권

Ⅰ. 문제의 소재

A학교의 기존 미화 근로자들이 새로운 용역업체 甲과 별도의 영업양도와 같은 기업변동 시 고용승계에 관한 명문의 규정이 없더라도 판례의 법리에 따라 고용승계가 이루어질 수 있는바 별도의 '양도계약'이라는 법률행위가 존재하지 않더라도 제3자를 매개로 하는 용역업체의 교체가 이루어진 경우라면 신규 용역업체의 종전 용역업체의 근로자에 대한 승계의무가 인정되는지에 대한 법원의 입장을 기준으로 사안을 해결해보도록 한다.

Ⅱ. 법규정

> 제23조(해고 등의 제한)
> ① 사용자는 근로자에게 정당한 이유 없이 해고, 휴직, 정직, 전직, 감봉, 그 밖의 징벌(懲罰) (이하 "부당해고등"이라 한다)을 하지 못한다.

Ⅲ. 판례의 태도

1. 고용승계 기대권의 인정 여부

판례는 도급업체가 사업장 내 업무의 일부를 기간을 정하여 다른 업체(용역업체)에 위탁하고, 용역업체가 위탁받은 용역업무의 수행을 위해 해당 용역계약의 종료 시점까지 기간제근로자를 사용하여 왔는데, 해당 용역업체의 계약기간이 만료되고 새로운 용역업체가 해당 업무를 위탁받아 도급업체와 사이에 용역계약을 체결한 경우, 새로운 용역업체가 종전 용역업체 소속 근로자에 대한 고용을 승계하여 새로운 근로관계가 성립될 것이라는 신뢰관계가 형성되었다면, 특별한 사정이 없는 한 근로자에게는 그에 따라 새로운 용역업체로 고용이 승계되리라는 기대권이 인정된다.

2. 판단기준

근로자에게 고용승계에 대한 기대권이 인정되는지 여부는 새로운 용역업체가 종전 용역업체 소속 근로자에 대한 고용을 승계하기로 하는 조항을 포함하고 있는지 여부를 포함한 구체적인 계약내용, 해당 용역계약의 체결 동기와 경위, 도급업체 사업장에서의 용역업체 변경에 따른 고용승계 관련 기존 관행, 위탁의 대상으로서 근로자가 수행하는 업무의 내용, 새로운 용역업체와 근로자들의 인식 등 근로관계 및 해당 용역계약을 둘러싼 여러 사정을 종합적으로 고려하여 판단하여야 한다는 입장이다.

3. 고용승계 거부의 효과

이와 같이 근로자에게 고용승계에 대한 기대권이 인정되는 경우 근로자가 고용승계를 원하였는데도 새로운 용역업체가 합리적 이유 없이 고용승계를 거절하는 것은 부당해고와 마찬가지로 근로자에게 효력이 없다.

4. 검토

해당 판결은 "고용승계 기대권"에 관한 법리를 명확히 하고 있으며 새로운 용역업체가 종전 용역업체 소속 근로자에 대한 고용을 승계해 새로운 근로관계가 성립될 것이라는 신뢰관계가 형성됐다면 특별한 사정이 없는 한 근로자에게는 그에 따라 새로운 용역업체로 고용이 승계되리라는 기대권이 인정된다는 것으로 의미가 있다.

IV. 사안의 해결

2023년에 A학교는 재정난으로 이사장이 교체되면서 사학재단도 새롭게 설립하였다는 점, 이사장은 새로운 사학재단으로 새롭게 단장한 A학교의 이름을 B학교로 바꾸었다는 사정을 고려하면 이미 A학교와 기존에 유지하고 있던 미화 근로자들의 근로관계도 종료된 것으로 보는 것이 합리적이다. 또한 甲은 이전에 근무하던 근로자들을 승계하지 않기로 하는 승계 배제 특약을 설정하였는바 B학교와 甲의 새로운 계약이며 이전 근무하던 미화 근로자들에게 고용승계를 기대할 수 있는 기대권을 인정하기 어렵다. 따라서 20년을 근로하던 근로자들의 부당해고에 해당한다는 주장은 타당하지 않다.

CHAPTER

Part 01 개별적 근로관계 핵심주제

25 | 해고

제1절 서

해고란 근로자의 의사와 관계없이 사용자의 일방적 의사표시로 근로관계를 종료시키는 행위를 말한다.

제2절 법규정

제23조(해고 등의 제한)
① 사용자는 근로자에게 정당한 이유 없이 해고, 휴직, 정직, 전직, 감봉, 그 밖의 징벌(懲罰)(이하 "부당해고 등"이라 한다)을 하지 못한다.

제3절 해고의 종류

1 통상해고

판례는 근로기준법 제23조 제1항은 사용자는 근로자에게 정당한 이유 없이 해고하지 못한다고 하여 해고를 제한하고 있다. 사용자가 취업규칙에서 정한 해고사유에 해당한다는 이유로 근로자를 해고할 때에도 정당한 이유가 있어야 한다. 일반적으로 사용자가 근무성적이나 근무능력이 불량하여 직무를 수행할 수 없는 경우에 해고할 수 있다고 정한 취업규칙 등에 따라 근로자를 해고한 경우, 사용자가 근로자의 근무성적이나 근무능력이 불량하다고 판단한 근거가 되는 평가가 공정하고 객관적인 기준에 따라 이루어진 것이어야 할 뿐 아니라, 근로자의 근무성적이나 근무능력이 다른 근로자에 비하여 상대적으로 낮은 정도를 넘어 상당한 기간 동안 일반적으로 기대되는 최소한에도 미치지 못하고 향후에도 개선될 가능성을 인정하기 어렵다는 등 사회통념상 고용관계를 계속할 수 없을 정도인 경우에 한하여 해고의 정당성이 인정된다. 이때 사회통념상 고용관계를 계속할 수 없을 정도인지는 근로자의 지위와 담당 업무의 내용, 그에 따라 요구되는 성과나 전문성의 정도, 근로자의 근무성적이나 근무능력이 부진한 정도와 기간, 사용자가 교육과 전환배치 등 근무성적이나 근무능력 개선을 위한 기회를 부여하였는지 여부, 개선의 기회가 부여된 이후 근로자의 근무성적이나 근무능력의 개선 여부, 근로자의 태도, 사업장의 여건 등 여러 사정을 종합적으로 고려하여 합리적으로 판단하여야 한다는 입장이다.

2 장해해고

판례는 사용자의 일방적 의사표시로 취업규칙의 규정에 의하여 종업원과의 근로계약관계를 종료시키는 경우 그것이 정당한 것으로 인정되기 위하여는 종국적으로 근로기준법 제23조 제1항에서 말하는 정당한 사유가 있어야 할 것이고, 이 사건과 같이 종업원이 취업규칙에서 정한 신체 장해로 인하여 직무를 감당할 수 없을 때에 해당한다고 보아 퇴직처분을 함에 있어서 그 정당성은 종업원이 신체 장해를 입게 된 경위 및 그 사고가 사용자의 귀책사유 또는 업무상 부상으로 인한 것인지의 여부, 종업원의 치료기간 및 치료 종결 후 노동능력 상실의 정도, 종업원이 사고를 당할 당시 담당하고 있던 업무의 성격과 내용, 종업원이 그 잔존노동능력으로 감당할 수 있는 업무의 존부 및 그 내용, 사용자로서도 신체 장해를 입은 종업원의 순조로운 직장 복귀를 위하여 담당 업무를 조정하는 등의 배려를 하였는지 여부, 사용자의 배려에 의하여 새로운 업무를 담당하게 된 종업원의 적응노력 등 제반사정을 종합적으로 고려하여 합리적으로 판단하여야 한다는 입장이다.

3 폐업해고

(1) 원칙

판례는 긴급한 경영상의 필요에 의하여 일정한 요건 아래에서 행하여지는 이른바 정리해고는, 그와 같은 경영상의 필요에 따라 기업에 종사하는 인원을 줄이기 위하여 근로자를 해고하는 것을 일컫는 것이므로, 원심이 적법하게 사실을 확정한 바와 같이 피고가 피고법인 사무국의 직제를 개편한 것이, 직원의 수를 줄이기 위한 것이 아니라, 기구와 인원배치를 조정함으로써 업무의 능률화를 기하기 위한 것이었다면, 피고가 이와 같은 직제의 개편에 불응하는 원고를 해고한 것이 정리해고라고는 볼 수 없는 것이다.

(2) 구체적 검토

판례는 사용자가 일부 사업 부문을 폐지하고 그 사업 부문에 속한 근로자를 해고하였는데 그와 같은 해고가 경영상 이유에 의한 해고로서의 요건을 갖추지 못하였지만 폐업으로 인한 통상해고로서 예외적으로 정당하기 위해서는, 일부 사업의 폐지·축소가 사업 전체의 폐지와 같다고 볼 만한 특별한 사정이 인정되어야 한다. 이때 일부 사업의 폐지가 폐업과 같다고 인정할 수 있는지는 해당 사업 부문이 인적·물적 조직 및 운영상 독립되어 있는지, 재무 및 회계의 명백한 독립성이 갖추어져 별도의 사업체로 취급할 수 있는지, 폐지되는 사업 부문이 존속하는 다른 사업 부문과 취급하는 업무의 성질이 전혀 달라 다른 사업 부문으로의 전환배치가 사실상 불가능할 정도로 업무 종사의 호환성이 없는지 등 여러 사정을 구체적으로 살펴 종합적으로 판단하여야 한다.

4 당연퇴직 조항

(1) 원칙

판례는 회사가 어떠한 사유의 발생을 당연퇴직사유로 규정하고 그 절차를 통상의 해고나 징계해고와는 달리 하였더라도 근로자의 의사와 관계없이 사용자 측에서 일방적으로 근로관계를 종료시키는 것이면 성질상 이는 해고로서 근로기준법에 의한 제한을 받는다고 보아야 할 것이므로 근로자에 대한 퇴직조처가 단체협약이나 취업규칙에서 당연퇴직으로 규정되었다 하더라도 위 퇴직조처가 유효하기 위하여는 근로기준법 제27조 제1항이 규정하는 바의 정당한 이유가 있어야 하고, 이와 같은 정당한 이유가 없는 경우에는 퇴직처분무효확인의 소를 제기할 수 있다.

(2) 구체적 검토

사용자가 어떤 사유의 발생을 당연퇴직 또는 면직사유로 규정하고 그 절차를 통상의 해고나 징계해고와 달리한 경우에 그 당연퇴직사유가 근로자의 사망이나 정년, 근로계약기간의 만료 등 근로관계의 자동소멸사유로 보이는 경우를 제외하고는 이에 따른 당연퇴직처분은 구 근로기준법 제30조 소정의 제한을 받는 해고라고 할 것인데, 사용자가 주차관리 및 경비요원을 필요한 곳에 파견하는 것을 주요 사업으로 하는 회사로서 그 근로자와 사이에, 근로자가 근무하는 건물주 등과 사용자 간의 관리용역계약이 해지될 때에 그 근로자와 사용자 사이의 근로계약도 해지된 것으로 본다고 약정하였다고 하여 그와 같은 해지사유를 근로관계의 자동소멸사유라고 할 수 없다.

| 제 **4** 절 | 절차적 제한 |

1 해고예고

(1) 법규정

> 제26조(해고의 예고)
> 사용자는 근로자를 해고(경영상 이유에 의한 해고를 포함한다)하려면 적어도 30일 전에 예고를 하여야 하고, 30일 전에 예고를 하지 아니하였을 때에는 30일분 이상의 통상임금을 지급하여야 한다. 다만, 다음 각 호의 어느 하나에 해당하는 경우에는 그러하지 아니하다.
> 1. 근로자가 계속 근로한 기간이 3개월 미만인 경우
> 2. 천재·사변, 그 밖의 부득이한 사유로 사업을 계속하는 것이 불가능한 경우
> 3. 근로자가 고의로 사업에 막대한 지장을 초래하거나 재산상 손해를 끼친 경우로서 고용노동부령으로 정하는 사유에 해당하는 경우

(2) 판례의 태도

판례는 근로기준법 제26조에서 사용자가 근로자를 해고하는 경우 적어도 30일 전에 예고를 하여야 하고, 30일 전에 예고를 하지 아니하였을 때에는 30일분 이상의 통상임금을 지급하도록 규정한 취지는 근로자로 하여금 해고에 대비하여 새로운 직장을 구할 수 있는 시간적 또는 경제적 여유를 주려는 것이므로, 사용자의 해고예고는 일정 시점을 특정하여 하거나 언제 해고되는 지를 근로자가 알 수 있는 방법으로 하여야 한다는 입장이다.

(3) 해고예고수당의 부당이득 반환 여부(해고가 무효인 경우)

판례는 근로기준법 제26조 본문에 따라 사용자가 근로자를 해고하면서 30일 전에 예고를 하지 아니하였을 때 근로자에게 지급하는 해고예고수당은 해고가 유효한지 여부와 관계없이 지급되어야 하는 돈이고, 그 해고가 부당해고에 해당하여 효력이 없다고 하더라도 근로자가 해고예고수당을 지급받을 법률상 원인이 없다고 볼 수 없다. 그 근거는 다음과 같다.

① 근로기준법 제26조 본문은 "사용자는 근로자를 해고(경영상 이유에 의한 해고를 포함한다)하려면 적어도 30일 전에 예고를 하여야 하고, 30일 전에 예고를 하지 아니하였을 때에는 30일분 이상의 통상임금을 지급하여야 한다."라고 규정하고 있을 뿐이고, 위 규정상 해고가 유효한 경우에만 해고예고 의무나 해고예고수당 지급 의무가 성립한다고 해석할 근거가 없다.

② 근로기준법 제26조에서 규정하는 해고예고제도는 근로자로 하여금 해고에 대비하여 새로운 직장을 구할 수 있는 시간적·경제적 여유를 주려는 것으로(대법원 2010.4.15. 선고 2009도13833 판결 참조), 해고의 효력 자체와는 관계가 없는 제도이다. 해고가 무효인 경우에도 해고가 유효한 경우에 비해 해고예고제도를 통해 근로자에게 위와 같은 시간적·경제적 여유를 보장할 필요성이 작다고 할 수 없다.

③ 사용자가 근로자를 해고하면서 해고예고를 하지 않고 해고예고수당도 지급하지 않은 경우, 그 후 해고가 무효로 판정되어 근로자가 복직을 하고 미지급 임금을 지급받더라도 그것만으로는 해고예고제도를 통하여 해고 과정에서 근로자를 보호하고자 하는 근로기준법 제26조의 입법목적이 충분히 달성된다고 보기 어렵다. 해고예고 여부나 해고예고수당 지급 여부가 해고의 사법상(私法上) 효력에 영향을 미치지 않는다는 점(대법원 1994.3.22. 선고 93다28553 판결 참조)을 고려하면, 해고예고제도 자체를 통해 근로자를 보호할 필요성은 더욱 커진다.

(4) 해고예고를 위반한 해고의 효력

판례는 해고예고를 위반하여 예고도 하지 않고, 수당도 지급하지 않은 경우, 해고예고를 하지 않았다고 하더라도 해고의 정당한 이유를 갖추고 있는 이상 해고의 사법상 효력에는 영향이 없다고 하여 '유효'하다는 입장이다.

(5) 검토

판례의 태도를 고려해보면 해고예고와 해고의 정당성을 판단하는 사유 및 절차는 별개의 기준으로 판단한다.

2 해고사유의 서면통지

(1) 법규정

> 제27조(해고사유 등의 서면통지)
> ① 사용자는 근로자를 해고하려면 해고사유와 해고시기를 서면으로 통지하여야 한다.

② 근로자에 대한 해고는 제1항에 따라 서면으로 통지하여야 효력이 있다.
③ 사용자가 제26조에 따른 해고의 예고를 해고사유와 해고시기를 명시하여 서면으로 한 경우에는 제1항에 따른 통지를 한 것으로 본다.

(2) 판례의 태도

① 취지

판례는 근로기준법 제27조는 사용자가 근로자를 해고하려면 해고사유와 해고시기를 서면으로 통지하여야 효력이 있다고 규정하고 있는데, 이는 해고사유 등의 서면통지를 통해 사용자로 하여금 근로자를 해고하는 데 신중을 기하게 함과 아울러, 해고의 존부 및 시기와 그 사유를 명확하게 하여 사후에 이를 둘러싼 분쟁이 적정하고 용이하게 해결될 수 있도록 하고, 근로자에게도 해고에 적절히 대응할 수 있게 하기 위한 취지이다. 따라서 사용자가 해고사유 등을 서면으로 통지할 때는 근로자의 처지에서 해고사유가 무엇인지를 구체적으로 알 수 있어야 하고, 특히 징계해고의 경우에는 해고의 실질적 사유가 되는 구체적 사실 또는 비위내용을 기재하여야 하며 징계대상자가 위반한 단체협약이나 취업규칙의 조문만 나열하는 것으로는 충분하다고 볼 수 없다는 입장이다.

② 서면통지의 방법

판례는 여기서 '서면'이란 일정한 내용을 적은 문서를 의미하고 이메일 등 전자문서와는 구별되지만, 전자문서 및 전자거래 기본법 제3조는 '이 법은 다른 법률에 특별한 규정이 있는 경우를 제외하고 모든 전자문서 및 전자거래에 적용한다.'고 규정하고 있고, 같은 법 제4조 제1항은 '전자문서는 다른 법률에 특별한 규정이 있는 경우를 제외하고는 전자적 형태로 되어 있다는 이유로 문서로서의 효력이 부인되지 아니한다.'고 규정하고 있는 점, 출력이 즉시 가능한 상태의 전자문서는 사실상 종이 형태의 서면과 다를 바 없고 저장과 보관에 있어서 지속성이나 정확성이 더 보장될 수도 있는 점, 이메일(e-mail)의 형식과 작성 경위 등에 비추어 사용자의 해고 의사를 명확하게 확인할 수 있고, 이메일에 해고사유와 해고시기에 관한 내용이 구체적으로 기재되어 있으며, 해고에 적절히 대응하는 데에 아무런 지장이 없는 등 서면에 의한 해고통지의 역할과 기능을 충분히 수행하고 있다면, 단지 이메일 등 전자문서에 의한 통지라는 이유만으로 서면에 의한 통지가 아니라고 볼 것은 아닌 점 등을 고려하면, 근로자가 이메일을 수신하는 등으로 그 내용을 알고 있는 이상, 이메일에 의한 해고통지도 앞서 본 해고사유 등을 서면통지하도록 규정한 근로기준법 제27조의 입법취지를 해하지 아니하는 범위 내에서 구체적 사안에 따라 서면에 의한 해고통지로서 유효하다고 보아야 할 경우가 있다는 입장이다.

③ 징계사유를 축약해 기재하는 경우 서면통지 위반 여부

판례는 특히 징계해고의 경우에는 해고의 실질적 사유가 되는 구체적 사실 또는 비위내용을 기재하여야 하지만, 해고 대상자가 이미 해고사유가 무엇인지 구체적으로 알고 있고 그에 대해 충분히 대응할 수 있는 상황이었다고 하면 해고통지서에 징계사유를 축약해 기재하는 등 징계사유를 상세하게 기재하지 않았더라도 위 조항에 위반한 해고통지라고 할 수는 없다.

징계해고의 경우 근로기준법 제27조에 따라 서면으로 통지된 해고사유가 축약되거나 다소 불분명하더라도 징계절차의 소명 과정이나 해고의 정당성을 다투는 국면을 통해 구체화하여 확정되는 것이 일반적이라고 할 것이므로 해고사유의 서면통지 과정에서까지 그와 같은 수준의 특정을 요구할 것은 아니다.

④ 해고 대상자가 해고사유를 충분히 알고 있는 경우

판례는 해고 대상자가 이미 해고사유가 무엇인지 구체적으로 알고 있고 그에 대해 충분히 대응할 수 있는 상황이었다면 해고통지서에 해고사유를 상세하게 기재하지 않았더라도 위 조항을 위반한 것이라고 볼 수 없다. 그러나 근로기준법 제27조의 규정 내용과 취지를 고려할 때, 해고 대상자가 해고사유가 무엇인지 알고 있고 그에 대해 대응할 수 있는 상황이었다고 하더라도, 사용자가 해고를 서면으로 통지하면서 해고사유를 전혀 기재하지 않았다면 이는 근로기준법 제27조에 위반한 해고통지에 해당한다고 보아야 한다.

제 5 절   관련문제 : 묵시적 의사표시에 의한 해고를 인정하기 위한 기준

판례는 해고는 명시적 또는 묵시적 의사표시에 의해서도 이루어질 수 있으므로, 묵시적 의사표시에 의한 해고가 있는지 여부는 사용자의 노무 수령 거부 경위와 방법, 노무 수령 거부에 대하여 근로자가 보인 태도 등 제반 사정을 종합적으로 고려하여 사용자가 근로관계를 일방적으로 종료할 확정적 의사를 표시한 것으로 볼 수 있는지 여부에 따라 판단하여야 한다.

사례연습

Q A회사는 상시 5,000명의 근로자를 고용하여 의약품을 판매하는 업체이며 영업직 근로자로 구성된 A회사의 특성상 1개월 단위 매출로 성과평가를 통해 저성과자와 고성과자로 분류한다. A회사는 3,000명이 가입한 노동조합 B가 있고 甲과 乙은 A회사에 2020.1.1. 입사한 입사 동기이지만 甲은 노동조합에 가입하지 않은 비조합원이고, 乙은 사무국장을 맡으면서 B노동조합의 중추적인 역할을 하는 노동조합 간부이다. A회사로 경찰들이 甲을 찾아왔으며 甲은 그 자리에서 경찰서로 연행되었다. 이후 甲이 불법 사이트를 개설해서 스포츠 도박사이트를 운영하여 범죄 수익금을 마련한 사유로 경찰 조사가 진행 중에 있다는 사실을 A회사가 알게 되었다. 甲은 2020년 '신입 최우수 사원'으로 선발된 적이 있으며 2023년 현재까지 영업 고성과자로 분류되어 상여금 지급 대상의 최고 순위를 차지하고 있었다. A회사의 동료들은 甲의 이러한 범죄 사실을 전혀 눈치채지 못하였으며 甲도 평소 스포츠 도박 이야기를 전혀 하지 않았다. 이후 甲은 검찰에서 조사 후 벌금형을 확정받았다. 甲은 불구속으로 수사가 이루어졌으므로 수사 기간에 연차를 사용하였고 수사가 없는 날은 A회사에 출근해 평소 본인 맡은바 업무를 충실하게 수행하였다. 입사 동기인 乙은 노동조합 업무를 수행하느라 평소 본인 맡은바 업무를 수행하질 못하였으며 잦은 결근과 업무 시간 자리이탈 등으로 영업 저성과자로 분류되어 상여금 지급 대상에서 제외되었다. 乙은 이제 신입 교육을 마치고 배치된 신입사원 丙의 실적의 5%밖에 되지 않으며 동료 근로자들의 실적에 0.1%에 달하는 실적으로 3년간 회사에 재직하고 있다. A회사는 甲의 범죄 사실을 인지한 2023년 7월을 기준으로 징계대상자를 징계위원회에 회부하여 징계절차를 진행하였다. 징계절차 진행의 근거가 되는 취업규칙은 아래와 같다.

〈취업규칙〉

제35조(징계사유)

① 회사는 아래의 사유에 대하여 징계할 수 있다.
   1. 영업 저성과자
   2. 사생활이 좋지 않은 자
   3. 형사상 유죄판결을 받은 자
② 징계사유에 해당한 자에 한하여 징계해고를 실시할 수 있다.

제36조(통상해고)

회사는 아래의 사유에 대하여 통상해고한다.
1. 사생활이 좋지 않은 자
2. 개인적인 사유로 더 이상 근무하기 어려운 자

제37조(징계절차)

회사는 징계해고의 경우 다음의 절차를 거쳐야 한다.
1. 징계해고 대상자는 징계위원회의 징계해고 결정에 대해 1회 재심 신청할 수 있다.
2. 저성과자의 징계해고는 1회 소명의 기회를 부여하여 본인의 성과를 입증할 기회를 주어야 한다.

Q1 A회사는 甲에 대해 징계위원회를 개최하여 징계를 진행 중에 甲의 그동안 노고를 고려하여 징계해고가 아닌 통상해고를 결정하였다. 그러자 甲은 본인은 징계해고 대상자이므로 징계절차에 따라 1회의 재심 기회가 있다고 주장을 하였다. A회사는 甲의 주장을 받아들여 재심 기회 1회를 주었으며 재심 결과 통상해고가 확정되었다. A회사의 통상해고 과정의 절차상 하자가 있는지와 만약 A회사가 甲을 징계해고한다면 사유에 대한 정당성에 대해 논하라. 35점

Q2 A회사가 乙을 징계해고할 수 있는 사유에 대한 정당성에 대해 논하라. 15점

해설

✔ Q1 징계해고 _ 사생활 비행, 유죄 확정

I. 문제의 소재

甲의 사생활 비행에 따른 사유는 A회사의 취업규칙의 징계해고사유이자 통상해고사유에 해당하는 바 A회사가 통상해고 절차를 거치는 과정에 징계해고 절차를 거쳐야만 정당성을 갖춘 것인지 여부 및 甲의 사생활 비행에 따른 유죄 확정 사유가 징계해고사유에 해당하는지가 문제인바 판례의 태도를 기준으로 사안을 해결하도록 한다.

II. 법규정

> 제23조(해고 등의 제한)
> ① 사용자는 근로자에게 정당한 이유 없이 해고, 휴직, 정직, 전직, 감봉, 그 밖의 징벌(懲罰)(이하 "부당해고 등"이라 한다)을 하지 못한다.

III. 판례의 태도

1. 원칙

판례는 근로자의 상벌 등에 관한 인사권은 사용자의 고유권한으로서 그 범위에 속하는 징계권 역시 기업 운영 또는 노동계약의 본질상 당연히 사용자에게 인정되는 권한이라는 입장이다.

2. 단체협약이나 취업규칙에 명시

판례는 단체협약이나 취업규칙에 근로자에 대한 징계해고사유가 제한적으로 열거되어 있는 경우에는 그와 같이 열거되어 있는 사유 이외의 사유로는 징계해고할 수 없다는 입장이다.

3. 사유의 정당성

판례는 단체협약이나 취업규칙에 명시되어 있을 뿐 아니라 해당 징계사유도 정당해야 한다는 입장을 취하고 있다. 구체적으로 근로자의 어떤 비위행위가 징계사유로 되어 있느냐 여부는 구체적인 자료들을 통하여 징계위원회 등에서 그것을 징계사유로 삼았는지 여부에 의하여 결정되어야 하고, 그 비위행위가 정당한 징계사유에 해당하는지 여부는 취업규칙상 징계사유를 정한 규정의 객관적인 의미를 합리적으로 해석하여 판단하여야 한다는 입장이다.

4. 사생활

(1) 원칙

사생활의 비행은 그 자체로 직장질서를 침해할 수 없어 징계사유가 아니다.

(2) 예외

판례는 사용자가 근로자에 대하여 징계권을 행사할 수 있는 것은 사업활동을 원활하게 수행하는 데 필요한 범위 내에서 규율과 질서를 유지하기 위한 데에 그 근거가 있으므로, 근로자의 사생활에서의 비행은 사업활동에 직접 관련이 있거나 기업의 사회적 평가를 훼손할 염려가 있는 것에 한하여 정당한 징계사유가 될 수 있다 할 것이다.

여기서 기업의 사회적 평가를 훼손할 염려가 있다고 하기 위하여는 반드시 구체적인 업무저해의 결과나 거래상의 불이익이 발생하여야 하는 것은 아니고 당해 행위의 성질과 정상, 기업의 목적과 경영방침, 사업의 종류와 규모 및 그 근로자의 기업에 있어서의 지위와 담당 업무 등 제반 사정을 종합적으로 고려하여 그 비위행위가 기업의 사회적 평가에 미친 악영향이 상당히 중대하다고 객관적으로 평가될 수 있어야 한다는 입장이다.

5. 유죄판결을 받은 경우

판례는 단체협약에 해고사유로서 업무 외의 사건으로 형사상 유죄판결을 받은 자라는 규정을 두고 있을 때 그와 같은 해고 규정을 두게 된 취지는 그 유죄판결로 인하여 근로자의 기본적인 의무인 근로제공의무를 이행할 수 없는 상태가 장기화되어 근로계약의 목적이 달성될 수 없게 되었거나 사용자인 회사의 명예나 신용이 심히 실추되거나 거래관계에 악영향을 끼친 경우 또는 사용자와 근로자의 신뢰관계가 상실됨으로써 근로관계의 유지가 기대될 수 없게 되었기 때문일 것이다.

유죄판결이란 단체협약의 규정상 미확정 유죄판결도 해고사유로 삼고 있음이 분명한 경우를 제외하고는 유죄의 확정판결을 받은 자만을 의미하는 것으로 해석되어야 한다는 입장이다.

6. 통상해고사유와 중복

판례는 특정사유가 단체협약이나 취업규칙 등에서 징계해고사유와 통상해고사유의 양쪽에 모두 해당하는 경우뿐 아니라 징계해고사유에는 해당하나 통상해고사유에는 해당하지 않는 경우에도, 그 사유를 이유로 징계해고처분의 규정상 근거나 형식을 취하지 아니하고 근로자에게 보다 유리한 통상해고처분을 택하는 것은, 근로기준법 제27조 제1항에 반하지 않는 범위 내에서 사용자의 재량에 속하는 적법한 것이나, 근로자에게 변명의 기회가 부여되지 않더라도 해고가 당연시될 정도라는 등의 특별한 사유가 없는 한, 징계해고사유가 통상해고사유에도 해당하여 통상해고의 방법을 취하더라도 징계해고에 따른 소정의 절차는 부가적으로 요구된다고 할 것이고, 나아가 징계해고사유로 통상해고를 한다는 구실로 징계절차를 생략할 수는 없는 것이니, 절차적 보장을 한 관계규정의 취지가 회피됨으로써 근로자의 지위에 불안정이 초래될 수 있기 때문이라는 입장이다.

Ⅳ. 사안의 해결

1. A회사의 통상해고 절차의 정당성

징계해고사유로 통상해고를 한다는 구실로 징계절차를 생략할 수는 없는 것이므로 A회사가 甲이 징계해고사유와 통상해고사유 모두에 해당하나 별도 절차가 없는 통상해고를 하면서 징계절차인 재심의 기회를 부여한 것은 甲의 지위에 불안정이 초래될 위험이 없도록 취한 조치인바 절차적 정당성을 가진 것으로 보인다.

2. 甲의 징계해고사유의 정당성

    (1) 사생활 비행

        甲은 불법 스포츠 도박사이트를 운영하는 범죄를 저질렀으나 이러한 사생활 비행이 사업활동에 직접 관련이 있거나 기업의 사회적 평가를 훼손할 염려가 있다고 판단되기 힘들다. 또한 甲의 업무수행 부분에도 큰 문제가 없어 甲의 사생활 비행 사유 그 자체만으로 직장질서를 침해한 것으로 판단할 수 없어 징계사유에 해당하지 않는다.

    (2) 유죄 확정의 경우

        甲은 검찰에서 조사 후 벌금형을 확정받았는바 벌금형도 유죄이므로 징계해고사유에 해당한다고 볼 수 있다. 따라서 甲을 징계해고하는 경우는 甲이 벌금형을 받은 사유로 징계해고사유의 정당성을 갖춘다.

3. 결

    A회사의 통상해고 과정의 절차상 하자가 없으며 만약 A회사가 甲을 징계해고한다면 사유에 대한 정당성은 갖는다.

✔ **Q2** 징계해고 _ 업무 저성과자

Ⅰ. 문제의 소재

乙은 신입사원보다 현저히 낮은 실적으로 3년간 업무 저성과자로 분류되고 있는바 이러한 업무 저성과자를 징계해고사유로 보아 징계해고할 수 있는지가 문제인바 판례의 태도를 기준으로 살펴보고자 한다.

Ⅱ. 법규정

> 제23조(해고 등의 제한)
> ① 사용자는 근로자에게 정당한 이유 없이 해고, 휴직, 정직, 전직, 감봉, 그 밖의 징벌(懲罰)(이하 "부당해고 등"이라 한다)을 하지 못한다.

Ⅲ. 판례의 태도

판례는 피고회사가 보험업을 영위하는 영리법인으로서 업무상, 성격상 그 거수실적의 많고 적음에 따라 회사운영의 성패가 좌우된다고 할 수 있는 점에 비추어 앞서 본 바와 같은 징계규정이 무효의 규정이라고 할 수 없고 또 그 거수실적불량의 정도가 추상적, 자의적인 기준에 의한 것이 아니라 근로자의 직위, 보수, 근무경력, 다른 근로자의 전반적인 근로성적, 회사의 경영실태 등 제반사정을 참작하여 근로자로서 최소한도의 직무수행능력이 결여되었다고 인정되는 경우라면 위 징계규정에 따라 해고한 데에 정당한 이유가 있다고 할 것이라고 전제한 다음, 위 인정사실에 의하여 원고의 앞서 본 장기간의 거수실적이 단지 다른 사원에 비하여 상대적으로 다소 낮은 정도가 아니라 원고의 직위와 보수에 비추어 보면 일반적으로 기대되는 최저한의 실적에도 미치지 못하는 정도였다고 할 것이므로 이와 같은 사정 아래에서 회사가 회사의 인사규정을 적용하여 징계 면직한 조치가 징계권의 남용으로 볼 수 없고 근로기준법 제23조 제1항 소정의 정당한 이유가 있는 때에 해당한다고 판단하였다.

IV. 사안의 해결

1. 징계사유의 정당성

乙은 이제 신입 교육을 마치고 배치된 신입사원 丙의 실적의 5%밖에 되지 않으며 동료 근로자들의 실적에 0.1%에 달하는 실적으로 3년간 회사에 재직하고 있다는 사정을 고려하면 입사부터 징계 당시까지 일반적으로 기대되는 최저한의 실적에도 미치지 못하는 정도에 해당하는 실적을 보여주고 있는바 징계해고사유로서의 정당성을 갖는다.

2. 결

A회사가 乙을 징계해고할 수 있는 사유에 대한 정당성을 갖는다.

26 | 경영상 이유에 의한 해고

제1절   법규정

제24조(경영상 이유에 의한 해고의 제한)
① 사용자가 경영상 이유에 의하여 근로자를 해고하려면 긴박한 경영상의 필요가 있어야 한다. 이 경우 경영 악화를 방지하기 위한 사업의 양도·인수·합병은 긴박한 경영상의 필요가 있는 것으로 본다.
② 제1항의 경우에 사용자는 해고를 피하기 위한 노력을 다하여야 하며, 합리적이고 공정한 해고의 기준을 정하고 이에 따라 그 대상자를 선정하여야 한다. 이 경우 남녀의 성을 이유로 차별하여서는 아니 된다.
③ 사용자는 제2항에 따른 해고를 피하기 위한 방법과 해고의 기준 등에 관하여 그 사업 또는 사업장에 근로자의 과반수로 조직된 노동조합이 있는 경우에는 그 노동조합(근로자의 과반수로 조직된 노동조합이 없는 경우에는 근로자의 과반수를 대표하는 자를 말한다. 이하 "근로자대표"라 한다)에 해고를 하려는 날의 50일 전까지 통보하고 성실하게 협의하여야 한다.
④ 사용자는 제1항에 따라 대통령령으로 정하는 일정한 규모 이상의 인원을 해고하려면 대통령령으로 정하는 바에 따라 고용노동부장관에게 신고하여야 한다.
⑤ 사용자가 제1항부터 제3항까지의 규정에 따른 요건을 갖추어 근로자를 해고한 경우에는 제23조 제1항에 따른 정당한 이유가 있는 해고를 한 것으로 본다.

제2절   판례의 태도

1 긴박한 경영상 필요

판례는 근로기준법 제24조 제1항에 의하면, 사용자가 경영상 이유에 의하여 근로자를 해고하려면 긴박한 경영상의 필요가 있어야 한다. 여기서 긴박한 경영상의 필요라 함은 반드시 기업의 도산을 회피하기 위한 경우에 한정되지 아니하고, 장래에 올 수도 있는 위기에 미리 대처하기 위하여 인원 감축이 필요한 경우도 포함되지만, 그러한 인원 감축은 객관적으로 보아 합리성이 있다고 인정되어야 한다는 입장이다.

(1) 판단시점

판례는 정리해고를 한 경우에 그 타당성 여부의 판단은 정리해고를 한 당시를 기준으로 하여야 하며 그후 경영상태의 호전 여부는 고려될 것이 아니라는 입장이다.

(2) 일부 사업부문의 경영상 악화

① 전체 경영사정 종합적 검토

판례는 정리해고의 요건 중 '긴박한 경영상의 필요'란 반드시 기업의 도산을 회피하기 위한 경우에 한정되지 아니하고, 장래에 올 수도 있는 위기에 미리 대처하기 위하여 인원삭감이 필요한 경우도 포함되지만, 그러한 인원삭감은 객관적으로 보아 합리성이 있다고 인정되어야 한다. 또한 '긴박한 경영상의 필요'가 있는지를 판단할 때에는 법인의 어느 사업부문이 다른 사업부문과 인적·물적·장소적으로 분리·독립되어 있고 재무 및 회계가 분리되어 있으며 경영여건도 서로 달리하는 예외적인 경우가 아니라면 법인의 일부 사업부문 내지 사업소의 수지만을 기준으로 할 것이 아니라 법인 전체의 경영사정을 종합적으로 검토하여 결정하여야 한다는 입장이다.

② 일부 사업의 경영악화가 전체 경영악화에 영향

판례는 기업의 전체 경영실적이 흑자를 기록하고 있더라도 일부 사업부문이 경영악화를 겪고 있는 경우, 그러한 경영악화가 구조적인 문제 등에 기인한 것으로 쉽게 개선될 가능성이 없고 해당 사업부문을 그대로 유지한다면 결국 기업 전체의 경영상황이 악화될 우려가 있는 등 장래 위기에 대처할 필요가 있다는 사정을 인정할 수 있다면, 해당 사업부문을 축소 또는 폐지하고 이로 인하여 발생하는 잉여인력을 감축하는 것이 객관적으로 보아 불합리한 것이라고 볼 수 없다는 입장이다.

2 해고회피노력

(1) 원칙

근로기준법 제24조에서 정한 경영상 이유에 의한 해고의 요건 중 해고를 피하기 위한 노력을 다하여야 한다는 것은 경영방침이나 작업방식의 합리화, 신규 채용의 금지, 일시휴직 및 희망퇴직의 활용, 전근 등 사용자가 해고 범위를 최소화하기 위하여 가능한 모든 조치를 취하는 것을 의미하고, 사용자가 정리해고를 실시하기 전에 다하여야 할 해고회피노력의 방법과 정도는 확정적·고정적인 것이 아니라 당해 사용자의 경영위기의 정도, 정리해고를 실시하여야 하는 경영상의 이유, 사업의 내용과 규모, 직급별 인원상황 등에 따라 달라지는 것이고, 사용자가 해고를 회피하기 위한 방법에 관하여 노동조합 또는 근로자대표와 성실하게 협의하여 정리해고 실시에 관한 합의에 도달하였다면 이러한 사정도 해고회피노력의 판단에 참작되어야 한다는 입장이다.

(2) 방법

정리해고의 요건 중 '해고를 피하기 위한 노력을 다하여야 한다.'는 것은 경영방침이나 작업방식의 합리화, 신규채용의 금지, 일시휴직 및 희망퇴직의 활용 및 전근 등 사용자가 해고범위를 최소화하기 위하여 가능한 모든 조치를 취하는 것을 의미하고, 그 방법과 정도는 확정적·고정적인 것이 아니라 그 사용자의 경영위기의 정도, 정리해고를 실시하여야 하는 경영상의 이유, 사업의 내용과 규모, 직급별 인원상황 등에 따라 달라지는 것이다.

(3) 시점

판례는 이 사건의 무급휴직 조치는 노사 간 극심한 대립으로 기업의 존립 자체가 위태롭게 되자 최악의 상황을 막기 위해 고육지책으로 시행된 것으로, 회사가 무급휴직을 우선적으로 시행하지 않았다고 하여 해고회피노력을 다하지 않은 것으로 보기는 어렵다. 그리고 이 사건 회사가 정리해고에 앞서 부분휴업, 임금 동결, 순환휴직, 사내협력업체 인원 축소, 희망퇴직 등의 조치를 실시한 점을 볼 때, 이 사건 회사가 해고회피노력을 다한 것으로 볼 수 있다.

3 합리적이고 공정한 기준에 의한 해고대상자 선정

(1) 원칙

판례는 정리해고의 요건으로서 합리적이고 공정한 해고 기준인지 여부의 판단 방법은 합리적이고 공정한 해고의 기준 역시 확정적·고정적인 것은 아니고 당해 사용자가 직면한 경영위기의 강도와 정리해고를 실시하여야 하는 경영상의 이유, 정리해고를 실시한 사업 부문의 내용과 근로자의 구성, 정리해고 실시 당시의 사회경제상황 등에 따라 달라지는 것이고, 사용자가 해고의 기준에 관하여 노동조합 또는 근로자대표와 성실하게 협의하여 해고의 기준에 관한 합의에 도달하였다면 이러한 사정도 해고의 기준이 합리적이고 공정한 기준인지의 판단에 참작되어야 한다는 입장이다.

(2) 판단기준의 구체화

판례는 해고대상자 선정기준은 단체협약이나 취업규칙 등에 정해져 있는 경우라면 특별한 사정이 없는 한 그에 따라야 하고, 만약 그러한 기준이 사전에 정해져 있지 않다면 근로자의 건강상태, 부양의무의 유무, 재취업 가능성 등 근로자 각자의 주관적 사정과 업무능력, 근무성적, 징계전력, 임금 수준 등 사용자의 이익 측면을 적절히 조화시키되, 근로자에게 귀책사유가 없는 해고임을 감안하여 사회적·경제적 보호의 필요성이 높은 근로자들을 배려할 수 있는 합리적이고 공정한 기준을 설정하여야 한다. 경영상 이유에 의한 해고에 앞서 전환배치를 실시하는 경우 전환배치대상자 선정기준은 최종적으로 이루어지는 해고대상자 선정에도 영향을 미치게 되므로, 전환배치 기준은 해고대상자 선정기준에 준하여 합리성과 공정성을 갖추어야 하고, 이에 관한 증명책임 역시 이를 주장하는 사용자가 부담한다.

(3) 합리적이고 공정한 기준에 따른 해고의 기준에 부합하지 않은 경우

이 사건 정리해고 대상자 선정기준은 근무태도에 대한 주관적 평가와 객관적 평가 및 근로자 측 요소가 각 1/3씩 비중을 차지하고 있는데, 근무태도라는 단일한 대상을 주관적 평가와 객관적 평가로 나누어 동일하게 배점하고 주관적 평가 항목에서 참가인들과 잔존 근로자들 사이에 점수를 현격하게 차이가 나도록 부여함으로써 결국 근무태도에 대한 주관적 평가에 의하여 해고 여부가 좌우되는 결과가 된 점, 근무태도에 대한 주관적 평가의 개별 항목 중 현장직 근로자들의 업무 특성에 비추어 적절해 보이지 않는 부분이 있고, 참가인들에 대하여 부여된 주관적 평가 점수가 객관적 평가 점수나 잔존 근로자에 대한 주관적 평가 점수와 비교해 볼 때 납득하기 어려울 만큼 차이가 큰 점 등 그 판시와 같은 사정들에 비추어 보면 그 선정기준 자체가 합리적이고 공정하다고 인정하기 어렵고, 그 기준을 정당하게 적용하여 해고대상자를 선정하였다고 보이지 도 아니하므로 법원은 참가인들에 대한 해고가 위법하다는 입장을 취하면서 주관적인 평가요소 만으로 해고의 기준 대상자가 선정될 가능성이 있는 경우 근로기준법 제24조 제2항 위반 문제로 보고 있다.

4 근로자대표와 성실한 협의

(1) 근로자대표

판례는 근로기준법이 사용자는 해고를 피하기 위한 방법 및 해고의 기준 등에 관하여 당해 사업 또는 사업장에 근로자의 과반수로 조직된 노동조합이 있는 경우에는 그 노동조합, 근로자의 과 반수로 조직된 노동조합이 없는 경우에는 근로자의 과반수를 대표하는 자(근로자대표)에 대하여 미리 통보하고 성실하게 협의하여야 한다고 하여 정리해고의 절차적 요건을 규정한 것은 같은 조 제1, 2항이 규정하고 있는 정리해고의 실질적 요건의 충족을 담보함과 아울러 비록 불가피한 정리해고라 하더라도 협의과정을 통한 쌍방의 이해 속에서 실시되는 것이 바람직하다는 이유에 서라고 할 것이므로, 근로자의 과반수로 조직된 노동조합이 없는 경우에 그 협의의 상대방이 형 식적으로는 근로자 과반수의 대표로서의 자격을 명확히 갖추지 못하였더라도 실질적으로 근로 자의 의사를 반영할 수 있는 대표자라고 볼 수 있는 사정이 있다면 위 절차적 요건도 충족하였 다고 보아야 할 것이라는 입장이다.

(2) 50일 기간 준수

판례는 참가인이 원고에 대하여 한 정리해고는 긴박한 경영상의 필요가 있었고, 정리해고를 시 행하기에 앞서 해고를 피하기 위한 노력을 다하였으며, 합리적이고 공정한 기준에 따라 그 대상 자를 선정하였고, 해고를 피하기 위한 방법과 해고의 기준 등을 근로자의 과반수로 조직된 근로 자대표에게 통보하여 성실하게 협의하는 등의 정리해고 요건을 갖추었으므로, 비록 근로자대표 에게 통보한 시기가 해고 실시 50일 이전이 아니었다 하더라도 이 규정 취지는 통보의 대상인 소속근로자의 인원수와 그의 소재지의 원근 등 구체적 사정에 따라 그 통보를 전달하는 데 소요 되는 시간, 그 통보를 받은 각 근로자들이 통보 내용에 따른 대처를 하는 데 소요되는 시간, 근로 자대표가 성실한 협의를 할 수 있는 기간으로서 모자라지 않게 허용하기 위하여 모든 경우에 통용될 기간을 규정한 것이어서 50일 기간의 준수는 정리해고의 효력요건이 아니므로 위와 같은 행위를 하는 데 소요되는 시간이 부족하였다는 등의 특별한 사정이 없고 그 밖의 정리해고요건 은 충족되었다면 그 정리해고는 유효하다는 입장이다.

(3) 협의의 주체

판례는 형식적으로는 근로자 과반수의 대표로서의 자격을 명확히 갖추지 못하였더라도 실질적 으로 근로자의 의사를 반영할 수 있는 대표자라고 인정할 수 있는 경우, 절차적 요건을 충족하였 다고 볼 수 있다.

제3절   우선재고용 의무

1 법규정

제25조(우선 재고용 등)
① 제24조에 따라 근로자를 해고한 사용자는 근로자를 해고한 날부터 3년 이내에 해고된 근로자가 해고 당시 담당하였던 업무와 같은 업무를 할 근로자를 채용하려고 할 경우 제24조에 따라 해고된 근로자가 원하면 그 근로자를 우선적으로 고용하여야 한다.
② 정부는 제24조에 따라 해고된 근로자에 대하여 생계안정, 재취업, 직업훈련 등 필요한 조치를 우선적으로 취하여야 한다.

2 판례의 태도

(1) 원칙

판례는 정리해고자가 사용자가 신규채용하려는 직책에 맞지 아니하여 다른 근로자를 채용한 경우, 우선재고용 노력의무의 위반으로 볼 수 없다. 사용자는 근로기준법 제24조에 따라 근로자를 해고한 날부터 3년 이내의 기간 중에 해고 근로자가 해고 당시에 담당하였던 업무와 같은 업무를 할 근로자를 채용하려고 한다면, 해고 근로자가 반대하는 의사를 표시하거나 고용계약을 체결할 것을 기대하기 어려운 객관적인 사유가 있는 등의 특별한 사정이 있는 경우가 아닌 한 해고 근로자를 우선 재고용할 의무가 있다.

(2) 취지

판례는 자신에게 귀책사유가 없음에도 경영상 이유에 의하여 직장을 잃은 근로자로 하여금 이전 직장으로 복귀할 수 있는 기회를 보장하여 해고 근로자를 보호하려는 데에 그 취지가 있다는 입장이다.

3 객관적인 사유

사용자가 해고 근로자에게 고용계약을 체결할 의사가 있는지 확인하지 않은 채 제3자를 채용하였다면, 마찬가지로 해고 근로자가 고용계약 체결을 원하지 않았을 것이라거나 고용계약을 체결할 것을 기대하기 어려운 객관적인 사유가 있었다는 등의 특별한 사정이 없는 한 근로기준법 제25조 제1항이 정한 우선 재고용의무를 위반한 것으로 볼 수 있다.

4 우선재고용 의무 위반

판례는 근로기준법 제25조 제1항에 따라 사용자는 해고 근로자를 우선재고용할 의무가 있으므로 해고 근로자는 사용자가 위와 같은 우선재고용 의무를 이행하지 아니하는 경우 사용자를 상대로 고용의 의사표시를 감음하는 판결을 구할 사법상의 권리가 있고, 판결이 확정되면 사용자와 해고 근로자 사이에 고용관계가 성립한다. 또한 해고 근로자는 사용자가 위 규정을 위반하여 우선재고용 의무를 이행하지 않은 데 대하여, 우선재고용 의무가 발생한 때부터 고용관계가 성립할 때까지의 임금 상당 손해배상금을 청구할 수 있다.

5 중간수입 공제

(1) 원칙

채무불이행이나 불법행위 등으로 손해를 입은 채권자 또는 피해자 등이 동일한 원인에 의하여 이익을 얻은 경우에는 공평의 관념상 그 이익은 손해배상액을 산정할 때 공제되어야 한다. 이와 같이 손해배상액을 산정할 때 손익상계가 허용되기 위해서는 손해배상책임의 원인이 되는 행위로 인하여 피해자가 새로운 이득을 얻었고, 그 이득과 손해배상책임의 원인인 행위 사이에 상당인과관계가 있어야 한다.

(2) 구체적 검토

사용자의 고용의무 불이행을 이유로 고용의무를 이행하였다면 받을 수 있었던 임금 상당액을 손해배상으로 청구하는 경우, 그 근로자가 사용자에게 제공하였어야 할 근로를 다른 직장에 제공함으로써 얻은 이익이 사용자의 고용의무 불이행과의 사이에 상당인과관계가 인정된다면, 이러한 이익은 고용의무 불이행으로 인한 손해배상액을 산정할 때 공제되어야 한다. 한편 사용자의 고용의무 불이행을 이유로 손해배상을 구하는 경우와 같이 근로관계가 일단 해소되어 유효하게 존속하지 않는 경우라면 근로기준법 제46조가 정한 휴업수당에 관한 규정을 적용할 수 없다.

제4절　일부 사업부 폐지의 경영상 이유에 의한 해고 해당 여부

1 구별기준

판례는 어떤 기업이 경영상 이유로 사업을 여러 개의 부문으로 나누어 경영하다가 그중 일부를 폐지하기로 하였다 하더라도 이는 원칙적으로 사업 축소에 해당할 뿐 사업 전체의 폐지라고 할 수 없으므로, 사용자가 일부 사업을 폐지하면서 그 사업 부문에 속한 근로자를 해고하려면 근로기준법 제24조에서 정한 경영상 이유에 의한 해고 요건을 갖추어야 하고, 그 요건을 갖추지 못한 해고는 정당한 이유가 없어 무효이다.

한편 사용자가 사업체를 폐업하고 이에 따라 소속 근로자를 해고하는 것은 그것이 노동조합의 단결권 등을 방해하기 위한 위장 폐업이 아닌 한 원칙적으로 기업 경영의 자유에 속하는 것으로서 유효하고, 유효한 폐업에 따라 사용자와 근로자 사이의 근로관계도 종료한다.

2 통상해고 인정 여부

사용자가 일부 사업 부문을 폐지하고 그 사업 부문에 속한 근로자를 해고하였는데 그와 같은 해고가 경영상 이유에 의한 해고로서의 요건을 갖추지 못하였지만 폐업으로 인한 통상해고로서 예외적으로 정당하기 위해서는, 일부 사업의 폐지·축소가 사업 전체의 폐지와 같다고 볼 만한 특별한 사정이 인정되어야 한다. 이때 일부 사업의 폐지가 폐업과 같다고 인정할 수 있는지는 해당 사업 부문이 인적·물적 조직 및 운영상 독립되어 있는지, 재무 및 회계의 명백한 독립성이 갖추어져 별도의 사업체로 취급할 수 있는지, 폐지되는 사업 부문이 존속하는 다른 사업 부문과 취급하는 업무의 성질이 전혀 달라 다른 사업 부문으로의 전환배치가 사실상 불가능할 정도로 업무 종사의 호환성이 없는지 등 여러 사정을 구체적으로 살펴 종합적으로 판단하여야 한다. 근로기준법 제31조에 의하여 부당해고구제 재심판정을 다투는 소송에서 해고의 정당성에 관한 증명책임은 이를 주장하는 사용자가 부담하므로, 사업 부문의 일부 폐지를 이유로 한 해고가 통상해고로서 정당성을 갖추었는지에 관한 증명책임 역시 이를 주장하는 사용자가 부담한다.

사례연습

A회사는 상시 근로자 200명을 고용하여 커피 원두를 제조 및 납품하는 사업을 하고 있다. A회사는 원두를 제조하는 제조부서, 커피전문점이나 식당에 원두를 납품하는 납품부서, 커피전문점이나 식당에 원두를 납품하기 위해 영업을 하는 영업부서, 해외 원두를 수입하고 수입업체의 연락을 담당하는 해외 영업부서로 총 4개 부서로 이루어져 있으며 부서별 근로자 수는 50명으로 구성되어 있다. 그러나 코로나-19의 여파로 해외 물류 및 운송비용이 가파르게 상승하여 작년(2022년)에 이익은커녕 손실 금액만 10억이었고 A회사도 이익이 나지 않는 해외 시장보다 국내에서 원두를 제조할 수 있는 기술에 집중하여 이익을 증대하고자 하는 목적이나 필요성이 커졌고 해외 영업부서가 담당해야 할 업무도 실제 40% 이상 감소하였다. 이에 A회사는 2023.3.1.에 해외 영업부서 폐지를 결정하면서 해외 영업부서 직원 50명 중 30명에 대해 경영상 이유에 의한 해고를 하고 나머지 20명은 제조부서로 인사발령하였다. 해고자 30명을 선정하는 기준은 ① 고액 연봉인 장기 근속자, ② 결혼한 여성 직원, ③ A회사가 선정한 직원을 기준으로 대상자를 선정하여 2023.6.30.까지만 출근하라는 내용을 2023.3.31.에 개별적으로 서면으로 통보했다. A회사는 강남구에 위치하고 사업장이 부서별로 분리되어 있지 않았으며 재무나 회계도 분리되어 있지 않았다. 하나의 취업규칙의 적용을 받는 사업장이고 해외 영업부를 제외한 나머지 부서의 확장으로 전체적으로 이익이 300% 상승해 추가적 신규채용을 2023.3.1.에 실시하였으며 추가로 50명의 신입사원이 채용되어 제조부서 및 영업부서로 인사발령되었다. 고액 연봉자이자 결혼한 여성 직원인 甲은 A회사가 선정한 해고 대상자로 실제 해고된 자이다. 甲은 A회사의 해고는 경영상 이유에 의한 해고이며 대상자 선정도 정당성이 없었고 해고회피노력에 대한 노력도 전혀 하지 않았다고 주장하며 2023.7.1. 지방노동위원회에 부당해고 구제 신청을 제기하였다.

Q1 A회사가 甲에게 행한 경영상 이유에 의한 해고의 긴박한 경영상 필요성이 인정되는가? 단 긴박한 경영상 필요의 논점에 한함. 25점

Q2 A회사가 甲을 해고대상자로 선정한 기준 및 해고회피노력의 부분에서 정당한가? 25점

해설

✔ **Q1** 경영상 이유에 의한 해고

Ⅰ. 문제의 소재

A회사는 甲을 포함한 30명의 근로자를 경영상 이유에 의한 해고를 하였는바 해외 영업부서인 일부 경영악화가 근로기준법 제24조의 '긴박한 경영상 필요'에 해당하는지에 대한 법원의 판단기준을 살펴보고 사안을 해결해 보고자 한다.

Ⅱ. 법규정

제24조(경영상 이유에 의한 해고의 제한)
① 사용자가 경영상 이유에 의하여 근로자를 해고하려면 긴박한 경영상의 필요가 있어야 한다.
  이 경우 경영 악화를 방지하기 위한 사업의 양도·인수·합병은 긴박한 경영상의 필요가 있
  는 것으로 본다.

Ⅲ. 판례의 태도

1. 원칙

판례는 근로기준법 제24조 제1항에 의하면, 사용자가 경영상 이유에 의하여 근로자를 해고하려
면 긴박한 경영상의 필요가 있어야 한다. 여기서 긴박한 경영상의 필요라 함은 반드시 기업의 도
산을 회피하기 위한 경우에 한정되지 아니하고, 장래에 올 수도 있는 위기에 미리 대처하기 위하
여 인원 감축이 필요한 경우도 포함되지만, 그러한 인원 감축은 객관적으로 보아 합리성이 있다
고 인정되어야 한다는 입장이다.

2. 판단시점

판례는 정리해고를 한 경우에 그 타당성 여부의 판단은 정리해고를 한 당시를 기준으로 하여야
하며 그후 경영상태의 호전 여부는 고려될 것이 아니라는 입장이다.

3. 일부 사업부문의 경영상 악화

(1) 전체 경영사정 종합적 검토

판례는 정리해고의 요건 중 '긴박한 경영상의 필요'란 반드시 기업의 도산을 회피하기 위한
경우에 한정되지 아니하고, 장래에 올 수도 있는 위기에 미리 대처하기 위하여 인원삭감이
필요한 경우도 포함되지만, 그러한 인원삭감은 객관적으로 보아 합리성이 있다고 인정되어야
한다. 또한 '긴박한 경영상의 필요'가 있는지를 판단할 때에는 법인의 어느 사업부문이 다른
사업부문과 인적·물적·장소적으로 분리·독립되어 있고 재무 및 회계가 분리되어 있으며
경영여건도 서로 달리하는 예외적인 경우가 아니라면 법인의 일부 사업부문 내지 사업소의
수지만을 기준으로 할 것이 아니라 법인 전체의 경영사정을 종합적으로 검토하여 결정하여야
한다는 입장이다.

(2) 일부 사업의 경영악화가 전체 경영악화에 영향

판례는 기업의 전체 경영실적이 흑자를 기록하고 있더라도 일부 사업부문이 경영악화를 겪고
있는 경우, 그러한 경영악화가 구조적인 문제 등에 기인한 것으로 쉽게 개선될 가능성이 없고
해당 사업부문을 그대로 유지한다면 결국 기업 전체의 경영상황이 악화될 우려가 있는 등 장
래 위기에 대처할 필요가 있다는 사정을 인정할 수 있다면, 해당 사업부문을 축소 또는 폐지하
고 이로 인하여 발생하는 잉여인력을 감축하는 것이 객관적으로 보아 불합리한 것이라고 볼
수 없다는 입장이다.

4. 관련문제 : 도급화와 정리해고

판례는 관광호텔업 등을 경영하는 법인으로서 사업부문의 도급화 과정에서 도급업체로의 고용승
계나 전환배치를 거부한 근로자들을 경영상 이유로 해고하였는바, ① 참가인의 서울호텔사업부

와 부산호텔사업부가 인적·물적·장소적으로 분리되어 있고 노동조합이 별도로 조직되어 있더라도, 서울호텔사업부만을 분리하여 '긴박한 경영상 필요' 여부를 판단할 수 있는 경우에 해당한다고 보기 어렵고, ② 이 사건 정리해고 무렵 기업신용평가 전문업체인 한국기업데이터 주식회사와 한국신용평가 주식회사는 참가인의 신용등급과 현금흐름등급을 최상위 등급으로 평가하였던 점, 원고들의 업무와 다른 분야이기는 하나 이 사건 정리해고 직전에 41명의 신규인력을 공개 채용하기도 한 점 등에 비추어 보면, 이 사건 정리해고 당시 참가인의 전반적인 경영상태는 견고하였던 것으로 보이고, 참가인의 서울호텔사업부에 쉽게 개선되기 어려운 구조적인 문제가 있어 참가인 전체의 경영악화를 방지하기 위하여 인원을 감축하여야 할 불가피한 사정이 있었던 것으로 보이지 않으며, ③ 이 사건 정리해고 당시 참가인의 매출 규모에 비하여 이 사건 정리해고를 통하여 해고된 근로자들의 인건비 비율이 약 0.2%에 불과하였던 점, 참가인이 도급으로 전환하기로 한 객실정비, 기물세척 등은 호텔 영업을 위하여 반드시 필요한 업무이므로 이러한 부문에 대한 도급화 조치는 특정한 사업부문 자체가 폐지되어 인원삭감이 불가피한 경우와는 달리 보아야 하는 점 등까지 아울러 고려하여 보면, 이 사건 정리해고는 어떠한 경영상의 위기에 대처하기 위한 것이라기보다는 단순한 인건비 절감 또는 노무관리의 편의를 위하여 단행된 것으로 보일 뿐이어서 '긴박한 경영상 필요'에 따른 것으로 보기 어렵다.

IV. 사안의 해결

1. 판단시점

A회사는 2023.3.1.에 해외 영업부서 폐지를 결정하면서 해외 영업부서 직원 50명 중 30명에 대해 경영상 이유에 의한 해고를 하였는바 긴박한 경영상 필요가 있는지 판단시점은 2023.3.1.이며 이후 경영사정은 고려할 요소가 아니다.

2. 인적·물적·장소적 분리·독립 및 재무와 회계의 분리 여부

A회사는 강남구에 위치하고 사업장이 부서별로 분리되어 있지 않았으며 재무나 회계도 분리되어 있지 않으며 하나의 취업규칙의 적용받고 있는바 부서별로 경영상 위기를 판단할 특별한 사정이 존재하지 않으므로 A회사 전체의 경영 사정을 종합적으로 검토하여 긴박한 경영상 필요성을 판단해야 한다.

3. 일부 사업의 경영악화가 전체 경영악화에 영향을 미쳤는지 여부

A회사는 해외 영업부를 제외한 나머지 부서의 확장으로 전체적으로 이익이 300% 상승해 추가적 신규채용을 2023.3.1.에 실시하고 있다는 점을 고려하면 해외 영업부의 경영악화로 A회사 전체의 경영상황이 악화될 우려가 있다고 판단되지 않는다.

4. 장래에 올 수도 있는 위기에 미리 대처하기 위하여 인원 감축이 필요한 경우인지

2023.3.1.에 경영상 이유에 의한 해고를 하면서 동시에 신규채용을 진행하여 50명의 신입사원이 채용되어 제조부서 및 영업부서로 인사발령을 하였다는 점 등을 고려하면 A회사의 긴박한 경영상 필요가 객관적으로 보아 인원을 감축할 합리성이 있다고 볼 수 없다.

5. 결

A회사가 甲에게 행한 경영상 이유에 의한 해고의 긴박한 경영상 필요성은 인정되지 않는다.

✔ (Q2) 경영상 이유에 의한 해고 대상자 선정 및 해고회피노력

Ⅰ. 문제의 소재

A회사가 甲을 해고하며 제시한 해고 대상자 선정기준이 합리적인지 여부 및 A회사가 근로기준법 제24조에 따라 해고회피에 대한 노력 의무를 다하였는지와 관련하여 법원이 제시한 판단기준을 근거로 사안을 해결하고자 한다.

Ⅱ. 법규정

> **제24조(경영상 이유에 의한 해고의 제한)**
> ② 제1항의 경우에 사용자는 해고를 피하기 위한 노력을 다하여야 하며, 합리적이고 공정한 해고의 기준을 정하고 이에 따라 그 대상자를 선정하여야 한다. 이 경우 남녀의 성을 이유로 차별하여서는 아니 된다.

Ⅲ. 판례의 태도

1. 해고회피노력

   (1) 원칙

   정리해고의 요건으로서 사용자가 해고회피노력을 다하였는지 여부의 판단 방법은 사용자가 정리해고를 실시하기 전에 다하여야 할 해고회피노력의 방법과 정도는 확정적·고정적인 것이 아니라 당해 사용자의 경영위기의 정도, 정리해고를 실시하여야 하는 경영상의 이유, 사업의 내용과 규모, 직급별 인원상황 등에 따라 달라지는 것이고, 사용자가 해고를 회피하기 위한 방법에 관하여 노동조합 또는 근로자대표와 성실하게 협의하여 정리해고 실시에 관한 합의에 도달하였다면 이러한 사정도 해고회피노력의 판단에 참작되어야 한다는 입장이다.

   (2) 방법

   정리해고의 요건 중 '해고를 피하기 위한 노력을 다하여야 한다.'는 것은 경영방침이나 작업방식의 합리화, 신규채용의 금지, 일시휴직 및 희망퇴직의 활용 및 전근 등 사용자가 해고범위를 최소화하기 위하여 가능한 모든 조치를 취하는 것을 의미하고, 그 방법과 정도는 확정적·고정적인 것이 아니라 그 사용자의 경영위기의 정도, 정리해고를 실시하여야 하는 경영상의 이유, 사업의 내용과 규모, 직급별 인원상황 등에 따라 달라지는 것이다.

   (3) 시점

   판례는 이 사건의 무급휴직 조치는 노사 간 극심한 대립으로 기업의 존립 자체가 위태롭게 되자 최악의 상황을 막기 위해 고육지책으로 시행된 것으로, 회사가 무급휴직을 우선적으로 시행하지 않았다고 하여 해고회피노력을 다하지 않은 것으로 보기는 어렵다. 그리고 이 사건 회사가 정리해고에 앞서 부분휴업, 임금 동결, 순환휴직, 사내협력업체 인원 축소, 희망퇴직 등의 조치를 실시한 점을 볼 때, 이 사건 회사가 해고회피노력을 다한 것으로 볼 수 있다.

2. 합리적이고 공정한 기준에 의한 해고대상자 선정

   (1) 원칙

   판례는 정리해고의 요건으로서 합리적이고 공정한 해고 기준인지 여부의 판단 방법은 합리적이고 공정한 해고의 기준 역시 확정적·고정적인 것은 아니고 당해 사용자가 직면한 경영위기의 강도와 정리해고를 실시하여야 하는 경영상의 이유, 정리해고를 실시한 사업 부문의 내용과 근로자의 구성, 정리해고 실시 당시의 사회경제상황 등에 따라 달라지는 것이고, 사용자가 해고의 기준에 관하여 노동조합 또는 근로자대표와 성실하게 협의하여 해고의 기준에 관한 합의에 도달하였다면 이러한 사정도 해고의 기준이 합리적이고 공정한 기준인지의 판단에 참작되어야 한다는 입장이다.

(2) 구체적 검토

정리해고 대상자 선정기준은 근무태도에 대한 주관적 평가와 객관적 평가 및 근로자 측 요소가 각 1/3씩 비중을 차지하고 있는데, 근무태도라는 단일한 대상을 주관적 평가와 객관적 평가로 나누어 동일하게 배점하고 주관적 평가 항목에서 참가인들과 잔존 근로자들 사이에 점수를 현격하게 차이가 나도록 부여함으로써 결국 근무태도에 대한 주관적 평가에 의하여 해고 여부가 좌우되는 결과가 된 점, 근무태도에 대한 주관적 평가의 개별 항목 중 현장직 근로자들의 업무 특성에 비추어 적절해 보이지 않는 부분이 있고, 참가인들에 대하여 부여된 주관적 평가 점수가 객관적 평가 점수나 잔존 근로자에 대한 주관적 평가 점수와 비교해 볼 때 납득하기 어려울 만큼 차이가 큰 점 등 그 판시와 같은 사정들에 비추어 보면 그 선정기준 자체가 합리적이고 공정하다고 인정하기 어렵고, 그 기준을 정당하게 적용하여 해고대상자를 선정하였다고 보이지도 아니하므로 법원은 참가인들에 대한 해고가 위법하다는 입장을 취하였다.

(3) 판단기준의 구체화

판례는 해고대상자 선정기준은 단체협약이나 취업규칙 등에 정해져 있는 경우라면 특별한 사정이 없는 한 그에 따라야 하고, 만약 그러한 기준이 사전에 정해져 있지 않다면 근로자의 건강상태, 부양의무의 유무, 재취업 가능성 등 근로자 각자의 주관적 사정과 업무능력, 근무성적, 징계 전력, 임금 수준 등 사용자의 이익 측면을 적절히 조화시키되, 근로자에게 귀책사유가 없는 해고임을 감안하여 사회적·경제적 보호의 필요성이 높은 근로자들을 배려할 수 있는 합리적이고 공정한 기준을 설정하여야 한다. 경영상 이유에 의한 해고에 앞서 전환배치를 실시하는 경우 전환배치대상자 선정기준은 최종적으로 이루어지는 해고대상자 선정에도 영향을 미치게 되므로, 전환배치 기준은 해고대상자 선정기준에 준하여 합리성과 공정성을 갖추어야 하고, 이에 관한 증명책임 역시 이를 주장하는 사용자가 부담한다.

IV. 사안의 해결

1. 해고회피노력 의무 이행 여부

A회사는 경영방침이나 작업방식의 합리화, 신규채용의 금지, 일시휴직 및 희망퇴직의 활용 및 전근 등 사용자가 해고범위를 최소화하기 위하여 가능한 모든 조치 중 어느 하나도 실행하지 않았는바 해고회피노력 의무를 다하지 않아 근로기준법 제24조 제2항 위반이다.

2. 합리적이고 공정한 기준에 의한 해고대상자 선정 여부

A회사는 2023.3.1.에 해외 영업부서 폐지를 결정하면서 경영상 이유에 의한 해고자 30명을 선정하는 기준은 ① 고액 연봉인 장기 근속자 ② 결혼한 여성 직원 ③ A회사가 선정한 직원을 기준으로 대상자를 선정하였는바 해고의 기준이 합리적이고 공정한 기준이 아닌 단순 인건비를 절감, 여성이라는 이유, A회사의 지극히 주관적인 기준에 해당하여 합리적이고 공정한 기준에 의한 해고대상자 선정이라고 판단되지 않는다.

3. 결

A회사가 甲을 해고대상자로 선정한 기준 및 해고회피노력의 부분에서 정당하지 않다.

27 | 퇴직금 분할약정

제1절　법규정(근로자퇴직급여 보장법)

제8조(퇴직금제도의 설정 등)

① 퇴직금제도를 설정하려는 사용자는 계속근로기간 1년에 대하여 30일분 이상의 평균임금을 퇴직금으로 퇴직 근로자에게 지급할 수 있는 제도를 설정하여야 한다.

제9조(퇴직금의 지급 등)

① 사용자는 근로자가 퇴직한 경우에는 그 지급사유가 발생한 날부터 14일 이내에 퇴직금을 지급해야 한다. 다만, 특별한 사정이 있는 경우에는 당사자 간의 합의에 따라 지급기일을 연장할 수 있다.

제2절　판례의 태도

1 원칙

퇴직금은 근로관계 종료 시 발생하는 근로자의 임금채권의 일종으로 근로관계 존속 중에 퇴직금 지급의 의무는 없다.

2 퇴직금 분할약정의 유효성

(1) 유효성 관련 판례의 태도

판례는 사용자의 퇴직금 지급의무는 근로계약이 존속하는 한 발생할 여지가 없고 근로계약이 종료되는 때에야 비로소 그 지급의무가 발생하는 후불적 임금이므로, 근로자는 퇴직일에 사용자에 대하여 퇴직금의 지급을 구할 수 있고, 사용자 또한 그 퇴직 당시에야 비로소 그 지급의무가 발생하는 것이므로, 근로계약에서 퇴직금을 미리 연봉 속에 포함시켜 지급하였다 하더라도 이는 법 제8조에서 정하는 법정퇴직금 지급으로서의 효력이 없다는 입장으로 퇴직금 분할약정의 유효성을 부정하고 있다.

(2) 검토

① 근로자퇴직급여 보장법 제8조 제1항이 사용자로 하여금 계속근로연수 1년 이상의 퇴직하는 근로자에게 반드시 퇴직금을 지급할 수 있는 제도를 설정하도록 의무지우고 있는 강행규정이라는 점, ② 퇴직금 분할 지급이 퇴직금 중간정산과는 무관하다는 점 등을 감안할 때, 임금에 포함시켜 지급하는 퇴직금 선지급금은 법정퇴직금으로 인정될 수 없다고 본다.

3 퇴직금 선지급금의 반환문제

그렇다면 근로자가 퇴직금 명목으로 매월 임금에 분할 지급받은 퇴직금 선지급금을 법률상 원인이 없는 금품인 부당이득으로 반환을 청구할 수 있는지가 문제된다.

(1) 원칙

① 부당이득으로 볼 수 있는 경우

대법원은 전원합의체 판결을 통해 사용자가 근로자에게 퇴직금 명목의 금원을 실질적으로 지급하였음에도 불구하고 정작 퇴직금 지급으로서의 효력이 인정되지 아니할 뿐만 아니라 임금 지급으로서의 효력도 인정되지 않는다면, 사용자는 법률상 원인 없이 근로자에게 퇴직금 명목의 금원을 지급함으로써 위 금원 상당의 손해를 입은 반면 근로자는 같은 금액 상당의 이익을 얻은 셈이 되므로, 근로자는 수령한 퇴직금 명목의 금원을 부당이득으로 사용자에게 반환하여야 한다고 보는 것이 공평의 견지에 합당하다고 판시하였다.

② 부당이득으로 볼 수 없는 경우(임금에 해당하는 경우)

그러나 최근 대법원은 이러한 법리가 사용자와 근로자 사이에 실질적인 퇴직금 분할약정이 존재함을 전제로 하여 비로소 적용할 것이어서, 사용자와 근로자가 체결한 당해 약정이 그 실질은 임금을 정한 것에 불과함에도 불구하고 사용자가 퇴직금의 지급을 면탈하기 위하여 퇴직금 분할약정의 형식만을 취한 것인 경우에는 적용할 수 없고, 근로자들이 수령한 퇴직금 명목의 금원은 부당이득으로 볼 수 없어 반환할 의무가 없다는 입장을 취한 바 있다.

(2) 검토

선지급금은 법률상 원인 없이 지급된 것이기는 하지만, 사용자가 퇴직금의 지급을 면탈하기 위하여 퇴직금 분할약정의 형식만을 취한 것인 경우에는 이러한 법리를 적용할 수 없다고 본다.

Q A회사는 모든 근로자들과 1년 단위로 연봉계약을 체결하였다. 연봉계약서에는 기본급, 수당 및 상여금, 1년에 1개월 평균임금 상당액인 퇴직금과 이를 12개월로 분할 지급되는 금액이 지급되었다. 이에 따라 근로자 乙은 A사로부터 퇴직금 명목의 금원을 매월 균분하여 지급받았다. 이후 근로자 乙은 퇴직하면서 퇴직금 지급청구를 하였는바 근로자 乙의 퇴직금 지급청구의 정당성에 대해 설명하시오. 25점

해설

✔ **퇴직금 분할약정**

I. 문제의 소재

A사 연봉계약을 체결하면서 연봉 내에 퇴직금을 미리 포함시켜 매월 임금에 퇴직금 명목의 금품을 포함시켜 분할 지급해오는 이른바 퇴직금 분할약정이 근로관계 종료 시에 청구권이 발생되는 퇴직금의 성질에 비추어 유효성 여부에 대한 법원의 입장을 살펴보고 乙의 퇴직금 지급청구의 정당성을 살펴보고자 한다.

II. 법규정(근로자퇴직급여 보장법)

> **제8조(퇴직금제도의 설정 등)**
> ① 퇴직금제도를 설정하려는 사용자는 계속근로기간 1년에 대하여 30일분 이상의 평균임금을 퇴직금으로 퇴직 근로자에게 지급할 수 있는 제도를 설정하여야 한다.
>
> **제9조(퇴직금의 지급 등)**
> ① 사용자는 근로자가 퇴직한 경우에는 그 지급사유가 발생한 날부터 14일 이내에 퇴직금을 지급해야 한다. 다만, 특별한 사정이 있는 경우에는 당사자 간의 합의에 따라 지급기일을 연장할 수 있다.

III. 판례의 태도

1. 원칙

퇴직금은 근로관계 종료 시 발생하는 근로자의 임금채권의 일종으로 근로관계 존속 중에 퇴직금 지급의 의무는 없다.

2. 퇴직금 분할약정의 유효성

(1) 유효성 관련 판례의 태도

판례는 사용자의 퇴직금 지급의무는 근로계약이 존속하는 한 발생할 여지가 없고 근로계약이 종료되는 때에야 비로소 그 지급의무가 발생하는 후불적 임금이므로, 근로자는 퇴직일에 사용자에 대하여 퇴직금의 지급을 구할 수 있고, 사용자 또한 그 퇴직 당시에야 비로소 그 지급의무가 발생하는 것이므로, 근로계약에서 퇴직금을 미리 연봉 속에 포함시켜 지급하였다 하더라도 이는 법 제8조에서 정하는 법정퇴직금 지급으로서의 효력이 없다는 입장으로 퇴직금 분할약정의 유효성을 부정하고 있다.

(2) 검토

① 근로자퇴직급여 보장법 제8조 제1항이 사용자로 하여금 계속근로연수 1년 이상의 퇴직하는 근로자에게 반드시 퇴직금을 지급할 수 있는 제도를 설정하도록 의무지우고 있는 강행규정이라는 점, ② 퇴직금 분할 지급이 퇴직금 중간정산과는 무관하다는 점 등을 감안할 때, 임금에 포함시켜 지급하는 퇴직금 선지급금은 법정퇴직금으로 인정될 수 없다고 본다.

3. 퇴직금 선지급금의 반환문제

그렇다면 근로자가 퇴직금 명목으로 매월 임금에 분할 지급받은 퇴직금 선지급금을 법률상 원인이 없는 금품인 부당이득으로 반환을 청구할 수 있는지가 문제된다.

(1) 원칙

① 부당이득으로 볼 수 있는 경우

대법원은 전원합의체 판결을 통해 사용자가 근로자에게 퇴직금 명목의 금원을 실질적으로 지급하였음에도 불구하고 정작 퇴직금 지급으로서의 효력이 인정되지 아니할 뿐만 아니라 임금 지급으로서의 효력도 인정되지 않는다면, 사용자는 법률상 원인 없이 근로자에게 퇴직금 명목의 금원을 지급함으로써 위 금원 상당의 손해를 입은 반면 근로자는 같은 금액 상당의 이익을 얻은 셈이 되므로, 근로자는 수령한 퇴직금 명목의 금원을 부당이득으로 사용자에게 반환하여야 한다고 보는 것이 공평의 견지에 합당하다고 판시하였다.

② 부당이득으로 볼 수 없는 경우(임금에 해당하는 경우)

그러나 최근 대법원은 이러한 법리가 사용자와 근로자 사이에 실질적인 퇴직금 분할약정이 존재함을 전제로 하여 비로소 적용할 것이어서, 사용자와 근로자가 체결한 당해 약정이 그 실질은 임금을 정한 것에 불과함에도 불구하고 사용자가 퇴직금의 지급을 면탈하기 위하여 퇴직금 분할약정의 형식만을 취한 것인 경우에는 적용할 수 없고, 근로자들이 수령한 퇴직금 명목의 금원은 부당이득으로 볼 수 없어 반환할 의무가 없다는 입장을 취한 바 있다.

(2) 검토

선지급금은 법률상 원인 없이 지급된 것이기는 하지만, 사용자가 퇴직금의 지급을 면탈하기 위하여 퇴직금 분할약정의 형식만을 취한 것인 경우에는 이러한 법리를 적용할 수 없다고 본다.

4. 사안의 검토

퇴직금의 지급시기는 원칙적으로 근로관계 종료시점이기에 A사와 근로자 乙의 연봉계약내용과 같이 매월 지급받는 임금에 퇴직금을 포함시켜 이를 선지급하였다 하여도, 그것은 적법한 퇴직금 중간정산이 아닌 한 퇴직금 지급으로서의 효력이 없다고 본다. 한편, 사안의 연봉계약은 이른바 포괄임금제 형식으로 체결되어 있는데, 각종 수당을 모두 포함해서 매월 정액을 지급하는 임금지급구조를 고려할 때 이는 퇴직금의 지급을 면탈하기 위해 분할약정의 형식만 취한 것으로 보이는 바, 선지급된 퇴직금을 부당이득으로 볼 수 없을 것이다.

IV. 사안의 해결

乙은 A사를 상대로 퇴직금 지급을 청구할 수 있을 뿐만 아니라 부당이득 반환문제도 발생되지 않는다.

CHAPTER **Part 01** 개별적 근로관계 핵심주제

28 | 갱신기대권

제1절 법규정(기간제 및 단시간근로자 보호 등에 관한 법률)

제2조(정의)

이 법에서 사용하는 용어의 정의는 다음과 같다.

1. "기간제근로자"라 함은 기간의 정함이 있는 근로계약(이하 "기간제 근로계약"이라 한다)을 체결한 근로자를 말한다.

제4조(기간제근로자의 사용)

① 사용자는 2년을 초과하지 아니하는 범위 안에서(기간제 근로계약의 반복갱신 등의 경우에는 그 계속 근로한 총기간이 2년을 초과하지 아니하는 범위 안에서) 기간제근로자를 사용할 수 있다. 다만, 다음 각 호의 어느 하나에 해당하는 경우에는 2년을 초과하여 기간제근로자로 사용할 수 있다.

1. 사업의 완료 또는 특정한 업무의 완성에 필요한 기간을 정한 경우
2. 휴직·파견 등으로 결원이 발생하여 해당 근로자가 복귀할 때까지 그 업무를 대신할 필요가 있는 경우
3. 근로자가 학업, 직업훈련 등을 이수함에 따라 그 이수에 필요한 기간을 정한 경우
4. 「고령자고용촉진법」 제2조 제1호의 고령자와 근로계약을 체결하는 경우
5. 전문적 지식·기술의 활용이 필요한 경우와 정부의 복지정책·실업대책 등에 따라 일자리를 제공하는 경우로서 대통령령으로 정하는 경우
6. 그 밖에 제1호부터 제5호까지에 준하는 합리적인 사유가 있는 경우로서 대통령령으로 정하는 경우

② 사용자가 제1항 단서의 사유가 없거나 소멸되었음에도 불구하고 2년을 초과하여 기간제근로자로 사용하는 경우에는 그 기간제근로자는 기간의 정함이 없는 근로계약을 체결한 근로자로 본다.

제2절 판례의 태도

1 원칙

판례는 기간제 근로계약을 체결한 경우 그 기간이 만료되면 근로관계는 '당연종료'된다는 입장을 취하고 있으며 사용자의 갱신거절은 해고가 아니므로 당사자의 별도 의사표시를 요하지 않고, 근로기준법 제26조의 해고예고도 적용될 여지가 없다는 입장이다.

2 사안별 검토

(1) 근로관계 단절로 보는 경우

판례는 기간제 근로계약이 반복하여 체결되거나 갱신되어 일정한 공백기 없이 기간제근로자가 계속적으로 근로한 경우라면, 특별한 사정이 없는 한 최초 기간제 근로계약에서부터 최종 기간제 근로계약에 이르기까지 기간 전체가 기간제법 제4조에서 말하는 기간제근로자의 사용 기간으로서 '계속근로한 총기간'에 포함되어야 한다. 다만 기간제 근로계약의 대상이 되는 업무의 성격, 기간제 근로계약의 반복 또는 갱신과 관련한 당사자들의 의사, 반복 또는 갱신된 기간제 근로계약을 전후한 기간제근로자의 업무 내용·장소와 근로조건의 유사성, 기간제 근로계약의 종료와 반복 또는 갱신 과정에서 이루어진 절차나 그 경위 등을 종합적으로 고려할 때 당사자 사이에 기존 기간제 근로계약의 단순한 반복 또는 갱신이 아닌 새로운 근로관계가 형성되었다고 평가할 수 있는 특별한 사정이 있는 경우에는 기간제근로자의 계속된 근로에도 불구하고 그 시점에 근로관계가 단절되었다고 보아야 하고, 그 결과 기간제법 제4조에서 말하는 '계속근로한 총기간'을 산정할 때 그 시점을 전후한 기간제 근로계약기간을 합산할 수 없다는 입장이다.

(2) 적용제외 기간과 계속근로

판례는 반복하여 체결된 기간제 근로계약 사이에 기간제법 제4조 제1항 단서의 예외사유에 해당하는 기간이 존재하더라도, 계약체결의 경위와 당사자의 의사, 근로계약 사이의 시간적 단절 여부, 업무내용 및 근로조건의 유사성 등에 비추어 예외사유에 해당하는 기간 전후의 근로관계가 단절 없이 계속되었다고 평가되는 경우에는 예외사유에 해당하는 기간을 제외한 전후의 근로기간을 합산하여 기간제법 제4조의 계속근로한 총기간을 산정하는 것이 타당하다는 입장이다.

(3) 공백기간이 존재하는 경우

판례는 기간제법 규정의 형식과 내용, 입법 취지에 비추어 볼 때, 반복하여 체결된 기간제 근로계약 사이에 근로관계가 존재하지 않는 공백기간이 있는 경우에는, 공백기간의 길이와 공백기간을 전후한 총 사용기간 중 공백기간이 차지하는 비중, 공백기간이 발생한 경위, 공백기간을 전후한 업무내용과 근로조건의 유사성, 사용자가 공백기간 동안 해당 기간제근로자의 업무를 대체한 방식과 기간제근로자에 대해 취한 조치, 공백기간에 대한 당사자의 의도나 인식, 다른 기간제근로자들에 대한 근로계약 반복·갱신 관행 등을 종합하여 공백기간 전후의 근로관계가 단절 없이 계속되었다고 평가될 수 있는지 여부를 가린 다음, 공백기간 전후의 근로기간을 합산하여 기간제법 제4조의 계속근로한 총 기간을 산정할 수 있는지 판단하여야 한다는 입장이다.

(4) 기간제법 적용을 배제하기로 하는 합의

판례는 기간제법 제4조 제2항은 강행규정이라고 보아야 하며 근로계약의 당사자가 기간제법 제4조 제2항을 배제하기로 하는 합의를 하더라도 그 효력이 인정되지 않는다는 입장이다.

3 기간의 형식화 법리

판례는 근로계약기간을 정한 경우에 있어서 근로계약 당사자 사이의 근로관계는 특별한 사정이 없는 한 그 기간이 만료함에 따라 사용자의 해고 등 별도의 조치를 기다릴 것 없이 근로자로서의 신분관계는 당연히 종료된다. 그렇지만 한편, 기간을 정한 근로계약서를 작성한 경우에도 예컨대 단기의 근로계약이 장기간에 걸쳐서 반복하여 갱신됨으로써 그 정한 기간이 단지 형식에 불과하게 된 경우 등 계약서의 내용과 근로계약이 이루어지게 된 동기 및 경위, 기간을 정한 목적과 당사자의 진정한 의사, 동종의 근로계약 체결방식에 관한 관행 그리고 근로자보호법규 등을 종합적으로 고려하여 그 기간의 정함이 단지 형식에 불과하다는 사정이 인정되는 경우에는 계약서의 문언에도 불구하고 그 경우에 사용자가 정당한 사유 없이 갱신계약의 체결을 거절하는 것은 해고와 마찬가지로 무효로 된 다는 입장이다.

4 갱신기대권이 인정되는 경우

(1) 판단기준

판례는 기간을 정하여 근로계약을 체결한 근로자의 경우 그 기간이 만료됨으로써 근로자로서의 신분관계는 당연히 종료되고 근로계약을 갱신하지 못하면 갱신거절의 의사표시가 없어도 그 근로자는 당연퇴직되는 것이 원칙이다. 그러나 근로계약, 취업규칙, 단체협약 등에서 기간만료에도 불구하고 일정한 요건이 충족되면 당해 근로계약이 갱신된다는 취지의 규정을 두고 있거나, 그러한 규정이 없더라도 근로계약의 내용과 근로계약이 이루어지게 된 동기 및 경위, 계약 갱신의 기준 등 갱신에 관한 요건이나 절차의 설정 여부 및 그 실태, 근로자가 수행하는 업무의 내용 등 당해 근로관계를 둘러싼 여러 사정을 종합하여 볼 때 근로계약 당사자 사이에 일정한 요건이 충족되면 근로계약이 갱신된다는 신뢰관계가 형성되어 있어 근로자에게 그에 따라 근로계약이 갱신될 수 있으리라는 정당한 기대권이 인정되는 경우에는 사용자가 이에 위반하여 부당하게 근로계약의 갱신을 거절하는 것은 부당해고와 마찬가지로 아무런 효력이 없고, 이 경우 기간만료 후의 근로관계는 종전의 근로계약이 갱신된 것과 동일하다는 입장이다.

(2) 기간제법 시행 이전에 체결된 근로계약의 갱신기대권 인정 여부

판례는 기간제법의 시행으로 사용자가 2년의 기간 내에서 기간제근로자를 사용할 수 있고 기간제근로자의 총 사용기간이 2년을 초과할 경우 그 기간제근로자가 기간의 정함이 없는 근로자로 간주되더라도, 그 입법 취지가 기본적으로 기간제 근로계약의 남용을 방지함으로써 근로자의 지위를 보장하려는 데에 있는 점 등에 비추어 보면, 특별한 사정이 없는 한 기간제법의 시행만으로 그 시행 전에 이미 형성된 기간제근로자의 갱신에 대한 정당한 기대권이 배제 또는 제한된다고 볼 수는 없다는 입장이다.

판례는 기간제법 시행 이후 체결된 근로계약과 갱신기대권에 대해서도 정당한 기대권 형성이 제한되는 것이 아니라는 입장을 취하고 있다.

(3) 기간제근로자의 재고용 기대권

판례는 근로자의 정년을 정한 근로계약, 취업규칙이나 단체협약 등이 법령에 위반되지 않는 한 그에 명시된 정년에 도달하여 당연퇴직하게 된 근로자와의 근로관계를 정년을 연장하는 등의 방법으로 계속 유지할 것인지 여부는 원칙적으로 사용자의 권한에 속하는 것으로서, 해당 근로자에게 정년 연장을 요구할 수 있는 권리가 있다고 할 수 없다. 그러나 근로계약, 취업규칙, 단체협약 등에서 정년에 도달한 근로자가 일정한 요건을 충족하면 기간제근로자로 재고용하여야 한다는 취지의 규정을 두고 있거나, 그러한 규정이 없더라도 재고용을 실시하게 된 경위 및 그 실시기간, 해당 직종 또는 직무 분야에서 정년에 도달한 근로자 중 재고용된 사람의 비율, 재고용이 거절된 근로자가 있는 경우 그 사유 등의 여러 사정을 종합하여 볼 때, 사업장에 그에 준하는 정도의 재고용 관행이 확립되어 있다고 인정되는 등 근로계약 당사자 사이에 근로자가 정년에 도달하더라도 일정한 요건을 충족하면 기간제근로자로 재고용될 수 있다는 신뢰관계가 형성되어 있는 경우에는 특별한 사정이 없는 한 근로자는 그에 따라 정년 후 재고용되리라는 기대권을 가진다는 입장이다.

5 입증책임

갱신거절에 합리적 이유가 있음에 대한 증명책임은 사용자가 부담한다는 입장이다.

29 | 기간제법 예외사유(촉탁직)

제1절 법규정(기간제 및 단시간근로자 보호 등에 관한 법률)

제4조(기간제근로자의 사용)
① 사용자는 2년을 초과하지 아니하는 범위 안에서(기간제 근로계약의 반복갱신 등의 경우에는 그 계속 근로한 총기간이 2년을 초과하지 아니하는 범위 안에서) 기간제근로자를 사용할 수 있다. 다만, 다음 각 호의 어느 하나에 해당하는 경우에는 2년을 초과하여 기간제근로자로 사용할 수 있다.
  4. 「고령자고용촉진법」 제2조 제1호의 고령자와 근로계약을 체결하는 경우(55세 이상)

제2절 판례의 태도

1 기간제법 적용 제외사유의 갱신기대권 인정 여부

판례는 기간제법은 같은 법 제4조 제1항 단서의 예외사유에 해당하지 않는 한 2년을 초과하여 기간제근로자로 사용하는 경우 기간의 정함이 없는 근로계약을 체결한 것으로 간주하고 있으나, 기간제법의 입법 취지가 기간제근로자 및 단시간근로자에 대한 불합리한 차별을 시정하고 근로조건 보호를 강화하기 위한 것임을 고려하면, 기간제법 제4조 제1항 단서의 예외사유에 해당한다는 이유만으로 갱신기대권에 관한 위 법리의 적용이 배제된다고 볼 수는 없다는 입장이다.

2 정년을 도과한 근로자의 갱신기대권 인정 여부

판례는 정년을 이미 경과한 상태에서 기간제 근로계약을 체결한 경우에는, 해당 직무의 성격에 의하여 요구되는 직무수행 능력과 당해 근로자의 업무수행 적격성, 연령에 따른 작업능률 저하나 위험성 증대의 정도, 해당 사업장에서 정년을 경과한 고령자가 근무하는 실태 및 계약이 갱신되어 온 사례 등을 종합적으로 고려하여 근로계약 갱신에 관한 정당한 기대권이 인정되는지 여부를 판단하여야 한다는 입장이다.

3 기간제법 제4조 제2항을 배제하는 합의

판례는 기간제법은 강행규정으로 근로계약의 당사자가 기간제법 제4조 제2항을 배제하기로 하는 합의를 하더라도 그 효력이 인정되지 않는다는 입장이다.

제3절   정규직 전환기대권

1 기본 입장

판례는 근로계약, 취업규칙, 단체협약 등에서 기간제근로자의 계약기간이 만료될 무렵 인사평가 등을 거쳐 일정한 요건이 충족되면 기간의 정함이 없는 근로자로 전환된다는 취지의 규정을 두고 있거나, 그러한 규정이 없더라도 근로계약의 내용과 근로계약이 이루어지게 된 동기와 경위, 기간의 정함이 없는 근로자로의 전환에 관한 기준 등 그에 관한 요건이나 절차의 설정 여부 및 그 실태, 근로자가 수행하는 업무의 내용 등 당해 근로관계를 둘러싼 여러 사정을 종합하여 볼 때, 근로계약 당사자 사이에 일정한 요건이 충족되면 기간의 정함이 없는 근로자로 전환된다는 신뢰관계가 형성되어 있어 근로자에게 기간의 정함이 없는 근로자로 전환될 수 있으리라는 정당한 기대권이 인정되는 경우에는 사용자가 이를 위반하여 합리적 이유 없이 기간의 정함이 없는 근로자로의 전환을 거절하며 근로계약의 종료를 통보하더라도 부당해고와 마찬가지로 효력이 없고, 그 이후의 근로관계는 기간의 정함이 없는 근로자로 전환된 것과 동일하다고 보아야 한다는 입장이다.

2 자회사 정규직 전환 채용 기대권을 인정한 사안

판례는 도급업체가 업무 일부를 용역업체에 위탁하여 용역업체가 위탁받은 업무의 수행을 위해 기간을 정하여 근로자를 사용하여 왔는데, 용역업체와의 위탁계약이 종료되고 도급업체가 자회사를 설립하여 자회사에 해당 업무를 위탁하는 경우, 자회사가 용역업체 소속 근로자를 정규직으로 채용하여 새롭게 근로관계가 성립될 것이라는 신뢰관계가 형성되었다면, 특별한 사정이 없는 한 근로자에게는 자회사의 정규직으로 전환 채용될 수 있으리라는 기대권이 인정된다. 이때 근로자에게 정규직 전환 채용에 대한 기대권이 인정되는지 여부는 자회사의 설립 경위 및 목적, 정규직 전환 채용에 관한 협의의 진행경과 및 내용, 정규직 전환 채용 요건이나 절차의 설정 여부 및 실태, 기존의 고용승계 관련 관행, 근로자가 수행하는 업무의 내용, 자회사와 근로자의 인식 등 해당 근로관계 및 용역계약을 둘러싼 여러 사정을 종합적으로 고려하여 판단하여야 한다. 근로자에게 정규직 전환 채용에 대한 기대권이 인정되는 경우 도급업체의 자회사가 합리적 이유 없이 채용을 거절하는 것은 부당해고와 마찬가지로 효력이 없다는 입장이다.

제4절   갱신거절의 합리적 이유

1 원칙

판례는 기간제 근로계약을 체결한 근로자에게 이와 같이 근로계약 갱신에 대한 정당한 기대권을 인정하는 취지는 기간제 근로계약의 남용을 방지함으로써 기간제근로자에 대한 불합리한 차별을 시정하고 기간제근로자의 근로조건 보호를 강화하려는 데에 있다. 그러므로 근로자에게 이미 형성된 갱신에 대한 정당한 기대권이 있음에도 불구하고 사용자가 이를 배제하고 근로계약의 갱신을 거절한 데에 합리적 이유가 있는지가 문제될 때에는 사용자의 사업 목적과 성격, 사업장 여건, 근로자의 지위 및 담당 직무의 내용, 근로계약 체결 경위, 근로계약의 갱신에 관한 요건이나 절차의 설정 여부와 그 운용 실태, 근로자에게 책임 있는 사유가 있는지 여부 등 당해 근로관계를 둘러싼 여러 사정을 종합하여 갱신 거부의 사유와 그 절차가 사회통념에 비추어 볼 때 객관적이고 합리적이며 공정한지를 기준으로 판단하여야 하고, 그러한 사정에 대한 증명책임은 사용자가 부담한다는 입장이다.

2 구체적 검토

특히 사용자가 갱신에 대한 정당한 기대권을 보유한 기간제근로자들에 대하여 사전 동의 절차를 거치거나 가점 부여 등의 구체적인 기준도 마련하지 않은 채 재계약 절차가 아닌 신규채용절차를 통하여 선발되어야만 계약갱신을 해주겠다고 주장하면서 대규모로 갱신거절을 한 경우, 이는 근로자의 갱신에 대한 정당한 기대권을 전면적으로 배제하는 것이므로, 사용자로서 그와 같은 조치를 취하지 않으면 안 될 경영상 또는 운영상의 필요가 있는지, 그에 관한 근거 규정이 있는지, 이를 회피하거나 갱신거절의 범위를 최소화하기 위한 노력을 하였는지, 그 대상자를 합리적이고 공정한 기준에 따라 선정하기 위한 절차를 밟았는지, 그 과정에서 차별적 대우가 있었는지 여부 등을 종합적으로 살펴보아 그 주장의 당부를 판단하여야 한다는 입장이다.

3 입증책임

갱신거절에 합리적인 이유가 있음에 대한 증명책임은 사용자가 부담한다.

제 5 절 관련문제

1 갱신거절로 근로하지 못한 기간

판례는 기간제법의 기간제근로자 보호 취지, 사용자의 부당한 갱신거절로 인한 효과 등을 고려하면, 사용자의 부당한 갱신거절로 인해 근로자가 실제로 근로를 제공하지 못한 기간도 계약갱신에 대한 정당한 기대권이 존속하는 범위에서는 기간제법 제4조 제2항에서 정한 2년의 사용제한기간에 포함된다고 보아야 한다.

2 자동연장조항의 해석

판례는 이 사건 조항은 그 자체로 '원고와 피고가 이 사건 근로계약의 기간이 만료하는 2018.4.30.까지 별도로 합의하지 않는 한 이 사건 근로계약은 자동으로 연장된다.'는 의미임이 명확하다. 이와 달리 '원고가 근로계약기간 동안 항공종사자 자격을 유지함으로써 근로계약상 정해진 근로를 정상적으로 제공할 수 있다는 전제에서만 이 사건 조항이 적용된다.'는 기재는 없다. 이 사건 근로계약서에 적혀 있지 않은 내용을 추가하는 것은 처분문서인 이 사건 근로계약서 문언의 객관적인 의미에 반한다는 입장이다.

3 기간제 근로계약이 종료된 후 근로기준법 제27조 적용 여부

판례는 기간을 정하여 근로계약을 체결한 근로자의 경우 그 기간이 만료됨으로써 근로자로서의 신분관계는 당연히 종료되고 근로계약을 갱신하지 못하면 갱신거절의 의사표시가 없어도 그 근로자는 당연퇴직되는 것이 원칙이다. 다만 근로계약, 취업규칙, 단체협약 등에서 기간이 만료되더라도 일정한 요건이 충족되면 당해 근로계약이 갱신된다는 취지의 규정을 두고 있거나, 근로계약 당사자 사이에 일정한 요건이 충족되면 근로계약이 갱신된다는 신뢰관계가 형성되어 있어 근로자에게 근로계약이 갱신될 수 있으리라는 정당한 기대권이 인정되는 경우에는, 사용자가 합리적인 이유 없이 부당하게 근로계약 갱신을 거절하는 것은 예외적으로 그 효력이 없고, 종전의 근로계약이 갱신된 것과 동일하다고 인정하는 것이다. 그러므로 기간제 근로계약의 종료에 따른 사용자의 갱신거절은 근로자의 의사와 관계없이 사용자가 일방적으로 근로관계를 종료시키는 해고와는 구별되는 것이고, 근로관계의 지속에 대한 근로자의 신뢰나 기대 역시 동일하다고 평가할 수는 없다.

한편 근로기준법 제27조는 사용자가 근로자를 해고하려면 해고사유와 해고시기를 서면으로 통지하여야 그 효력이 있다고 규정하고 있는데 이는 해고사유 등의 서면통지를 통하여 사용자로 하여금 근로자를 해고하는 데 신중을 기하도록 하고, 해고의 존부 및 시기와 그 사유를 명확하게 하여 사후에 이를 둘러싼 분쟁이 적정하고 용이하게 해결될 수 있도록 하며, 근로자에게도 해고에 적절히 대응할 수 있게 하기 위한 취지이다. 기간제 근로계약은 그 기간이 만료됨으로써 당연히 종료하는 것이므로 갱신거절의 존부 및 시기와 그 사유를 명확하게 하여야 할 필요성이 해고의 경우에 견주어 크지 않고, 근로기준법 제27조의 내용과 취지에 비추어 볼 때 기간제 근로계약이 종료된 후 갱신거절의 통보를 하는 경우에까지 근로기준법 제27조를 준수하도록 예정하였다고 보기 어렵다. 이러한 사정을 종합하여 보면, 기간제 근로계약이 종료된 후 사용자가 갱신거절의 통보를 하는 경우에는 근로기준법 제27조가 적용되지 않는다고 봄이 타당하다.

사례연습

Q 甲은 2018.1.1. A회사의 연구·개발부서에 연구직 근로자로 입사하였다. 근로계약서에는 근로계약 기간이 1년으로 정해져 있다. A회사의 취업규칙에 따르면, ① 연구직 근로자는 1년 계약기간의 계약제로 고용하되, ② 계약기간 만료 전에 근무성적을 평가하여 재계약 여부를 결정하며, ③ 3명의 평가위원이 작성한 평가심사표의 점수를 평균하여 70점 이상이면 재계약을 체결한다고 규정하고 있다. 그간에 중한 징계처분을 받아 평가 점수를 낮게 받은 극히 예외적인 몇몇 근로자들을 제외하고, 대부분의 연구직 근로자들은 재계약이 체결되었다. 甲은 징계를 받은 적도 없고 평소에 근무태도에 대해 별다른 지적을 받은 적도 없었다. 그런데 甲의 재계약 체결을 위한 근무성적 평가심사에서, 연구·개발부서에 근무하는 평가위원 2명은 높은 점수를 부여하였으나, 평소 甲과 사이가 좋지 않은 총무부장이 평가위원으로 이례적으로 낮은 점수인 25점을 부여하여 甲의 평균 점수는 68점이 되었다. A회사는 2018.12.31. 甲에게 재계약 체결을 거부한다는 통지를 하였다. A회사는 ① 甲의 근로계약 기간이 만료되어 당연히 퇴직되었을 뿐이며, ② 근무성적평가 점수도 70점 미달이고, ③ 재계약 체결 여부는 회사가 자유로이 판단하여 결정할 수 있다고 주장한다. 甲은 근로계약이 갱신되리라고 기대하고 있으며, A회사가 재계약 체결을 거부한 것은 부당하다고 한다. 甲의 주장은 타당한가? 25점

해설

✔ 갱신기대권

Ⅰ. 문제의 소재

甲의 주장의 당부와 관련하여 甲이 기간의 정함이 없는 근로계약을 체결한 경우에 해당하는지, 甲에게 기간제 근로계약에 관한 정당한 갱신기대권이 인정되는지, A회사가 甲에게 재계약 체결을 거부한 것은 해고인바 '합리적 이유'가 인정되는지가 문제된다.

Ⅱ. 법규정

> **기간제 및 단시간근로자 보호 등에 관한 법률**
>
> 제2조(정의)
>
> 이 법에서 사용하는 용어의 정의는 다음과 같다.
>
> 1. "기간제근로자"라 함은 기간의 정함이 있는 근로계약(이하 "기간제 근로계약"이라 한다)을 체결한 근로자를 말한다.
>
> 제4조(기간제근로자의 사용)
>
> ① 사용자는 2년을 초과하지 아니하는 범위 안에서(기간제 근로계약의 반복갱신 등의 경우에는 그 계속근로한 총기간이 2년을 초과하지 아니하는 범위 안에서) 기간제근로자를 사용할 수 있다.

III. 판례의 태도

1. 원칙

판례는 기간제 근로계약을 체결한 경우 그 기간이 만료되면 근로관계는 '당연종료'된다는 입장을 취하고 있으며 사용자의 갱신거절은 해고가 아니므로 당사자의 별도 의사표시를 요하지 않고, 근로기준법 제26조의 해고예고도 적용될 여지가 없다는 입장이다.

2. 기간의 형식화 법리

판례는 기간을 정한 근로계약서를 작성한 경우에도 예컨대 단기의 근로계약이 장기간에 걸쳐서 반복하여 갱신됨으로써 그 정한 기간이 단지 형식에 불과하게 된 경우 등 계약서의 내용과 근로계약이 이루어지게 된 동기 및 경위, 기간을 정한 목적과 당사자의 진정한 의사, 동종의 근로계약 체결방식에 관한 관행 그리고 근로자보호법규 등을 종합적으로 고려하여 그 기간의 정함이 단지 형식에 불과하다는 사정이 인정되는 경우에는 계약서의 문언에도 불구하고 그 경우에 사용자가 정당한 사유 없이 갱신계약의 체결을 거절하는 것은 해고와 마찬가지로 무효로 된다는 입장이다.

3. 갱신기대권이 인정되는 경우

(1) 판단기준

판례는 근로계약, 취업규칙, 단체협약 등에서 기간만료에도 불구하고 일정한 요건이 충족되면 당해 근로계약이 갱신된다는 취지의 규정을 두고 있거나, 그러한 규정이 없더라도 근로계약의 내용과 근로계약이 이루어지게 된 동기 및 경위, 계약 갱신의 기준 등 갱신에 관한 요건이나 절차의 설정 여부 및 그 실태, 근로자가 수행하는 업무의 내용 등 당해 근로관계를 둘러싼 여러 사정을 종합하여 볼 때 근로계약 당사자 사이에 일정한 요건이 충족되면 근로계약이 갱신된다는 신뢰관계가 형성되어 있어 근로자에게 그에 따라 근로계약이 갱신될 수 있으리라는 정당한 기대권이 인정되는 경우에는 사용자가 이에 위반하여 부당하게 근로계약의 갱신을 거절하는 것은 부당해고와 마찬가지로 아무런 효력이 없고, 이 경우 기간만료 후의 근로관계는 종전의 근로계약이 갱신된 것과 동일하다는 입장이다.

(2) 기간제법 시행 이후 갱신기대권 인정 여부

판례는 기간제법 시행 이후 체결된 근로계약과 갱신기대권에 대해서도 정당한 기대권 형성이 제한되는 것이 아니라는 입장을 취하고 있다.

4. 갱신거절의 합리적 이유

판례는 기간제 근로계약을 체결한 근로자에게 이와 같이 근로계약 갱신에 대한 정당한 기대권을 인정하는 취지는 기간제 근로계약의 남용을 방지함으로써 기간제근로자에 대한 불합리한 차별을 시정하고 기간제근로자의 근로조건 보호를 강화하려는 데에 있다. 그러므로 근로자에게 이미 형성된 갱신에 대한 정당한 기대권이 있음에도 불구하고 사용자가 이를 배제하고 근로계약의 갱신을 거절한 데에 합리적 이유가 있는지가 문제될 때에는 사용자의 사업 목적과 성격, 사업장 여건, 근로자의 지위 및 담당 직무의 내용, 근로계약 체결 경위, 근로계약의 갱신에 관한 요건이나 절차의 설정 여부와 그 운용 실태, 근로자에게 책임 있는 사유가 있는지 여부 등 당해 근로관계를 둘러싼 여러 사정을 종합하여 갱신 거부의 사유와 그 절차가 사회통념에 비추어 볼 때 객관적이고 합리적이며 공정한지를 기준으로 판단하여야 하고, 그러한 사정에 대한 증명책임은 사용자가 부담한다는 입장이다.

5. 입증책임

갱신거절에 합리적 이유가 있음에 대한 증명책임은 사용자가 부담한다는 입장이다.

IV. 사안의 해결

1. 원칙

甲은 2018.1.1. A회사의 연구·개발부서에 연구직 근로자로 입사하였다. 근로계약서에는 근로계약 기간이 1년으로 정해져 있는바 1년이 만료되면 근로관계도 당연 종료되는 것이 원칙이다.

2. 기간의 형식화 법리

A회사의 취업규칙에 따르면, ① 연구직 근로자는 1년 계약기간의 계약제로 고용하되, ② 계약기간 만료 전에 근무성적을 평가하여 재계약 여부를 결정하며, ③ 3명의 평가위원이 작성한 평가심사표의 점수를 평균하여 70점 이상이면 재계약을 체결한다고 규정하고 있는바 근로계약 기간의 정함이 형식에 불과한 경우로 보기는 어렵다.

3. 갱신기대권 인정 여부

A회사의 취업규칙 규정에 갱신요건 및 갱신절차가 규정되어 있는바 갱신기대권이 존재한다고 보이며 그간에 중한 징계처분을 받아 평가 점수를 낮게 받은 극히 예외적인 몇몇 근로자들을 제외하고, 대부분의 연구직 근로자들은 재계약이 체결되었다는 점을 고려하면 일정한 요건이 충족되면 근로계약이 갱신된다는 신뢰관계가 형성되었다고 보인다.

4. 합리적 이유로 인한 거부

판례에 따르면 A회사가 甲의 근로계약 갱신을 거절하는 것은 해고에 해당하는바 근로기준법 제23조의 적용을 받는다. ① 甲은 징계를 받은 적도 없고 평소에 근무태도에 대해 별다른 지적을 받은 적도 없었는바 甲에게 책임 있는 사유가 있다고 보기 어려우며, ② 그런데 甲의 재계약 체결을 위한 근무성적 평가심사에서, 연구·개발부서에 근무하는 평가위원 2명은 높은 점수를 부여하였으나, 평소 甲과 사이가 좋지 않은 총무부장이 평가위원으로 이례적으로 낮은 점수인 25점을 부여하여 甲의 평균 점수는 68점이 되었으니 사회통념에 비추어 볼 때 객관적이고 합리적이며 공정하지 않다고 판단된다. 따라서 甲의 갱신거절은 합리적인 이유가 있다고 판단되지 않는다.

5. 결

A회사는 ① 甲의 근로계약 기간이 만료되어 당연히 퇴직되었을 뿐이며, ② 근무성적평가 점수도 70점 미달이고, ③ 재계약 체결 여부는 회사가 자유로이 판단하여 결정할 수 있다는 주장은 타당하지 않다. 따라서 甲의 주장은 타당하다.

30 | 파견과 도급의 구별

제 1 절   법규정

> **파견법 제2조(정의)**
> 이 법에서 사용하는 용어의 뜻은 다음과 같다.
> 1. "근로자파견"이란 파견사업주가 근로자를 고용한 후 그 고용관계를 유지하면서 근로자파견계약의 내용에 따라 사용사업주의 지휘·명령을 받아 사용사업주를 위한 근로에 종사하게 하는 것을 말한다.
>
> **민법 제664조(도급의 의의)**
> 도급은 당사자 일방이 어느 일을 완성할 것을 약정하고 상대방이 그 일의 결과에 대하여 보수를 지급할 것을 약정함으로써 그 효력이 생긴다.

제 2 절   판례의 태도

1 원칙

판례는 법률관계가 근로자파견에 해당하는지는 당사자가 붙인 계약의 명칭이나 형식에 구애될 것이 아니라 그 근로관계의 실질에 따라 판단하여야 한다는 입장이다.

2 구체적 기준

판례는 원고용주가 어느 근로자로 하여금 제3자를 위한 업무를 수행하도록 하는 경우 그 법률관계가 위와 같이 파견법의 적용을 받는 근로자파견에 해당하는지는 당사자가 붙인 계약의 명칭이나 형식에 구애될 것이 아니라, 제3자가 당해 근로자에 대하여 직·간접적으로 그 업무수행 자체에 관한 구속력 있는 지시를 하는 등 상당한 지휘·명령을 하는지, 당해 근로자가 제3자 소속 근로자와 하나의 작업집단으로 구성되어 직접 공동 작업을 하는 등 제3자의 사업에 실질적으로 편입되었다고 볼 수 있는지, 원고용주가 작업에 투입될 근로자의 선발이나 근로자의 수, 교육 및 훈련, 작업·휴게시간, 휴가, 근무태도 점검 등에 관한 결정 권한을 독자적으로 행사하는지, 계약의 목적이 구체적으로 범위가 한정된 업무의 이행으로 확정되고 당해 근로자가 맡은 업무가 제3자 소속 근로자의 업무와 구별되며 그러한 업무에 전문성·기술성이 있는지, 원고용주가 계약의 목적을 달성하기 위하여 필요한 독립적 기업조직이나 설비를 갖추고 있는지 등의 요소를 바탕으로 그 근로관계의 실질에 따라 판단한다는 입장이다.

제 3 절　직접고용의무

1　법규정

제5조(근로자파견 대상 업무 등)
① 근로자파견사업은 제조업의 직접생산공정업무를 제외하고 전문지식·기술·경험 또는 업무의 성질 등을 고려하여 적합하다고 판단되는 업무로서 대통령령으로 정하는 업무를 대상으로 한다.

제6조(파견기간)
① 근로자파견의 기간은 제5조 제2항에 해당하는 경우를 제외하고는 1년을 초과하여서는 아니 된다.

제6조의2(고용의무)
① 사용사업주가 다음 각 호의 어느 하나에 해당하는 경우에는 해당 파견근로자를 직접 고용하여야 한다.
　1. 제5조 제1항의 근로자파견 대상 업무에 해당하지 아니하는 업무에서 파견근로자를 사용하는 경우(제5조 제2항에 따라 근로자파견사업을 한 경우는 제외한다)
　2. 제5조 제3항을 위반하여 파견근로자를 사용하는 경우
　3. 제6조 제2항을 위반하여 2년을 초과하여 계속적으로 파견근로자를 사용하는 경우
　4. 제6조 제4항을 위반하여 파견근로자를 사용하는 경우
　5. 제7조 제3항을 위반하여 근로자파견의 역무를 제공받은 경우

2　판례의 태도

(1) 파견사업주만 변경

판례는 직접고용간주 규정이나 직접고용의무 규정은 사용사업주가 파견기간의 제한을 위반하여 계속적으로 파견근로자를 사용하는 행위에 대하여 행정적 감독이나 처벌과는 별도로 사용사업주와 파견근로자 사이의 사법관계에서도 직접고용관계의 성립을 간주하거나 사용사업주에게 직접고용의무를 부과함으로써 근로자파견의 상용화·장기화를 방지하면서 파견근로자의 고용안정을 도모할 목적에서 사용사업주와 파견근로자 사이에 발생하는 법률관계 및 이에 따른 법적 효과를 설정하는 것으로서, 그 내용이 파견사업주와는 직접적인 관련이 없고, 그 적용 요건으로 파견기간 중 파견사업주의 동일성을 요구하고 있지도 아니하므로, 사용사업주가 파견기간의 제한을 위반하여 해당 파견근로자로 하여금 대상 업무를 계속 수행하도록 한 경우에는, 특별한 사정이 없는 한 그 파견기간 중 파견사업주가 변경되었다는 이유만으로 직접고용간주 규정이나 직접고용의무 규정의 적용을 배제할 수는 없다고 봄이 타당하다는 입장이다.

(2) 직접고용의무가 발생된 이후 파견근로자의 근로관계 종료

판례는 직접고용간주 또는 직접고용의무 규정은 사용사업주와 파견근로자 사이에 발생하는 법률관계와 이에 따른 법적 효과를 설정하는 것으로서 그 내용이 파견사업주와는 직접적인 관련이 없고, 위와 같은 법률관계의 성립이나 법적 효과 발생 후 파견사업주와 파견근로자 사이의 근로관계가 유지되고 있을 것을 그 효력존속요건으로 요구하고 있다고 할 수도 없다. 따라서 사용사

업주와 파견근로자 사이에 직접고용관계의 성립이 간주되거나 사용사업주에게 직접고용의무가 발생한 후 파견근로자가 파견사업주에 대한 관계에서 사직하거나 해고를 당하였다고 하더라도, 이러한 사정은 원칙적으로 사용사업주와 파견근로자 사이의 직접고용간주나 직접고용의무와 관련된 법률관계에 영향을 미치지 않는다.

한편 제정 파견법 제6조 제3항 단서와 구 파견법 및 개정 파견법 제6조의2 제2항은 '당해 파견근로자가 명시적인 반대의사를 표시하는 경우'에는 직접고용간주 규정이나 직접고용의무 규정이 적용되지 않는다고 정하고 있다. 직접고용간주 규정이나 직접고용의무 규정의 입법 목적과 그 규정들이 파견사업주와는 직접적인 관련이 없는 점 등에 비추어 보면 '당해 파견근로자가 명시적인 반대의사를 표시하는 경우'란 근로자가 사용사업주에게 직접고용되는 것을 명시적으로 반대한 경우를 의미한다. 따라서 파견근로자가 파견사업주와의 근로관계를 종료하고자 하는 의사로 사직의 의사표시를 하였다고 하더라도 그러한 사정만으로는 '당해 파견근로자가 명시적인 반대의사를 표시하는 경우'에 해당한다고 단정할 수 없다는 입장이다.

(3) 직접고용 시 근로조건

판례는 사용사업주가 2년을 초과하여 계속적으로 파견근로자를 사용함으로써 해당 파견근로자를 직접 고용하여야 할 경우의 근로조건에 관하여 '사용사업주의 근로자 중 해당 파견근로자와 동종 또는 유사업무를 수행하는 근로자가 있는 경우 그 근로자에게 적용되는 취업규칙 등에서 정하는 근로조건'에 의하도록 규정하고 있는데, 이는 사용사업주와 직접고용관계를 맺게 된 모든 파견근로자에게 해석상 응당 적용되어야 할 근로조건을 다시금 확인하는 차원에서 명시한 것으로 보일 뿐 새삼스레 그 근로조건을 기존보다 상향하여 설정하기 위한 것이라고 하기는 어려운 점 등을 종합하여 보면, 직접고용간주 규정에 따라 사용사업주가 직접 고용한 것으로 간주되는 파견근로자의 근로조건은 사용사업주의 근로자 중 해당 파견근로자와 동종 또는 유사업무를 수행하는 근로자가 있을 경우 그 근로자에게 적용되는 취업규칙 등에서 정한 근로조건과 동일하다고 보는 것이 타당하다는 입장이다.

(4) 파견사업주의 안전배려의무

판례는 근로자파견에서의 근로 및 지휘·명령 관계의 성격과 내용 등을 종합하면, 파견사업주가 고용한 근로자를 자신의 작업장에 파견받아 지휘·명령하며 자신을 위한 계속적 근로에 종사하게 하는 사용사업주는 파견근로와 관련하여 그 자신도 직접 파견근로자를 위한 보호의무 또는 안전배려의무를 부담함을 용인하고, 파견사업주는 이를 전제로 사용사업주와 근로자파견계약을 체결하며, 파견근로자 역시 사용사업주가 위와 같은 보호의무 또는 안전배려의무를 부담함을 전제로 사용사업주에게 근로를 제공한다고 봄이 타당하다. 그러므로 근로자파견관계에서 사용사업주와 파견근로자 사이에는 특별한 사정이 없는 한 파견근로와 관련하여 사용사업주가 파견근로자에 대한 보호의무 또는 안전배려의무를 부담한다는 점에 관한 묵시적인 의사의 합치가 있다고 할 것이고, 따라서 사용사업주의 보호의무 또는 안전배려의무 위반으로 손해를 입은 파견근로자는 사용사업주와 직접 고용 또는 근로계약을 체결하지 아니한 경우에도 위와 같은 묵시적 약정에 근거하여 사용사업주에 대하여 보호의무 또는 안전배려의무의 위반을 원인으로 하는 손해배상을 청구할 수 있다고 할 것이다. 그리고 이러한 약정상 의무 위반에 따른 채무불이행책임을 원인으로 하는 손해배상청구권에 대하여는 불법행위책임에 관한 민법 제766조 제1항의 소멸시효 규정이 적용될 수는 없다.

(5) 파견과 계열사 간 전출

① 원칙

판례는 파견법 제6조의2 제1항에 따른 직접고용의무는 근로자파견사업을 하는 파견사업주, 즉 근로자파견을 업으로 하는 자가 주체가 되어 행하는 근로자파견의 경우에 적용된다. '근로자파견을 업으로 하는 자'란 반복 계속하여 영업으로 근로자파견행위를 하는 자를 말하고, 이에 해당하는지 여부는 근로자파견 행위의 반복·계속성, 영업성 등의 유무와 원고용주의 사업 목적과 근로계약 체결의 목적, 근로자파견의 목적과 규모, 횟수, 기간, 태양 등 여러 사정을 종합적으로 고려하여 사회통념에 따라 판단하여야 할 것인바, 위와 같은 반복·계속성과 영업성은 특별한 사정이 없는 한 근로자파견 행위를 한 자, 즉 원고용주를 기준으로 판단하여야 한다.

② 전출과 구분

그런데 전출은 근로자가 원 소속 기업과의 근로계약을 유지하면서 휴직·파견·사외근무·사외파견 등의 형태로 원 소속 기업에 대한 근로제공의무를 면하고 전출 후 기업의 지휘·감독 아래 근로를 제공함으로써 근로제공의 상대방이 변경되는 것으로서 근로자의 원 소속 기업 복귀가 예정되어 있는 것이 일반적이다. 특히 고유한 사업 목적을 가지고 독립적 기업활동을 영위하는 계열회사 간 전출의 경우 전출 근로자와 원 소속 기업 사이에는 온전한 근로계약 관계가 살아있고 원 소속 기업으로의 복귀 발령이 나면 기존의 근로계약 관계가 현실화되어 계속 존속하게 되는바, 위와 같은 전출은 외부 인력이 사업조직에 투입된다는 점에서 파견법상 근로자파견과 외형상 유사하더라도 그 제도의 취지와 법률적 근거가 구분되므로, 전출에 따른 근로관계에 대하여 외형상 유사성만을 이유로 원 소속 기업을 파견법상 파견사업주, 전출 후 기업을 파견법상 사용사업주의 관계로 파악하는 것은 상당하지 않고, 앞서 본 바와 같이 여러 사정을 종합적으로 고려하여 신중하게 판단하여야 한다.

제 4 절 고용의제와 고용의무

1 원칙

판례는 개정된 파견법하에서 파견기간 제한을 위반한 사용사업주는 직접고용의무 규정에 의하여 파견근로자를 직접 고용할 의무가 있으므로, 파견근로자는 사용사업주가 직접고용의무를 이행하지 아니하는 경우 사용사업주를 상대로 고용 의사표시에 갈음하는 판결을 구할 사법상의 권리가 있고, 그 판결이 확정되면 사용사업주와 파견근로자 사이에 직접고용관계가 성립한다. 또한 파견근로자는 이와 아울러 사용사업주의 직접고용의무 불이행에 대하여 직접고용관계가 성립할 때까지의 임금 상당 손해배상금을 청구할 수 있다는 입장이다.

2 손해배상의 범위

(1) 원칙

판례는 파견근로자보호 등에 관한 법률(이하 '파견법'이라고 한다)상 차별금지규정의 문언 내용과 입법 취지 등을 감안하면, 사용사업주가 파견근로자와 비교대상 근로자가 동종 또는 유사한 업무를 수행하고 있음을 알았거나 통상적인 사용사업주의 입장에서 합리적인 주의를 기울였으면 이를 알 수 있었는데도 파견근로자의 임금을 결정하는 데 관여하거나 영향력을 행사하는 등으로 파견근로자가 비교대상 근로자보다 적은 임금을 지급받도록 하고 이러한 차별에 합리적 이유가 없는 경우, 이는 파견법 제21조 제1항을 위반하는 위법한 행위로서 민법 제750조의 불법행위를 구성한다. 이 경우 사용사업주는 합리적인 이유 없이 임금 차별을 받은 파견근로자에게 그러한 차별이 없었더라면 받을 수 있었던 적정한 임금과 실제 지급받은 임금의 차액에 상당하는 손해를 배상할 책임이 있다는 입장이다.

(2) 산정기간

사용사업주에게 직접고용의무가 발생한 후 파견근로자가 파견사업주로부터 사직하는 등으로 근로 제공을 중단하였다고 하더라도, 특별한 사정이 없는 한 파견근로자는 사용사업주의 직접고용의무 불이행에 대하여 직접고용의무 발생일부터 직접고용관계가 성립할 때까지 사용사업주에게 직접고용되었다면 받았을 임금 상당 손해배상금을 청구할 수 있다. 그러나 사용사업주가 직접고용의무를 이행했더라도 파견근로자가 근로를 제공하지 않았을 것이라고 평가할 수 있는 예외적인 경우에는 사용사업주의 채무불이행으로 인하여 파견근로자에게 손해가 발생했다고 볼 수 없으므로, 이와 같은 경우에는 파견근로자가 손해배상을 청구할 수 없다는 입장이다.

3 직접고용의무에 따른 고용 형태

(1) 고용 형태의 제한

판례는 파견법의 직접고용의무 규정의 입법 취지 및 목적에 비추어 볼 때, 특별한 사정이 없는 한 사용사업주는 직접고용의무 규정에 따라 근로계약을 체결할 때 기간을 정하지 않은 근로계약을 체결하여야 함이 원칙이다. 다만, 파견법 제6조의2 제2항에서 파견근로자가 명시적으로 반대 의사를 표시하는 경우에는 직접고용의무의 예외가 인정되는 점을 고려할 때 파견근로자가 사용사업주를 상대로 직접고용의무의 이행을 구할 수 있다는 점을 알면서도 기간제 근로계약을 희망하였다거나, 사용사업주의 근로자 중 해당 파견근로자와 같은 종류의 업무 또는 유사한 업무를 수행하는 근로자가 대부분 기간제 근로계약을 체결하고 근무하고 있어 파견근로자로서도 애초에 기간을 정하지 않은 근로계약 체결을 기대하기 어려웠던 경우 등과 같이 직접고용관계에 계약기간을 정한 것이 직접고용의무 규정의 입법 취지 및 목적을 잠탈한다고 보기 어려운 특별한 사정이 존재하는 경우에는 사용사업주가 파견근로자와 기간제 근로계약을 체결할 수 있을 것이다. 그리고 이러한 특별한 사정의 존재에 관하여는 사용사업주가 증명책임을 부담한다.

(2) 강행법규 위반 여부

따라서 직접고용의무를 부담하는 사용사업주가 파견근로자를 직접고용하면서 앞서 본 특별한 사정이 없음에도 기간제 근로계약을 체결하는 경우 이는 직접고용의무를 완전하게 이행한 것이라고 보기 어렵고, 이러한 근로계약 중 기간을 정한 부분은 파견근로자를 보호하기 위한 파견법의 강행규정을 위반한 것에 해당하여 무효가 될 수 있다는 입장이다.

사례연습

Q A공사는 고속국도의 설치·관리 및 통행료 수납업무를 수행하는 공기업이다. C사는 시설관리 등을 사업목적으로 2000.1.1. 설립된 회사로서 2020.8.15. 현재 자본금은 5억원이며, 다수의 거래처로부터 시설관리 등의 업무를 도급받아 수행하고 있다. 다만, C사는 근로자파견사업의 허가를 받지는 아니하였다. C사는 2017.12.31. 공개입찰 방식으로 2018.1.1. ~ 2018.12.31.의 1년의 계약기간으로 A공사와 통행료 수납업무 용역계약을 체결하였고, 이후 같은 방식으로 두 차례 계약을 갱신하였다. C사는 기존에 근무하던 수납원이 퇴직하여 결원이 생기자 구직자를 모집하여 2019.8.14. 乙과 1년의 계약기간으로 근로계약을 체결하였다. 乙은 채용과 동시에 A공사가 관리하는 △△영업소의 통행료 수납원으로 발령받아 근무하던 중 2020.8.13. 계약기간이 만료되어 C사에서 퇴사하였다. C사는 乙에게 기존과 동일한 조건으로 근로계약을 갱신할 것을 제안하였으나, 乙은 "A공사에게 나를 직접 고용하라고 요구하겠다."며 그 제안을 거절하였다. A공사는 사전에 정해 둔 용역대금 산정기준에 따라 B 및 C사 등 외주업체와 용역계약을 체결하였고, A공사의 영업소는 A공사의 직원인 소장, 과장, 대리, 주임과 외주업체 소속인 수납원으로 구성되어 있다. 수납원들은 A공사의 영업소 사무실로 출근하여 A공사의 로고가 새겨진 근무복과 명찰을 착용한 후 주임으로부터 지시사항을 전달받고 요금소로 이동하여 통행료 수납업무 등을 수행하였다. 또 수납원들은 교대시간 또는 근무시간 종료 후 사무실로 이동하여, 징수한 통행료를 확인한 후 주임에게 입금확인서와 개인별 근무확인서를 작성·제출하였고, 주임은 이러한 개인별 근무확인서의 내용이 A공사의 전산시스템에 자동 저장된 정보와 일치하는지 확인하고 소장의 결재를 받았다. 한편, 외주업체들은 영업소 소장에게 매월 소속 수납원들의 근무편성표, 출퇴근 사항을 보고하였다. A공사는 2018.1.1. 통행료 수납업무와 관련하여 고객을 응대할 때의 행동, 표정, 언어, 예절, 자세, 예외적 상황별 고객응대 요령 등이 기재된 매뉴얼을 제작하여 외주업체에 배포하였고, 외주업체 소속 수납원들은 이러한 매뉴얼에 따라 업무를 수행하였다. 乙은 자신이 A공사에 파견된 근로자였음을 이유로 A공사가 자신을 직접 고용할 의무가 있다고 주장한다. 판례법리에 근거하여 乙의 주장의 타당성을 논하시오. (다만, 파견대상업무에 관한 부분은 논점에서 제외한다.) 30점

해설

✔ **파견과 도급의 구별**

Ⅰ. 문제의 소재

乙의 주장의 타당성과 관련하여 A공사와 C사가 체결한 통행료 수납업무 용역계약의 법적 성질이 도급이 아니라 근로자 파견에 해당하는지 여부, 사용사업주인 A공사가 파견근로자인 乙에 대하여 파견법 제6조의2 제1항에 따른 직접고용의무를 부담하는지, 乙이 명시적인 반대의사를 표시한 경우에 해당하여 A공사가 乙을 직접 고용하지 않아도 되는 경우에 해당하는 것은 아닌지 문제된다.

Ⅱ. 법규정

파견법 제2조(정의)

이 법에서 사용하는 용어의 뜻은 다음과 같다.

1. "근로자파견"이란 파견사업주가 근로자를 고용한 후 그 고용관계를 유지하면서 근로자파견계약의 내용에 따라 사용사업주의 지휘·명령을 받아 사용사업주를 위한 근로에 종사하게 하는 것을 말한다.

제6조의2(고용의무)

① 사용사업주가 다음 각 호의 어느 하나에 해당하는 경우에는 해당 파견근로자를 직접 고용하여야 한다.

　5. 제7조 제3항을 위반하여 근로자파견의 역무를 제공받은 경우

제7조(근로자파견사업의 허가)

③ 사용사업주는 제1항을 위반하여 근로자파견사업을 하는 자로부터 근로자파견의 역무를 제공받아서는 아니 된다.

민법 제664조(도급의 의의)

도급은 당사자 일방이 어느 일을 완성할 것을 약정하고 상대방이 그 일의 결과에 대하여 보수를 지급할 것을 약정함으로써 그 효력이 생긴다.

Ⅲ. 판례의 태도

1. 원칙

판례는 법률관계가 근로자파견에 해당하는지는 당사자가 붙인 계약의 명칭이나 형식에 구애될 것이 아니라 그 근로관계의 실질에 따라 판단하여야 한다는 입장이다.

2. 구체적 기준

판례는 원고용주가 어느 근로자로 하여금 제3자를 위한 업무를 수행하도록 하는 경우 그 법률관계가 위와 같이 파견법의 적용을 받는 근로자파견에 해당하는지는 당사자가 붙인 계약의 명칭이나 형식에 구애될 것이 아니라, 제3자가 당해 근로자에 대하여 직·간접적으로 그 업무수행 자체에 관한 구속력 있는 지시를 하는 등 상당한 지휘·명령을 하는지, 당해 근로자가 제3자 소속 근로자와 하나의 작업집단으로 구성되어 직접 공동 작업을 하는 등 제3자의 사업에 실질적으로 편입되었다고 볼 수 있는지, 원고용주가 작업에 투입될 근로자의 선발이나 근로자의 수, 교육 및 훈련, 작업·휴게시간, 휴가, 근무태도 점검 등에 관한 결정 권한을 독자적으로 행사하는지, 계약의 목적이 구체적으로 범위가 한정된 업무의 이행으로 확정되고 당해 근로자가 맡은 업무가 제3자 소속 근로자의 업무와 구별되며 그러한 업무에 전문성·기술성이 있는지, 원고용주가 계약의 목적을 달성하기 위하여 필요한 독립적 기업조직이나 설비를 갖추고 있는지 등의 요소를 바탕으로 그 근로관계의 실질에 따라 판단한다는 입장이다.

3. 직접고용의무

(1) 법규정

> 제6조의2(고용의무)
> ① 사용사업주가 다음 각 호의 어느 하나에 해당하는 경우에는 해당 파견근로자를 직접
> 고용하여야 한다.
>   1. 제5조 제1항의 근로자파견 대상 업무에 해당하지 아니하는 업무에서 파견근로자
>   를 사용하는 경우(제5조 제2항에 따라 근로자파견사업을 한 경우는 제외한다)
>   3. 제6조 제2항을 위반하여 2년을 초과하여 계속적으로 파견근로자를 사용하는 경우

(2) 판례의 태도

판례는 직접고용간주 또는 직접고용의무 규정은 사용사업주와 파견근로자 사이에 발생하는 법률관계와 이에 따른 법적 효과를 설정하는 것으로서 그 내용이 파견사업주와는 직접적인 관련이 없고, 위와 같은 법률관계의 성립이나 법적 효과 발생 후 파견사업주와 파견근로자 사이의 근로관계가 유지되고 있을 것을 그 효력존속요건으로 요구하고 있다고 할 수도 없다. 따라서 사용사업주와 파견근로자 사이에 직접고용관계의 성립이 간주되거나 사용사업주에게 직접고용의무가 발생한 후 파견근로자가 파견사업주에 대한 관계에서 사직하거나 해고를 당하였다고 하더라도, 이러한 사정은 원칙적으로 사용사업주와 파견근로자 사이의 직접고용간주나 직접고용의무와 관련된 법률관계에 영향을 미치지 않는다.

한편 제정 파견법 제6조 제3항 단서와 구 파견법 및 개정 파견법 제6조의2 제2항은 '당해 파견근로자가 명시적인 반대의사를 표시하는 경우'에는 직접고용간주 규정이나 직접고용의무 규정이 적용되지 않는다고 정하고 있다. 직접고용간주 규정이나 직접고용의무 규정의 입법 목적과 그 규정들이 파견사업주와는 직접적인 관련이 없는 점 등에 비추어 보면 '당해 파견근로자가 명시적인 반대의사를 표시하는 경우'란 근로자가 사용사업주에게 직접고용되는 것을 명시적으로 반대한 경우를 의미한다. 따라서 파견근로자가 파견사업주와의 근로관계를 종료하고자 하는 의사로 사직의 의사표시를 하였다고 하더라도 그러한 사정만으로는 '당해 파견근로자가 명시적인 반대의사를 표시하는 경우'에 해당한다고 단정할 수 없다는 입장이다.

IV. 사안의 해결

1. A공사와 C공사의 계약이 도급인지 파견인지 여부

C사는 2017.12.31. 공개입찰 방식으로 2018.1.1. ~ 2018.12.31.의 1년의 계약기간으로 A공사와 통행료 수납업무 용역계약을 체결하였으나 형식이 아닌 근로관계의 실질에 따라 판단하여야 한다.

(1) 제3자가 당해 근로자에 대하여 직·간접적으로 그 업무수행 자체에 관한 구속력 있는 지시를 하는 등 상당한 지휘·명령을 하는지

수납원들은 A공사의 영업소 사무실로 출근하여 A공사의 로고가 새겨진 근무복과 명찰을 착용한 후 주임으로부터 지시사항을 전달받고 요금소로 이동하여 통행료 수납업무 등을 수행하였다. 또 수납원들은 교대시간 또는 근무시간 종료 후 사무실로 이동하여, 징수한 통행료를 확인한 후 주임에게 입금확인서와 개인별 근무확인서를 작성·제출하였고, 주임은 이러한 개

인별 근무확인서의 내용이 A공사의 전산시스템에 자동 저장된 정보와 일치하는지 확인하고 소장의 결재를 받았다. 한편, 외주업체들은 영업소 소장에게 매월 소속 수납원들의 근무편성표, 출퇴근 사항을 보고하였다. A공사는 2018.1.1. 통행료 수납업무와 관련하여 고객을 응대할 때의 행동, 표정, 언어, 예절, 자세, 예외적 상황별 고객응대 요령 등이 기재된 매뉴얼을 제작하여 외주업체에 배포하였고, 외주업체 소속 수납원들은 이러한 매뉴얼에 따라 업무를 수행하였다는 사정을 고려하면 A공사가 乙에게 통행료 수납업무 수행에 관한 구속력 있는 지시를 하는 등의 '상당한 지휘·명령'을 한 것으로 볼 수 있다.

(2) 당해 근로자가 제3자 소속 근로자와 하나의 작업집단으로 구성되어 직접 공동 작업을 하는 등 제3자의 사업에 실질적으로 편입되었다고 볼 수 있는지

乙은 채용과 동시에 A공사가 관리하는 △△영업소의 통행료 수납원으로 발령받아 근무한 사실을 보면 乙이 A공사의 사업에 실질적으로 편입되었다고 볼 수 있다고 판단된다.

(3) 원고용주가 작업에 투입될 근로자의 선발이나 근로자의 수, 교육 및 훈련, 작업·휴게시간, 휴가, 근무태도 점검 등에 관한 결정 권한을 독자적으로 행사하는지

A공사는 2018.1.1. 통행료 수납업무와 관련하여 고객을 응대할 때의 행동, 표정, 언어, 예절, 자세, 예외적 상황별 고객응대 요령 등이 기재된 매뉴얼을 제작하여 외주업체에 배포하였고, 외주업체 소속 수납원들은 이러한 매뉴얼에 따라 업무를 수행한 점을 고려하면 원고용주인 C사가 독자적인 결정 권한을 행사한 것으로 볼 수 없다.

(4) 계약의 목적이 구체적으로 범위가 한정된 업무의 이행으로 확정되고 당해 근로자가 맡은 업무가 제3자 소속 근로자의 업무와 구별되며 그러한 업무에 전문성·기술성이 있는지

乙이 수행하는 A공사의 통행료 수납업무에 전문성이나 기술성이 있다고 보기는 어렵다는 점에서 도급으로 보기는 어렵다.

(5) 원고용주가 계약의 목적을 달성하기 위하여 필요한 독립적 기업조직이나 설비를 갖추고 있는지

A공사는 고속국도의 설치·관리 및 통행료 수납업무를 수행하는 공기업이다. C사는 시설관리 등을 사업목적으로 2000.1.1. 설립된 회사로서 2020.8.15. 현재 자본금은 5억원이며, 다수의 거래처로부터 시설관리 등의 업무를 도급받아 수행하고 있는바 C사가 독립적 기업조직 등을 어느 정도는 갖추고 있는 것으로 볼 수 있다.

상기 사항을 종합해 보면 A공사와 C사의 계약의 형식은 용역계약(도급)이 하더라도 그 실질은 파견법 제2조 제1호의 근로자파견에 해당한다고 볼 수 있다.

2. 직접고용의무

乙이 계약기간 만료로 C사에서 퇴사하면서 C사의 근로계약 갱신 제안을 거절하면서 乙은 자신이 A공사에 파견된 근로자였음을 이유로 A공사가 자신을 직접 고용할 의무가 있다고 주장하는 것은 명시적인 반대의사 표시를 한 것이라고 볼 수 없다. 또한 명시적 반대의사 표시는 A공사에 직접 행해야 하는바 파견허가를 받지 못한 경우이므로 파견법 제6조의2 제1항 제5호에 따라 乙을 직접 고용할 의무를 부담한다.

3. 결

乙의 주장은 타당하다.

31 | 차별시정제도

제1절 법규정

기간제법 제2조(정의)

이 법에서 사용하는 용어의 정의는 다음과 같다.

3. "차별적 처우"라 함은 다음 각 목의 사항에서 합리적인 이유 없이 불리하게 처우하는 것을 말한다.

기간제법 제8조(차별적 처우의 금지)

① 사용자는 기간제근로자임을 이유로 해당 사업 또는 사업장에서 동종 또는 유사한 업무에 종사하는 기간의 정함이 없는 근로계약을 체결한 근로자에 비하여 차별적 처우를 하여서는 아니 된다.

② 사용자는 단시간근로자임을 이유로 해당 사업 또는 사업장의 동종 또는 유사한 업무에 종사하는 통상근로자에 비하여 차별적 처우를 하여서는 아니 된다.

파견법 제2조(정의)

이 법에서 사용하는 용어의 뜻은 다음과 같다.

7. "차별적 처우"란 다음 각 목의 사항에서 합리적인 이유 없이 불리하게 처우하는 것을 말한다.

파견법 제21조(차별적 처우의 금지 및 시정 등)

① 파견사업주와 사용사업주는 파견근로자라는 이유로 사용사업주의 사업 내의 같은 종류의 업무 또는 유사한 업무를 수행하는 근로자에 비하여 파견근로자에게 차별적 처우를 하여서는 아니 된다.

제2절 판례의 입장

1 비교대상 근로자

(1) 원칙

판례는 비교대상 근로자로 선정된 근로자의 업무가 기간제근로자의 업무와 동종 또는 유사한 업무에 해당하는지 여부는 취업규칙이나 근로계약 등에 명시된 업무내용이 아니라 근로자가 실제 수행하여 온 업무를 기준으로 판단하되, 이들이 수행하는 업무가 서로 완전히 일치하지 아니하고 업무의 범위 또는 책임과 권한 등에서 다소 차이가 있다고 하더라도 주된 업무의 내용에 본질적인 차이가 없다면 특별한 사정이 없는 이상 이들은 동종 또는 유사한 업무에 종사한다고 보아야 할 것이다.

참가인과 조리직렬 기능군무원 모두 조리업무를 주된 업무로 하고, 조리직렬 기능군무원의 경우 참가인과 달리 행정업무를 수행하고 교육과 훈련에 참가하기는 하나 이는 부수적인 정도에 불과하여, 이들의 주된 업무의 내용에 본질적인 차이가 없어 이들은 동종 또는 유사한 업무에 종사한다고 판단하는 입장이다.

(2) 구체적 검토

① 직제에 존재하지 않는 근로자를 비교대상 근로자

판례는 기간제 및 단시간근로자 보호 등에 관한 법률 제8조 제1항은 "사용자는 기간제근로자임을 이유로 당해 사업 또는 사업장에서 동종 또는 유사한 업무에 종사하는 기간의 정함이 없는 근로계약을 체결한 근로자에 비하여 차별적 처우를 하여서는 아니 된다."라고 정하고 있다. 이러한 규정의 문언 내용과 기간제근로자에 대해 실제로 존재하는 불합리한 차별을 시정하고자 하는 기간제법의 취지 등을 고려하면, 기간제근로자에 대하여 차별적 처우가 있었는지를 판단하기 위한 동종 또는 유사한 업무에 종사하는 비교대상 근로자는 기간의 정함이 없는 근로계약을 체결한 근로자 중에서 선정하여야 하고, 이러한 근로자가 당해 사업 또는 사업장에 실제로 근무하고 있을 필요는 없으나 직제에 존재하지 않는 근로자를 비교대상 근로자로 삼을 수는 없다는 입장이다.

② 공무원의 경우

판례는 공무원은 인사와 복무, 보수 등에서 국가공무원법 및 공무원보수규정 등 관련 법령의 적용을 받기는 하나 기본적으로 임금을 목적으로 근로를 제공하는 근로자에 해당한다. 그리고 기간제법 제3조 제3항은 국가 또는 지방자치단체의 기관에 대하여도 이 법이 적용됨을 명시적으로 규정하여 공공부문에서 근무하는 비공무원인 기간제근로자와 공무원 사이의 비교 가능성을 열어 두고 있다. 이러한 사정들과 함께 기간제근로자에 대한 불합리한 차별을 시정하고 기간제근로자의 근로조건 보호를 강화함으로써 노동시장의 건전한 발전에 이바지함을 목적으로 하는 기간제법의 입법 취지를 종합하여 보면, 기간제법 제8조 제1항이 비교대상 근로자로 들고 있는 '기간의 정함이 없는 근로계약을 체결한 근로자'를 '사법상 근로계약'을 체결한 근로자로 한정하여 해석할 것은 아니다라는 입장으로 공무원도 비교대상 근로자가 될 수 있다는 입장이다.

2 불리한 처우

(1) 원칙

판례는 기간제근로자가 기간제근로자임을 이유로 임금에서 비교대상 근로자에 비하여 차별적 처우를 받았다고 주장하며 차별 시정을 신청하는 경우, 원칙적으로 기간제근로자가 불리한 처우라고 주장하는 임금의 세부 항목별로 비교대상 근로자와 비교하여 불리한 처우가 존재하는지를 판단하여야 한다는 입장이다.

(2) 예외

판례는 기간제근로자와 비교대상 근로자의 임금이 서로 다른 항목으로 구성되어 있거나, 기간제
근로자가 특정 항목은 비교대상 근로자보다 불리한 대우를 받은 대신 다른 특정 항목은 유리한
대우를 받은 경우 등과 같이 항목별로 비교하는 것이 곤란하거나 적정하지 않은 특별한 사정이
있는 경우라면, 상호 관련된 항목들을 범주별로 구분하고 각각의 범주별로 기간제근로자가 받은
임금 액수와 비교대상 근로자가 받은 임금 액수를 비교하여 기간제근로자에게 불리한 처우가 존
재하는지를 판단하여야 한다. 이러한 경우 임금의 세부 항목이 어떤 범주에 속하는지는, 비교대
상 근로자가 받은 항목별 임금의 지급 근거, 대상과 그 성격, 기간제근로자가 받은 임금의 세부
항목 구성과 산정 기준, 특정 항목의 임금이 기간제근로자에게 지급되지 않거나 적게 지급된 이
유나 경위, 임금 지급 관행 등을 종합하여 합리적이고 객관적으로 판단하여야 한다는 입장이다.

(3) 불리한 처우의 기준이 되는 대상

판례는 기간제 및 단시간근로자 보호 등에 관한 법률(이하 '기간제법'이라 한다) 제2조 제3호에
서 말하는 불리한 처우란 임금 그 밖의 근로조건 등에서 기간제근로자와 비교대상 근로자를 다
르게 처우함으로써 기간제근로자에게 발생하는 불이익 전반을 의미하므로, '불리한 처우' 해당
여부를 따지기 위해서는 '기간제근로자'가 비교대상 근로자인 '정규직 근로자'와 비교할 때 불리
한 처우를 받았는지 여부를 기준으로 판단하여야 한다. 즉 이 사건에서 원고들이 기간제법상 불
리한 처우를 받았는지 여부를 판단하기 위해서는 원고들이 정규직으로 전환된 후의 상황을 고려
해서는 안 되고, 이 사건 비교대상 근로자들 역시 그들의 과거 기간제 근무경력을 고려 대상으로
삼아서는 안 되며, 단지 원고들의 '기간제 근무기간'과 이 사건 비교대상 근로자들의 '정규직 근
무기간'만을 비교 대상으로 삼아 그 둘 사이에 차별이 있는지 여부를 검토하여야 한다.

3 합리적 이유가 없을 것

(1) 원칙

판례는 기간제근로자보호법 제2조 제3호는 '차별적 처우'를 '임금 그 밖의 근로조건 등에서 합리
적인 이유 없이 불리하게 처우하는 것'으로 정의하고 있다. 여기에서 불리한 처우란 사용자가
임금 그 밖의 근로조건 등에서 기간제근로자와 비교대상 근로자를 다르게 처우함으로써 기간제
근로자에게 발생하는 불이익 전반을 의미하고, 합리적인 이유가 없는 경우란 기간제근로자를 다
르게 처우할 필요성이 인정되지 않거나 다르게 처우할 필요성이 인정되는 경우에도 그 방법, 정
도 등이 적정하지 않은 경우를 의미한다는 입장이다.

(2) 판단기준

판례는 합리적인 이유가 있는지 여부는 개별 사안에서 문제된 불리한 처우의 내용과 사용자가 불
리한 처우의 사유로 삼은 사정을 기준으로 기간제근로자의 고용형태, 업무의 내용과 범위, 권한과
책임, 임금 그 밖의 근로조건 등의 결정요소 등을 종합적으로 고려하여 판단한다는 입장이다.

제3절 계속되는 차별

판례는 기간제 및 단시간근로자 보호 등에 관한 법률(이하 '기간제법'이라고 한다) 제9조 제1항에서 정한 차별적 처우의 시정신청기간은 제척기간이므로 그 기간이 경과하면 그로써 기간제법에 따른 시정을 신청할 권리는 소멸하나, 계속되는 차별적 처우의 경우 종료일부터 6월 이내에 시정을 신청 하였다면 계속되는 차별적 처우 전체에 대하여 제척기간을 준수한 것이 된다. 한편 사용자가 계속되 는 근로 제공에 대하여 기간제근로자 또는 단시간근로자에게 차별적인 규정 등을 적용하여 차별적으 로 임금을 지급하여 왔다면 특별한 사정이 없는 이상 그와 같은 임금의 차별적 지급은 기간제법 제9 조 제1항 단서에서 정한 '계속되는 차별적 처우'에 해당한다고 보는 것이 타당하다는 입장이다.

제4절 차별시정제도와 시정이익

판례는 차별시정절차 관련 규정의 내용과 그 입법목적, 시정절차의 기능, 시정명령의 내용 등을 종 합하여 보면, 시정신청 당시에 혹은 시정절차 진행 도중에 근로계약기간이 만료하였다는 등의 이유 만으로 기간제근로자 등의 차별적 처우의 시정을 구할 시정이익이 소멸하지 않는다는 입장이다.

사례연습

Q 전라북도 전주시에 소재하고 있는 사립학교 A는 방과 후 학습 프로그램을 실행하기 위해 방과 후 교사를 모집 및 채용하였다. 채용 이후 전문 강사와 일반 강사로 구분하여 방과 후 학습 프로그램이 운영되며 전문 강사는 일반 강사가 받는 강의료와 더불어 '심화반 수당'이라는 명목의 별도 추가 금품을 받으며 금액은 기본 강의료의 100% 가산된 금액이며 매월 말일에 정산된다. 전문 강사가 되기 위한 조건은 사립학교 A의 [방과 후 학습 강사의 처우에 관한 내규]에 규정되어 있으며 내용은 아래와 같다.

[방과 후 학습 강사의 처우에 관한 내규]
① 방과 후 강사는 전문과 일반으로 구분하며 전문 강사는 기간의 정함이 없는 근로계약을 체결한 자이며 일반 강사는 1년 단위로 계약을 하는 기간의 정함이 있는 근로계약을 체결한 자이다.
② 전문 강사의 채용은 상반기 채용과 하반기에 시행되고 1차 서류전형(교사자격증 필수), 2차 필기시험, 3차 면접, 4차 학교장 면접을 통해 합격자를 선발한다.
③ 일반 강사의 채용은 수시로 이루어지며 교감 또는 학생부장의 면접으로 합격자를 선발하며 별도의 자격증 소지는 자격요건이 되지 않는다.
④ 전문 강사와 일반 강사는 학교에서 정한 시간표에 따라 수업을 진행하며 학교에서 정한 수업 방식 및 교재로 방과 후 학습 프로그램을 진행하며 전문 강사는 심화반을 담당하고 일반 강사는 기초반 수업을 담당하며 일반 강사가 심화반을 담당할 수 없다.
⑤ 전문 강사는 심화반 수업을 위해 분기별 필기시험을 통한 평가가 이루어지며 필기시험이 평균 50점 미만이면 다음 분기 강의를 할 없다.
⑥ 전문 강사는 근무시간 도중 방과 후 학습 프로그램 이외의 학교 행사나 모의고사 특강 등에 투입될 수 있으며 기타 학교 업무를 수행할 수 있다.
⑦ 전문 강사는 학교에 대한 업무 이외 다른 경제적 활동을 할 수 없으며 일반 강사는 별도 경제적 활동이 가능하다.

일반 강사인 甲은 학생부장의 면접을 보고 2022.1.1.부터 A학교에서 근무하고 乙은 전문 강사로 2022.1.1.부터 근무하고 있다. 甲은 乙과 채용일이 같고 거주지도 같아 함께 퇴근하는 일이 많았는데 2022.12.30.에 甲은 乙과 대화 도중 본인의 강사료가 乙보다 적은 것을 알게 되었다. 甲은 2022.12.31.에 A학교 교장을 찾아가 '전문 강사와 우리는 출근 시간과 퇴근 시간도 동일 적용되며, 채용일이 같은 乙과는 현재 방과 후 학습 프로그램에서 강의하는 과목도 같은 미술이라는 점, 전문 강사와 일반 강사가 따로 분리되어 있지 않고 하나의 공간(강사 연구실)에서 업무를 한다는 점에서 명백한 기간제근로자임을 이유로 행한 부당한 차별이다.'라고 주장하였다. 이에 학교장은 '차별은 없었다.'라고 답변하고 이후 甲은 2022.12.31.에 A학교와 계약기간의 만료로 근로관계가 종료되었다.

甲의 주장은 타당한가? (근로기준법상 근로자 개념 및 갱신기대권에 관한 논점은 제외한다.) 30점

해설

✔ 차별적 처우

Ⅰ. 문제의 소재

甲은 A학교의 일반 강사로 기간의 정함이 있는 근로자로 근무하였는바 같은 업무를 수행하는 기간의 정함이 없는 근로자 전문 강사 乙과 기간제법 제2조 및 제8조에 따른 차별적 처우의 존재와 차별적 처우가 있다면 합리적인 이유가 있는지에 대한 구체적 판단기준을 법원이 제시하고 있는바 법원의 입장을 기준으로 사안을 해결해 보도록 하자.

Ⅱ. 법규정

> 기간제법 제2조(정의)
>
> 이 법에서 사용하는 용어의 정의는 다음과 같다.
>
> 3. "차별적 처우"라 함은 다음 각 목의 사항에서 합리적인 이유 없이 불리하게 처우하는 것을 말한다.
>
> 기간제법 제8조(차별적 처우의 금지)
>
> ① 사용자는 기간제근로자임을 이유로 해당 사업 또는 사업장에서 동종 또는 유사한 업무에 종사하는 기간의 정함이 없는 근로계약을 체결한 근로자에 비하여 차별적 처우를 하여서는 아니 된다.

Ⅲ. 판례의 태도

1. 비교대상 근로자

(1) 원칙

판례는 비교대상 근로자로 선정된 근로자의 업무가 기간제근로자의 업무와 동종 또는 유사한 업무에 해당하는지 여부는 취업규칙이나 근로계약 등에 명시된 업무내용이 아니라 근로자가 실제 수행하여 온 업무를 기준으로 판단하되, 이들이 수행하는 업무가 서로 완전히 일치하지 아니하고 업무의 범위 또는 책임과 권한 등에서 다소 차이가 있다고 하더라도 주된 업무의 내용에 본질적인 차이가 없다면 특별한 사정이 없는 이상 이들은 동종 또는 유사한 업무에 종사한다고 보아야 할 것이다.

(2) 구체적 검토

판례는 기간제 및 단시간근로자 보호 등에 관한 법률 제8조 제1항은 "사용자는 기간제근로자임을 이유로 당해 사업 또는 사업장에서 동종 또는 유사한 업무에 종사하는 기간의 정함이 없는 근로계약을 체결한 근로자에 비하여 차별적 처우를 하여서는 아니 된다."라고 정하고 있다. 이러한 규정의 문언 내용과 기간제근로자에 대해 실제로 존재하는 불합리한 차별을 시정하고자 하는 기간제법의 취지 등을 고려하면, 기간제근로자에 대하여 차별적 처우가 있었는지를 판단하기 위한 동종 또는 유사한 업무에 종사하는 비교대상 근로자는 기간의 정함이 없는 근로계약을 체결한 근로자 중에서 선정하여야 하고, 이러한 근로자가 당해 사업 또는 사업장에 실제로 근무하고 있을 필요는 없으나 직제에 존재하지 않는 근로자를 비교대상 근로자로 삼을 수는 없다는 입장이다.

2. 불리한 처우

(1) 원칙

판례는 기간제근로자가 기간제근로자임을 이유로 임금에서 비교대상 근로자에 비하여 차별적 처우를 받았다고 주장하며 차별 시정을 신청하는 경우, 원칙적으로 기간제근로자가 불리한 처우라고 주장하는 임금의 세부 항목별로 비교대상 근로자와 비교하여 불리한 처우가 존재하는지를 판단하여야 한다는 입장이다.

(2) 예외

판례는 기간제근로자와 비교대상 근로자의 임금이 서로 다른 항목으로 구성되어 있거나, 기간제근로자가 특정 항목은 비교대상 근로자보다 불리한 대우를 받은 대신 다른 특정 항목은 유리한 대우를 받은 경우 등과 같이 항목별로 비교하는 것이 곤란하거나 적정하지 않은 특별한 사정이 있는 경우라면, 상호 관련된 항목들을 범주별로 구분하고 각각의 범주별로 기간제근로자가 받은 임금 액수와 비교대상 근로자가 받은 임금 액수를 비교하여 기간제근로자에게 불리한 처우가 존재하는지를 판단하여야 한다. 이러한 경우 임금의 세부 항목이 어떤 범주에 속하는지는, 비교대상 근로자가 받은 항목별 임금의 지급 근거, 대상과 그 성격, 기간제근로자가 받은 임금의 세부 항목 구성과 산정 기준, 특정 항목의 임금이 기간제근로자에게 지급되지 않거나 적게 지급된 이유나 경위, 임금 지급 관행 등을 종합하여 합리적이고 객관적으로 판단하여야 한다는 입장이다.

(3) 불리한 처우의 기준이 되는 대상

판례는 기간제 및 단시간근로자 보호 등에 관한 법률(이하 '기간제법'이라 한다) 제2조 제3호에서 말하는 불리한 처우란 임금 그 밖의 근로조건 등에서 기간제근로자와 비교대상 근로자를 다르게 처우함으로써 기간제근로자에게 발생하는 불이익 전반을 의미하므로, '불리한 처우' 해당 여부를 따지기 위해서는 '기간제근로자'가 비교대상 근로자인 '정규직 근로자'와 비교할 때 불리한 처우를 받았는지 여부를 기준으로 판단하여야 한다. 즉 이 사건에서 원고들이 기간제법상 불리한 처우를 받았는지 여부를 판단하기 위해서는 원고들이 정규직으로 전환된 후의 상황을 고려해서는 안 되고, 이 사건 비교대상 근로자들 역시 그들의 과거 기간제 근무경력을 고려 대상으로 삼아서는 안 되며, 단지 원고들의 '기간제 근무기간'과 이 사건 비교대상 근로자들의 '정규직 근무기간'만을 비교 대상으로 삼아 그 둘 사이에 차별이 있는지 여부를 검토하여야 한다.

3. 합리적 이유가 없을 것

(1) 원칙

판례는 기간제근로자보호법 제2조 제3호는 '차별적 처우'를 '임금 그 밖의 근로조건 등에서 합리적인 이유 없이 불리하게 처우하는 것'으로 정의하고 있다. 여기에서 불리한 처우란 사용자가 임금 그 밖의 근로조건 등에서 기간제근로자와 비교대상 근로자를 다르게 처우함으로써 기간제근로자에게 발생하는 불이익 전반을 의미하고, 합리적인 이유가 없는 경우란 기간제근로자를 다르게 처우할 필요성이 인정되지 않거나 다르게 처우할 필요성이 인정되는 경우에도 그 방법, 정도 등이 적정하지 않은 경우를 의미한다는 입장이다.

(2) 판단기준

판례는 합리적인 이유가 있는지 여부는 개별 사안에서 문제된 불리한 처우의 내용과 사용자가 불리한 처우의 사유로 삼은 사정을 기준으로 기간제근로자의 고용형태, 업무의 내용과 범위, 권한과 책임, 임금 그 밖의 근로조건 등의 결정요소 등을 종합적으로 고려하여 판단한다는 입장이다.

4. 합리적 차별의 허용 여부

판례는 헌법 제11조의 평등원칙은 일체의 차별적 대우를 부정하는 절대적 평등을 의미하는 것이 아니라 입법과 법의 적용에 있어서 합리적인 근거가 없는 차별을 금지하는 상대적 평등을 의미하므로, 합리적 근거가 있는 차별 또는 불평등은 평등원칙에 반하지 않는다. 따라서 근로기준법이나 기간제법 등에서 금지하는 차별도 경력·자격·책임 등에 따른 근로조건의 합리적 차이가 아닌 성별·국적·신앙·사회적 신분 등의 사유나 고용형태에 따른 불합리한 차별을 의미하는 것으로 합리적 차별은 인정하고 있다.

IV. 사안의 해결

1. 비교대상 근로자

일반 강사인 甲과 전문 강사 乙은 2022.1.1.부터 A학교에서 방과 후 같은 과목인 미술을 강의한다는 점에서 판례에서 제시한 기준인 근로자가 실제 수행하여 온 업무가 동종 또는 유사한 업무에 종사하는 자로 판단되며 해당 시점에 함께 업무를 수행하고 있는 자에 해당하므로 비교대상 근로자는 乙이 되는 것이 타당하다.

2. 불리한 처우

甲이 주장하는 차별적 처우란 임금에 해당하는 강의료 항목 중 전문 강사가 받는 '심화반 수당'이 기간제근로자라는 이유로 근로조건을 차별했다고 주장하고 있으나 甲은 [방과 후 학습 강사의 처우에 관한 내규] 제4항에 따라 심화반을 담당할 수 없다는 점을 보면 근로조건에 대한 차별적 처우가 존재한다고 단정하기 어렵다.

3. 합리적 이유가 없을 것

甲이 받지 못한 '심화반 수당'을 불리한 차별적 처우라고 가정해도 甲과 乙은 [방과 후 학습 강사의 처우에 관한 내규] 제2항에 따라 채용절차가 분리되어 있으며 제3항을 고려하면 교사자격증의 소지 여부도 차이가 있다는 점에서 전문 강사인 乙은 기간의 정함이 없는 근로계약의 고용형태를 가지고 있고 제5항, 제6항에 따라 일반 강사인 甲과 업무의 내용과 범위, 권한과 책임에서도 큰 차이가 있다고 판단된다. 또한 제7항에 따라 乙은 甲과 달리 A학교와 전속적인 관계가 있다고 인정되는 사유를 고려해보면 '심화반 수당'을 차별적 처우라 해도 A학교의 전문 강사와 일반 강사의 구분에 따른 해당 차별적 처우에 합리적 이유가 없다고 판단하기 힘들다.

4. 결

甲의 주장은 타당하지 않다.

집단적 노사관계
핵심주제

01 | 노조법상 근로자

제1절 법규정

제2조(정의)

이 법에서 사용하는 용어의 정의는 다음과 같다.

1. "근로자"라 함은 직업의 종류를 불문하고 임금·급료 기타 이에 준하는 수입에 의하여 생활하는 자를 말한다.

제2절 판례의 태도

1 원칙

판례는 노조법상의 근로자란 타인과의 사용종속관계 하에서 노무에 종사하고 그 대가로 임금 등을 받아 생활하는 자를 말하고, 그 사용종속관계는 당해 노무공급계약의 형태가 고용, 도급, 위임, 무명계약 등 어느 형태이든 상관없이 사용자와 노무제공자 사이에 지휘·감독관계의 여부, 보수의 노무대가성 여부, 노무의 성질과 내용 등 그 노무의 실질관계에 의하여 결정되는 것이라는 입장이다.

2 구체적인 판단기준

판례는 노동조합법상 근로자는 타인과의 사용종속관계 하에서 노무에 종사하고 대가로 임금 기타 수입을 받아 생활하는 자를 말한다. 구체적으로 노동조합법상 근로자에 해당하는지는, 노무제공자의 소득이 특정 사업자에게 주로 의존하고 있는지, 노무를 제공받는 특정 사업자가 보수를 비롯하여 노무제공자와 체결하는 계약내용을 일방적으로 결정하는지, 노무제공자가 특정 사업자의 사업 수행에 필수적인 노무를 제공함으로써 특정 사업자의 사업을 통해서 시장에 접근하는지, 노무제공자와 특정 사업자의 법률관계가 상당한 정도로 지속적·전속적인지, 사용자와 노무제공자 사이에 어느 정도 지휘·감독관계가 존재하는지, 노무제공자가 특정 사업자로부터 받는 임금·급료 등 수입이 노무제공의 대가인지 등을 종합적으로 고려하여 판단하여야 한다.

3 노조법상 근로자의 보호범위

노동조합법은 개별적 근로관계를 규율하기 위해 제정된 근로기준법과 달리, 헌법에 의한 근로자의 노동3권 보장을 통해 근로조건의 유지·개선과 근로자의 경제적·사회적 지위 향상 등을 목적으로 제정되었다. 이러한 노동조합법의 입법 목적과 근로자에 대한 정의규정 등을 고려하면, 노동조합법상 근로자에 해당하는지는 노무제공관계의 실질에 비추어 노동3권을 보장할 필요성이 있는지의 관점에서 판단하여야 하고, 반드시 근로기준법상 근로자에 한정된다고 할 것은 아니라는 입장이다.

4 근로기준법상 근로자의 보호범위와 구별

(1) 판례의 태도

판례는 근로기준법은 '현실적으로 근로를 제공하는 자에 대하여 국가의 관리·감독에 의한 직접적인 보호의 필요성이 있는가'라는 관점에서 개별적 노사관계를 규율할 목적으로 제정된 것인 반면에, 노동조합 및 노동관계조정법(이하 '노조법'이라 한다)은 '노무공급자들 사이의 단결권 등을 보장해 줄 필요성이 있는가'라는 관점에서 집단적 노사관계를 규율할 목적으로 제정된 것으로 그 입법목적에 따라 근로자의 개념을 상이하게 정의하고 있는 점, 일정한 사용자에의 종속관계를 조합원의 자격요건으로 하는 기업별 노동조합의 경우와는 달리 산업별·직종별·지역별 노동조합 등의 경우에는 원래부터 일정한 사용자에의 종속관계를 조합원의 자격요건으로 하는 것이 아닌 점에 비추어, 노조법 제2조 제4호 라목 단서는 '기업별 노동조합'의 조합원이 사용자로부터 해고됨으로써 근로자성이 부인될 경우에 대비하여 마련된 규정으로서, 이와 같은 경우에만 한정적으로 적용되고, 원래부터 일정한 사용자에의 종속관계를 필요로 하지 않는 산업별·직종별·지역별 노동조합 등의 경우에까지 적용되는 것은 아닌 점 등을 근거로, 노조법 제2조 제1호 및 제4호 라목 본문에서 말하는 '근로자'에는 특정한 사용자에게 고용되어 현실적으로 취업하고 있는 자 뿐만 아니라, 일시적으로 실업상태에 있는 자나 구직 중인 자도 노동3권을 보장할 필요성이 있는 한 그 범위에 포함되고, 따라서 지역별 노동조합의 성격을 가진 원고가 그 구성원으로 '구직 중인 여성 노동자'를 포함시키고 있다 하더라도, '구직 중인 여성 노동자' 역시 노조법상의 근로자에 해당하므로, 구직 중인 여성 노동자는 근로자가 아니라는 이유로 원고의 이 사건 노동조합설립신고를 반려한 이 사건 처분을 위법하다고 판단하였는바, 이러한 원심의 판단은 정당하고, 거기에 노조법에 정한 근로자의 개념에 관한 법리를 오해한 위법이 있다고 할 수 없다는 대법원의 입장이다.

(2) 검토

근기법과 노조법의 근로자 개념에 차이가 있다는 것을 명시적으로 밝힌 판결로 구직 중인 자나 일시적으로 실업상태에 있는 자도 노조법상 근로자에 해당된다고 판단한 최초 판결로서 의미가 있다.

02 | 노동조합 설립심사

제1절 법규정

제10조(설립의 신고)
① 노동조합을 설립하고자 하는 자는 다음 각 호의 사항을 기재한 신고서에 제11조의 규정에 의한 규약을 첨부하여 연합단체인 노동조합과 2 이상의 특별시·광역시·특별자치시·도·특별자치도에 걸치는 단위노동조합은 고용노동부장관에게, 2 이상의 시·군·구(자치구를 말한다)에 걸치는 단위노동조합은 특별시장·광역시장·도지사에게, 그 외의 노동조합은 특별자치시장·특별자치도지사·시장·군수·구청장(자치구의 구청장을 말한다. 이하 제12조 제1항에서 같다)에게 제출하여야 한다.
제12조(신고증의 교부)
① 고용노동부장관, 특별시장·광역시장·특별자치시장·도지사·특별자치도지사 또는 시장·군수·구청장(이하 "행정관청"이라 한다)은 제10조 제1항의 규정에 의한 설립신고서를 접수한 때에는 제2항 전단 및 제3항의 경우를 제외하고는 3일 이내에 신고증을 교부하여야 한다.

제2절 설립심사 제도

1 문제의 소재

노조법 제10조에 따른 설립신고를 하면 행정관청은 반려 또는 보완 사유가 있는지 심사를 하는바 해당 심사의 실질적 심사가 가능한지 여부 및 그 범위의 허용범위가 어디인지를 검토할 필요가 있으며 판례의 태도를 기준으로 심사 여부 및 허용범위를 살펴보도록 하자.

2 설립심사의 성격

판례는 노동조합법 제12조 제3항 제1호가 설립신고서를 제출한 단체에 대하여 같은 법 제2조 제4호 각 목에 해당하는지를 심사하여 이에 해당하는 경우 그 설립신고를 반려하도록 한 것은 노동조합의 본질적 요소인 자주성 등을 확보하도록 하기 위한 부득이한 조치로서, 심사 결과 해당 사항이 없으면 의무적으로 설립신고서를 수리하여야 한다는 점에서 단체의 설립 여부 자체를 사전에 심사하여 특정한 경우에 한해서만 그 설립을 허용하는 허가와는 달리 헌법 제21조 제2항 후단에서 금지하는 결사에 대한 허가제라고 볼 수 없고, 과잉금지의 원칙을 위반하여 근로자의 단결권을 침해한다고 볼 수도 없다는 입장이다.

3 실질적 심사 가능 여부

노동조합법이 행정관청으로 하여금 설립신고를 한 단체에 대하여 같은 법 제2조 제4호 각 목에 해당하는지를 심사하도록 한 취지가 노동조합으로서의 실질적 요건을 갖추지 못한 노동조합의 난립을 방지함으로써 근로자의 자주적이고 민주적인 단결권 행사를 보장하려는 데 있는 점을 고려하면, 행정관청은 해당 단체가 노동조합법 제2조 제4호 각 목에 해당하는지 여부를 실질적으로 심사할 수 있다는 입장이다.

4 한계

판례는 다만 행정관청에 광범위한 심사권한을 인정할 경우 행정관청의 심사가 자의적으로 이루어져 신고제가 사실상 허가제로 변질될 우려가 있는 점, 노동조합법은 설립신고 당시 제출하여야 할 서류로 설립신고서와 규약만을 정하고 있고(제10조 제1항), 행정관청으로 하여금 보완 사유나 반려 사유가 있는 경우를 제외하고는 설립신고서를 접수받은 때로부터 3일 이내에 신고증을 교부하도록 정한 점(제12조 제1항) 등을 고려하면, 행정관청은 일단 제출된 설립신고서와 규약의 내용을 기준으로 노동조합법 제2조 제4호 각 목의 해당 여부를 심사하되, 설립신고서를 접수할 당시 그 해당 여부가 문제된다고 볼 만한 객관적인 사정이 있는 경우에 한하여 설립신고서와 규약 내용 외의 사항에 대하여 실질적인 심사를 거쳐 반려 여부를 결정할 수 있다고 보아야 한다는 입장이다.

5 설립 무효

판례는 노동조합의 조직이나 운영을 지배하거나 개입하려는 사용자의 부당노동행위에 의해 노동조합이 설립된 것에 불과하거나, 노동조합이 설립될 당시부터 사용자가 위와 같은 부당노동행위를 저지르려는 것에 관하여 노동조합 측과 적극적인 통모·합의가 이루어진 경우 등과 같이 해당 노동조합이 헌법 제33조 제1항 및 그 헌법적 요청에 바탕을 둔 노동조합법 제2조 제4호가 규정한 실질적 요건을 갖추지 못하였다면, 설령 그 설립신고가 행정관청에 의하여 형식상 수리되었더라도 실질적 요건이 흠결된 하자가 해소되거나 치유되는 등의 특별한 사정이 없는 한 이러한 노동조합은 노동조합법상 그 설립이 무효로서 노동3권을 향유할 수 있는 주체인 노동조합으로서의 지위를 가지지 않는다고 보아야 한다는 입장이다.

6 3일 이내 신고증 교부를 하지 않은 경우

판례는 행정관청이 노동조합의 설립신고서를 접수한 때에는 3일 이내에 설립신고증을 교부하도록 되어 있다 하여 그 기간 내에 설립신고서의 반려 또는 보완지시가 없는 경우에는 설립신고증의 교부가 없어도 노동조합이 성립된 것으로 본다는 취지는 아니므로 행정관청은 그 기간 경과 후에도 설립신고서에 대하여 보완지시 또는 반려처분을 할 수 있다 할 것이고, 또한 노동조합설립신고서의 보완을 요구하거나 그 신고서를 반려하는 경우에는 노동위원회의 의결이 필요없는 것이므로 노동부장관인 피고가 이 사건 노동조합설립신고서에 대하여 노동위원회의 의결없이 보완요구를 하고 반려처분하였다 하여 이를 위법하다고 할 수는 없다는 입장이다.

사례연습

Q A회사는 초등학생용 학습지 개발 및 교육 사업을 영위하고 있으며, 학습지 교사들과 학습지 회원의 관리 및 교육에 관한 위탁사업계약을 체결하고 있으며 실제 학습지 교사들과 작성한 계약서 에도 '업무 위탁사업 계약서'라는 명칭으로 작성하였다. 다만 실제 학습지 교사들의 업무수행은 아 래와 같이 시행되고 있다.

① A회사는 학습지 교사에게 기본급 100만원을 고정적으로 지급하면서 회원 수 10명을 초과하는 경우 1명당 10만원의 추가 인센티브를 지급받는 구조로 '수수료'라는 명목으로 지급하였으며 세금 신고 또한 개인사업자 형태의 사업소득자로 신고하였다.

② A회사가 학습지 교사의 회원관리 지역설정 및 보수와 관련한 부분 등 계약의 주요 내용을 정하는 경우 학습지 교사와 별도 협의과정을 거치지 않는다.

③ A회사의 학습지 교사는 회원들을 관리하는 시간이 규칙적이지 않아 다른 업종에 종사하거나 다른 회사에 추가적인 업무를 수행할 수 없는 사정이다.

④ A회사는 학습지 교사와 계약을 체결하여야만 학습지 시장에서 영업 및 이익활동을 할 수 있으며, 학습지 교사들은 학습지 회사만을 통해 학습지 회원에 대한 교육 시장에 접근하였다.

⑤ A회사는 신규 학습지 교사를 대상으로 기초실무교육을 실시한 다음, 지역조직에 배치하고 관리·교육할 학습지 회원을 배정하였다.

⑥ A회사의 관리직원에게 적용되는 취업규칙과는 별도로 '학습지 교사 업무처리지침'이 적용되었고, A회사는 학습지 교사에게 학습지도서 및 '표준필수업무'라는 업무매뉴얼을 제작하여 배부하였다.

⑦ 학습지 교사는 매월 지역본부장에게 회원명부와 회비수납 자료를 제출하였고, 매주 회원들의 진도 상황과 진단평가 결과 및 회비수납 상황 등을 A회사의 홈페이지에 입력하였다.

A회사와 위탁사업계약을 체결한 학습지 교사 200명은 B노동조합(이하 'B노조')을 결성하여 2022.5.10. 관할 행정관청에 설립신고증을 제출하였으나 행정관청은 B노조의 임원으로 등록한 甲이 A회사의 전략기획팀 경영실장을 역임한 사실을 확인하고 甲이 노조법 제2조 제4호 가목인 '사업주를 위하여 행동하는 자 또는 그의 이익을 대표하여 행동하는 자'에 해당한다는 사유로 설립신고서를 기준으로 B노조의 실사를 통한 실질심사가 이루어질 예정임을 통보하였다. 이에 甲은 '본인이 전략기획팀 경영실장을 역임한 사실은 맞으나 최종 결정 권한은 항상 A회사의 대표이사가 가지고 있으며 회사의 기밀사항은 물론 기본적인 직원들의 개인정보나 급여정보에 접근할 권한도 없었다.'라고 주장을 하고 있다. 행정관청은 설립신고 당시 제출한 설립신고서의 임원 정보에서 甲의 성명을 확인하였으며 실제 甲이 A회사의 경영사항을 전반적으로 결정하며 영향력을 행사한 공식적인 언론매체 보도자료 등도 확보한 사실을 지적하며 실질심사 예정을 2022.5.11.로 확정하였다. 이에 甲은 헌법상 노동3 권을 보장하려는 취지에서 노동조합을 인정하는 것인데 행정관청이 실질심사를 하게 되면 '허가제' 와 다름없다고 주장하고 있다.

Q1 A회사의 학습지 교사들은 노조법상 근로자에 해당하는가? 25점

Q2 관할 행정관청의 B노동조합 설립심사 시 甲의 노조법 제2조 제4호 가목에 대한 실질적 심사가 가능한가? 25점

해설

✔ **Q1 노조법상 근로자**

Ⅰ. 문제의 소재

A회사의 학습지 교사가 노조법 제2조 제1호의 근로자에 해당하는지 여부는 2004년 이후 법원은 근로기준법상 근로자와 노조법상 근로자를 별도 기준으로 판단하고 노조법상 근로자는 노동3권의 향유주체에 한정하여 판단하고 있는바 학습지 교사가 노동3권 향유주체에 해당하는지를 기준으로 살펴보고 A회사의 학습지 교사가 노조법상 근로자에 해당하는지 판단코자 한다.

Ⅱ. 법규정

> 제2조(정의)
> 이 법에서 사용하는 용어의 정의는 다음과 같다.
> 1. "근로자"라 함은 직업의 종류를 불문하고 임금·급료 기타 이에 준하는 수입에 의하여 생활하는 자를 말한다.

Ⅲ. 판례의 태도

1. 원칙

판례는 노조법상의 근로자란 타인과의 사용종속관계 하에서 노무에 종사하고 그 대가로 임금 등을 받아 생활하는 자를 말하고, 그 사용종속관계는 당해 노무공급계약의 형태가 고용, 도급, 위임, 무명계약 등 어느 형태이든 상관없이 사용자와 노무제공자 사이에 지휘·감독관계의 여부, 보수의 노무대가성 여부, 노무의 성질과 내용 등 그 노무의 실질관계에 의하여 결정되는 것이라는 입장이다.

2. 구체적인 판단기준

판례는 노동조합법상 근로자는 타인과의 사용종속관계 하에서 노무에 종사하고 대가로 임금 기타 수입을 받아 생활하는 자를 말한다. 구체적으로 노동조합법상 근로자에 해당하는지는 노무제공자의 소득이 특정 사업자에게 주로 의존하고 있는지, 노무를 제공받는 특정 사업자가 보수를 비롯하여 노무제공자와 체결하는 계약내용을 일방적으로 결정하는지, 노무제공자가 특정 사업자의 사업 수행에 필수적인 노무를 제공함으로써 특정 사업자의 사업을 통해서 시장에 접근하는지, 노무제공자와 특정 사업자의 법률관계가 상당한 정도로 지속적·전속적인지, 사용자와 노무제공자 사이에 어느 정도 지휘·감독관계가 존재하는지, 노무제공자가 특정 사업자로부터 받는 임금·급료 등 수입이 노무제공의 대가인지 등을 종합적으로 고려하여 판단하여야 한다.

3. 근로기준법상 근로자와 구별

노동조합법은 개별적 근로관계를 규율하기 위해 제정된 근로기준법과 달리, 헌법에 의한 근로자의 노동3권 보장을 통해 근로조건의 유지·개선과 근로자의 경제적·사회적 지위 향상 등을 목적으로 제정되었다. 이러한 노동조합법의 입법 목적과 근로자에 대한 정의규정 등을 고려하면, 노동조합법상 근로자에 해당하는지는 노무제공관계의 실질에 비추어 노동3권을 보장할 필요성이 있는지의 관점에서 판단하여야 하고, 반드시 근로기준법상 근로자에 한정된다고 할 것은 아니라는 입장이다.

4. 검토

근로기준법상 근로자가 노조법상 근로자로 인정되는 부분은 당연하지만 최근 근로기준법상 근로자는 인정되지 않지만 노조법상 근로자가 인정되는 사례가 많아지고 있으며 최근 골프장 캐디의 노조법상 근로자성 및 외국인 노동자의 노조법상 근로자성을 인정하고 있는바 노동3권 향유주체의 범위를 확대하고 있는 경향이 있다.

Ⅳ. 사안의 해결

1. 학습지 교사의 노무공급계약의 형태

A회사는 초등학생용 학습지 개발 및 교육 사업을 영위하고 있으며 학습지 교사들과 학습지 회원의 관리 및 교육에 관한 '업무 위탁사업 계약서'라는 명칭의 계약을 체결하고 있고 개인사업자로 세금도 신고하고 있으므로 형식적으로 개인사업자로 A회사와 계약을 체결한 것으로 판단되는바 해당 계약에 따라 학습지 교사가 제공하는 노무제공의 실질을 구체적으로 검토할 필요가 있다.

2. 노무제공자의 소득이 특정 사업자에게 주로 의존하고 있는지 여부

A회사는 학습지 교사에게 기본급 100만원을 고정적으로 지급하였다는 사정 및 추가 인센티브를 지급한 사정 등을 고려하면 학습지 교사의 소득이 A회사에게 주로 의존하고 있다고 판단된다.

3. 노무제공자와 사업자의 계약내용이 일방적인지 여부

A회사가 학습지 교사의 회원관리 지역설정 및 보수와 관련한 부분 등 계약의 주요 내용을 정하는 경우 학습지 교사와 별도 협의과정을 거치지 않는다는 사정을 보면 A회사가 계약의 주요 내용을 일방적으로 정한 사정이 인정된다.

4. 노무제공자가 특정 사업주에게 필수적인 노무를 제공하면서 시장에 접근을 하는지 여부

A회사는 학습지 교사와 계약을 체결하여야만 학습지 시장에서 영업 및 이익 활동을 할 수 있다는 사정을 고려하면 학습지 교사가 A회사에게 필수적인 노무를 제공하고 있으며 학습지 교사들 또한 학습지 회사만을 통해 학습지 회원에 대한 교육 시장에 접근이 가능한 사정을 보면 학습지 교사가 A회사에게 필수적인 노무를 제공하면서 시장에 접근하고 있음을 알 수 있다.

5. 지속적·전속적인지 여부

A회사는 신규 학습지 교사를 대상으로 기초실무교육을 실시한 다음, 지역조직에 배치하고 관리·교육할 학습지 회원을 배정하였는바 지속적 교육 및 지역조직의 배치를 통한 전속성을 갖춘 것이라 볼 수 있다.

6. 어느 정도 지휘·감독이 존재하는지 여부

A회사의 관리직원에게 적용되는 취업규칙과는 별도로 '학습지 교사 업무처리지침'이 적용되었고, A회사는 학습지 교사에게 학습지도서 및 '표준필수업무'라는 업무매뉴얼을 제작·배부하고, 학습지 교사는 매월 지역본부장에게 회원명부와 회비수납 자료를 제출하였고, 매주 회원들의 진도 상황과 진단평가 결과 및 회비수납 상황 등을 A회사의 홈페이지에 입력한 사실을 보면 A회사가 학습지 교사의 어느 정도 지휘·감독을 넘어 개별적이고 구체적인 지휘·감독을 한 것이라고 볼 수 있다.

7. 결

상기 사정을 고려하면 학습지 교사는 A회사의 노조법 제2조 제1호의 근로자에 해당되는바 노동3권의 향유주체로 볼 수 있어 노조법상 근로자에 해당한다.

✔ **Q2** 노조법 제2조 제4호 각 목의 실질심사

Ⅰ. 문제의 소재

관할 행정관청은 B노동조합 설립심사와 관련하여 甲이 '노조법 제2조 제4호 가목'에 해당하는지에 대한 실질심사를 예정하고 있는바 노조법 제10조 이하에 따라 진행된 설립신고 과정에서 반려 또는 보완 사유에 대한 관할 행정청의 실질적 심사가 가능한지 여부 및 그 범위의 허용범위가 문제인바 판례의 태도를 기준으로 사안을 해결해 보도록 한다.

Ⅱ. 법규정

제2조(정의)

이 법에서 사용하는 용어의 정의는 다음과 같다.

4. "노동조합"이라 함은 근로자가 주체가 되어 자주적으로 단결하여 근로조건의 유지·개선 기타 근로자의 경제적·사회적 지위의 향상을 도모함을 목적으로 조직하는 단체 또는 그 연합단체를 말한다. 다만, 다음 각 목의 1에 해당하는 경우에는 노동조합으로 보지 아니한다.

가. 사용자 또는 항상 그의 이익을 대표하여 행동하는 자의 참가를 허용하는 경우

제10조(설립의 신고)

① 노동조합을 설립하고자 하는 자는 다음 각 호의 사항을 기재한 신고서에 규약을 첨부하여 관할 행정관청에 제출하여야 한다.

제12조(신고증의 교부)

① 행정관청은 제10조 제1항의 규정에 의한 설립신고서를 접수한 때에는 제2항 전단 및 제3항의 경우를 제외하고는 3일 이내에 신고증을 교부하여야 한다.

③ 행정관청은 설립하고자 하는 노동조합이 다음 각 호의 1에 해당하는 경우에는 설립신고서를 반려하여야 한다.

1. 제2조 제4호 각 목의 1에 해당하는 경우

Ⅲ. 판례의 태도

1. 설립심사의 성격

판례는 설립신고서를 제출한 단체에 대하여 같은 법 제2조 제4호 각 목에 해당하는지를 심사하여 이에 해당하는 경우 그 설립신고를 반려하도록 한 것은 노동조합의 본질적 요소인 자주성 등을 확보하도록 하기 위한 부득이한 조치로서, 심사 결과 해당 사항이 없으면 의무적으로 설립신고서를 수리하여야 한다는 점에서 단체의 설립 여부 자체를 사전에 심사하여 특정한 경우에 한해서만 그 설립을 허용하는 허가와는 달라 헌법 제21조 제2항 후단에서 금지하는 결사에 대한 허가제라고 볼 수 없고, 과잉금지의 원칙을 위반하여 근로자의 단결권을 침해한다고 볼 수도 없다는 입장이다.

2. 실질적 심사 가능 여부

노동조합법이 행정관청으로 하여금 설립신고를 한 단체에 대하여 같은 법 제2조 제4호 각 목에 해당하는지를 심사하도록 한 취지가 노동조합으로서의 실질적 요건을 갖추지 못한 노동조합의 난립을 방지함으로써 근로자의 자주적이고 민주적인 단결권 행사를 보장하려는 데 있는 점을 고려하면, 행정관청은 해당 단체가 노동조합법 제2조 제4호 각 목에 해당하는지 여부를 실질적으로 심사할 수 있다는 입장이다.

3. 한계

판례는 다만 행정관청에 광범위한 심사권한을 인정할 경우 행정관청의 심사가 자의적으로 이루어져 신고제가 사실상 허가제로 변질될 우려가 있는 점, 노동조합법은 설립신고 당시 제출하여야 할 서류로 설립신고서와 규약만을 정하고 있고(제10조 제1항), 행정관청으로 하여금 보완 사유나 반려 사유가 있는 경우를 제외하고는 설립신고서를 접수받은 때로부터 3일 이내에 신고증을 교부하도록 정한 점(제12조 제1항) 등을 고려하면, 행정관청은 일단 제출된 설립신고서와 규약의 내용을 기준으로 노동조합법 제2조 제4호 각 목의 해당 여부를 심사하되, 설립신고서를 접수할 당시 그 해당 여부가 문제된다고 볼 만한 객관적인 사정이 있는 경우에 한하여 설립신고서와 규약 내용 외의 사항에 대하여 실질적인 심사를 거쳐 반려 여부를 결정할 수 있다고 보아야 한다는 입장이다.

4. 설립 무효

판례는 노동조합의 조직이나 운영을 지배하거나 개입하려는 사용자의 부당노동행위에 의해 노동조합이 설립된 것에 불과하거나, 노동조합이 설립될 당시부터 사용자가 위와 같은 부당노동행위를 저지르려는 것에 관하여 노동조합 측과 적극적인 통모·합의가 이루어진 경우 등과 같이 해당 노동조합이 헌법 제33조 제1항 및 그 헌법적 요청에 바탕을 둔 노동조합법 제2조 제4호가 규정한 실질적 요건을 갖추지 못하였다면, 설령 그 설립신고가 행정관청에 의하여 형식상 수리되었더라도 실질적 요건이 흠결된 하자가 해소되거나 치유되는 등의 특별한 사정이 없는 한 이러한 노동조합은 노동조합법상 그 설립이 무효로서 노동3권을 향유할 수 있는 주체인 노동조합으로서의 지위를 가지지 않는다고 보아야 한다는 입장이다.

Ⅳ. 사안의 해결

1. 허가제인지 여부

甲은 헌법상 노동3권을 보장하려는 취지에서 노동조합을 인정하는 것인데 행정관청이 실질심사를 하게 되면 '허가제'와 다름없다고 주장하고 있으나 판례에 따르면 노동조합법이 행정관청으로 하여금 설립신고를 한 단체에 대하여 같은 법 제2조 제4호 각 목에 해당하는지를 심사하도록 한 취지가 노동조합으로서의 실질적 요건을 갖추지 못한 노동조합의 난립을 방지함으로써 근로자의 자주적이고 민주적인 단결권 행사를 보장하려는 데 있는 점이라는 점을 고려하면 甲의 주장처럼 허가제라고 보기 어려울 것이다.

2. 관할 행정관청의 노조법 제2조 제4호 가목의 실질적 심사 여부

행정관청이 설립신고 당시 제출한 설립신고서의 임원 정보에서 甲의 성명을 확인하였으며 실제 甲이 A회사의 경영사항을 전반적으로 결정하며 영향력을 행사한 공식적인 언론매체 보도자료 등을 확인한 사실을 고려하면 B노조가 설립신고서를 접수할 당시 그 해당 여부가 문제된다고 볼 만한 객관적인 사정이 있는 경우에 해당한다고 보이는바 행정관청의 실질적 심사예정 통보는 가능하다.

3. 결

관할 행정관청의 B노동조합 설립심사 시 甲의 노조법 제2조 제4호 가목에 대한 실질적 심사가 가능하다.

03 | 총회 소집절차 및 소집공고기간

제1절 법규정

제19조(소집의 절차)
총회 또는 대의원회는 회의개최일 7일 전까지 그 회의에 부의할 사항을 공고하고 규약에 정한 방법에 의하여 소집하여야 한다. 다만, 노동조합이 동일한 사업장 내의 근로자로 구성된 경우에는 그 규약으로 공고기간을 단축할 수 있다.

제2절 판례의 태도

1 소집의 절차 위반

판례는 노조대의원대회가 노조규약의 소집공고 등 절차에 위배되어 개최되었더라도 그 대의원대회에 모든 대의원이 참석하였고, 거기서 다룬 안건의 상정에 관하여 어떠한 이의도 없었으므로 위 하자는 경미한 것이어서 위 대의원대회에서 한 결의는 유효하다는 입장이다.

2 소집의 공고 누락

판례는 노동조합의 대의원대회에 재적대의원 전원이 출석하여 전원의 찬성으로 위원장을 직선으로 선출하는 것을 전제로 규약을 개정하기로 의결을 한 것이라면, 노동조합이 그 규약개정안을 회의에 부의할 사항으로 미리 공고하지 아니한 채 대의원대회를 개최한 절차상의 흠이 있다고 하더라도, 그 대의원대회의 결의 자체를 무효라고 볼 수 없다는 입장이다.

제1절 법규정

제16조(총회의 의결사항)
① 다음 각 호의 사항은 총회의 의결을 거쳐야 한다.
    1. 규약의 제정과 변경에 관한 사항
    2. 임원의 선거와 해임에 관한 사항
    3. 단체협약에 관한 사항
    4. 예산 · 결산에 관한 사항
    5. 기금의 설치 · 관리 또는 처분에 관한 사항
    6. <u>연합단체의 설립 · 가입 또는 탈퇴에 관한 사항</u> 〉 특별정족수 〉 <u>규약의 제정 · 변경</u>
    7. 합병 · 분할 또는 해산에 관한 사항
    8. 조직형태의 변경에 관한 사항
    9. 기타 중요한 사항
② 총회는 재적조합원 과반수의 출석과 출석조합원 과반수의 찬성으로 의결한다. 다만, 규약의 제정 · 변경, 임원의 해임, 합병 · 분할 · 해산 및 조직형태의 변경에 관한 사항은 재적조합원 과반수의 출석과 출석조합원 3분의 2 이상의 찬성이 있어야 한다.

제2절 판례의 태도

판례는 노동조합법 제19조 제1항 소정의 "임원의 선거에 관한 사항"에 임원의 선거 자체가 포함됨은 명백하고, 한편 총회의 의결방법에 관하여 규정하고 있는 같은 조 제2항은 노동조합의 구성원인 조합원이 그 조직과 운영에 관한 의사결정에 다수결의 원칙에 따라 관여할 수 있도록 함으로써 이른바 <u>조합민주주의를 실현하기 위한 규정이므로 총회의 의결방법에 관한 위 규정은 강행규정이고</u>, 위 규정의 문언에 의하더라도 총회의 특별결의를 요하는 사항이 아닌 총회 의결사항은 재적조합원 과반수의 출석과 출석조합원 과반수의 찬성으로 의결하도록 규정되어 있는 바이므로, <u>총회에서 노동조합의 대표자인 임원으로 선출되기 위하여는 재적조합원 과반수가 출석하여 투표를 시행하고 아울러 총투표자 과반수의 득표</u>를 하여야 한다는 입장이다.

제 3 절   특별정족수

제16조(총회의 의결사항)
② 총회는 재적조합원 과반수의 출석과 출석조합원 과반수의 찬성으로 의결한다. 다만, 규약의 제정・변경, 임원의 해임, 합병・분할・해산 및 조직형태의 변경에 관한 사항은 재적조합원 과반수의 출석과 출석조합원 3분의 2 이상의 찬성이 있어야 한다.

제 4 절   결선투표제

제16조(총회의 의결사항)
③ 임원의 선거에 있어서 출석조합원 과반수의 찬성을 얻은 자가 없는 경우에는 제2항 본문의 규정에 불구하고 규약이 정하는 바에 따라 결선투표를 실시하여 다수의 찬성을 얻은 자를 임원으로 선출할 수 있다.

05 | 간접선거 방식의 대의원 선출방식의 효력

제1절 법규정

제17조(대의원회)
① 노동조합은 규약으로 총회에 갈음할 대의원회를 둘 수 있다.
② 대의원은 조합원의 직접·비밀·무기명투표에 의하여 선출되어야 한다.
③ 하나의 사업 또는 사업장을 대상으로 조직된 노동조합의 대의원은 그 사업 또는 사업장에 종사하는 조합원 중에서 선출하여야 한다.
④ 대의원의 임기는 규약으로 정하되 3년을 초과할 수 없다.
⑤ 대의원회를 둔 때에는 총회에 관한 규정은 대의원회에 이를 준용한다.

제2절 판례의 태도

판례는 노동조합법 제20조 제2항이 노동조합의 최고의결기관인 총회에 갈음할 대의원회의 대의원을 조합원의 직접·비밀·무기명투표에 의하여 선출하도록 규정하고 있는 취지는, 노동조합의 구성원인 조합원이 그 조합의 조직과 운영에 관한 의사결정에 관여할 수 있도록 함으로써 조합 내 민주주의 즉 조합의 민주성을 실현하기 위함에 있고 이는 강행규정이라고 할 것이므로, 다른 특별한 사정이 없는 한 위 법 조항에 위반하여 조합원이 대의원의 선출에 직접 관여하지 못하도록 간접적인 선출방법을 정한 규약이나 선거관리 규정 등은 무효라는 입장이다.

제3절 결

대법원은 간접선거에 의한 전국 대의원 선출 규정을 위법무효라고 판시하여 특별한 사정을 인정하여 예외적으로 유효하다는 원심판결을 파기하였다.

06 | 규약을 통한 총회와 대의원회의 의결사항

제1절 원칙

판례는 노조법 제16조, 제17조 제1항 등의 규정에 따라 노동조합이 그 규약에서 총회와는 별도로 총회에 갈음할 대의원회를 두고 총회의 의결사항과 대의원회의 의결사항을 명확히 구분하여 정하고 있는 경우, 특별한 사정이 없는 이상 총회가 대의원회의 의결사항으로 정해진 사항을 곧바로 의결하는 것은 규약에 반한다는 입장이다.

제2절 예외

판례는 규약의 제정은 총회의 의결사항으로서(노조법 제16조 제1항 제1호) 규약의 제·개정권한은 조합원 전원으로 구성되는 총회의 근원적·본질적 권한이라는 점, 대의원회는 그 규약에 의하여 비로소 설립되는 것으로서(노조법 제17조 제1항) 대의원회의 존재와 권한은 총회의 규약에 관한 결의로부터 유래된다는 점 등에 비추어 볼 때, 총회가 규약의 제·개정결의를 통하여 총회에 갈음할 대의원회를 두고 '규약의 개정에 관한 사항'을 대의원회의 의결사항으로 정한 경우라도 이로써 총회의 규약개정권한이 소멸된다고 볼 수 없고, 총회는 여전히 노조법 제16조 제2항 단서에 정해진 재적조합원 과반수의 출석과 출석조합원 3분의 2 이상의 찬성으로 '규약의 개정에 관한 사항'을 의결할 수 있다는 입장이다.

사례연습

A사는 유일한 B노동조합이 있으며 재적조합원은 500명이다. B노동조합은 규약을 통해 내부 운영을 하고 있으며 규약의 내용은 아래와 같다.

> 제14조(조합원에 관한 사항)
> 조합원의 가입범위는 임원을 제외한 사원을 대상으로 한다.
>
> 제15조(대의원회 의결사항)
> 총회를 갈음하여 대의원회를 두고 있으며 대의원회의 의결사항은 다음 각 호와 같으며 대의원회의 의결사항을 총회에서 의결할 수 없다.
> 1. 규약의 제정
> 2. 규약의 개정
> 3. 임원의 선거와 해임
> 4. 단체협약에 관한 사항

B노동조합은 최근 부장급 이상의 노조원들이 노동조합의 권리보호보다 A사의 이익을 대변하는 역할을 하여 노동조합의 단결력에 악영향을 미친 사실을 확인하고 B노동조합의 위원장과 임원들은 '규약 제14조(조합원에 관한 사항)'의 내용을 '조합원의 가입범위는 사원부터 과장으로 한다.'라는 내용으로 변경해야 할 필요성으로 대의원회의 의결을 구하려 하였으나 조합원의 가입범위에 대한 논의는 조합원들의 전체 의견이 중요하다고 판단하여 '규약 제14조의 개정에 관한 안건'으로 대의원회가 아닌 총회를 개최하기로 하였다. B노동조합은 2022.6.1.에 '긴급한 안건으로 2022.6.3. 긴급 총회를 개최하오니 참석하여 의결권을 행사해 주길 바랍니다.'라는 총회 공고를 하고 이에 이전부터 이러한 문제점을 인식하였던 조합원들 300명이 참석하였으며 참석한 조합원의 201명이 찬성하여 B노동조합은 개정된 규약 제14조를 공표 2022.7.1부터 변경된 조합원 가입범위를 적용하고 있다.

Q1 B노동조합의 2022.6.1. 총회 소집공고과정의 유효성과 의결안을 처리하는 과정의 의결정족수 충족 여부 및 총회를 통해 개정된 규약 제14조의 공표는 유효한가? 35점

Q2 B노동조합은 대의원들을 선출하고자 대의원 선출을 대의원회를 통한 간접선거 방식을 선거관리 규정으로 두고자 하는바 대의원회 의원을 간접선거 방식을 통해 선출하는 것이 절차적 위반사항이 있는가? 15점

해설

Q1 노동조합 총회 및 대의원회

I. 문제의 소재

B노동조합은 총회에 갈음한 대의원회를 규정하고 있는바 규약 제14조의 개정 권한은 규약 제15조에 따라 대의원회의 의결사항임에도 총회를 통한 규약 개정이 가능한지 여부 및 노동조합 및 노동관계조정법(이하 '노조법'이라 함) 제19조의 소집공고기간 위반 여부, 제16조 제2항의 특별의결정족수에 대한 절차적 위반사항이 있는지가 문제되고 해당 의결안을 처리하여 개정된 규약 제14조의 공표가 유효한지와 관련하여 노조법 규정과 판례의 태도를 기준으로 사안을 해결해 보도록 한다.

II. 법규정

> **제16조(총회의 의결사항)**
> ① 다음 각 호의 사항은 총회의 의결을 거쳐야 한다.
> 　1. 규약의 제정과 변경에 관한 사항
> ② 총회는 재적조합원 과반수의 출석과 출석조합원 과반수의 찬성으로 의결한다. 다만, 규약의 제정·변경, 임원의 해임, 합병·분할·해산 및 조직형태의 변경에 관한 사항은 재적조합원 과반수의 출석과 출석조합원 3분의 2 이상의 찬성이 있어야 한다.
>
> **제17조(대의원회)**
> ① 노동조합은 규약으로 총회에 갈음할 대의원회를 둘 수 있다.
>
> **제19조(소집의 절차)**
> 총회 또는 대의원회는 회의개최일 7일 전까지 그 회의에 부의할 사항을 공고하고 규약에 정한 방법에 의하여 소집하여야 한다. 다만, 노동조합이 동일한 사업장 내의 근로자로 구성된 경우에는 그 규약으로 공고기간을 단축할 수 있다.

III. 판례의 태도

1. 총회 소집공고기간

(1) 소집의 절차 위반

판례는 노조대의원대회가 노조규약의 소집공고 등 절차에 위배되어 개최되었더라도 그 대의원대회에 모든 대의원이 참석하였고, 거기서 다룬 안건의 상정에 관하여 어떠한 이의도 없었으므로 위 하자는 경미한 것이어서 위 대의원대회에서 한 결의는 유효하다는 입장이다.

(2) 소집의 공고 누락

판례는 노동조합의 대의원대회에 재적대의원 전원이 출석하여 전원의 찬성으로 위원장을 직선으로 선출하는 것을 전제로 규약을 개정하기로 의결을 한 것이라면, 노동조합이 그 규약개정안을 회의에 부의할 사항으로 미리 공고하지 아니한 채 대의원대회를 개최한 절차상의 흠이 있다고 하더라도, 그 대의원대회의 결의 자체를 무효라고 볼 수 없다는 입장이다.

2. 총회·대의원회 의결정족수

판례는 노동조합법 제19조 제1항 소정의 "임원의 선거에 관한 사항"에 임원의 선거 자체가 포함됨은 명백하고, 한편 총회의 의결방법에 관하여 규정하고 있는 같은 조 제2항은 노동조합의 구성원인 조합원이 그 조직과 운영에 관한 의사결정에 다수결의 원칙에 따라 관여할 수 있도록 함으로써 이른바 조합민주주의를 실현하기 위한 규정이므로 총회의 의결방법에 관한 위 규정은 강행규정이고, 위 규정의 문언에 의하더라도 총회의 특별결의를 요하는 사항이 아닌 총회 의결사항은 재적조합원 과반수의 출석과 출석조합원 과반수의 찬성으로 의결하도록 규정되어 있는 바이므로, 총회에서 노동조합의 대표자인 임원으로 선출되기 위하여는 재적조합원 과반수가 출석하여 투표를 시행하고 아울러 총투표자 과반수의 득표를 하여야 한다는 입장이다.

3. 규약을 통한 총회와 대의원회의 의결사항

(1) 원칙

판례는 노조법 제16조, 제17조 제1항 등의 규정에 따라 노동조합이 그 규약에서 총회와는 별도로 총회에 갈음할 대의원회를 두고 총회의 의결사항과 대의원회의 의결사항을 명확히 구분하여 정하고 있는 경우, 특별한 사정이 없는 이상 총회가 대의원회의 의결사항으로 정해진 사항을 곧바로 의결하는 것은 규약에 반한다는 입장이다.

(2) 예외

판례는 규약의 제정은 총회의 의결사항으로서(노조법 제16조 제1항 제1호) 규약의 제·개정 권한은 조합원 전원으로 구성되는 총회의 근원적·본질적 권한이라는 점, 대의원회는 그 규약에 의하여 비로소 설립되는 것으로서(노조법 제17조 제1항) 대의원회의 존재와 권한은 총회의 규약에 관한 결의로부터 유래된다는 점 등에 비추어 볼 때, 총회가 규약의 제·개정결의를 통하여 총회에 갈음할 대의원회를 두고 '규약의 개정에 관한 사항'을 대의원회의 의결사항으로 정한 경우라도 이로써 총회의 규약개정권한이 소멸된다고 볼 수 없고, 총회는 여전히 노조법 제16조 제2항 단서에 정해진 재적조합원 과반수의 출석과 출석조합원 3분의 2 이상의 찬성으로 '규약의 개정에 관한 사항'을 의결할 수 있다는 입장이다.

IV. 사안의 해결

1. B노동조합의 2022.6.1.자 총회 소집공고의 유효성

노조법 제19조에서 총회 회의 개최일 7일 전까지 공고기간을 규정하고 있으므로 법 위반사항이 있으나 판례는 대의원회 개최의 소집공고일 위반의 문제에 있어 전원 참석과 전원 찬성으로 안건의 결의가 이루어진 것이라면 해당 공고일을 준수하지 못한 것은 하자가 경미하다고 판단하고 있는바 사안의 총회라고 달리 볼 여지는 없고 공고기간을 준수하지 못한 사실 자체는 절차상 적법성을 갖추지 못하였으나 의결정족수를 충분히 채웠다면 공고기간 절차 위반의 하자가 경미 한바 유효한 결의라고 보아야 한다.

2. 의결정족수

판례에 따라 노조법 제16조 제2항에 규정한 의결정족수는 강행규정의 성격인바 500명의 B노동조합의 조합원 중 300명이 참석하였으므로 재적조합원 과반수 출석을 하였고 규약의 변경에 관한 사항은 특별의결정족수인 200명의 찬성을 얻어야 하는바 201명의 찬성을 얻어 특별의결정족수 요건을 갖추어 노조법 제16조 위반사항은 없다.

3. 대의원회 의결사항에 대한 총회 의결 가능 여부

판례에 따르면 총회의 규약 개정 권한이 소멸하지 않았는바 B노동조합 규약 제15조의 대의원회

의결사항인 제2호의 규약 개정에 관한 사항을 총회를 통해 개정할 수 있는바 개정된 규약 제14조는 유효하다.

4. 결

B노동조합의 2022.6.1. 총회 소집공고과정의 절차상 위반은 있으나 하자가 경미하여 유효하고 의결안을 처리하는 과정의 의결정족수는 충족하였으며 총회를 통해 개정된 규약 제14조의 공표는 유효하다.

Q2 대의원회 의원 간접선거 방식

I. 문제의 소재

B노동조합의 대의원 간접선거 방식이 노조법 제17조 제2항의 위반에 해당하는지 문제되는바 법 규정 및 판례의 기준에 따라 살펴보고자 한다.

II. 법규정

> 제17조(대의원회)
> ② 대의원은 조합원의 직접·비밀·무기명투표에 의하여 선출되어야 한다.

III. 판례의 태도

판례는 노동조합법 제20조 제2항이 노동조합의 최고의결기관인 총회에 갈음할 대의원회의 대의원을 조합원의 직접·비밀·무기명투표에 의하여 선출하도록 규정하고 있는 취지는, 노동조합의 구성원인 조합원이 그 조합의 조직과 운영에 관한 의사결정에 관여할 수 있도록 함으로써 조합 내 민주주의 즉 조합의 민주성을 실현하기 위함에 있고 이는 강행규정이라고 할 것이므로, 다른 특별한 사정이 없는 한 위 법 조항에 위반하여 조합원이 대의원의 선출에 직접 관여하지 못하도록 간접적인 선출방법을 정한 규약이나 선거관리 규정 등은 무효라는 입장으로 대법원은 간접선거에 의한 전국대의원 선출 규정을 위법무효라고 판시하여 특별한 사정을 인정하여 예외적으로 유효하다는 원심판결을 파기하였다.

IV. 사안의 해결

B노동조합의 대의원회 의원을 간접선거 방식을 통해 선출하는 방식은 노조법 제17조 제2항의 위반이므로 절차적 위반사항이 있다.

07 | 근로시간면제제도

제24조(근로시간면제 등)

① 근로자는 단체협약으로 정하거나 사용자의 동의가 있는 경우에는 사용자 또는 노동조합으로부터 급여를 지급받으면서 근로계약 소정의 근로를 제공하지 아니하고 노동조합의 업무에 종사할 수 있다.

② 제1항에 따라 사용자로부터 급여를 지급받는 근로자(이하 "근로시간면제자"라 한다)는 사업 또는 사업장별로 종사근로자인 조합원 수 등을 고려하여 제24조의2에 따라 결정된 근로시간면제 한도(이하 "근로시간면제 한도"라 한다)를 초과하지 아니하는 범위에서 임금의 손실 없이 사용자와의 협의·교섭, 고충처리, 산업안전 활동 등 이 법 또는 다른 법률에서 정하는 업무와 건전한 노사관계 발전을 위한 노동조합의 유지·관리업무를 할 수 있다.

③ 사용자는 제1항에 따라 노동조합의 업무에 종사하는 근로자의 정당한 노동조합 활동을 제한해서는 아니 된다.

④ 제2항을 위반하여 근로시간면제 한도를 초과하는 내용을 정한 단체협약 또는 사용자의 동의는 그 부분에 한정하여 무효로 한다.

제2절　　노조전임제의 법적 근거

1　원칙

판례는 노조전임제는 노동조합에 대한 편의제공의 한 형태이고 사용자가 단체협약을 통하여 승인하는 경우에 인정되는 것으로서 사용자와 근로자 사이의 근로계약관계에 있어서 근로자의 대우에 관하여 정한 근로조건이라고 할 수 없으므로 단체협약에 노조전임규정을 두었다고 하더라도 그 내용상 노동조합 대표자 등의 특정근로자에 대하여 그 시기를 특정하여 사용자의 노조전임발령 없이도 근로제공의무가 면제됨이 명백하거나 그러한 관행이 확립되었다는 등의 특별한 사정이 없는 한 근로자의 근로계약관계를 직접 규율할 수 없어서 노조전임발령 전에는 근로제공의무가 면제될 수 없다는 입장이다.

2　단체협약 유효기간 만료

판례는 단체협약이 유효기간 만료로 효력이 상실되었고, 단체협약상 노조대표의 전임규정은 새로운 단체협약 체결 시까지 효력을 지속시키기로 약정한 규범적 부분도 아니어서 단체협약의 유효기간 만료 후 노조전임자는 사용자의 원직복귀명령에 응하여야 할 것이므로 원직복직 명령에 불응한 노조 전임자를 해고한 것은 정당한 인사권의 행사로서 그 해고사유가 표면적인 구실에 불과하여 징계권 남용에 의한 부당노동행위에 해당하지 않는다는 입장이다.

3 권리남용에 해당하는지 여부

판례는 노동조합 전임운용권이 노동조합에 있는 경우에도 그 행사가 법령의 규정 및 단체협약에 위배되거나 권리남용에 해당하는 등 특별한 사정이 있는 경우에는 그 내재적 제한을 위반한 것으로서 무효라고 보아야 하고, 노동조합 전임운용권의 행사가 권리남용에 해당하는지 여부는 전임운용권 행사에 관한 단체협약의 내용, 그러한 단체협약을 체결하게 된 경위와 당시의 상황, 노조원의 수 및 노조업무의 분량, 그로 인하여 사용자에게 발생하는 경제적 부담, 비슷한 규모의 다른 노동조합의 전임자 운용실태 등 제반 사정을 종합적으로 검토하여 판단하여야 한다는 입장이다.

※ 노동조합의 전임자 통지가 조합원에 대한 사용자의 인사명령을 거부하기 위한 수단으로 이용된 경우, 노동조합 전임운용권의 행사는 권리남용에 해당한다.

제3절 근로시간면제자

1 입법 취지

판례는 노동조합이 사용자에게 경제적으로 의존하는 것을 막고 노동조합의 자주성을 확보하기 위하여 노조전임자 급여 지원 행위를 금지하는 대신, 사용자의 노무관리업무를 대행하는 노조전임자 제도의 순기능도 고려하여 일정한 한도 내에서 근로시간면제 방식으로 노동조합 활동을 계속 보장하기 위한 것이다.

2 부당노동행위의 예외

그리고 사용자의 부당노동행위를 규제하는 노동조합법 제81조는 이러한 내용을 반영하여 제4호 본문에서 '노조전임자에게 급여를 지원하거나 노동조합의 운영비를 원조하는 행위'를 부당노동행위로 금지하되, 그 단서에서 '근로시간면제자가 근로시간 중에 위와 같이 노동조합의 유지·관리 등의 활동을 하는 것을 허용하는 행위'는 부당노동행위에 해당하지 않는 것으로 정하고 있다.

3 과도한 급여지급

따라서 근로시간면제자에게 급여를 지급하는 행위는 특별한 사정이 없는 한 부당노동행위가 되지 않는 것이 원칙이라고 할 수 있다. 다만 타당한 근거 없이 과다하게 책정된 급여를 근로시간면제자에게 지급하는 사용자의 행위는 노동조합법 제81조 제4호 단서에서 허용하는 범위를 벗어나는 것으로서 노조전임자 급여 지원 행위나 노동조합 운영비 원조 행위에 해당하는 부당노동행위가 될 수 있고, 단체협약 등 노사 간 합의에 의한 경우라도 달리 볼 것은 아니라는 입장이다.

PART
02

4 급여의 성격

판례는 근로시간면제제도의 규정 내용, 취지, 관련 규정 등을 고려하면, 근로시간면제자에 대한 급여는 근로시간면제자로 지정되지 아니하고 일반 근로자로 근로하였다면 해당 사업장에서 동종 혹은 유사 업무에 종사하는 동일 또는 유사 직급·호봉의 일반 근로자의 통상 근로시간과 근로조건 등을 기준으로 받을 수 있는 급여 수준이나 지급 기준과 비교하여 사회통념상 수긍할 만한 합리적인 범위를 초과할 정도로 과다하지 않은 한 근로시간면제에 따라 사용자에 대한 관계에서 제공한 것으로 간주되는 근로의 대가로서, 그 성질상 임금에 해당하는 것으로 봄이 타당하다. 따라서 근로시간면제자의 퇴직금과 관련한 평균임금을 산정할 때에는 특별한 사정이 없는 한 근로시간면제자가 단체협약 등에 따라 지급받는 급여를 기준으로 하되, 다만 과다하게 책정되어 임금으로서 성격을 가지고 있지 않은 초과 급여 부분은 제외하여야 한다는 입장이다.

5 부당노동행위 관련문제

판례는 근로시간면제자가 면제받은 근로시간이 동일한 호봉의 근로자들이 제공하는 근로시간보다 많고, 지급받은 급여 및 상여의 합계액이 평균 급여 및 상여의 합계액을 초과하는 경우, 근로시간면제자에 대한 급여 지급이 과다하여 부당노동행위에 해당한다는 입장이다.

제4절　노조전임자

1 지위

개념자체에 대한 법규정이 존재하지 않아 공무원 노조법을 유추 적용하여 해석하면 노동조합 전임자를 휴직 명령을 한다는 공무원 노조전임자를 기준으로 노조법상 노조전임자도 휴직 중인 근로자와 유사한 지위로 해석할 수 있으나 노조전임자의 특성을 고려하여 출퇴근은 노동조합이 내부적으로 규제할 사항이고 사용자가 통제·감독할 대상은 아니라는 점을 이유로 한 비판견해도 있다.

2 출·퇴근 의무의 적용

판례는 노조전임자라 할지라도 사용자와의 사이에 기본적 근로관계는 유지되는 것으로서 취업규칙이나 사규의 적용이 전면적으로 배제되는 것이 아니므로 단체협약에 조합전임자에 관하여 특별한 규정을 두거나 특별한 관행이 존재하지 아니하는 한 출·퇴근에 대한 사규의 적용을 받게 된다는 입장이다.

판례는 노동조합의 업무가 사용자의 노무관리업무와 전혀 무관한 것이 아니고 안정된 노사관계의 형성이라는 면에서 볼 때는 오히려 밀접하게 관련되어 있으므로, 근로계약 소정의 본래 업무를 면하고 노동조합의 업무를 전임하는 노조전임자의 경우에 있어서 출근은 통상적인 조합업무가 수행되는 노조사무실에서 조합업무에 착수할 수 있는 상태에 임하는 것이라 할 것이고, 만약 노조전임자가 사용자에 대하여 취업규칙 등 소정의 절차를 취하지 아니한 채 위와 같은 상태에 임하지 아니하는 것은 무단결근에 해당한다는 입장이다.

3 교육의 불참

판례는 노동조합 전임자는 사용자와 사이에 기본적 노사관계는 유지되고 근로자로서의 신분도 그대로 가지지만 휴직상태에 있는 근로자와 유사하여 근로제공의무가 면제되고, 한편 사용자가 근로시간을 대체하여 근로자에 대하여 실시하는 교육·연수·훈련 등은 거기에 참가하는 것이 근로자의 의무로서 강제되는 한 근로제공과 다를 바 없으므로 단체협약 등에 다른 정함이 없다면 근로제공의무가 면제된 노동조합 전임자가 그러한 교육에 참가하지 않았다 하여 바로 잘못이라고 보기는 어렵다는 입장이다.

4 업무상 재해 인정

(1) 판례의 태도

노동조합업무 전임자가 근로계약상 본래 담당할 업무를 면하고 노동조합의 업무를 전임하게 된 것이 단체협약 혹은 사용자인 회사의 승낙에 의한 것이라면, 이러한 전임자가 담당하는 노동조합업무는, 업무의 성질상 사용자의 사업과는 무관한 상부 또는 연합관계에 있는 노동단체와 관련된 활동이나 불법적인 노동조합활동 또는 사용자와 대립관계로 되는 쟁의단계에 들어간 이후의 활동 등이 아닌 이상, 회사의 노무관리업무와 밀접한 관련을 가지는 것으로서 사용자가 본래의 업무 대신에 이를 담당하도록 하는 것이어서 그 자체를 바로 회사의 업무로 볼 수 있고, 따라서 전임자가 노동조합업무를 수행하거나 이에 수반하는 통상적인 활동을 하는 과정에서 업무에 기인하여 발생한 재해는 산업재해보상보험법 제5조 제1호 소정의 업무상 재해에 해당한다. 이러한 법리는 노동조합업무 전임자가 아닌 노동조합 간부가 사용자인 회사의 승낙에 의하여 노동조합업무를 수행하거나 이에 수반하는 통상적인 활동을 하는 과정에서 업무에 기인하여 발생한 재해의 경우에도 마찬가지로 적용된다는 입장이다.

(2) 초기업노조 활동과 업무상 재해

판례는 산업별 노동조합은 기업별 노동조합과 마찬가지로, 동종 산업에 종사하는 근로자들이 직접 가입하고 원칙적으로 소속 단위사업장인 개별 기업에서 단체교섭 및 단체협약 체결권과 조정신청 및 쟁의권 등을 갖는 단일조직의 노동조합이라 할 것이므로, 산업별 노조의 노동조합업무를 사용자의 사업과 무관한 상부 또는 연합관계에 있는 노동단체와 관련된 활동으로 볼 수는 없다는 입장이다.

제 5 절　　연차유급휴가 부여

판례는 노동조합의 전임자(이하 '노조전임자'라고 한다)는 사용자와의 사이에 기본적 노사관계는 유지되고 근로자로서의 신분도 그대로 가지는 것이지만 근로제공의무가 면제되고 사용자의 임금지급의무도 면제된다는 점에서 휴직상태에 있는 근로자와 유사하다. 이러한 노조전임자 제도가 단체협약 또는 사용자의 동의에 근거한 것으로 근로자의 단결권 유지·강화를 위해 필요할 뿐만 아니라 사용자의 노무관리업무를 대행하는 성격 역시 일부 가지는 점 등을 고려하면, 노조전임기간 동안 현실적으로 근로를 제공하지 않았다고 하더라도 결근한 것으로 볼 수 없고, 다른 한편 「노동조합 및 노동관계조정법」 등 관련 법령에서 출근한 것으로 간주한다는 규정 역시 두고 있지 않으므로 출근한 것으로 의제할 수도 없다. 결국 근로제공의무가 면제되는 노조전임기간은 연차휴가일수 산정을 위한 연간 소정근로일수에서 제외함이 타당하다. 다만 노조전임기간이 연차휴가 취득 기준이 되는 연간 총근로일 전부를 차지하고 있는 경우라면, 단체협약 등에서 달리 정하지 않는 한 이러한 노조전임기간에 대하여는 연차휴가에 관한 권리가 발생하지 않는다고 할 것이다.

제 6 절　　퇴직금 관련문제

판례는 노동조합 전임자의 퇴직금을 산정함에 있어서는 노동조합 전임자로서 실제로 지급받아 온 급여를 기준으로 할 수는 없고, 근로자의 통상의 생활을 종전과 같이 보장하려는 퇴직금 제도의 취지에 비추어 볼 때, 그들과 동일 직급 및 호봉의 근로자들의 평균임금을 기준으로 하여 퇴직금을 산정함이 상당하다는 입장이다.

Q A회사는 자동차 부품을 만드는 제조업을 영위하며 A회사 소속 근로자로 구성된 A노조에 소속된 甲은 A노조의 주요업무를 담당하는 자로서 노동조합 및 노동관계조정법(이하 "노조법")에서 규정한 근로시간면제자에 해당한다. 甲은 30년을 근무 후 퇴직을 하였으며 甲은 A회사와 A노조의 단체협약에 따라 甲의 월급여액에 추가로 직책수당의 명목으로 월급여액의 100%를 추가로 지급받았다. 甲과 입사 동기이자 동일 직급 동일 호봉의 乙은 호봉에 따른 월급여액을 받으며 별도 직책수당을 추가로 지급받지 않고 있다. 심지어 호봉에 따른 월급여액도 甲이 지급받은 월급여액보다 적었다. 甲은 퇴사 후 단체협약에서 규정한 월급여액과 직책수당을 기준으로 퇴직금의 지급을 청구하였다. 甲의 퇴직금 청구가 타당한가? **25점**

✔ **근로시간면제자의 퇴직금 급여액의 산정**

Ⅰ. 문제의 소재

A노조의 甲은 근로시간면제자로 근무하면서 지급받은 단체협약상의 월급여액과 월급여액의 100%에 해당하는 직책수당을 퇴직금 산정기준에 포함하고자 하는바 노동조합 및 노동관계조정법(이하 "노조법") 제24조에서 규정한 근로시간면제자의 입법 취지상 직책수당을 포함하여 퇴직금을 산정할 수 있는지에 대한 논의가 필요하여 법원의 판단기준을 근거로 살펴보고자 한다.

Ⅱ. 법규정

> **제24조(근로시간면제 등)**
> ① 근로자는 단체협약으로 정하거나 사용자의 동의가 있는 경우에는 사용자 또는 노동조합으로부터 급여를 지급받으면서 근로계약 소정의 근로를 제공하지 아니하고 노동조합의 업무에 종사할 수 있다.

Ⅲ. 판례의 태도

1. 근로시간면제자의 입법 취지

판례는 노동조합이 사용자에게 경제적으로 의존하는 것을 막고 노동조합의 자주성을 확보하기 위하여 노조전임자 급여 지원 행위를 금지하는 대신, 사용자의 노무관리업무를 대행하는 노조전임자 제도의 순기능도 고려하여 일정한 한도 내에서 근로시간면제 방식으로 노동조합 활동을 계속 보장하기 위한 것이다.

2. 원칙

사용자의 부당노동행위를 규제하는 노동조합법 제81조는 이러한 내용을 반영하여 제4호 본문에서 '노조전임자에게 급여를 지원하거나 노동조합의 운영비를 원조하는 행위'를 부당노동행위로 금지하되, 그 단서에서 '근로시간면제자가 근로시간 중에 위와 같이 노동조합의 유지·관리 등의 활동을 하는 것을 허용하는 행위'는 부당노동행위에 해당하지 않는 것으로 정하고 있다. 따라서 근로시간면제자에게 급여를 지급하는 행위는 특별한 사정이 없는 한 부당노동행위가 되지 않는 것이 원칙이라고 할 수 있다.

3. 한계

타당한 근거 없이 과다하게 책정된 급여를 근로시간면제자에게 지급하는 사용자의 행위는 노동조합법 제81조 제4호 단서에서 허용하는 범위를 벗어나는 것으로서 노조전임자 급여 지원 행위나 노동조합 운영비 원조행위에 해당하는 부당노동행위가 될 수 있고, 단체협약 등 노사 간 합의에 의한 경우라도 달리 볼 것은 아니라는 입장이다.

4. 근로시간면제자의 급여

(1) 판단기준

판례는 근로시간면제제도의 규정 내용, 취지, 관련 규정 등을 고려하면, 근로시간면제자에 대한 급여는 근로시간면제자로 지정되지 아니하고 일반 근로자로 근로하였다면 해당 사업장에서 동종 혹은 유사 업무에 종사하는 동일 또는 유사 직급·호봉의 일반근로자의 통상 근로시간과 근로조건 등을 기준으로 받을 수 있는 급여 수준이나 지급기준과 비교하여 사회통념상 수긍할 만한 합리적인 범위를 초과할 정도로 과다하지 않은 한 근로시간면제에 따라 사용자에 대한 관계에서 제공한 것으로 간주되는 근로의 대가로서, 그 성질상 임금에 해당하는 것으로 봄이 타당하다.

(2) 허용범위

판례는 근로시간면제자의 퇴직금과 관련한 평균임금을 산정할 때에는 특별한 사정이 없는 한 근로시간면제자가 단체협약 등에 따라 지급받는 급여를 기준으로 하되, 다만 과다하게 책정되어 임금으로서 성격을 가지고 있지 않은 초과 급여 부분은 제외한다는 입장이다.

IV. 사안의 해결

1. 甲의 직책수당의 임금 해당성

甲의 입사 동기이자 동일 직급 동일 호봉의 乙은 호봉에 따른 월급여액을 받으며 별도 직책수당을 추가로 지급받지 않고 있다는 점을 고려하면 월급여액의 100%에 해당하는 甲의 직책수당은 사회통념상 수긍할 만한 합리적인 범위를 초과할 정도로 과다부분이 포함되어 있다고 판단하여 甲의 직책수당은 근로기준법상 임금에 해당하지 않는다.

2. 甲이 乙보다 높은 월급여

乙은 호봉에 따른 월급여액도 甲이 지급받은 월급여액보다 약간 적었으나 해당 부분은 甲이 30년 동안 근로시간면제자로 활동을 하면서 받은 추가적인 임금에 해당한다고 볼 수 있는바 사회통념상 수긍할 만한 합리적 범위를 초과한 것이라고 볼 수 없어 甲의 월급여액은 근로기준법상 임금에 해당한다.

3. 상기사항을 종합해보면 甲은 퇴사 후 단체협약에서 규정한 월급여액은 근로기준법상 임금에 해당하지만 월급여 100%로 구성된 직책수당은 근로기준법상 임금에 해당하지 않는다.

4. 결

甲의 퇴직금 청구가 타당하지 않다.

08 | 조합활동의 정당성

제1절　서

노동조합의 목적을 달성하기 위해 조합이 행하는 일체의 활동을 말하며 헌법 및 노조법의 보호를 받는 것이 원칙이나 조합활동의 정당성 범위에 대해서 별도 규정이 존재하지 않는바 법원의 입장을 통해 정당성 범위를 검토할 필요가 있다.

제2절　의의 및 법규정

1　의의

조합활동은 근로자가 단결하여 근로조건의 향상 및 근로자의 지위를 향상시키기 위함을 목적으로 하는 활동으로서 단체교섭이나 단체행동을 제외한 조합의 일상적 조직운영활동을 말한다.

2　법규정

제1조(목적)
이 법은 헌법에 의한 근로자의 단결권·단체교섭권 및 단체행동권을 보장하여 근로조건의 유지·개선과 근로자의 경제적·사회적 지위의 향상을 도모하고, 노동관계를 공정하게 조정하여 노동쟁의를 예방·해결함으로써 산업평화의 유지와 국민경제의 발전에 이바지함을 목적으로 한다.

제4조(정당행위)
형법 제20조의 규정은 노동조합이 단체교섭·쟁의행위 기타의 행위로서 제1조의 목적을 달성하기 위하여 한 정당한 행위에 대하여 적용된다. 다만, 어떠한 경우에도 폭력이나 파괴행위는 정당한 행위로 해석되어서는 아니 된다.

제3절　판례의 태도

1　주체

판례는 "노동조합의 업무를 위한 정당한 행위"란 일반적으로는 정당한 노동조합의 활동을 가리킨다고 할 것이나, 조합원이 조합의 결의나 조합의 구체적인 지시에 따라서 한 노동조합의 조직적인 활동 그 자체가 아닐지라도 그 행위의 성질상 노동조합의 활동으로 볼 수 있거나, 노동조합의 묵시적인 수권 혹은 승인을 받았다고 볼 수 있을 때에는 노동조합의 업무를 위한 행위로 보아야 한다는 입장이다.

2 목적

판례는 근로조건의 유지·개선과 근로자의 경제적 지위의 향상을 도모하기 위하여 필요하고 근로자들의 단결강화에 도움이 되는 행위여야만 한다는 입장이다.

3 수단의 정당성

(1) 원칙

판례는 취업규칙이나 단체협약에 별도의 허용규정이 있거나 관행 또는 사용자의 승낙이 있는 경우 외에는 취업시간 외에 행하여져야 하고, 사업장 내의 조합활동에 있어서는 사용자의 시설관리권에 바탕을 둔 합리적인 규율이나 제약에 따라야 하며, 폭력과 파괴행위 등의 방법에 의하지 않는 것이어야 한다는 입장이다.

(2) 구체적 판단기준

판례는 시기·수단·방법 등에 관한 요건은 조합활동과 사용자의 노무지휘권·시설관리권 등이 충돌할 경우에 그 정당성을 어떠한 기준으로 정할 것인지 하는 문제이므로, 위 요건을 갖추었는지 여부를 판단할 때에는 조합활동의 필요성과 긴급성, 조합활동으로 행해진 개별 행위의 경위와 구체적 태양, 사용자의 노무지휘권·시설관리권 등의 침해 여부와 정도, 그밖에 근로관계의 여러 사정을 종합하여 충돌되는 가치를 객관적으로 비교·형량하여 실질적인 관점에서 판단하여야 한다는 입장이다.

(3) 검토

조합활동은 실질적인 관점에서 구체적인 판단기준을 제시하여 판단하는 것이 헌법상 단결권 보장 측면에서 타당하다.

제4절 구체적 검토

1 조합집회

(1) 원칙

취업시간 중 개최하거나 사용자의 승낙을 받지 않는 경우에는 정당성이 없다.

(2) 예외

판례는 노동조합 임시총회가 근무시간 중에 열렸고 4시간의 전체 총회시간 중 찬반투표를 실시하고 남은 1시간을 여흥에 사용하기는 하였으나, 위 임시총회가 노동쟁의조정법상 쟁의행위를 하기 위한 필수적 요건인 조합원의 투표를 위한 것으로서 2회에 걸친 서면통보를 거쳐 개최되어 회사가 이에 대비할 여유가 충분히 있었고, 일부 조합원들이 야간근무를 하는 회사의 근무형태 때문에 전체 조합원이 총회에 참석할 수 있게 하려면 비록 근무시간 중이기는 하지만 야간근무가 끝나고 주간근무가 시작되는 교대시간에 총회를 소집하는 것이 필요하였으며, 쟁의행위에 들어갈 것인지 여부를 결의하기 위하여는 의견교환 등도 필요하였을 것이라는 사정 등과 위 조합원의 수 등에 비추어 보면 위 총회가 근무시간 중에 열렸다는 사정만으로 위법하다고 할 수는 없다는 입장이다.

판례는 단체협약에서 "전임이 아닌 조합원의 조합활동은 취업시간 외에 행함을 원칙으로 하나 부득이한 사유발생으로 취업시간 중에 조합활동을 하고자 할 경우에는 사전에 회사에 통보하여야 하며 특별한 사유가 없는 한 허용하여야 한다"고 규정하고 있는 경우, 전임이 아닌 조합원의 취업시간 중의 조합활동은 그것이 정당한 조합활동을 목적으로 행하여질 경우로 제한하는 것이 그 규정을 둔 취지에 부합하고, 또한 이는 단체협약 규정 자체에 의하여 예외적으로 허용되는 것일 뿐 아니라 더욱이 회사는 노동조합 측에서 전임이 아닌 조합원의 취업시간 중의 조합활동을 통보한 경우 특별한 사유가 없는 한 허용하도록 규정되어 있는 점 등에 비추어 위 규정 소정의 "부득이한 사유"는 매우 제한적으로 해석하여야 하며, 따라서 전임이 아닌 조합원의 취업시간 중의 조합활동으로서 임시총회를 개최하기 위하여는 예컨대 노조임원의 대부분이 궐석되어 노조의 정상적인 활동을 수행하기 어려운 급박한 사정이 있어 임시총회를 개최하여 궐석임원을 선출할 필요가 있다든가 노조의 합병 등 노조의 존속여부 및 조직변경에 관한 중대한 결정을 할 필요가 있는 경우, 또는 정당한 쟁의행위를 결행할 것인가를 의결하기 위하여 임시총회를 개최할 필요가 있는 경우 등으로 국한시켜야 할 것이므로, 정당하지 아니한 쟁의행위를 결행할 것인가 여부를 결정하기 위하여 취업시간 중에 임시총회를 개최하는 것은 단체협약에서 전임이 아닌 조합원의 취업시간 중의 조합활동을 허용하도록 규정한 취지에 어긋날 뿐 아니라 단체협약 소정의 "부득이한 사유"에도 해당하지 않는다는 입장이다.

2 복장착용(리본)

판례는 병원에 근무하는 직원인 노동조합원들이 병원의 승인 없이 조합원들로 하여금 모든 직원이 착용하도록 되어 있는 위생복 위에 구호가 적힌 주황색 셔츠를 근무 중에도 착용하게 함으로써 병원의 환자들에게 불안감을 주는 등으로 병원 내의 정숙과 안정을 해치는 행위를 계속하였고, 아울러 병원이 노동조합의 정당한 홍보활동을 보장하기 위하여 노동조합의 전용 게시판을 설치하여 이를 이용하도록 통보하였음에도 조합원들이 주동이 되어 임의로 벽보 등을 지정 장소 외의 곳에 부착하였고, 또한 노동조합이나 병원과는 직접적인 관련이 없는 전국병원노련위원장의 구속을 즉각 철회하라는 내용의 현수막을 병원 현관 앞 외벽에 임의로 각 설치한 후 병원의 거듭된 자진철거요구에 불응한 사실이 인정된다면, 조합원들의 이와 같은 행위는 병원의 인사규정 제51조 제1호 소정의 징계사유인 "직원이 법령 및 제 규정에 위배하였을 때"에 해당하거나 제4호 소정의 징계사유인 "직무상의 의무를 위반 및 태만히 하거나 직무상의 정당한 명령에 복종하지 아니한 경우"에 해당할 뿐만 아니라, 조합원들이 점심시간을 이용하여 집단행동을 하였더라도 그러한 집단행동이 병원의 질서와 규율을 문란하게 한 경우에는 복무규정을 위반한 것이 되어 역시 위 인사규정 제51조 제1호 소정의 징계사유에 해당한다는 입장이다.

3 유인물 배포행위

(1) 원칙

판례는 사업장 내에서의 기업질서를 유지하기 위하여 사용자의 허가 없이 사업장 내에서 유인물을 배포한 근로자를 징계할 수 있도록 한 취업규칙의 규정이 언론의 자유를 보장한 헌법 조항에 위반하여 무효라고 할 수 없다는 입장이다.

(2) 제한

판례는 단체협약에 유인물의 배포에 허가제를 채택하고 있다고 할지라도 노동조합의 업무를 위한 정당한 행위까지 금지시킬 수는 없는 것이므로 유인물 배포행위가 정당한가 아닌가는 허가가 있었는지 여부만 가지고 판단할 것은 아니고, 그 유인물의 내용이나 배포방법 등 제반사정을 고려하여 판단되어져야 할 것이고, 취업시간 아닌 주간의 휴게시간 중의 배포는 다른 근로자의 취업에 나쁜 영향을 미치거나 휴게시간의 자유로운 이용을 방해하거나 구체적으로 직장질서를 문란하게 하는 것이 아닌 한 허가를 얻지 아니하였다는 이유만으로 정당성을 잃는다고 할 수 없다는 입장이다.

4 언론활동

판례는 노동조합활동으로서 배포된 문서에 기재되어 있는 문언에 의하여 타인의 인격·신용·명예 등이 훼손 또는 실추되거나 그렇게 될 염려가 있고, 또 그 문서에 기재되어 있는 사실관계의 일부가 허위이거나 그 표현에 다소 과장되거나 왜곡된 점이 있다고 하더라도, 그 문서를 배포한 목적이 타인의 권리나 이익을 침해하려는 것이 아니라 노동조합원들의 단결이나 근로조건의 유지·개선과 근로자의 복지증진 기타 경제적·사회적 지위의 향상을 도모하기 위한 것이고, 또 그 문서의 내용이 전체적으로 보아 진실한 것이라면, 그와 같은 문서의 배포행위는 노동조합의 정당한 활동범위에 속하는 것으로 보아야 한다는 입장이다.

5 벽보 등의 부착

직접적인 판례는 없으며 기업별 노동조합의 형태를 갖춘 우리나라의 경우 사용자의 기본적인 동의를 요건으로 하되 사용자의 시설관리권에 실질적 지장을 초래하지 아니하면 동의를 받지 않았다는 흠이 치유되어 당해 조합활동의 정당성이 인정된다고 해석하는 것이 타당하다.

사례연습

Q B회사는 C산업별 노동조합 소속의 지회가 있으며 B회사와 지회가 체결한 단체협약에는 C산업별 노동조합 간부가 소속 지회 사업장으로 방문 및 출입이 별도로 허용된 규정은 없다. 평소 B회사는 산업안전보건법 위반 사실이 많았으며 업무수행 중 조합원들이 위험에 노출되어 있는 상황이 수차례 발생하고 실제 산업안전 관련 사고도 발생하였다. 이에 C산업별 노동조합 소속 사무국장인 乙은 B회사의 현장순회를 실시하고자 B회사에 현장순회 일정을 통지하고 현장순회 방문을 하였다. 이전에도 B회사는 C산업별 노동조합 소속 前 사무국장 丙의 현장순회 방문을 별다른 제지 없이 이루어져 왔고 現 사무국장 乙은 2023.4.16.에 B회사에 현장순회를 실시하였으며 현장순회는 1시간 정도 이루어졌고 산업안전보건법 위반사항에 대한 사실확인만을 진행하였으며 실제 B회사의 장비가 작동되거나 별도 현장순회에 대한 준비를 B회사가 한 사실은 전혀 없었다. B회사의 일상적인 업무수행에 전혀 지장이 없었으며 일부 B회사 조합원들은 현장순회 방문이 이루어졌는지조차 알지 못했다. B회사는 乙은 소속 근로자가 아니며 회사 출입에 대한 회사의 허가나 승낙을 전혀 받지 않았으므로 정당한 조합활동이 아니고 해당 부분은 업무방해죄에 해당한다고 주장하고 있다. C산업별 노동조합의 사무국장 乙이 행한 현장순회 실시는 정당한 조합활동에 해당하는가? **25점**

해설

✔ **조합활동의 정당성**

I. 문제의 소재
C산업별 노동조합의 사무국장 乙이 행한 B회사의 현장순회 실시가 정당한 조합활동인 경우 노동조합 및 노동관계조정법(이하 "노조법"이라 함) 제4조에 따른 형사책임 및 민사책임이 면책되는바 주체, 목적, 수단 및 시기의 정당성을 기준으로 살펴보고자 한다.

II. 의의 및 법규정
1. 의의
조합활동은 근로자가 단결하여 근로조건의 향상 및 근로자의 지위를 향상시키기 위함을 목적으로 하는 활동으로서 단체교섭이나 단체행동을 제외한 조합의 일상적 조직운영활동을 말한다.

2. 법규정

> 제4조(정당행위)
> 형법 제20조의 규정은 노동조합이 단체교섭·쟁의행위 기타의 행위로서 제1조의 목적을 달성하기 위하여 한 정당한 행위에 대하여 적용된다. 다만, 어떠한 경우에도 폭력이나 파괴행위는 정당한 행위로 해석되어서는 아니 된다.

III. 판례의 태도

1. 주체

판례는 "노동조합의 업무를 위한 정당한 행위"란 일반적으로는 정당한 노동조합의 활동을 가리킨 다고 할 것이나, 조합원이 조합의 결의나 조합의 구체적인 지시에 따라서 한 노동조합의 조직적 인 활동 그 자체가 아닐지라도 그 행위의 성질상 노동조합의 활동으로 볼 수 있거나, 노동조합의 묵시적인 수권 혹은 승인을 받았다고 볼 수 있을 때에는 노동조합의 업무를 위한 행위로 보아야 한다는 입장이다.

2. 목적

판례는 근로조건의 유지·개선과 근로자의 경제적 지위의 향상을 도모하기 위하여 필요하고 근로 자들의 단결강화에 도움이 되는 행위여야만 한다는 입장이다.

3. 수단의 정당성

(1) 원칙

판례는 취업규칙이나 단체협약에 별도의 허용규정이 있거나 관행 또는 사용자의 승낙이 있는 경우 외에는 취업시간 외에 행하여져야 하고, 사업장 내의 조합활동에 있어서는 사용자의 시 설관리권에 바탕을 둔 합리적인 규율이나 제약에 따라야 하며, 폭력과 파괴행위 등의 방법에 의하지 않는 것이어야 한다는 입장이다.

(2) 구체적 판단기준

판례는 시기·수단·방법 등에 관한 요건은 조합활동과 사용자의 노무지휘권·시설관리권 등 이 충돌할 경우에 그 정당성을 어떠한 기준으로 정할 것인지 하는 문제이므로, 위 요건을 갖추 었는지 여부를 판단할 때에는 조합활동의 필요성과 긴급성, 조합활동으로 행해진 개별 행위의 경위와 구체적 태양, 사용자의 노무지휘권·시설관리권 등의 침해 여부와 정도, 그밖에 근로 관계의 여러 사정을 종합하여 충돌되는 가치를 객관적으로 비교·형량하여 실질적인 관점에 서 판단하여야 한다는 입장이다.

(3) 검토

조합활동은 실질적인 관점에서 구체적인 판단기준을 제시하여 판단하는 것이 헌법상 단결권 보장 측면에서 타당하다.

IV. 사안의 해결

1. 주체

B회사는 C산업별 노동조합 소속의 지회가 있는바 현장순회도 C산업별 노동조합의 간부인 사무 국장 乙이 주체인 점을 고려하면 성질상 조합활동으로 볼 수 있다.

2. 목적

B회사는 산업안전보건법 위반 사실이 많았으며 업무수행 중 조합원들이 위험에 노출되어 있는 상황이 수차례 발생하고 실제 산업안전 관련 사고도 발생하였다. 이에 C산업별 노동조합 소속 사무국장인 乙은 B회사의 현장순회를 실시하고자 B회사에 현장순회 일정을 통지하고 현장순회 방문을 하였는바 조합원들의 근로조건의 유지 개선과 근로자의 경제적 지위의 향상을 도모하기 위해 필요한 행위라고 판단되므로 목적도 정당하다.

3. 수단의 정당성

B회사와 지회가 체결한 단체협약에는 C산업별 노동조합 간부가 소속 지회 사업장으로 방문 및 출입이 별도로 허용된 규정은 없으며 이전에도 B회사는 C산업별 노동조합 소속 前 사무국장 丙의 현장순회 방문을 별다른 제지 없이 이루진 관행이 있고 현장순회는 1시간 정도 이루어졌고 산업안전보건법 위반사항에 대한 사실확인만을 하여 취업시간 이외에 이루어진 조합활동은 아니다. 다만 실제 B회사의 장비가 작동되거나 별도 현장순회에 대한 준비를 B회사가 한 사실은 전혀 없으며 B회사의 일상적인 업무수행에 전혀 지장이 없었으며 일부 B회사 조합원들은 현장순회 방문이 이루어졌는지조차 알지 못한 사정을 고려하면 취업시간 이내 행해졌다고 하더라도 사용자의 노무지휘권 및 시설관리권 등의 침해가 과도하지 않다고 판단된다.

4. 결

상기 사정을 고려하면 C산업별 노동조합의 사무국장 乙이 행한 현장순회 실시는 정당한 조합활동에 해당한다.

09 | 성실교섭의무

제1절 서

노조법 제30조에서는 성실교섭의무를 규정하고 있는바 사용자 일방의 교섭 거부 또는 해태를 동법 제81조 제1항 제3호에서 부당노동행위로 인정하고 있으나 성실교섭의무의 정당성 범위가 노조법상 규정되지 않았는바 법원의 입장을 통해 성실교섭의무의 정당성 기준을 살펴볼 필요가 있다.

제2절 법규정

제30조(교섭 등의 원칙)
① 노동조합과 사용자 또는 사용자단체는 신의에 따라 성실히 교섭하고 단체협약을 체결하여야 하며 그 권한을 남용하여서는 아니 된다.
② 노동조합과 사용자 또는 사용자단체는 정당한 이유없이 교섭 또는 단체협약의 체결을 거부하거나 해태하여서는 아니 된다.

제29조의2(교섭창구 단일화 절차)
② 제1항 단서에 해당하는 경우 사용자는 교섭을 요구한 모든 노동조합과 성실히 교섭하여야 하고, 차별적으로 대우해서는 아니 된다.

제81조(부당노동행위)
① 사용자는 다음 각 호의 어느 하나에 해당하는 행위(이하 "不當勞動行爲"라 한다)를 할 수 없다.
  3. 노동조합의 대표자 또는 노동조합으로부터 위임을 받은 자와의 단체협약체결 기타의 단체교섭을 정당한 이유없이 거부하거나 해태하는 행위

제 3 절   판례의 태도

1 원칙

판례는 부당노동행위(성실교섭의무 위반, 교섭 거부·해태)는, 사용자가 아무런 이유 없이 단체교섭을 거부 또는 해태하는 경우는 물론이고, 사용자가 단체교섭을 거부할 정당한 이유가 있다거나 단체교섭에 성실히 응하였다고 믿었더라도 객관적으로 정당한 이유가 없고 불성실한 단체교섭으로 판정되는 경우에도 성립한다고 할 것이고, 한편 정당한 이유인지의 여부는 노동조합 측의 교섭권자, 노동조합 측이 요구하는 교섭시간, 교섭장소, 교섭사항 및 그의 교섭태도 등을 종합하여 사회통념상 사용자에게 단체교섭의무의 이행을 기대하는 것이 어렵다고 인정되는지 여부에 따라 판단하여야 한다는 입장이다.

2 단체교섭 응낙의무

판례는 단체교섭의 일시를 정하는 데에 관하여 노사 간에 합의된 절차나 관행이 있는 경우에는 그에 따라 단체교섭 일시를 정하여야 할 것이나, 그와 같은 절차나 관행이 없는 경우, 노동조합 측이 어느 일시(이하 '노조 제안 일시'라 한다)를 특정하여 사용자에게 단체교섭을 요구하더라도 사용자가 교섭사항 등의 검토와 준비를 위하여 필요하다는 등 합리적 이유가 있는 때에는 노동조합 측에 교섭일시의 변경을 구할 수 있고, 이와 같은 경우에는 노동조합 측이 사용자의 교섭일시 변경요구를 수용하였는지 여부에 관계없이 사용자가 노조 제안 일시에 단체교섭에 응하지 아니하였다 하더라도 사용자의 단체교섭 거부에 정당한 이유가 있다고 할 것이나, 사용자가 합리적인 이유 없이 노조 제안 일시의 변경을 구하다가 노동조합 측이 이를 수용하지 아니하였음에도 노조 제안 일시에 단체교섭에 응하지 아니하였거나 사용자가 위 일시에 이르기까지 노조 제안 일시에 대하여 노동조합 측에 아무런 의사표명도 하지 아니한 채 노조 제안 일시에 단체교섭에 응하지 아니한 경우에는 사용자가 신의에 따라 성실하게 교섭에 응한 것으로 볼 수 없으므로, 사용자의 단체교섭 거부에 정당한 이유가 있다고 할 수 없다는 입장이다.

3 노동조합 간부의 업무 파악 미진

판례는 원고 사무총장의 업무파악이 끝나지 않았다는 사유는 원고의 내부 사정에 불과한 것으로 사회통념상 단체교섭을 행하기 어려운 사유라고 할 수 없고, 조합해산결의는 정당한 소집권한이 없는 자에 의하여 소집된 임시총회에서의 결의로서 무효라고 할 것이므로 조합이 해산되었다는 이유로 원고가 단체교섭에 불응한 것도 역시 정당하다고 볼 수 없다는 입장이다.

4 노동조합의 과도한 요구

판례는 노동조합이 회사로서는 수용할 수 없는 요구를 하고 있었다고 하더라도 이는 단체교섭의 단계에서 조정할 문제이지 노동조합 측으로부터 과다한 요구가 있었다고 하여 막바로 그 쟁의행위의 목적이 부당한 것이라고 해석할 수는 없다는 입장이다.

5 쟁의행위 기간 중 성실교섭의무(교착상태)

판례는 쟁의행위는 단체교섭을 촉진하기 위한 수단으로서의 성질을 가지므로 쟁의기간 중이라는 사정이 사용자가 단체교섭을 거부할 만한 정당한 이유가 될 수 없고, 한편 당사자가 성의 있는 교섭을 계속하였음에도 단체교섭이 교착상태에 빠져 교섭의 진전이 더 이상 기대될 수 없는 상황이라면 사용자가 단체교섭을 거부하더라도 그 거부에 정당한 이유가 있다고 할 것이지만, 위와 같은 경우에도 노동조합 측으로부터 새로운 타협안이 제시되는 등 교섭재개가 의미 있을 것으로 기대할 만한 사정변경이 생긴 경우에는 사용자로서는 다시 단체교섭에 응하여야 하므로, 위와 같은 사정변경에도 불구하고 사용자가 단체교섭을 거부하는 경우에는 그 거부에 정당한 이유가 있다고 할 수 없다는 입장이다.

제4절 　　사용자의 성실교섭의무 위반 및 불법행위 구성

판례는 사용자의 단체교섭 거부행위가 원인과 목적, 과정과 행위태양, 그로 인한 결과 등에 비추어 건전한 사회통념이나 사회상규상 용인될 수 없다고 인정되는 경우에는 부당노동행위로서 단체교섭권을 침해하는 위법한 행위로 평가되어 불법행위의 요건을 충족하는바, 사용자가 노동조합과의 단체교섭을 정당한 이유 없이 거부하다가 법원으로부터 노동조합과의 단체교섭을 거부하여서는 아니 된다는 취지의 집행력 있는 판결이나 가처분결정을 받고도 이를 위반하여 노동조합과의 단체교섭을 거부하였다면, 그 단체교섭 거부행위는 건전한 사회통념이나 사회상규상 용인할 수 없는 행위로서 헌법이 보장하고 있는 노동조합의 단체교섭권을 침해하는 위법한 행위이므로 노동조합에 대하여 불법행위가 된다는 입장이다.

사례연습

A회사는 30년 동안 주류업계 1위를 유지하고 있는 회사이며 상시 근로자 500명 중 400명이 가입한 노동조합 B가 있고 별도 단체교섭창구 단일화 절차를 거치지 않고 꾸준히 B노동조합과 단체교섭을 진행하고 단체협약을 체결해 왔다. A회사와 B노동조합은 서울에 본사와 노조사무실을 두고 있으며 매년 서울 본사 대회의실에서 교섭 및 단체협약 체결과정을 진행하였다. 직원들의 연봉협상과 관련한 단체교섭을 앞두고 2022년 총회의 의결로 새롭게 선임된 노조대표자 甲은 2023년 단체협약 체결을 위해 2022.2.1. 1차 단체교섭을 예정하고 있다. 지난 30년 동안 2차 단체교섭 이후 추가로 교섭한 경우가 없었고 정해진 일시에 교섭이 이루어지지 않은 적도 없었으며 교섭 과정에서 노사 간 의견교환이 자유로우며 순탄한 과정을 거쳐 내년도 단체협약의 내용이 이전 연도 상반기 6.30.에 확정되는 절차를 순조롭게 진행했다. 甲은 지난 30년간 우리 노동조합은 '동지들의 권리와 이익을 저버리는 사용자의 개와 같은 행위였다.'라는 의견을 표명하며 1차 교섭일 하루 전에 아직 노조대표자의 업무를 숙지하지 못하였다는 이유로 교섭을 거부하였다. 이후 A회사는 '교섭을 진행하면서 풀어가자.'라는 의견과 함께 매주 甲에게 연락을 취하거나 노조사무실 방문을 하였지만 만남이 성사되지 않았다. 이후 甲은 'A회사에 2차 단체교섭일은 교섭 재개 1일 전에 B노동조합이 알림으로 통보하며 장소는 A회사가 아닌 B노동조합이 가입한 상부 단체의 제주도 지사의 대회의실에서 진행할 것이니 상시 대기하라.'라는 공식 의견을 A회사에 전달하였다. 이에 A회사는 '단체교섭을 거부하는 것은 성실교섭의무 위반이므로 협조를 부탁한다.'라는 의견을 전달하였으나 B노동조합은 '교섭 재개를 원한다면 2차 교섭 대기 및 참석과 교섭 사항과 별개로 미혼모 단체에 1억을 기부하라.'라는 의견을 회신하면서 실제 교섭이 이루어져야 하는 직원들의 연봉협상에 대해서는 일절 언급이 없었다. A회사는 제주도에 대한 장소는 수용할 테니 교섭일시만 1주일 정도 늦춰달라는 요청을 하였으나 甲은 거부하였다. 얼마 후 甲은 '2022.4.2. 2차 교섭을 위해 제주특별자치도 민주노총 제주지사 대회의실에서 오전 6:00에 2차 교섭이 열린다.'라는 내용을 2022.4.1. 22:00에 휴대전화 문자 메시지로 통보하였다. A회사는 '이러한 B노동조합의 태도는 명백한 성실교섭의무 위반이므로 2차 교섭에 응하지 않겠다.'라는 내용의 공식적인 입장을 B노동조합에 전달하며 교섭을 진행하지 않았다.

Q1 甲은 A회사는 2차 교섭 거부의 정당한 이유가 없고 최소한의 단체교섭 응낙의무도 위반하고 있어 불법행위를 구성하고 있다고 주장하는바 이러한 甲의 이러한 주장은 전부 타당한가? (다만, 부당노동행위 논점은 제외한다.) 30점

Q2 甲의 업무 파악 미진의 1차 교섭 거부가 정당한지 및 2차 교섭 재개의 요건인 '교섭 재개를 원한다면 2차 교섭 대기 및 참석과 교섭 사항과 별개로 미혼모 단체에 1억을 기부하라.'라는 내용이 노동조합의 과도한 요구로 A회사가 교섭 거부를 할 수 있는 정당한 사유인지에 대해 논하라. 20점

해설

Q1 성실교섭 의무

Ⅰ. 문제의 소재

甲은 A회사가 노동관계 및 노동관계조정법(이하 '노조법'이라 함) 제30조 단체교섭 성실의무 위반이고 B노동조합과 교섭에 대한 응낙을 거부한 행위가 불법행위를 구성한다고 주장하는바 일반적인 법규정의 해석만으로 판단이 어려운바 법원의 입장을 기준으로 사안을 해결해 보도록 한다.

Ⅱ. 법규정

> 제30조(교섭 등의 원칙)
> ① 노동조합과 사용자 또는 사용자단체는 신의에 따라 성실히 교섭하고 단체협약을 체결하여야 하며 그 권한을 남용하여서는 아니 된다.
> ② 노동조합과 사용자 또는 사용자단체는 정당한 이유없이 교섭 또는 단체협약의 체결을 거부하거나 해태하여서는 아니 된다.

Ⅲ. 판례의 태도

1. 원칙

판례는 부당노동행위(성실교섭의무 위반, 교섭 거부·해태)는, 사용자가 아무런 이유 없이 단체교섭을 거부 또는 해태하는 경우는 물론이고, 사용자가 단체교섭을 거부할 정당한 이유가 있다거나 단체교섭에 성실히 응하였다고 믿었더라도 객관적으로 정당한 이유가 없고 불성실한 단체교섭으로 판정되는 경우에도 성립한다고 할 것이고, 한편 정당한 이유인지의 여부는 노동조합 측의 교섭권자, 노동조합 측이 요구하는 교섭시간, 교섭장소, 교섭사항 및 그의 교섭태도 등을 종합하여 사회통념상 사용자에게 단체교섭의무의 이행을 기대하는 것이 어렵다고 인정되는지 여부에 따라 판단하여야 한다는 입장이다.

2. 단체교섭 응낙의무

판례는 단체교섭의 일시를 정하는 데에 관하여 노사 간에 합의된 절차나 관행이 있는 경우에는 그에 따라 단체교섭 일시를 정하여야 할 것이나, 그와 같은 절차나 관행이 없는 경우, 노동조합 측이 어느 일시(이하 '노조 제안 일시'라 한다)를 특정하여 사용자에게 단체교섭을 요구하더라도 사용자가 교섭사항 등의 검토와 준비를 위하여 필요하다는 등 합리적 이유가 있는 때에는 노동조합 측에 교섭일시의 변경을 구할 수 있고, 이와 같은 경우에는 노동조합 측이 사용자의 교섭일시 변경요구를 수용하였는지 여부에 관계없이 사용자가 노조 제안 일시에 단체교섭에 응하지 아니하였다 하더라도 사용자의 단체교섭 거부에 정당한 이유가 있다고 할 것이나, 사용자가 합리적인 이유 없이 노조 제안 일시의 변경을 구하다가 노동조합 측이 이를 수용하지 아니하였음에도 노조 제안 일시에 단체교섭에 응하지 아니하였거나 사용자가 위 일시에 이르기까지 노조 제안 일시에 대하여 노동조합 측에 아무런 의사표명도 하지 아니한 채 노조 제안 일시에 단체교섭에 응하지 아니한 경우에는 사용자가 신의에 따라 성실하게 교섭에 응한 것으로 볼 수 없으므로, 사용자의 단체교섭 거부에 정당한 이유가 있다고 할 수 없다는 입장이다.

3. 사용자의 성실교섭의무 위반 및 불법행위 구성

판례는 사용자의 단체교섭 거부행위가 원인과 목적, 과정과 행위태양, 그로 인한 결과 등에 비추어 건전한 사회통념이나 사회상규상 용인될 수 없다고 인정되는 경우에는 부당노동행위로서 단체교섭권을 침해하는 위법한 행위로 평가되어 불법행위의 요건을 충족하는바, 사용자가 노동조합과의 단체교섭을 정당한 이유 없이 거부하다가 법원으로부터 노동조합과의 단체교섭을 거부하여서는 아니 된다는 취지의 집행력 있는 판결이나 가처분결정을 받고도 이를 위반하여 노동조합과의 단체교섭을 거부하였다면, 그 단체교섭 거부행위는 건전한 사회통념이나 사회상규상 용인할 수 없는 행위로서 헌법이 보장하고 있는 노동조합의 단체교섭권을 침해하는 위법한 행위이므로 노동조합에 대하여 불법행위가 된다는 입장이다.

IV. 사안의 해결

1. A회사 교섭 거부의 정당한 이유

   (1) 교섭시간, 교섭장소

   B노동조합은 '2022.4.2. 2차 교섭을 위해 제주특별자치도 민주노총 제주지사 대회의실에서 오전 6:00에 2차 교섭이 열린다.'라는 내용을 2022.4.1. 22:00에 휴대전화 문자 메시지로 통보하였는바 노동조합 측이 요구하는 교섭시간, 교섭장소는 A회사가 현실적으로 받아들이기 힘든 부분이라고 판단된다.

   (2) 교섭태도

   지난 30년 동안 A회사와 B노동조합은 서울에 본사와 노조사무실을 두고 있으며 매년 서울 본사 대회의실에서 교섭 및 단체협약 체결과정을 진행하던 관행이 있음에도 甲이 1차 교섭일 하루 전에 아무런 이유가 없이 교섭을 거부하고, A회사는 노조대표자인 甲에게 연락을 취하거나 노조사무실 방문을 하였지만 만남을 고의로 회피한 정황 등을 고려하면 교섭태도 역시 진정 교섭 진행을 원하고 있는지 의문점이 있다.

   (3) 교섭사항

   B노동조합이 2차 교섭 때 요구하는 교섭사항에는 직원들의 연봉협상에 관한 사항이 일체 없다는 점에서 교섭사항에 대한 부분도 정당성을 갖추기 힘들다고 판단된다.

   (4) 소결

   상기 사항을 종합해보면 A회사는 사회통념상 B노동조합에게 단체교섭의무의 이행을 기대하는 것이 어렵다고 인정된다고 판단되는바 교섭 거부의 정당한 이유가 있다고 판단된다.

2. 응낙의무에 따른 불법행위 구성

   지난 30년 동안 2차 단체교섭 이후 추가로 교섭한 경우가 없었고 정해진 일시에 교섭이 이루어지지 않은 적도 없었으며 교섭 과정에서 노사 간 의견교환이 자유로우며 순탄한 과정을 거쳐 내년도 단체협약의 내용이 이전 연도 상반기 6.30.에 확정되는 절차를 순조롭게 진행해 온 관행이 존재하고 교섭일시에 대한 A회사의 합리적인 변경 요구에도 B노동조합의 독단적인 태도가 있다고 판단되는바 B노동조합의 2차 교섭요구에 응낙하지 않았다고 하여 부당노동행위로서 위법한 행위로 평가되어 불법행위를 구성한다고 보이지 않는다.

3. 결

   甲의 주장은 전부 타당하지 않다.

Q 2 교섭 거부의 정당한 이유

Ⅰ. 문제의 소재

A회사가 노조대표자인 甲의 업무 파악 미진 사유를 교섭 거부 사유로 허용해야 하는지, B노동조합의 과도한 요구를 교섭 대상으로 볼 수 있을지를 고려하여 해당 사유들이 교섭 거부의 정당한 이유가 되는지에 대해 법원의 입장을 기준으로 살펴보고자 한다.

Ⅱ. 판례의 태도

1. 노동조합 간부의 업무 파악 미진

판례는 원고 사무총장의 업무파악이 끝나지 않았다는 사유는 원고의 내부 사정에 불과한 것으로 사회통념상 단체교섭을 행하기 어려운 사유라고 할 수 없고, 조합해산결의는 정당한 소집권한이 없는 자에 의하여 소집된 임시총회에서의 결의로서 무효라고 할 것이므로 조합이 해산되었다는 이유로 원고가 단체교섭에 불응한 것도 역시 정당하다고 볼 수 없다는 입장이다.

2. 노동조합의 과도한 요구

판례는 노동조합이 회사로서는 수용할 수 없는 요구를 하고 있었다고 하더라도 이는 단체교섭의 단계에서 조정할 문제이지 노동조합 측으로부터 과다한 요구가 있었다고 하여 막바로 그 쟁의행위의 목적이 부당한 것이라고 해석할 수는 없다는 입장이다.

3. 단체교섭 대상

판례는 단체교섭의 대상이 되는 단체교섭사항에 해당하는지 여부는 헌법 제33조 제1항과 노동조합 및 노동관계조정법 제29조에서 근로자에게 단체교섭권을 보장한 취지에 비추어 판단하여야 하므로 일반적으로 구성원인 근로자의 노동조건 기타 근로자의 대우 또는 당해 단체적 노사관계의 운영에 관한 사항으로 사용자가 처분할 수 있는 사항은 단체교섭의 대상인 단체교섭사항에 해당한다는 입장이다.

Ⅲ. 사안의 해결

1. 노동조합 간부의 업무 파악 미진

노조대표자인 甲의 업무 파악 미진은 B노동조합의 내부 사정에 불과하므로 A회사가 해당 사항을 허용해 주어야 할 의무는 없다.

2. 노동조합의 과도한 요구

B노동조합은 '교섭사항과 별개로 미혼모 단체에 1억을 기부하라.'라는 의견을 회신하였는바 이는 단체교섭 사항도 아니므로 노동조합의 과도한 요구라고 판단되지만 교섭단계에서 조정할 문제이므로 교섭 대상에서 제외되지 않는다.

3. 결

甲의 업무 파악 미진을 이유로 한 1차 교섭 거부가 정당하지 않고 2차 교섭 재개의 요건인 '교섭 재개를 원한다면 2차 교섭 대기 및 참석과 교섭 사항과 별개로 미혼모 단체에 1억을 기부하라.'라는 내용이 노동조합의 과도한 요구로 교섭 대상은 아니지만 A회사의 교섭 거부의 정당한 이유가 될 수 없다.

10 | 노동조합 대표자의 단체협약 체결권

제1절 서

노조법 제29조 제1항에서 노동조합 대표자의 협약 체결권을 명시적으로 규정하고 있으나 노동조합의 자주성 확보를 위해 규약이나 노사자치를 위한 단체협약으로 노동조합 대표자의 협약 체결권을 제한하는 경우가 있는바 구체적 사례에 따른 법원의 입장을 살펴보도록 한다.

제2절 법규정

제29조(교섭 및 체결권한)
① 노동조합의 대표자는 그 노동조합 또는 조합원을 위하여 사용자나 사용자단체와 교섭하고 단체협약을 체결할 권한을 가진다.
② 제29조의2에 따라 결정된 교섭대표노동조합(이하 "교섭대표노동조합"이라 한다)의 대표자는 교섭을 요구한 모든 노동조합 또는 조합원을 위하여 사용자와 교섭하고 단체협약을 체결할 권한을 가진다.
③ 노동조합과 사용자 또는 사용자단체로부터 교섭 또는 단체협약의 체결에 관한 권한을 위임받은 자는 그 노동조합과 사용자 또는 사용자단체를 위하여 위임받은 범위 안에서 그 권한을 행사할 수 있다.
④ 노동조합과 사용자 또는 사용자단체는 제3항에 따라 교섭 또는 단체협약의 체결에 관한 권한을 위임한 때에는 그 사실을 상대방에게 통보하여야 한다.

제3절 판례의 태도

1 원칙

판례는 노동조합의 대표자 또는 수임자가 단체교섭의 결과에 따라 사용자와 단체협약의 내용을 합의한 후 다시 협약안의 가부에 관하여 조합원총회의 의결을 거쳐야만 한다는 것은 대표자 또는 수임자의 단체협약 체결권한을 전면적, 포괄적으로 제한함으로써 사실상 단체협약 체결권한을 형해화하여 명목에 불과한 것으로 만드는 것이어서 위 법 제29조 제1항의 취지에 위반된다는 입장이다.

2 예외

판례는 단체협약은 노동조합의 개개 조합원의 근로조건 기타 근로자의 대우에 관한 기준을 직접 결정하는 규범적 효력을 가지는 것이므로 단체협약의 실질적인 귀속주체는 근로자이고, 따라서 단체협약은 조합원들이 관여하여 형성한 노동조합의 의사에 기초하여 체결되어야 하는 것이 단체교섭의 기본적 요청인 점, 노동조합법 제16조 제1항 제3호는 단체협약에 관한 사항을 총회의 의결사항으로 정하여 노동조합 대표자가 단체교섭 개시 전에 총회를 통하여 교섭안을 마련하거나 단체교섭 과정에서 조합원의 총의를 계속 수렴할 수 있도록 규정하고 있는 점 등에 비추어 보면, 노동조합이 조합원들의 의사를 반영하고 대표자의 단체교섭 및 단체협약 체결 업무 수행에 대한 적절한 통제를 위하여 규약 등에서 내부 절차를 거치도록 하는 등 대표자의 단체협약 체결권한의 행사를 절차적으로 제한하는 것은, 그것이 단체협약 체결권한을 전면적·포괄적으로 제한하는 것이 아닌 이상 허용된다는 입장이다.

3 전면적·포괄적 제한규정을 위반한 단체협약의 효력

판례는 규약상의 대표권의 제한은 조합장이 조합을 대표하여 체결한 단체협약의 효력에 아무런 영향을 미치지 못한다는 원칙으로 무효라는 입장이다.

4 노동조합 대표자의 책임(절차 위반)

판례는 단체협약의 실질적인 귀속주체가 근로자이고 노동조합 대표자는 단체협약을 체결함에 있어 조합원들의 의사를 반영하여야 할 의무가 있다고 하더라도, 노동조합 대표자는 노동조합의 위임에 따라 그 사무를 집행하고 노동조합을 대표하는 기관으로서 노동조합에 대하여 수임자로서 선량한 관리자의 주의의무를 부담할 뿐이고, 개별 조합원에 대하여서까지 위임관계에 따른 선량한 관리자의 주의의무를 부담한다고 볼 수는 없다는 입장이다.

5 불법행위 책임

판례는 노동조합의 대표자가 조합원들의 의사를 결집·반영하기 위하여 마련한 내부 절차를 전혀 거치지 아니한 채 조합원의 중요한 근로조건에 영향을 미치는 사항 등에 관하여 만연히 사용자와 단체협약을 체결하였고, 그 단체협약의 효력이 조합원들에게 미치게 되면, 이러한 행위는 특별한 사정이 없는 한 헌법과 법률에 의하여 보호되는 조합원의 단결권 또는 노동조합의 의사 형성 과정에 참여할 수 있는 권리를 침해하는 불법행위에 해당한다고 보아야 한다는 입장이다.

6 단체협약 체결권한 제한을 이유로 사용자의 교섭 거부

(1) 원칙

판례는 교섭할 권한이라 함은 사실행위로서의 단체교섭의 권한 외에 교섭한 결과에 따라 단체협약을 체결할 권한을 포함하는 것이지만, 그럼에도 불구하고 노동조합의 대표자 또는 수임자가 단체교섭의 결과에 따라 사용자와 단체협약의 내용을 합의한 후 다시 협약안의 가부에 관하여 조합원 총회의 의결을 거친 후에만 단체협약을 체결할 것임을 명백히 하였다면 노사 쌍방간의 타협과 양보의 결과로 임금이나 그 밖의 근로조건 등에 대하여 합의를 도출하더라도 노동조합의 조합원 총회에서 그 단체협약안을 받아들이기를 거부하여 단체교섭의 성과를 무로 돌릴 위험성이 있으므로 사용자 측에서는 최종적인 결정 권한이 없는 교섭대표와의 교섭 내지 협상을 회피하거나 설령 교섭에 임한다 하더라도 성실한 자세로 최후의 양보안을 제출하는 것을 꺼리게 될 것이고, 그와 같은 사용자 측의 단체교섭 회피 또는 해태를 정당한 이유가 없는 것이라고 비난하기도 어렵다 할 것이므로, 사용자 측의 단체교섭 회피가 같은 법 제39조 제3호가 정하는 부당노동행위에 해당한다고 보기도 어렵고, 그에 대항하여 단행된 쟁의행위는 그 목적에 있어서 정당한 쟁의행위라고 볼 수 없다는 입장이다.

(2) 행정관청의 시정명령

판례는 노동조합의 대표자 또는 수임자가 단체교섭의 결과에 따라 사용자와 단체협약의 내용을 합의한 후 다시 협약안의 가부에 관하여 조합원 총회의 의결을 거쳐야 한다는 것은 노조법 제29조 제1항 위반이기에 이를 규정한 규약이나 단체협약에 대한 행정관청의 시정명령은 적법하다는 입장이다.

PART
02

Q B회사는 근로자 전원이 가입한 노동조합인 C가 있다. C노동조합의 대표자 乙은 B회사와 교섭 과정에서 '정년제 도입과 명예퇴직 조건에 관한 합의 및 대상자 기준'에 관한 사항을 합의하고 서명·날인을 통해 단체협약을 체결하였으며 실제 진행되어 조합원들의 10%가 명예퇴직으로 자신의 의지와 상관없이 직장을 떠나게 되었다. 조합원들은 규약 제10조에 '노동조합 대표자는 단체협약 체결 전 총회 의결을 거쳐 조합원들의 의견을 수렴해야 한다.'는 규정을 위반한 것이며 乙의 독단적인 협약 체결 행위는 불법행위에 해당한다고 주장한다.

조합원들의 주장은 타당한가? 25점

해설

✔ **노동조합 대표자의 단체협약 체결권**

Ⅰ. 문제의 소재

C노동조합의 규약에는 노동조합 대표자인 乙이 협약을 체결하기 전 총회 의결을 거치도록 하는 내용이 규정되어 있는바 이러한 내용이 노조법 제29조 제1항에 위반되는지, 위반한 단체협약의 효력 및 노조대표자의 법적 책임과 관련하여 법원의 판단기준을 살펴보고 사안을 해결하도록 한다.

Ⅱ. 법규정

> 제29조(교섭 및 체결권한)
> ① 노동조합의 대표자는 그 노동조합 또는 조합원을 위하여 사용자나 사용자단체와 교섭하고 단체협약을 체결할 권한을 가진다.

Ⅲ. 판례의 태도

1. 원칙

판례는 노동조합의 대표자 또는 수임자가 단체교섭의 결과에 따라 사용자와 단체협약의 내용을 합의한 후 다시 협약안의 가부에 관하여 조합원총회의 의결을 거쳐야만 한다는 것은 대표자 또는 수임자의 단체협약 체결권한을 전면적, 포괄적으로 제한함으로써 사실상 단체협약 체결권한을 형해화하여 명목에 불과한 것으로 만드는 것이어서 위 법 제29조 제1항의 취지에 위반된다는 입장이다.

2. 예외

판례는 단체협약은 노동조합의 개개 조합원의 근로조건 기타 근로자의 대우에 관한 기준을 직접 결정하는 규범적 효력을 가지는 것이므로 단체협약의 실질적인 귀속주체는 근로자이고, 따라서 단체협약은 조합원들이 관여하여 형성한 노동조합의 의사에 기초하여 체결되어야 하는 것이 단체교섭의 기본적 요청인 점, 노동조합법 제16조 제1항 제3호는 단체협약에 관한 사항을 총회의 의결사항으로 정하여 노동조합 대표자가 단체교섭 개시 전에 총회를 통하여 교섭안을 마련하거나 단체교섭 과정에서 조합원의 총의를 계속 수렴할 수 있도록 규정하고 있는 점 등에 비추어 보면, 노동조합이 조합원들의 의사를 반영하고 대표자의 단체교섭 및 단체협약 체결 업무 수행에 대한 적절한 통제를 위하여 규약 등에서 내부 절차를 거치도록 하는 등 대표자의 단체협약 체결권한의 행사를 절차적으로 제한하는 것은, 그것이 단체협약 체결권한을 전면적·포괄적으로 제한하는 것이 아닌 이상 허용된다는 입장이다.

3. 전면적·포괄적 제한규정을 위반한 단체협약의 효력

판례는 규약상의 대표권의 제한은 조합장이 조합을 대표하여 체결한 단체협약의 효력에 아무런 영향을 미치지 못한다는 원칙으로 무효라는 입장이다.

4. 노동조합 대표자의 책임(절차 위반)

판례는 단체협약의 실질적인 귀속주체가 근로자이고 노동조합 대표자는 단체협약을 체결함에 있어 조합원들의 의사를 반영하여야 할 의무가 있다고 하더라도, 노동조합 대표자는 노동조합의 위임에 따라 그 사무를 집행하고 노동조합을 대표하는 기관으로서 노동조합에 대하여 수임자로서 선량한 관리자의 주의의무를 부담할 뿐이고, 개별 조합원에 대하여서까지 위임관계에 따른 선량한 관리자의 주의의무를 부담한다고 볼 수는 없다는 입장이다.

5. 불법행위 책임

판례는 노동조합의 대표자가 조합원들의 의사를 결집·반영하기 위하여 마련한 내부 절차를 전혀 거치지 아니한 채 조합원의 중요한 근로조건에 영향을 미치는 사항 등에 관하여 만연히 사용자와 단체협약을 체결하였고, 그 단체협약의 효력이 조합원들에게 미치게 되면, 이러한 행위는 특별한 사정이 없는 한 헌법과 법률에 의하여 보호되는 조합원의 단결권 또는 노동조합의 의사 형성 과정에 참여할 수 있는 권리를 침해하는 불법행위에 해당한다고 보아야 한다는 입장이다.

IV. 사안의 해결

1. 노조대표자의 협약 체결권을 전면적·포괄적으로 제한하는지 여부

B노동조합의 규약 제10조에 '노동조합 대표자는 단체협약 체결 전 총회 의결을 거쳐 조합원들의 의견을 수렴해야 한다.'는 내용이므로 단체협약 체결 이후의 그 가부에 대한 의결이 아니라는 점에서 노조대표자의 협약 체결권을 전면적·포괄적으로 제한하지 않고 노조법 제29조 제1항 위반도 아니다.

2. 乙의 불법행위 책임

노조대표자 乙은 B회사와 교섭 과정에서 '정년제 도입과 명예퇴직 조건에 관한 합의 및 대상자 기준'에 관한 사항을 합의하고 서명·날인을 통해 단체협약을 체결하였으며 실제 진행되어 조합원들의 10%가 명예퇴직으로 자신의 의지와 상관없이 직장을 떠나게 되는 결과가 발생하였는바 조합원들이 단체협약의 실질적인 귀속 주체라는 점과 헌법과 법률에 의하여 보호되는 조합원의 단결권 또는 노동조합의 의사 형성 과정에 참여할 수 있는 권리를 침해하였다는 점 및 실제 조합원들에게 불이익한 결과가 발생하였다는 사정을 고려하면 乙은 불법행위 책임을 진다고 판단된다.

3. 결

조합원들의 주장은 타당하다.

11 | 교섭창구 단일화

교섭 요구(단체협약 만료 3개월 전)

↓

교섭요구 사실에 대한 사용자 공고(7일)
*노동조합이 사용자에게 교섭을 요구한 경우에 해당 공고기간(7일) 동안 다른 노동조합 교섭참여 가능

↓

교섭참여 노조 확정 후 공고(5일), 이의신청에 따른 사용자의 수정 공고(5일)
*노동위원회에 시정신청을 한 경우(공고기간 5일 이내 신청, 10일 내 처리)

↓

참여노조 확정

↓ 교섭창구 단일화 절차 진행

사용자의 동의를 얻은 자율교섭 또는 자율적 단일화 기한(14일) 내 결정

↓ 동의 ×, 교섭대표 노조 확정 ×

과반수 노조(절대 과반수, 연합(단일화) 과반 가능)
*자율적 단일화 기간 경과 후 5일 이내, 사용자는 5일 동안 공고

↓ 과반노조 ×, 이의제기 ×

공동교섭대표단 구성(조합원 10/100 제한)
*자율적 단일화 기간 경과 후 10일 이내
*노동위원회 이의신청 시 과반노조 없음 확인 결정 통지 후 5일 이내

↓ 구성 ×

노동위원회가 공동교섭대표단 결정(신청 후 10일 이내)

제1절   법규정

제29조의2(교섭창구 단일화 절차)

① 하나의 사업 또는 사업장에서 조직형태에 관계없이 근로자가 설립하거나 가입한 노동조합이 2개 이상인 경우 노동조합은 교섭대표노동조합(2개 이상의 노동조합 조합원을 구성원으로 하는 교섭대표기구를 포함한다. 이하 같다)을 정하여 교섭을 요구하여야 한다. 다만, 제3항에 따라 교섭대표노동조합을 자율적으로 결정하는 기한 내에 사용자가 이 조에서 정하는 교섭창구 단일화 절차를 거치지 아니하기로 동의한 경우에는 그러하지 아니하다.

※ 자율적 교섭기간에 사용자가 노조별 개별교섭을 하기로 한 경우에도 가능

② 제1항 단서에 해당하는 경우 사용자는 교섭을 요구한 모든 노동조합과 성실히 교섭하여야 하고, 차별적으로 대우해서는 아니 된다.

③ 교섭대표노동조합 결정 절차(이하 "교섭창구 단일화 절차"라 한다)에 참여한 모든 노동조합은 대통령령으로 정하는 기한 내에 자율적으로 교섭대표노동조합을 정한다.

④ 제3항에 따른 기한까지 교섭대표노동조합을 정하지 못하고 제1항 단서에 따른 사용자의 동의를 얻지 못한 경우에는 교섭창구 단일화 절차에 참여한 노동조합의 전체 조합원 과반수로 조직된 노동조합(2개 이상의 노동조합이 위임 또는 연합 등의 방법으로 교섭창구 단일화 절차에 참여한 노동조합 전체 조합원의 과반수가 되는 경우를 포함한다)이 교섭대표노동조합이 된다.

⑤ 제3항 및 제4항에 따라 교섭대표노동조합을 결정하지 못한 경우에는 교섭창구 단일화 절차에 참여한 모든 노동조합은 공동으로 교섭대표단(이하 이 조에서 "공동교섭대표단"이라 한다)을 구성하여 사용자와 교섭하여야 한다. 이때 공동교섭대표단에 참여할 수 있는 노동조합은 그 조합원 수가 교섭창구 단일화 절차에 참여한 노동조합의 전체 조합원 100분의 10 이상인 노동조합으로 한다.

⑥ 제5항에 따른 공동교섭대표단의 구성에 합의하지 못할 경우에 노동위원회는 해당 노동조합의 신청에 따라 조합원 비율을 고려하여 이를 결정할 수 있다.

⑦ 제1항 및 제3항부터 제5항까지에 따른 교섭대표노동조합을 결정함에 있어 교섭요구 사실, 조합원 수 등에 대한 이의가 있는 때에는 노동위원회는 대통령령으로 정하는 바에 따라 노동조합의 신청을 받아 그 이의에 대한 결정을 할 수 있다.

⑧ 제6항 및 제7항에 따른 노동위원회의 결정에 대한 불복절차 및 효력은 제69조와 제70조 제2항을 준용한다.

⑨ 노동조합의 교섭요구·참여 방법, 교섭대표노동조합 결정을 위한 조합원 수 산정 기준 등 교섭창구 단일화 절차와 교섭비용 증가 방지 등에 관하여 필요한 사항은 대통령령으로 정한다.

⑩ 제4항부터 제7항까지 및 제9항의 조합원 수 산정은 종사근로자인 조합원을 기준으로 한다.

제 2 절   판례의 태도

1 교섭창구 단일화 절차의 입법 취지

판례는 노조법은 하나의 사업 또는 사업장에서 조직형태에 관계없이 근로자가 설립하거나 가입한 노동조합이 2개 이상인 경우 교섭대표노동조합을 정하여 교섭을 요구하도록 하고 있다(노조법 제29조의2 제1항 본문). 이러한 노조법상의 교섭창구 단일화제도는 하나의 사업 또는 사업장에 2개 이상의 노동조합이 병존하는 경우 야기될 수 있는 현실적인 문제, 즉 복수의 노동조합이 각각 독자적인 교섭권을 행사할 수 있도록 할 경우 발생할 수 있는 노동조합과 노동조합 상호간의 반목 및 노동조합과 사용자 사이의 갈등, 동일한 사항에 대해 같은 내용의 교섭을 반복하는 데서 비롯되는 교섭효율성의 저하와 교섭비용의 증가, 복수의 단체협약이 체결되는 경우 발생할 수 있는 노무관리상의 어려움, 동일하거나 유사한 내용의 근로를 제공함에도 불구하고 노동조합 소속에 따라 상이한 근로조건의 적용을 받는 데서 발생하는 불합리성 등의 문제를 효과적으로 해결하는 데 그 취지가 있다는 입장이다.

※ 교섭창구 단일화제도가 단체교섭권을 침해하는 것인지 여부가 문제된 사안에서 ① 목적의 정당성과 수단의 적절성, ② 최소침해성, ③ 법익균형성 측면에서 단체교섭권을 침해하지 않는다 하여 헌법재판소의 합헌결정을 받았다.

2 교섭대표노조의 자율적 결정기한의 기산일

시행령 제14조의3(노동조합 교섭요구 사실의 공고)
① 사용자는 노동조합으로부터 제14조의2에 따라 교섭 요구를 받은 때에는 그 요구를 받은 날부터 7일간 그 교섭을 요구한 노동조합의 명칭 등 고용노동부령으로 정하는 사항을 해당 사업 또는 사업장의 게시판 등에 공고하여 다른 노동조합과 근로자가 알 수 있도록 하여야 한다.
② 노동조합은 사용자가 제1항에 따른 교섭요구 사실의 공고를 하지 아니하거나 다르게 공고하는 경우에는 고용노동부령으로 정하는 바에 따라 노동위원회에 시정을 요청할 수 있다.
③ 노동위원회는 제2항에 따라 시정 요청을 받은 때에는 그 요청을 받은 날부터 10일 이내에 그에 대한 결정을 하여야 한다.

시행령 제14조의4(다른 노동조합의 교섭 요구 시기 및 방법)
제14조의2에 따라 사용자에게 교섭을 요구한 노동조합이 있는 경우에 사용자와 교섭하려는 다른 노동조합은 제14조의3 제1항에 따른 공고기간 내에 제14조의2 제2항에 따른 사항을 적은 서면으로 사용자에게 교섭을 요구하여야 한다.

시행령 제14조의5(교섭 요구 노동조합의 확정)
① 사용자는 제14조의3 제1항에 따른 공고기간이 끝난 다음 날에 제14조의2 및 제14조의4에 따라 교섭을 요구한 노동조합을 확정하여 통지하고, 그 교섭을 요구한 노동조합의 명칭, 그 교섭을 요구한

날 현재의 종사근로자인 조합원 수 등 고용노동부령으로 정하는 사항을 5일간 공고해야 한다.

② 제14조의2 및 제14조의4에 따라 교섭을 요구한 노동조합은 제1항에 따른 노동조합의 공고 내용이 자신이 제출한 내용과 다르게 공고되거나 공고되지 아니한 것으로 판단되는 경우에는 제1항에 따른 공고기간 중에 사용자에게 이의를 신청할 수 있다.

③ 사용자는 제2항에 따른 이의 신청의 내용이 타당하다고 인정되는 경우 신청한 내용대로 제1항에 따른 공고기간이 끝난 날부터 5일간 공고하고 그 이의를 제기한 노동조합에 통지하여야 한다.

④ 사용자가 제2항에 따른 이의 신청에 대하여 다음 각 호의 구분에 따른 조치를 한 경우에는 해당 노동조합은 해당 호에서 정한 날부터 5일 이내에 고용노동부령으로 정하는 바에 따라 노동위원회에 시정을 요청할 수 있다.

1. 사용자가 제3항에 따른 공고를 하지 아니한 경우 : 제1항에 따른 공고기간이 끝난 다음날

2. 사용자가 해당 노동조합이 신청한 내용과 다르게 제3항에 따른 공고를 한 경우 : 제3항에 따른 공고기간이 끝난 날

⑤ 노동위원회는 제4항에 따른 시정 요청을 받은 때에는 그 요청을 받은 날부터 10일 이내에 그에 대한 결정을 하여야 한다.

시행령 제14조의6(자율적 교섭대표노동조합의 결정 등)

① 제14조의5에 따라 교섭을 요구한 노동조합으로 확정 또는 결정된 노동조합은 법 제29조의2 제3항에 따라 자율적으로 교섭대표노동조합을 정하려는 경우에는 제14조의5에 따라 확정 또는 결정된 날부터 14일이 되는 날을 기한으로 하여 그 교섭대표노동조합의 대표자, 교섭위원 등을 연명으로 서명 또는 날인하여 사용자에게 통지해야 한다.

② 사용자에게 제1항에 따른 교섭대표노동조합의 통지가 있은 이후에는 그 교섭대표노동조합의 결정 절차에 참여한 노동조합 중 일부 노동조합이 그 이후의 절차에 참여하지 않더라도 법 제29조 제2항에 따른 교섭대표노동조합의 지위는 유지된다.

판례는 '확정된 날'과 '결정된 날'의 해석을 교섭대표 자율결정기간은 교섭창구 단일화 절차에 참여한 모든 노동조합이 자율적으로 교섭대표노동조합을 정하는 기간이므로 그 결정절차 참여의 전제가 되는 교섭을 요구한 노동조합의 명칭과 대표자, 조합원 수, 교섭요구일 등이 그 기간 진행 전에 모두 특정될 필요가 있는 점, 교섭창구 단일화 절차를 규정하고 있는 노동조합법과 시행령의 각 규정에 비추어 볼 때 교섭대표 자율결정기간의 기산일이 되는 '시행령 제14조의5에 따라 확정 또는 결정된 날'은 시행령 제14조의5에서 정한 교섭요구 노동조합 확정절차가 종료된 날을 의미하는 것으로 해석되는 점 등을 종합하여 보면, 교섭대표 자율결정기간의 기산일이 되는 '시행령 제14조의5에 따라 확정된 날'은 시행령 제14조의5 제1항에 따른 사용자의 공고에 대하여 노동조합이 이의를 신청하지 아니한 경우에는 그 공고기간이 만료된 날을, 노동조합이 이의를 신청하여 사용자가 수정공고를 한 경우에는 그 수정공고기간이 만료된 날을 의미한다고 보는 것이 타당하다는 입장이다.

3 노동위원회 결정이 있는 경우

판례는 이러한 노동조합법 및 시행령 규정의 내용과 함께 노동위원회법 제17조의2는 노동위원회는 처분 결과를 당사자에게 서면으로 송달하여야 하고, 처분의 효력은 결정서 등을 송달받은 날부터 발생한다고 규정하고 있는 점, 교섭대표 자율결정기간은 그 기간이 경과하면 더는 자율적으로 교섭대표노동조합을 결정하거나 사용자가 개별교섭 동의를 할 수 없는 효력이 발생하므로 그 기간의 기산일은 당사자 간에 다툼의 여지가 없을 정도로 명확하여야 하는 점 등에 비추어 보면, 시행령 제14조의5에 따른 사용자의 공고에 대하여 노동조합이 노동위원회에 시정을 요청하여 노동위원회가 결정을 한 경우에는 그 결정이 당사자에게 송달되어 효력이 발생한 날부터 교섭대표 자율결정기간이 진행한다고 보는 것이 타당하다는 입장이다.

12 | 교섭대표노동조합의 지위

제29조(교섭 및 체결권한)

② 제29조의2에 따라 결정된 교섭대표노동조합(이하 "교섭대표노동조합"이라 한다)의 대표자는 교섭을 요구한 모든 노동조합 또는 조합원을 위하여 사용자와 교섭하고 단체협약을 체결할 권한을 가진다.

시행령 14조의10(교섭대표노동조합의 지위 유지기간 등)

① 법 제29조의2 제3항부터 제6항까지의 규정에 따라 결정된 교섭대표노동조합은 그 결정이 있은 후 사용자와 체결한 첫 번째 단체협약의 효력이 발생한 날을 기준으로 2년이 되는 날까지 그 교섭대표노동조합의 지위를 유지하되, 새로운 교섭대표노동조합이 결정된 경우에는 그 결정된 때까지 교섭대표노동조합의 지위를 유지한다.

② 제1항에 따른 교섭대표노동조합의 지위 유지기간이 만료되었음에도 불구하고 새로운 교섭대표노동조합이 결정되지 못할 경우 기존 교섭대표노동조합은 새로운 교섭대표노동조합이 결정될 때까지 기존 단체협약의 이행과 관련해서는 교섭대표노동조합의 지위를 유지한다.

③ 법 제29조의2에 따라 결정된 교섭대표노동조합이 그 결정된 날부터 1년 동안 단체협약을 체결하지 못한 경우에는 어느 노동조합이든지 사용자에게 교섭을 요구할 수 있다. 이 경우 제14조의2 제2항 및 제14조의3부터 제14조의9까지의 규정을 적용한다.

13 | 교섭단위 결정 및 유일노조와 형식적인 교섭창구 단일화 절차

제1절 법규정

제29조의3(교섭단위 결정)

① 제29조의2에 따라 교섭대표노동조합을 결정하여야 하는 단위(이하 "교섭단위"라 한다)는 하나의 사업 또는 사업장으로 한다.

② 제1항에도 불구하고 하나의 사업 또는 사업장에서 현격한 근로조건의 차이, 고용형태, 교섭 관행 등을 고려하여 교섭단위를 분리하거나 분리된 교섭단위를 통합할 필요가 있다고 인정되는 경우에 노동위원회는 노동관계 당사자의 양쪽 또는 어느 한쪽의 신청을 받아 교섭단위를 분리하거나 분리된 교섭단위를 통합하는 결정을 할 수 있다.

③ 제2항에 따른 노동위원회의 결정에 대한 불복절차 및 효력은 제69조와 제70조 제2항을 준용한다.
※ 노동위원회의 중재재정 절차를 준용

④ 교섭단위를 분리하거나 분리된 교섭단위를 통합하기 위한 신청 및 노동위원회의 결정 기준·절차 등에 관하여 필요한 사항은 대통령령으로 정한다.

제14조의11(교섭단위 결정)

① 노동조합 또는 사용자는 법 제29조의3 제2항에 따라 교섭단위를 분리하거나 분리된 교섭단위를 통합하여 교섭하려는 경우에는 다음 각 호에 해당하는 기간에 노동위원회에 교섭단위를 분리하거나 분리된 교섭단위를 통합하는 결정을 신청할 수 있다.

  1. 제14조의3에 따라 사용자가 교섭요구 사실을 공고하기 전

  2. 제14조의3에 따라 사용자가 교섭요구 사실을 공고한 경우에는 법 제29조의2에 따른 교섭대표노동조합이 결정된 날 이후

② 제1항에 따른 신청을 받은 노동위원회는 해당 사업 또는 사업장의 모든 노동조합과 사용자에게 그 내용을 통지해야 하며, 그 노동조합과 사용자는 노동위원회가 지정하는 기간까지 의견을 제출할 수 있다.

③ 노동위원회는 제1항에 따른 신청을 받은 날부터 30일 이내에 교섭단위를 분리하거나 분리된 교섭단위를 통합하는 결정을 하고 해당 사업 또는 사업장의 모든 노동조합과 사용자에게 통지해야 한다.

④ 제3항에 따른 통지를 받은 노동조합이 사용자와 교섭하려는 경우 자신이 속한 교섭단위에 단체협약이 있는 때에는 그 단체협약의 유효기간 만료일 이전 3개월이 되는 날부터 제14조의2 제2항에 따라 필요한 사항을 적은 서면으로 교섭을 요구할 수 있다.

⑤ 제1항에 따른 신청에 대한 노동위원회의 결정이 있기 전에 제14조의2에 따른 교섭 요구가 있는 때에는 교섭단위를 분리하거나 분리된 교섭단위를 통합하는 결정이 있을 때까지 제14조의3에 따른 교섭요구 사실의 공고 등 교섭창구 단일화 절차의 진행은 정지된다.

⑥ 제1항부터 제5항까지에서 규정한 사항 외에 교섭단위를 분리하거나 분리된 교섭단위를 통합하는 결정 신청 및 그 신청에 대한 결정 등에 관하여 필요한 사항은 고용노동부령으로 정한다.

제2절 판례의 태도

1 교섭단위 분리 필요성의 의미

판례는 노동조합법 제29조의3 제2항에서 규정하고 있는 '교섭단위를 분리할 필요가 있다고 인정되는 경우'란 하나의 사업 또는 사업장에서 별도로 분리된 교섭단위에 의하여 단체교섭을 진행하는 것을 정당화할 만한 현격한 근로조건의 차이, 고용형태, 교섭 관행 등의 사정이 있고, 이로 인하여 교섭대표노동조합을 통하여 교섭창구를 단일화하는 것이 오히려 근로조건의 통일적 형성을 통해 안정적인 교섭체계를 구축하고자 하는 교섭창구 단일화 제도의 취지에도 부합하지 않는 결과를 발생시킬 수 있는 예외적인 경우를 의미한다는 입장이다.

※ 교섭단위를 분리하기 위해서는 "교섭단위를 분리할 필요가 있다고 인정되는 경우"이어야 하는데 그 의미에 대해 법원은 "하나의 사업 또는 사업장에서 별도로 분리된 교섭단위에 의해 단체교섭을 진행하는 것을 정당화할 만한 현격한 근로조건의 차이, 고용형태, 교섭 관행 등의 사정이 있고, 이로 인해 교섭대표노동조합을 통해 교섭창구를 단일화하는 것이 오히려 근로조건의 통일적 형성을 통해 안정적인 교섭체계를 구축하고자 하는 교섭창구 단일화 제도의 취지에도 부합하지 않는 결과를 발생시킬 수 있는 예외적인 경우를 의미한다."고 판시해 매우 엄격하게 해석하는 입장이다.

2 위법·월권의 의미

판례는 노동조합법 제29조의3 제3항은 교섭단위 분리 신청에 대한 노동위원회의 결정에 불복할 경우 같은 법 제69조를 준용하도록 하고 있고, 같은 법 제69조 제1항, 제2항은 노동위원회의 중재재정 등에 대한 불복의 사유를 '위법이거나 월권에 의한 것'인 경우로 한정하고 있다. 따라서 교섭단위 분리 신청에 대한 노동위원회의 결정에 관하여는 단순히 어느 일방에게 불리한 내용이라는 사유만으로는 불복이 허용되지 않고, 그 절차가 위법하거나, 노동조합법 제29조의3 제2항이 정한 교섭단위 분리결정의 요건에 관한 법리를 오해하여 교섭단위를 분리할 필요가 있다고 인정되는 경우인데도 그 신청을 기각하는 등 내용이 위법한 경우, 그 밖에 월권에 의한 것인 경우에 한하여 불복할 수 있다는 입장이다.

제3절 유일노조와 형식적인 교섭창구 단일화 절차를 거친 경우

1 판례의 태도

판례는 교섭창구 단일화 제도는 특별한 사정이 없는 한 복수 노동조합이 교섭요구 노동조합으로 확정되고 그중에서 다시 모든 교섭요구 노동조합을 대표할 노동조합이 선정될 필요가 있는 경우를 예정하여 설계된 체계라고 할 수 있다. 나아가 노동조합법 규정에 의하면, 교섭창구 단일화 절차를 통하여 결정된 교섭대표노동조합의 대표자는 모든 교섭요구 노동조합 또는 그 조합원을 위하여 사용자와 단체교섭을 진행하고 단체협약을 체결할 권한이 있다. 그런데 해당 노동조합 이외의 노동조합이 존재하지 않아 다른 노동조합의 의사를 반영할 만한 여지가 처음부터 전혀 없었던 경우에는 이러한 교섭대표노동조합의 개념이 무의미해질 뿐만 아니라 달리 그 고유한 의의(意義)를 찾기도 어렵게 된다. 결국, 하나의 사업 또는 사업장 단위에서 유일하게 존재하는 노동조합은, 설령 노동조합법 및 그 시행령이 정한 절차를 형식적으로 거쳤다고 하더라도, 교섭대표노동조합의 지위를 취득할 수 없다고 해석함이 타당하다는 입장이다.

2 검토

단일노조임에도 창구 단일화 절차를 거칠 경우, 대표노조지위를 인정할 것인지 여부를 다룬 판결로 하나의 사업 또는 사업장 단위에서 유일하게 존재하는 노동조합은 설령 노동조합법 및 그 시행령이 정한 절차를 형식적으로 거쳤다고 하더라도 교섭대표노동조합의 지위를 취득할 수 없다는 점을 강조하며 교섭창구 단일화 절차 제도가 복수노조 체계에서만 유의미하다는 점을 상기시키고 있다.

사례연습

Q A회사는 배달용기 플라스틱 부품을 제조하는 사업장이며 1,000명의 상시 근로자가 업무를 수행하고 있다. A회사는 소속 근로자로 구성된 A노조와 B노조가 존재하며 A노조가 2022.1.1.에 A사에 단체교섭을 요구하였고 A회사는 참여노동조합의 여부를 사내게시판에 공고(공고기간 7일은 준수)하였고 이 과정에서 B노동조합이 참여하였다. A사는 2022.1.15.부터 2022.1.20.까지로 교섭 요구 노동조합으로 확정·공고하였고 공고문을 게시하였다. 이에 A노동조합은 2022.1.17. A사가 공고한 내용에 현재 조합원 수가 다르게 공고된 사실을 확인하고 A사에 이의 신청을 하였으나 이의 신청이 받아들여지지 않1

았다. 이후 A노동조합은 2022.1.21. 관할 지방노동위원회에 시정을 요청하였으나 노동위원회는 시정할 사항 없음을 이유로 기각결정(노동위원회의 기각결정은 정당함을 전제)을 하였으며 A노동조합과 A사는 2022.1.25. 해당 결정문 정본을 송달받았다. 이후 A노동조합은 2022.1.30. A사에게 개별교섭을 요구하였고 A사는 교섭창구 단일화 절차 없이 개별교섭하는 것에 2.1. 합의하였다. A노동조합과 A사는 2022.2.1. 이후부터 개별교섭을 진행하였으나 B노동조합은 교섭창구 단일화 절차의 위반사항이 있다고 주장한다. A노동조합과 A사의 개별교섭에 절차상 위반이 있는지를 논하라. 25점

해설

✔ 교섭창구 단일화 절차

I. 문제의 소재

노동조합 및 노동관계조정법(이하 "노조법") 제29조의2 제1항 단서 및 동법 시행령 제14조의6 제1항에 따르면 교섭대표노동조합을 자율적으로 결정할 수 있는 기한을 교섭요구 노동조합으로 확정 또는 결정된 날로부터 14일이 되는 날을 기한으로 하므로 A노동조합의 노동위원회 시정요구 절차를 거친 이 사안에서 결정문 정본 송달일로부터 자율적 결정기한이 기산되는지와 관련하여 문제가 되는바 기산일과 관련한 법원의 입장을 기준으로 사안의 절차상 하자 여부를 살펴보도록 한다.

II. 법규정

제29조의2(교섭창구 단일화 절차)
① 하나의 사업 또는 사업장에서 조직형태에 관계없이 근로자가 설립하거나 가입한 노동조합이 2개 이상인 경우 노동조합은 교섭대표노동조합(2개 이상의 노동조합 조합원을 구성원으로 하는 교섭대표기구를 포함한다. 이하 같다)을 정하여 교섭을 요구하여야 한다. 다만, 제3항에 따라 교섭대표노동조합을 자율적으로 결정하는 기한 내에 사용자가 이 조에서 정하는 교섭창구 단일화 절차를 거치지 아니하기로 동의한 경우에는 그러하지 아니하다.

시행령 제14조의5(교섭 요구 노동조합의 확정)
① 사용자는 제14조의3 제1항에 따른 공고기간이 끝난 다음 날에 제14조의2 및 제14조의4에 따라 교섭을 요구한 노동조합을 확정하여 통지하고, 그 교섭을 요구한 노동조합의 명칭, 그

교섭을 요구한 날 현재의 종사근로자인 조합원 수 등 고용노동부령으로 정하는 사항을 <u>5일간</u> 공고해야 한다.

② 제14조의2 및 제14조의4에 따라 교섭을 요구한 노동조합은 제1항에 따른 노동조합의 공고 내용이 자신이 제출한 내용과 다르게 공고되거나 공고되지 아니한 것으로 판단되는 경우에는 제1항에 따른 공고기간 중에 사용자에게 이의를 신청할 수 있다.

④ 사용자가 제2항에 따른 이의 신청에 대하여 다음 각 호의 구분에 따른 조치를 한 경우에는 해당 노동조합은 해당 호에서 정한 날부터 <u>5일</u> 이내에 고용노동부령으로 정하는 바에 따라 <u>노동위원회에 시정을 요청</u>할 수 있다.

1. 사용자가 제3항에 따른 공고를 하지 아니한 경우 : 제1항에 따른 공고기간이 끝난 다음날

2. 사용자가 해당 노동조합이 신청한 내용과 다르게 제3항에 따른 공고를 한 경우 : 제3항에 따른 공고기간이 끝난 날

⑤ 노동위원회는 제4항에 따른 시정 요청을 받은 때에는 그 요청을 받은 날부터 10일 이내에 그에 대한 결정을 하여야 한다.

시행령 제14조의6(자율적 교섭대표노동조합의 결정 등)

① 제14조의5에 따라 교섭을 요구한 노동조합으로 확정 또는 결정된 노동조합은 법 제29조의2 제3항에 따라 자율적으로 교섭대표노동조합을 정하려는 경우에는 제14조의5에 따라 확정 또는 결정된 날부터 14일이 되는 날을 기한으로 하여 그 교섭대표노동조합의 대표자, 교섭 위원 등을 연명으로 서명 또는 날인하여 사용자에게 통지해야 한다.

III. 판례의 태도

1. 교섭창구 단일화 절차의 입법 취지

판례는 노조법은 하나의 사업 또는 사업장에서 조직형태에 관계없이 근로자가 설립하거나 가입한 노동조합이 2개 이상인 경우 교섭대표노동조합을 정하여 교섭을 요구하도록 하고 있다(노조법 제 29조의2 제1항 본문). 이러한 노조법상의 교섭창구 단일화제도는 하나의 사업 또는 사업장에 2 개 이상의 노동조합이 병존하는 경우 야기될 수 있는 현실적인 문제, 즉 복수의 노동조합이 각각 독자적인 교섭권을 행사할 수 있도록 할 경우 발생할 수 있는 노동조합과 노동조합 상호간의 반 목 및 노동조합과 사용자 사이의 갈등, 동일한 사항에 대해 같은 내용의 교섭을 반복하는 데서 비롯되는 교섭효율성의 저하와 교섭비용의 증가, 복수의 단체협약이 체결되는 경우 발생할 수 있 는 노무관리상의 어려움, 동일하거나 유사한 내용의 근로를 제공함에도 불구하고 노동조합 소속 에 따라 상이한 근로조건의 적용을 받는 데서 발생하는 불합리성 등의 문제를 효과적으로 해결하 는 데 그 취지가 있다는 입장이다.

2. 노동3권의 침해 여부

판례는 교섭창구 단일화제도가 단체교섭권을 침해하는 것인지 여부가 문제된 사안에서 ① 목적의 정당성과 수단의 적절성, ② 최소침해성, ③ 법익균형성 측면에서 단체교섭권을 침해하지 않는다 고 보고 있다는 입장을 취한바 있다.

3. 교섭대표노조의 자율적 결정기한의 기산일

판례는 '확정된 날'과 '결정된 날'의 해석을 교섭대표 자율결정기간은 교섭창구 단일화 절차에 참여한 모든 노동조합이 자율적으로 교섭대표노동조합을 정하는 기간이므로 그 결정절차 참여의 전제가 되는 교섭을 요구한 노동조합의 명칭과 대표자, 조합원 수, 교섭요구일 등이 그 기간 진행 전에 모두 특정될 필요가 있는 점, 교섭창구 단일화 절차를 규정하고 있는 노동조합법과 시행령의 각 규정에 비추어 볼 때 교섭대표 자율결정기간의 기산일이 되는 '시행령 제14조의5에 따라 확정 또는 결정된 날'은 시행령 제14조의5에서 정한 교섭요구 노동조합 확정절차가 종료된 날을 의미하는 것으로 해석되는 점 등을 종합하여 보면, 교섭대표 자율결정기간의 기산일이 되는 '시행령 제14조의5에 따라 확정된 날'은 시행령 제14조의5 제1항에 따른 사용자의 공고에 대하여 노동조합이 이의를 신청하지 아니한 경우에는 그 공고기간이 만료된 날을, 노동조합이 이의를 신청하여 사용자가 수정공고를 한 경우에는 그 수정공고기간이 만료된 날을 의미한다고 보는 것이 타당하다는 입장이다.

4. 노동위원회 결정이 있는 경우

판례는 이러한 노동조합법 및 시행령 규정의 내용과 함께 노동위원회법 제17조의2는 노동위원회는 처분 결과를 당사자에게 서면으로 송달하여야 하고, 처분의 효력은 결정서 등을 송달받은 날부터 발생한다고 규정하고 있는 점, 교섭대표 자율결정기간은 그 기간이 경과하면 더는 자율적으로 교섭대표노동조합을 결정하거나 사용자가 개별교섭 동의를 할 수 없는 효력이 발생하므로 그 기간의 기산일은 당사자 간에 다툼의 여지가 없을 정도로 명확하여야 하는 점 등에 비추어 보면, 시행령 제14조의5에 따른 사용자의 공고에 대하여 노동조합이 노동위원회에 시정을 요청하여 노동위원회가 결정을 한 경우에는 그 결정이 당사자에게 송달되어 효력이 발생한 날부터 교섭대표 자율결정기간이 진행한다고 보는 것이 타당하다는 입장이다.

IV. 사안의 해결

1. A사의 교섭요구 노동조합 확정·공고 절차의 타당성

A회사는 소속 근로자로 구성된 A노조와 B노조가 존재하며 A노조가 2022.1.1.에 A사에 단체교섭을 요구하였고, 이 과정에서 B노동조합이 참여하였는바 복수노조가 존재하는 사업장으로 노조법 제29조의2 제1항 본문에 따라 A사는 2022.1.15. 공고기간을 2022.1.20.까지로 하고 두 노동조합을 교섭요구 노동조합으로 확정·공고하였고 공고문을 게시한 행위는 절차상 하자가 없다.

2. A노동조합의 이의 신청의 절차적 타당성

A노동조합은 2022.1.17. A사가 공고한 내용에 현재 조합원 수가 다르게 공고된 사실을 확인하고 A사에 이의 신청을 하였는바 노조법 시행령 제14조의5 제2항에 따라 공고기간 만료일인 2022.1.20. 이전이므로 절차상 하자는 없다.

3. A노동조합의 노동위원회 시정신청의 절차적 정당성

이의 신청이 받아들여지지 않아 A노동조합은 2022.1.21. 관할 지방노동위원회에 시정을 요청하였는바 노조법 시행령 제14조의5 제4항 제1호에 따라 공고기간 만료일인 2022.1.20.로부터 5일 이내이므로 A노동조합의 노동위원회 시정신청의 절차도 적법하다.

4. A사와 A노동조합 개별교섭 합의의 절차적 정당성

노동위원회는 시정할 사항 없음을 이유로 기각결정을 하였으며 A노동조합과 A사는 2022.1.25. 해당 결정문 정본을 송달받았는바 판례와 초일불산입의 원칙에 따라 관할 노동위원회의 판결 결정문을 송달받은 다음날인 2022.1.26.부터 교섭대표의 자율적 결정기한을 기산하므로 A노동조합은 2022.1.30. A사에게 개별교섭을 요구하였고 A사는 교섭창구 단일화 절차 없이 개별교섭하는 것에 2.1. 합의하였기에 시행령 제14조의6(자율적 교섭대표노동조합의 결정 등) 및 노조법 제29조의2 제1항 단서에 따라 14일 이내 자율적 개별교섭 여부가 결정된 것으로 A사와 A노동조합 개별교섭 합의는 절차적 하자가 없다.

5. 결

A노동조합과 A사는 2022.2.1. 이후부터 자율적으로 개별교섭을 진행하였으나 B노동조합은 교섭창구 단일화 절차의 위반사항이 있다고 주장하나 A노동조합과 A사의 개별교섭에 절차상 위반이 없으므로 교섭창구 단일화 절차는 정당하다.

14 | 공정대표의무

제1절 법규정

제29조의4(공정대표의무 등)
① 교섭대표노동조합과 사용자는 교섭창구 단일화 절차에 참여한 노동조합 또는 그 조합원 간에 합리적 이유 없이 차별을 하여서는 아니 된다.
② 노동조합은 교섭대표노동조합과 사용자가 제1항을 위반하여 차별한 경우에는 그 행위가 있은 날(단체협약의 내용의 일부 또는 전부가 제1항에 위반되는 경우에는 단체협약 체결일을 말한다)부터 3개월 이내에 대통령령으로 정하는 방법과 절차에 따라 노동위원회에 그 시정을 요청할 수 있다.
③ 노동위원회는 제2항에 따른 신청에 대하여 합리적 이유 없이 차별하였다고 인정한 때에는 그 시정에 필요한 명령을 하여야 한다.

제2절 판례의 태도

1 주체

판례는 원칙적으로 교섭대표자노조와 사용자이지만 사용자단체가 교섭대표노동조합과 단체협약을 체결하면서 단체협약에 사용자의 노동조합에 대한 금품지급의무를 대신 이행하도록 정하고 사용자로부터 그 지급사무의 처리를 위임받은 경우, 사용자단체는 그 위임의 본지에 따라 선량한 관리자의 주의로써 위임사무를 처리하여야 하고, 위임인인 사용자의 지시가 있으면 우선적으로 그에 따라야 한다. 위와 같은 경우 사용자가 수임인인 사용자단체를 통하여 합리적 이유 없이 교섭대표노동조합에만 단체협약에 정해진 금품을 지급하는 등 공정대표의무를 위반한 때에는 교섭대표노동조합이 되지 못한 노동조합은 노동위원회에 시정을 요청할 수 있다는 입장이다.

2 단체협약의 내용 및 이행과정에서의 차별

판례는 교섭창구 단일화 제도하에서 교섭대표노동조합이 되지 못한 노동조합은 독자적으로 단체교섭권을 행사할 수 없으므로, 노동조합법은 교섭대표노동조합이 되지 못한 노동조합을 보호하기 위해 사용자와 교섭대표노동조합에게 교섭창구 단일화 절차에 참여한 노동조합 또는 그 조합원을 합리적 이유 없이 차별하지 못하도록 공정대표의무를 부과하고 있다(제29조의4 제1항). 공정대표의무는 헌법이 보장하는 단체교섭권의 본질적 내용이 침해되지 않도록 하기 위한 제도적 장치로 기능하고,

교섭대표노동조합과 사용자가 체결한 단체협약의 효력이 교섭창구 단일화 절차에 참여한 다른 노동조합에게도 미치는 것을 정당화하는 근거가 된다. 이러한 공정대표의무의 취지와 기능 등에 비추어 보면, 공정대표의무는 단체교섭의 과정이나 그 결과물인 단체협약의 내용뿐만 아니라 단체협약의 이행과정에서도 준수되어야 한다고 봄이 타당하다. 또한 교섭대표노동조합이나 사용자가 교섭창구 단일화 절차에 참여한 다른 노동조합 또는 그 조합원을 차별한 것으로 인정되는 경우, 그와 같은 차별에 합리적인 이유가 있다는 점은 교섭대표노동조합이나 사용자에게 그 주장·증명책임이 있다.

3 노조사무실 미제공

판례는 한편 노동조합의 존립과 발전에 필요한 일상적인 업무가 이루어지는 공간으로서 노동조합 사무실이 가지는 중요성을 고려하면, 사용자가 단체협약 등에 따라 교섭대표노동조합에게 상시적으로 사용할 수 있는 노동조합 사무실을 제공한 이상, 특별한 사정이 없는 한 교섭창구 단일화 절차에 참여한 다른 노동조합에게도 반드시 일률적이거나 비례적이지는 않더라도 상시적으로 사용할 수 있는 일정한 공간을 노동조합 사무실로 제공하여야 한다고 봄이 타당하다. 이와 달리 교섭대표노동조합에게는 노동조합 사무실을 제공하면서 교섭창구 단일화 절차에 참여한 다른 노동조합에게는 물리적 한계나 비용 부담 등을 이유로 노동조합 사무실을 전혀 제공하지 않거나 일시적으로 회사 시설을 사용할 수 있는 기회를 부여하였다고 하여 차별에 합리적인 이유가 있다고 볼 수 없다.

※ 공정대표의무 위반 여부는 주로 노동조합 사무실 제공, 근로시간면제 인정, 노동조합 설명회 시간 배분 등과 관련해 문제가 되고 있음. 해당 판결도 교섭대표노조에게만 사무실 제공 및 근로시간면제를 인정한 것이 문제가 된 사건임.

4 단체협약이 이외의 사정으로 포괄적으로 위임한 단체협약

(1) 교섭대표노동조합의 대표권

판례는 교섭창구 단일화 및 공정대표의무에 관련된 법령 규정의 문언, 교섭창구 단일화 제도의 취지와 목적, 교섭대표노동조합이 아닌 노동조합 및 그 조합원의 노동3권 보장 필요성 등을 고려하면, 교섭창구 단일화 절차에서 교섭대표노동조합이 가지는 대표권은 법령에서 특별히 권한으로 규정하지 아니한 이상 단체교섭 및 단체협약 체결(보충교섭이나 보충협약 체결을 포함한다)과 체결된 단체협약의 구체적인 이행 과정에만 미치는 것이고, 이와 무관하게 노사관계 전반에까지 당연히 미친다고 볼 수는 없다는 입장이다.

(2) 단체협약의 정함 없이 추후 합의나 협의로 정한 경우

판례는 사용자가 교섭대표노동조합과 체결한 단체협약에서 교섭대표노동조합이 되지 못한 노동조합 소속 조합원들을 포함한 사업장 내 근로자의 근로조건에 대하여 단체협약 자체에서는 아무런 정함이 없이 추후 교섭대표노동조합과 사용자가 합의·협의하거나 심의하여 결정하도록 정한 경우, 그 문언적 의미와 단체협약에 대한 법령 규정의 내용, 취지 등에 비추어 위 합의·협의 또는 심의결정이 단체협약의 구체적인 이행에 해당한다고 볼 수 없고 보충협약에 해당한다고 볼 수도 없는 때에는, 이는 단체협약 규정에 의하여 단체협약이 아닌 다른 형식으로 근로조건을 결정할 수 있도록 포괄적으로 위임된 것이라고 봄이 타당하다. 따라서 위 합의·협의 또는 심의결정은 교섭대표노동조합의 대표권 범위에 속한다고 볼 수 없다는 입장이다.

(3) 포괄적 위임에서 소수노조를 배제하는 경우

판례는 그럼에도 불구하고 사용자와 교섭대표노동조합이 단체협약 규정에 의하여, 교섭대표노동조합만이 사용자와 교섭대표노동조합이 되지 못한 노동조합 소속 조합원들의 근로조건과 관련이 있는 사항에 대하여 위와 같이 합의·협의 또는 심의결정할 수 있도록 규정하고, 교섭대표노동조합이 되지 못한 노동조합을 위 합의·협의 또는 심의결정에서 배제하도록 하는 것은, 교섭대표노동조합이 되지 못한 노동조합이나 그 조합원을 합리적 이유 없이 차별하는 것으로서 공정대표의무에 반한다고 할 것이다.

5 절차적 공정대표의무

(1) 원칙 및 한계

판례는 교섭대표노동조합으로서는 단체협약 체결에 이르기까지의 단체교섭 과정에서도 교섭창구 단일화 절차에 참여한 다른 노동조합(이하 '소수노동조합'이라고 한다)을 절차면에서 합리적인 이유 없이 차별하지 않아야 할 공정대표의무를 부담한다. 이에 따라 교섭대표노동조합이 단체교섭 과정에서 소수노동조합을 동등하게 취급하고 공정대표의무를 절차적으로 적정하게 이행하기 위해서는 기본적으로 단체교섭 및 단체협약 체결에 관한 정보를 소수노동조합에 적절히 제공하고 그 의견을 수렴하여야 한다. 다만 단체교섭 과정의 동적인 성격 및 실제 현실 속에서 구현되는 모습, 노동조합 및 노동관계조정법(이하 '노동조합법'이라 한다)에 따라 인정되는 대표권에 기초하여 교섭대표노동조합 대표자가 단체교섭 과정에서 어느 정도의 재량권 등을 가지는 점 등을 고려하면, 교섭대표노동조합의 소수노동조합에 대한 이러한 정보제공 및 의견수렴의무는 일정한 한계가 있을 수밖에 없다는 입장이다.

(2) 판단기준

판례는 그러므로 교섭대표노동조합이 단체교섭 과정의 모든 단계에 있어서 소수노동조합에 일체의 정보를 제공하거나 그 의견을 수렴하는 절차를 완벽하게 거치지 아니하였다고 하여 곧바로 공정대표의무를 위반하였다고 단정할 것은 아니고, 이때 절차적 공정대표의무를 위반한 것으로 보기 위해서는 단체교섭의 전 과정을 전체적·종합적으로 고찰하여 기본적이고 중요한 사항에 관한 정보제공 및 의견수렴 절차를 누락하거나 충분히 거치지 아니한 경우 등과 같이 교섭대표노동조합이 가지는 재량권을 일탈·남용함으로써 소수노동조합을 합리적 이유 없이 차별하였다고 평가할 수 있는 정도에 이르러야 한다는 입장이다.

(3) 잠정합의안에 대한 찬반투표의 경우

판례는 교섭대표노동조합이 사용자와 단체교섭 과정에서 마련한 단체협약 잠정합의안(이하 '잠정합의안'이라고 한다)에 대하여 자신의 조합원 총회 또는 총회에 갈음할 대의원회의 찬반투표

절차를 거치는 경우, 소수노동조합의 조합원들에게 동등하게 그 절차에 참여할 기회를 부여하지 않거나 잠정합의안에 대한 가결 여부를 정하는 과정에서 그들의 찬반의사를 고려 또는 채택하지 않았더라도 그것만으로는 절차적 공정대표의무를 위반하였다고 단정할 수 없다는 입장이다.

※ 단체교섭의 과정에서 공정대표의무가 어떻게 적용되는지에 대하여 명확히 했다. 특히 <u>단체협약 체결과 관련한 조합원 총회 혹은 이를 갈음하는 대의원회 결의 절차 그리고 단체협약의 체결 자체의 경우 공정대표의무의 적용이 없음을 확인.</u>

(4) 절차적 공정대표의무 위반 시 책임

판례는 교섭대표노동조합이 사용자와 단체교섭 과정에서 마련한 단체협약 잠정합의안(이하 '잠정합의안'이라 한다)에 대해 자신의 조합원 총회 또는 총회에 갈음할 대의원회의 찬반투표 절차를 거치면서도 소수노동조합의 조합원들에게 동등하게 그 절차에 참여할 기회를 부여하지 않거나 그들의 찬반의사까지 고려하여 잠정합의안에 대한 가결 여부를 결정하지 않았더라도, 그러한 사정만으로 이를 가리켜 교섭대표노동조합의 절차적 공정대표의무 위반이라고 단정할 수는 없다. 이러한 경우 특별한 사정이 없는 한 교섭대표노동조합이 소수노동조합을 차별한 것으로 보기 어렵기 때문이다. 교섭대표노동조합이 절차적 공정대표의무에 위반하여 합리적 이유 없이 소수노동조합을 차별하였다면, 이러한 행위는 원칙적으로 <u>교섭창구 단일화 절차에 따른 단체교섭과 관련한 소수노동조합의 절차적 권리를 침해하는 불법행위에 해당하고, 이로 인한 소수노동조합의 재산적 손해가 인정되지 않더라도 특별한 사정이 없는 한 비재산적 손해에 대하여 교섭대표노동조합은 위자료 배상책임을 부담한다는 입장이다.</u>

Q D노동조합은 교섭창구 단일화 절차에 참여한 노동조합으로 조합원 수가 10/100을 넘는 노동조합이나 B노동조합이나 C노동조합처럼 조합원 수가 많지 않은 소수노동조합이다. D노동조합은 평소 교섭대표노동조합인 B노동조합이 단체교섭과 관련한 사항이나 단체협약에 관한 사항 이외의 사항(A회사 단체교섭 과정 중 간식의 종류, A회사 임원과 식사 메뉴, 교섭 장소 섭외 과정 등)에 관한 내용을 보고 하지 않아 불만이 있었으며, 추후 이러한 의사결정 과정에도 의견을 수렴해달라는 요청을 하였다. 실제 B노동조합은 비용이나 장소는 전부 공유하고 있으며 단체교섭과 협약체결 과정에 기본적이고 중요한 사항에 대한 부분은 아니므로 전부 공유하지 못한 사정이 있다는 의견을 전달하였다. 이에 D노동조합은 교섭대표노조인 B노동조합이 소수노동조합을 차별하고 있으므로 공정대표의무 위반이라고 주장한다. 이러한 D노동조합의 주장은 타당한가? 25점

해설

✔ **공정대표의무 위반 _ 소수노조 차별**

Ⅰ. 문제의 소재

B교섭대표노동조합이 단체교섭 과정에서 소수노동조합의 의견수렴 범위와 관련하여 D노동조합의 의견을 수렴하지 않는 경우 노조법 제29조의4 제1항 위반이 문제인바 법원의 입장을 기준으로 사안을 해결해 보도록 한다.

Ⅱ. 법규정

> 제29조의4(공정대표의무 등)
> ① 교섭대표노동조합과 사용자는 교섭창구 단일화 절차에 참여한 노동조합 또는 그 조합원 간에 합리적 이유 없이 차별을 하여서는 아니 된다.

Ⅲ. 판례의 태도

1. 원칙 및 한계

판례는 교섭대표노동조합으로서는 단체협약 체결에 이르기까지의 단체교섭 과정에서도 교섭창구 단일화 절차에 참여한 다른 노동조합(이하 '소수노동조합'이라고 한다)을 절차면에서 합리적인 이유 없이 차별하지 않아야 할 공정대표의무를 부담한다. 이에 따라 교섭대표노동조합이 단체교섭 과정에서 소수노동조합을 동등하게 취급하고 공정대표의무를 절차적으로 적정하게 이행하기 위해서는 기본적으로 단체교섭 및 단체협약 체결에 관한 정보를 소수노동조합에 적절히 제공하고 그 의견을 수렴하여야 한다. 다만 단체교섭 과정의 동적인 성격 및 실제 현실 속에서 구현되는 모습, 노동조합 및 노동관계조정법(이하 '노동조합법'이라 한다)에 따라 인정되는 대표권에 기초하여 교섭대표노동조합 대표자가 단체교섭 과정에서 어느 정도의 재량권 등을 가지는 점 등을 고려하면, 교섭대표노동조합의 소수노동조합에 대한 이러한 정보제공 및 의견수렴의무는 일정한 한계가 있을 수밖에 없다는 입장이다.

2. 판단기준

판례는 그러므로 교섭대표노동조합이 단체교섭 과정의 모든 단계에 있어서 소수노동조합에 일체의 정보를 제공하거나 그 의견을 수렴하는 절차를 완벽하게 거치지 아니하였다고 하여 곧바로 공정대표의무를 위반하였다고 단정할 것은 아니고, 이때 절차적 공정대표의무를 위반한 것으로 보기 위해서는 단체교섭의 전 과정을 전체적·종합적으로 고찰하여 기본적이고 중요한 사항에 관한 정보제공 및 의견수렴 절차를 누락하거나 충분히 거치지 아니한 경우 등과 같이 교섭대표노동조합이 가지는 재량권을 일탈·남용함으로써 소수노동조합을 합리적 이유 없이 차별하였다고 평가할 수 있는 정도에 이르러야 한다는 입장이다.

3. 공정대표의무 위반 시 책임

판례는 교섭대표노동조합이 사용자와 단체교섭 과정에서 마련한 단체협약 잠정합의안(이하 '잠정합의안'이라 한다)에 대해 자신의 조합원 총회 또는 총회에 갈음할 대의원회의 찬반투표 절차를 거치면서도 소수노동조합의 조합원들에게 동등하게 그 절차에 참여할 기회를 부여하지 않거나 그들의 찬반의사까지 고려하여 잠정합의안에 대한 가결 여부를 결정하지 않았더라도, 그러한 사정만으로 이를 가리켜 교섭대표노동조합의 절차적 공정대표의무 위반이라고 단정할 수는 없다. 이러한 경우 특별한 사정이 없는 한 교섭대표노동조합이 소수노동조합을 차별한 것으로 보기 어렵기 때문이다. 교섭대표노동조합이 절차적 공정대표의무에 위반하여 합리적 이유 없이 소수노동조합을 차별하였다면, 이러한 행위는 원칙적으로 교섭창구 단일화 절차에 따른 단체교섭과 관련한 소수노동조합의 절차적 권리를 침해하는 불법행위에 해당하고, 이로 인한 소수노동조합의 재산적 손해가 인정되지 않더라도 특별한 사정이 없는 한 비재산적 손해에 대하여 교섭대표노동조합은 위자료 배상책임을 부담한다는 입장이다.

4. 관련문제 : 총회나 대의원회에 소수노동조합의 참여

판례는 교섭대표노동조합이 사용자와 단체교섭 과정에서 마련한 단체협약 잠정합의안(이하 '잠정합의안'이라고 한다)에 대하여 자신의 조합원 총회 또는 총회에 갈음할 대의원회의 찬반투표 절차를 거치는 경우, 소수노동조합의 조합원들에게 동등하게 그 절차에 참여할 기회를 부여하지 않거나 잠정합의안에 대한 가결 여부를 정하는 과정에서 그들의 찬반의사를 고려 또는 채택하지 않았더라도 그것만으로는 절차적 공정대표의무를 위반하였다고 단정할 수 없다는 입장이다.

IV. 사안의 해결

1. 교섭대표노동조합의 재량 범위

단체교섭 과정의 동적인 성격 및 실제 현실 속에서 구현되는 모습, 노동조합 및 노동관계조정법(이하 '노동조합법'이라 한다)에 따라 인정되는 대표권에 기초하여 교섭대표노동조합 대표자가 단체교섭 과정에서 어느 정도의 재량권 등을 가지는 점 등을 고려하면 B노동조합이 단체교섭 과정의 모든 단계에 있어서 소수노동조합에 일체의 정보를 제공하거나 그 의견을 수렴하는 절차를 완벽하게 거치지 아니하였다고 하여 곧바로 공정대표의무를 위반하였다고 단정할 것은 아니다.

2. D노동조합의 의견수렴 내용

D노동조합은 평소 교섭대표노동조합인 B노동조합이 단체교섭과 관련한 사항이나 단체협약에 관한 사항 이외의 사항(A회사 단체교섭 과정 중 간식의 종류, A회사 임원과 식사 메뉴, 교섭 장소

섭외 과정 등)에 대해 본인들의 의견을 수렴해달라고 주장하고 있는바 이러한 내용은 기본적이고 중요한 사항에 관한 정보제공 및 의견수렴 절차로 판단하기에는 무리가 있다.

3. B교섭대표노동조합의 공정대표의무 위반

D노동조합의 의견수렴을 거치지 않은 사항이 B교섭대표노동조합이 가지는 재량권을 일탈·남용함으로써 소수노동조합을 합리적 이유 없이 차별하였다고 평가할 수 있는 정도로 보이지 않는다.

4. 결

D노동조합의 주장은 타당하지 않다.

15 | 평화의무

제1절   서

평화의무란 단체협약의 유효기간 중에 당해 단체협약에서 정해진 사항에 대한 개정이나 폐지를 목적으로 쟁의행위를 하지 않을 의무를 말한다.

제2절   판례의 태도

1 근거

판례는 노동조합의 위원장이 조합원들의 의사를 제대로 반영하지 아니하여 단체협약이 만족스럽지 못하게 체결됨에 따라 조합원들의 단체협약의 무효화를 위한 투쟁의 일환으로 비상대책위원회를 구성하여 그 비상대책위원회가 위와 같은 파업농성을 주도하게 된 것이라고 하더라도, 단체협약의 당사자인 노동조합은 단체협약의 유효기간 중에 단체협약에서 정한 근로조건 등에 관한 내용의 변경이나 폐지를 요구하는 쟁의행위를 행하지 아니하여야 함은 물론, 조합원들에 대하여도 통제력을 행사하여 그와 같은 쟁의행위를 행하지 못하게 방지하여야 할 이른바 평화의무를 지고 있다고 할 것인바, 이와 같은 평화의무가 노사관계의 안정과 단체협약의 질서형성적 기능을 담보하는 것인 점에 비추어 보면, 단체협약이 새로 체결된 직후부터 뚜렷한 무효사유를 내세우지도 아니한 채 단체협약의 전면무효화를 주장하면서 평화의무에 위반되는 쟁의행위를 행하는 것은 이미 노동조합활동으로서의 정당성을 결여한 것이라고 하지 아니할 수 없다는 입장이다.

2 내용

판례는 단체협약이 체결된 경우에 협약당사자인 노사양측은 그 협약내용을 준수하여야 하고, 특별한 사정이 없는 한 단체협약의 유효기간 중에 단체협약에서 이미 정한 근로조건이나 기타 사항의 변경・개폐를 요구하는 쟁의행위를 하지 아니할 이른바 평화의무를 부담한다고 할 것이나, 이러한 평화의무는 단체협약에 규정되지 아니한 사항이나 단체협약의 해석을 둘러싼 쟁의행위 또는 차기 협약체결을 위한 단체교섭을 둘러싼 쟁의행위에 대해서까지 그 효력이 미치는 것은 아니므로 단체협약 유효기간 중에도 노동조합은 차기의 협약체결을 위하거나 기존의 단체협약에 규정되지 아니한 사항에 관하여 사용자에게 단체교섭을 요구할 수 있다고 할 것이고 또한 단체협약이 형식적으로는 유효한 것으로 보이지만 단체협약을 무효라고 주장할 만한 특별한 사정이 인정되는 경우에도 노동조합으로서는 단체협약의 유효기간 중에 사용자에게 단체협약을 무효라고 주장하는 근거를 제시하면서 기존의 단체협약의 개폐를 위한 단체교섭을 요구할 수 있다고 보아야 할 것이며, 이러한 경우 사용자로서는 기존의 단체협약의 유효기간이 남아 있고, 따라서 노동조합의 위와 같은 행위가 평화의무에 반하는 것이라는 이유만을 내세워 단체교섭 자체를 거부할 수는 없다고 할 것이므로 위와 같은 경우에 단체협약 등의 개폐를 요구하는 노동조합의 행위를 평화의무에 반하는 것이라 볼 수는 없다는 입장이다.

3 노사협의사항으로 별도 규정된 사안을 교섭목적으로 한 쟁의행위

그 당시 유효하게 성립된 단체협약 제53조 제3항에서는 인센티브의 지급을 노사협의로 결정한다고 규정하고 있고, 제88조에서는 "본 협약에 규정된 사항에 대해서는 협약해석을 둘러싼 분쟁을 제외하고는 본 협약 유효기간 중 평화의무를 진다."고 규정하고 있는바, 그렇다면 피고 회사의 경우 위 단체협약의 유효기간 중에는 인센티브의 지급 여부나 지급방법 등에 관한 근로조건은 노사협의사항으로 규정하여 이를 단체교섭 대상에서 제외하는 노사 간의 협약이 이루어졌다 할 것이고, 따라서 단체협약에서 이미 노사협의사항으로 합의하여 단체교섭 대상이 되지 아니하는 인센티브의 지급에 관하여 노동조합이 그 교섭을 요구하다가 그 요구가 받아들여지지 아니하자 그 요구를 관철하기 위하여 이루어진 위 쟁의행위는 그 요구사항이 단체교섭사항이 될 수 없는 것을 목적으로 한 것일 뿐 아니라, 위에서 본 평화의무에 반하는 것으로 정당성이 없다는 입장이다.

4 노동조합의 의무

판례는 노동조합은 단체협약의 유효기간 중에 단체협약에서 정한 근로조건 등에 관한 내용의 변경이나 폐지를 요구하는 쟁의행위를 행하지 아니하여야 함은 물론, 조합원들에 대하여도 통제력을 행사하여 그와 같은 쟁의행위를 행하지 못하게 방지하여야 할 이른바 평화의무를 지고 있다는 입장이다.

5 평화의무를 위반한 쟁의행위

판례는 단체협약에서 이미 정한 근로조건이나 기타 사항의 변경·개폐를 요구하는 쟁의행위를 단체협약의 유효기간 중에 하여서는 아니 된다는 이른바 평화의무를 위반하여 이루어진 쟁의행위는 노사관계를 평화적·자주적으로 규율하기 위한 단체협약의 본질적 기능을 해치는 것일 뿐 아니라 노사관계에서 요구되는 신의성실의 원칙에도 반하는 것이므로 정당성이 없다는 입장이다.

제 3 절 　관련문제

1 　협약의 유효기간 중 협약의 일부가 재교섭을 예정하고 있는 경우

이는 단체협약을 체결한 이후 추가적인 교섭을 예정하고 있는 것이므로 당사자가 해당 사항에 관한 교섭을 진행하였으나 합의에 이르지 못한 경우라면 이를 목적으로 하는 쟁의행위는 평화의무에 반한다고 보기 어렵다는 입장이다.

2 　평화의무 배제합의의 유효성

판례(내재설)에 따르면 평화의무 배제 조항은 단체협약제도의 근본취지를 몰각하는 것으로서 효력을 인정할 수 없다고 판단한다.

3 　평화의무 위반에 대한 책임

단체협약제도를 인정하고 있는 현행법을 위반한 것이 되므로 채무불이행책임 외에 불법행위책임이 발생하며 손해배상책임은 평화의무 위반의 쟁의행위와 상당인과관계에 있는 모든 손해에 미친다.

4 　평화의무를 위반한 쟁의행위에 대한 개별조합원의 책임

평화의무 위반 자체를 이유로 쟁의행위 참가자의 책임은 없다. 다만 조합의 만류·설득에도 불구하고 일부 조합원들이 쟁의행위를 행한 경우 개별조합원은 책임을 면할 수 없을 것이다.

사례연습

Q B회사는 상시 근로자 50명을 고용하여 선박 부품을 제조 · 판매하는 주식회사이다. B회사에는 B회사 근로자 가운데 노동조합 가입 자격이 있는 근로자 모두가 가입하고 있는 B회사노동조합이 설립되어 있으며, B회사에는 B회사노동조합 외에 다른 노동조합에 가입한 자는 없다.

B회사와 B노동조합은 2021.6.20. 유효기간을 2021.7.1.부터 2022.6.30.까지로 하는 임금협약을 체결하였다. 임금협약 제2조는 "기본급은 1%를 인상하되, 경영성과에 따라 성과급을 지급하기로 한다."고 규정하고 있다. 그런데 2021.7.5. B회사노동조합은 동종 또는 유사 업종의 임금 인상 수준을 볼 때에 기본급 1% 인상은 너무 낮은 인상률이라고 하면서 B회사에게 임금에 대한 재교섭을 요구하였고, B회사가 이에 성실이 응하지 않을 경우 파업을 하겠다고 통보하였다. B회사는 2021.7.6. B회사노동조합에 임금교섭은 이미 타결되었으므로 임금의 재교섭 요구에는 응할 수 없다고 통보하였고, 이에 B회사노동조합은 쟁의행위 찬반투표 등 적법한 파업 절차를 거쳐서 2021.8.1.부터 전면 파업에 돌입하였다.

B회사는 B회사노동조합의 파업은 정당하지 않다고 주장한다. B회사 주장의 정당성에 관하여 논하시오. **25점**

해설

✔ 평화의무

Ⅰ. 문제의 소재

B회사 주장의 정당성 여부와 관련하여, B회사노동조합이 2021.6.20. 체결된 임금협약 유효기간 중에 협약소정사항인 기본급 인상에 관한 사항에 대하여 이른바 평화의무를 부담하는지, 이러한 평화의무를 위반한 파업이 정당한지 문제된다.

Ⅱ. 의의

평화의무란 단체협약의 유효기간 중에 당해 단체협약에서 정해진 사항에 대한 개정이나 폐지를 목적으로 쟁의행위를 하지 않을 의무를 말한다.

Ⅲ. 판례의 태도

1. 근거

판례는 노동조합의 위원장이 조합원들의 의사를 제대로 반영하지 아니하여 단체협약이 만족스럽지 못하게 체결됨에 따라 조합원들의 단체협약의 무효화를 위한 투쟁의 일환으로 비상대책위원회를 구성하여 그 비상대책위원회가 위와 같은 파업농성을 주도하게 된 것이라고 하더라도, 단체협약의 당사자인 노동조합은 단체협약의 유효기간 중에 단체협약에서 정한 근로조건 등에 관한 내용의 변경이나 폐지를 요구하는 쟁의행위를 행하지 아니하여야 함은 물론, 조합원들에 대하여도 통제력을 행사하여 그와 같은 쟁의행위를 행하지 못하게 방지하여야 할 이른바 평화의무를 지고 있다고 할 것인 바, 이와 같은 평화의무가 노사관계의 안정과 단체협약의 질서형성적 기능을 담보하는 것인 점에 비추어 보면, 단체협약이 새로 체결된 직후부터 뚜렷한 무효사유를 내세우지도 아니한 채 단체협약의 전면무효화를 주장하면서 평화의무에 위반되는 쟁의행위를 행하는 것은 이미 노동조합활동으로서의 정당성을 결여한 것이라고 하지 아니할 수 없다는 입장이다.

2. 내용

판례는 단체협약이 체결된 경우에 협약당사자인 노사양측은 그 협약내용을 준수하여야 하고, 특별한 사정이 없는 한 단체협약의 유효기간 중에 단체협약에서 이미 정한 근로조건이나 기타 사항의 변경·개폐를 요구하는 쟁의행위를 하지 아니할 이른바 평화의무를 부담한다고 할 것이나, 이러한 평화의무는 단체협약에 규정되지 아니한 사항이나 단체협약의 해석을 둘러싼 쟁의행위 또는 차기 협약체결을 위한 단체교섭을 둘러싼 쟁의행위에 대해서까지 그 효력이 미치는 것은 아니므로 단체협약 유효기간 중에도 노동조합은 차기의 협약체결을 위하거나 기존의 단체협약에 규정되지 아니한 사항에 관하여 사용자에게 단체교섭을 요구할 수 있다고 할 것이고 또한 단체협약이 형식적으로는 유효한 것으로 보이지만 단체협약을 무효라고 주장할 만한 특별한 사정이 인정되는 경우에도 노동조합으로서는 단체협약의 유효기간 중에 사용자에게 단체협약을 무효라고 주장하는 근거를 제시하면서 기존의 단체협약의 개폐를 위한 단체교섭을 요구할 수 있다고 보아야 할 것이며, 이러한 경우 사용자로서는 기존의 단체협약의 유효기간이 남아 있고, 따라서 노동조합의 위와 같은 행위가 평화의무에 반하는 것이라는 이유만을 내세워 단체교섭 자체를 거부할 수는 없다고 할 것이므로 위와 같은 경우에 단체협약 등의 개폐를 요구하는 노동조합의 행위를 평화의무에 반하는 것이라 볼 수는 없다는 입장이다.

3. 노동조합의 의무

판례는 노동조합은 단체협약의 유효기간 중에 단체협약에서 정한 근로조건 등에 관한 내용의 변경이나 폐지를 요구하는 쟁의행위를 행하지 아니하여야 함은 물론, 조합원들에 대하여도 통제력을 행사하여 그와 같은 쟁의행위를 행하지 못하게 방지하여야 할 이른바 평화의무를 지고 있다는 입장이다.

4. 평화의무를 위반한 쟁의행위

판례는 단체협약에서 이미 정한 근로조건이나 기타 사항의 변경·개폐를 요구하는 쟁의행위를 단체협약의 유효기간 중에 하여서는 아니 된다는 이른바 평화의무를 위반하여 이루어진 쟁의행위는 노사관계를 평화적·자주적으로 규율하기 위한 단체협약의 본질적 기능을 해치는 것일 뿐 아니라 노사관계에서 요구되는 신의성실의 원칙에도 반하는 것이므로 정당성이 없다는 입장이다.

5. 평화의무 배제합의의 유효성

판례(내재설)에 따르면 평화의무 배제 조항은 단체협약제도의 근본취지를 몰각하는 것으로서 효력을 인정할 수 없다고 판단한다.

6. 평화의무 위반에 대한 책임

단체협약제도를 인정하고 있는 현행법을 위반한 것이 되므로 채무불이행책임 외에 불법행위책임이 발생하며 손해배상책임은 평화의무 위반의 쟁의행위와 상당인과관계에 있는 모든 손해에 미친다.

7. 평화의무를 위반한 쟁의행위에 대한 개별조합원의 책임

평화의무 위반 자체를 이유로 쟁의행위 참가자의 책임은 없다. 다만 조합의 만류·설득에도 불구하고 일부 조합원들이 쟁의행위를 행한 경우 개별조합원은 책임을 면할 수 없을 것이다.

IV. 사안의 해결

1. B회사노동조합의 평화의무 위반

B회사노동조합은 2021.6.20. 체결된 임금협약의 유효기간 중 임금협약에서 이미 정한 사항인 '기본급 인상에 관한 사항'에 대해 재교섭을 요구하고 이에 관한 주장을 관철할 목적으로 2021.8.1.자로 전면 파업에 돌입하였으므로, 평화의무를 위반한 경우에 해당한다.

판례에 따르면 이러한 B노동조합의 파업은 노사관계를 평화적·자주적으로 규율하기 위한 단체협약의 본질적 기능을 해치는 것일 뿐 아니라 노사관계에서 요구되는 신의성실의 원칙에도 반하는 것이므로 정당성이 부정된다 할 것이다.

2. 결

B회사노동조합의 파업은 평화의무를 위반한 것으로서 정당하지 않다. 따라서 B회사의 주장은 정당하다.

16 | 유족 특별채용 조항

제1절 원칙

판례는 단체협약이 민법 제103조의 적용대상에서 제외될 수는 없으므로 단체협약의 내용이 선량한 풍속 기타 사회질서에 위배된다면 그 법률적 효력은 배제되어야 한다. 다만 단체협약이 선량한 풍속 기타 사회질서에 위배되는지 여부를 판단할 때에는 앞서 본 바와 같이, 단체협약이 헌법이 직접 보장하는 기본권인 단체교섭권의 행사에 따른 것이자 헌법이 제도적으로 보장한 노사의 협약자치의 결과물이라는 점 및 노동조합법에 의해 그 이행이 특별히 강제되는 점 등을 고려하여 법원의 후견적 개입에 보다 신중할 필요가 있다는 입장이다.

제2절 제한

판례는 헌법 제15조가 정하는 직업선택의 자유, 헌법 제23조 제1항이 정하는 재산권 등에 기초하여 사용자는 어떠한 근로자를 어떠한 기준과 방법에 의하여 채용할 것인지를 자유롭게 결정할 자유가 있다. 다만 사용자는 스스로 이러한 자유를 제한할 수 있는 것이므로, 노동조합과 사이에 근로자 채용에 관하여 임의로 단체교섭을 진행하여 단체협약을 체결할 수 있고, 그 내용이 강행법규나 선량한 풍속 기타 사회질서에 위배되지 아니하는 이상 단체협약으로서의 효력이 인정된다는 입장이다.

제3절 판단기준

판례는 사용자가 노동조합과의 단체교섭에 따라 업무상 재해로 인한 사망 등 일정한 사유가 발생하는 경우 조합원의 직계가족 등을 채용하기로 하는 내용의 단체협약을 체결하였다면, 그와 같은 단체협약이 사용자의 채용의 자유를 과도하게 제한하는 정도에 이르거나 채용 기회의 공정성을 현저히 해하는 결과를 초래하는 등의 특별한 사정이 없는 한 선량한 풍속 기타 사회질서에 반한다고 단정할 수 없다. 이러한 단체협약이 사용자의 채용의 자유를 과도하게 제한하는 정도에 이르거나 채용 기회의 공정성을 현저히 해하는 결과를 초래하는지 여부는 단체협약을 체결한 이유나 경위, 그와 같은 단체협약을 통해 달성하고자 하는 목적과 수단의 적합성, 채용대상자가 갖추어야 할 요건의 유무와 내용, 사업장 내 동종 취업규칙 유무, 단체협약의 유지 기간과 그 준수 여부, 단체협약이 규정한 채용의 형태와 단체협약에 따라 채용되는 근로자의 수 등을 통해 알 수 있는 사용자의 일반 채용에 미치는 영향과 구직희망자들에 미치는 불이익 정도 등 여러 사정을 종합하여 판단하여야 한다는 입장이다.

사례연습

Q C회사는 자동차를 제조하는 회사로 대한민국 1위 기업이다. C회사는 근로자들이 100% 가입한 노동조합 F가 있다. 자동차 제조를 하는 사업특성상 근로자들의 산업재해 사고가 있었으며 주문량이 많아짐에 따라 과로로 인한 기계 조작 실수, 과로로 인한 주의력 결핍으로 산업재해가 발생한 사례가 단체협약 체결 이전 3년간 100건이 넘어가고 사망자가 5건이나 되었다. 이에 C회사와 F노동조합은 이러한 문제점의 심각성을 인지하고 아래와 같은 2022년 단체협약을 체결하였다.

> 단체협약 제30조(유족 특별채용)
> 산업재해로 사망한 조합원의 자녀를 특별채용하며 매년 신입사원 채용인원의 1%를 기준으로 선발하고 별도의 채용 절차로 채용한다. 다만 지원자는 유족의 자녀 중 1인이며 신입사원의 채용인원이 100명 미만으로 1% 미만이면 별도 채용 절차를 진행하지 않는다.

2023년인 현재까지도 단체협약 제30조(유족 특별채용)는 유지되고 있으며 매해 신입사원 채용인원의 1%를 할당하여 선발되고 있다. C회사의 취업규칙 제6조에서 유족 자녀에 대한 특별채용에 대한 채용 절차에 대한 세부적인 절차를 정하고 있다. C회사는 "우리 회사를 위해 노력해준 근로자들의 노고에 감사드릴 방법이 없는 산업재해로 고인이 된 근로자분들의 자녀에게 특별한 기회를 부여하고 싶다."라는 신념으로 매해 교섭단계에서 교섭 대상에서 유족 특별채용에 관한 내용은 사수하며 확정된 내용으로 교섭을 진행하고 있다. 코로나-19 이후 경기침체로 청년실업이 사회적 문제로 대두되면서 신규 채용 근로자의 수를 2023년도에 100명을 한정하고 단체협약 제30조에 따라 유족 특별채용 인원은 1명으로 확정되었다. 현재까지 신입사원으로 선발된 직원은 3,000명이며 그중 유족 특별채용 절차로 채용된 자는 20명으로 파악된다. C회사 지원자인 乙은 100등으로 최종 시험 순위에 들었으나 유족 특별채용자 1인 丙 때문에 최종 합격하지 못했다. 乙은 丙보다 모든 항목에서 높은 점수를 받았음에도 불합격하자 C회사의 단체협약은 불공정한 특혜이며 사회질서에 위배를 주장하고 있다. 이러한 乙의 주장은 타당한가? **25점**

해설

✔ **유족 특별채용 조항**

Ⅰ. 문제의 소재

C회사는 F노동조합과 산업재해로 고인이 된 자녀들을 특별채용하는 단체협약을 체결하였는바 이러한 단체협약이 구직 희망자들의 이익을 침해하여 민법 제103조 위반인 반사회적 법률행위에 해당하는지에 대한 검토가 필요하여 최근 대법원의 판단기준을 중심으로 乙의 주장의 타당성을 살펴보기로 한다.

Ⅱ. 법규정

> 민법 제103조(반사회질서의 법률행위)
> 선량한 풍속 기타 사회질서에 위반한 사항을 내용으로 하는 법률행위는 무효로 한다.

Ⅲ. 판례의 태도

1. 원칙

판례는 단체협약이 민법 제103조의 적용대상에서 제외될 수는 없으므로 단체협약의 내용이 선량한 풍속 기타 사회질서에 위배된다면 그 법률적 효력은 배제되어야 한다. 다만 단체협약이 선량한 풍속 기타 사회질서에 위배되는지 여부를 판단할 때에는 앞서 본 바와 같이, 단체협약이 헌법이 직접 보장하는 기본권인 단체교섭권의 행사에 따른 것이자 헌법이 제도적으로 보장한 노사의 협약자치의 결과물이라는 점 및 노동조합법에 의해 그 이행이 특별히 강제되는 점 등을 고려하여 법원의 후견적 개입에 보다 신중할 필요가 있다는 입장이다.

2. 사용자의 채용의지

판례는 헌법 제15조가 정하는 직업선택의 자유, 헌법 제23조 제1항이 정하는 재산권 등에 기초하여 사용자는 어떠한 근로자를 어떠한 기준과 방법에 의하여 채용할 것인지를 자유롭게 결정할 자유가 있다. 다만 사용자는 스스로 이러한 자유를 제한할 수 있는 것이므로, 노동조합과 사이에 근로자 채용에 관하여 임의로 단체교섭을 진행하여 단체협약을 체결할 수 있고, 그 내용이 강행법규나 선량한 풍속 기타 사회질서에 위배되지 아니하는 이상 단체협약으로서의 효력이 인정된다는 입장이다.

3. 판단기준

판례는 사용자가 노동조합과의 단체교섭에 따라 업무상 재해로 인한 사망 등 일정한 사유가 발생하는 경우 조합원의 직계가족 등을 채용하기로 하는 내용의 단체협약을 체결하였다면, 그와 같은 단체협약이 사용자의 채용의 자유를 과도하게 제한하는 정도에 이르거나 채용 기회의 공정성을 현저히 해하는 결과를 초래하는 등의 특별한 사정이 없는 한 선량한 풍속 기타 사회질서에 반한다고 단정할 수 없다. 이러한 단체협약이 사용자의 채용의 자유를 과도하게 제한하는 정도에 이르거나 채용 기회의 공정성을 현저히 해하는 결과를 초래하는지 여부는 단체협약을 체결한 이유나 경위, 그와 같은 단체협약을 통해 달성하고자 하는 목적과 수단의 적합성, 채용대상자가 갖추어야 할 요건의 유무와 내용, 사업장 내 동종 취업규칙 유무, 단체협약의 유지 기간과 그 준수 여부, 단체협약이 규정한 채용의 형태와 단체협약에 따라 채용되는 근로자의 수 등을 통해 알 수 있는 사용자의 일반 채용에 미치는 영향과 구직희망자들에 미치는 불이익 정도 등 여러 사정을 종합하여 판단하여야 한다는 입장이다.

Ⅳ. 사안의 해결

1. 단체협약을 체결한 이유나 경위

C회사는 2022년 단체협약 체결 이전 3년간 산업재해 발생 사례가 100건이 넘어가고 사망자가 5건이 되자 심각성을 인지하고 이러한 산업재해 예방 및 고인이 된 유족에 대한 보상 차원에서 단체협약을 체결하였으므로 이유나 경위 측면에서 노동조합의 노동3권을 제한하거나 사용자의 이익을 취하려는 이유나 경위는 발견되지 않아 사회질서 위배라고 보이지 않는다.

2. 단체협약을 통해 달성하고자 하는 목적과 수단의 적합성

C회사는 "우리 회사를 위해 노력해준 근로자들의 노고에 감사드릴 방법이 없는 산업재해로 고인이 된 근로자분들의 자녀에게 특별한 기회를 부여하고 싶다."라는 신념으로 현재 고인이 된 근로자들에 대한 감사의 차원이며 사망한 근로자만을 대상으로 특별채용이 이루어지는바 수단의 적합성이 과하다고 판단되지 않는다.

3. 채용대상자가 갖추어야 할 요건의 유무와 내용

지원자는 유족의 자녀 중 1인이며 유족의 자녀라고 해서 지원을 할 수 있는 것이지 유족의 자녀만을 조건으로 전부 채용되는 것은 아니라는 점에서 사회질서 위배라고 보기 힘들다.

4. 사업장 내 동종 취업규칙 유무

C회사의 취업규칙 제6조에서 유족 자녀에 대한 특별채용에 대한 채용 절차에 대한 세부적인 절차를 정하고 있다.

5. 단체협약의 유지 기간과 그 준수 여부

C회사는 20년이 넘도록 현행 단체협약의 유족 특별채용 조항을 유지하고 그 준수도 하고 있다.

6. 단체협약이 규정한 채용의 형태와 단체협약에 따라 채용되는 근로자의 수

매년 신입사원 채용인원의 1%를 기준으로 선발하고 별도의 채용 절차로 채용하고 21년 동안 채용된 인원은 20명이며 신규 채용된 신입사원은 3,000명에 비하면 엄청난 혜택이라고 보기는 어려우며 채용의 자유는 사용자의 선택이라는 점을 고려하면 乙과 같은 구직 희망자의 이익에 중대한 침해가 있다고 판단되기 어렵다.

7. 결

C회사와 F노동조합이 체결한 단체협약 제30조인 유족 특별채용 조항의 내용은 강행법규나 선량한 풍속 기타 사회질서에 위배되지 않아 단체협약 효력이 인정된다고 판단되므로 乙의 주장은 타당하지 않다.

17 | 고용안정협약

제1절   서

단체협약의 내용에 노동조합 조합원의 고용을 안정시키기 위하여 정리해고 자체를 금지시키거나 정리해고 시 노동조합의 동의 또는 합의를 규정하는 경우를 '고용안정협약'이라 칭하는바 정리해고 자체에 대한 결정은 경영자의 고유한 권한임에도 노동조합과 체결한 단체협약에 규정한 '고용안정협약'을 위반한 해고의 효력 여부가 문제되며 '고용안정협약'이 단체협약의 규범적 효력을 미치는지에 따라 해고의 효력이 달라지므로 법원의 입장을 기준으로 살펴보도록 한다.

제2절   판례의 태도

1 법적 성격

(1) 원칙

판례는 정리해고나 사업조직의 통폐합 등 기업의 구조조정의 실시 여부는 경영주체에 의한 고도의 경영상 결단에 속하는 사항으로서 이는 원칙적으로 단체교섭의 대상이 될 수 없으나, 사용자의 경영권에 속하는 사항이라 하더라도 그에 관하여 노사는 임의로 단체교섭을 진행하여 단체협약을 체결할 수 있고, 그 내용이 강행법규나 사회질서에 위배되지 아니하는 이상 단체협약으로서의 효력이 인정된다는 입장이다.

(2) 고용안정협약의 법적 성질(규범적 효력)

경영상 해고는 경영사항으로서 단체교섭 대상이 아니지만 사용자가 그 사항을 스스로 인용하여 노동조합과 단체교섭을 실시하고 단체협약의 내용과 형태로 고용보장 합의를 한 이상 사용자에게 그 합의를 이행하여야 할 법적의무가 있음을 규범으로 인정하였다.

2 고용안정협약을 위반한 해고

(1) 정리해고 자체를 금지시키는 고용안정협약 위반

판례는 사용자가 노동조합과의 협상에 따라 정리해고를 제한하기로 하는 내용의 단체협약을 체결하였다면 특별한 사정이 없는 한 그 단체협약이 강행법규나 사회질서에 위배된다고 볼 수 없고, 나아가 이는 근로조건 기타 근로자에 대한 대우에 관하여 정한 것으로서 그에 반하여 이루어지는 정리해고는 원칙적으로 정당한 해고라고 볼 수 없다. 다만 이처럼 정리해고의 실시를 제한하는 단체협약을 두고 있더라도, 그 단체협약을 체결할 당시의 사정이 현저하게 변경되어 사용자에게 그와 같은 단체협약의 이행을 강요한다면 객관적으로 명백하게 부당한 결과에 이르는 경우에는 사용자가 단체협약에 의한 제한에서 벗어나 정리해고를 할 수 있을 것이라는 입장이다.

(2) 노동조합의 동의 내지 합의를 요건으로 하는 고용안정협약 위반

① 원칙

판례는 정리해고는 근로자에게 귀책사유가 없는데도 사용자의 경영상의 필요에 의하여 단행되는 것으로서, 정리해고의 대상과 범위, 해고 회피 방안 등에 관하여 노동조합의 합리적인 의사를 적절히 반영할 필요가 있고, 노사 쌍방 간의 협상에 의한 최종 합의 결과 단체협약에 정리해고에 관하여 사전 '협의'와 의도적으로 구분되는 용어를 사용하여 노사 간 사전 '합의'를 요하도록 규정하였다면, 이는 노사 간에 사전 '합의'를 하도록 규정한 것이라고 해석함이 상당하고, 다른 특별한 사정 없이 단지 정리해고의 실시 여부가 경영주체에 의한 고도의 경영상 결단에 속하는 사항이라는 사정을 들어 이를 사전 '협의'를 하도록 규정한 것이라고 해석할 수는 없다는 입장이다.

② 노동조합의 합의 및 동의가 필수적인 경우

판례는 정리해고는 그 필요성과 합리성이 객관적으로 명백하고 피고가 노동조합 측과 정리해고에 관한 합의 도출을 위하여 성실하고 진지한 노력을 다하였는데도 노동조합 측이 합리적 근거나 이유제시 없이 정리해고 자체를 반대하고 불법적인 쟁의행위에 나아감으로써 합의에 이르지 못하였다고 할 것이므로, 이는 노동조합이 사전합의권을 남용하거나 스스로 사전합의권의 행사를 포기한 경우에 해당한다고 봄이 상당하다. 따라서 이 사건 정리해고가 노동조합과 사전 합의를 거치지 아니하였다는 사정만으로 무효라고 볼 수 없다는 입장이다.

③ 남용의 구체적인 판단기준

판례는 단체협약에 해고의 사전 합의 조항을 두고 있다고 하더라도 사용자의 해고 권한이 어떠한 경우를 불문하고 노동조합의 동의가 있어야만 행사할 수 있다는 것은 아니고, 노동조합이 사전동의권을 남용하거나 스스로 사전동의권을 포기한 것으로 인정되는 경우에는 노동조합의 동의가 없더라도 사용자의 해고권 행사가 가능하나, 여기서 노동조합이 사전동의권을 남용한 경우라 함은 노동조합 측에 중대한 배신행위가 있고 그로 인하여 사용자 측의 절차의 흠결이 초래되었다거나, 피징계자가 사용자인 회사에 대하여 중대한 위법행위를 하여 직접적으로 막대한 손해를 입히고 비위사실이 징계사유에 해당함이 객관적으로 명백하며 회사가 노동조합 측과 사전 합의를 위하여 성실하고 진지한 노력을 다하였음에도 불구하고 노동조합 측이 합리적 근거나 이유 제시도 없이 무작정 반대함으로써 사전 합의에 이르지 못하였다는 등의 사정이 있는 경우에 인정되므로, 이러한 경우에 이르지 아니하고 단순히 해고사유에 해당한다거나 실체적으로 정당성 있는 해고로 보인다는 이유만으로는 노동조합이 사전동의권을 남용하여 해고를 반대하고 있다고 단정하여서는 안 된다는 입장이다.

3 임의적 교섭사항

경영권에 속하는 사항이라 하더라도 노사는 임의로 단체교섭을 진행하여 단체협약을 체결할 수 있고 그 내용이 강행법규나 사회질서에 위배되지 않는 한 단체협약의 효력이 인정된다.

사례연습

> **Q** 자동차부품을 제조 및 판매하는 A회사는 B공단에 위치하고 있다. A회사는 경영상의 어려움에 미리 대처하기 위해 최적의 입지 조건을 갖춘 곳으로 사업장을 이전하는 계획을 세웠다. 이에 따라 A회사는 사업장을 B공단에서 약 30km 떨어진 C공단으로 이전하기로 결정하였고, 이러한 내용을 A회사의 노동조합과 근로자들에게 공지하였다.
>
> 위와 같은 사업장 이전 결정을 계기로 A회사의 근로자들 사이에 고용에 대한 불안감이 확산되었고, 이에 노동조합은 A회사에게 고용보장에 관한 특별교섭을 요구하였다. 특별교섭을 수락한 A회사는 노동조합과 수차례에 걸쳐 교섭한 결과 "회사는 본 협약의 유효기간(2013.1.1.~2014.12.31.) 중 근로자의 고용을 보장하기 위해 정리해고 등 구조조정을 실시하지 않으며, 만일 실시하는 경우에 노동조합과 합의한다."는 내용의 특별단체협약을 체결하였다. 그러나 2014년 1월 불황으로 인해 A회사는 인원감축이 필요하다고 판단하여 정리해고를 실시하기로 결정하였다. A회사는 정리해고의 실시 여부는 단체교섭의 대상이 아니라는 점을 들어 노동조합과의 합의 없이 2014년 6월 정리해고를 실시하였다. 다음 물음에 답하시오.
>
> A회사가 단체협약상의 '합의' 없이 실시한 정리해고는 유효한지 논하시오. **25점**

해설

✔ **고용안정협약**

Ⅰ. **문제의 소재**

A회사는 특별단체협약의 내용으로 정리해고 시 노동조합의 합의를 구한다고 규정하는 이른바 고용안정협약을 체결하고 있는바 A회사가 결정해야 하는 경영사항인 정리해고의 결정에 단체협약으로 규정한 고용안정협약이 유효성을 가지는지 살펴보고 고용안정협약을 위반한 정리해고의 유효성 또한 법원의 입장을 기준으로 살펴보고자 한다.

Ⅱ. **판례의 태도**

1. **법적 성격**

(1) **원칙**

판례는 정리해고나 사업조직의 통폐합 등 기업의 구조조정의 실시 여부는 경영주체에 의한 고도의 경영상 결단에 속하는 사항으로서 이는 원칙적으로 단체교섭의 대상이 될 수 없다는 입장이다.

(2) **고용안정협약의 법적 성질**

판례는 고용보장 합의와 경영상 해고를 명확히 정리한 판결로, 경영상 해고는 경영사항으로서 단체교섭 대상이 아니지만 사용자가 그 사항을 스스로 인용하여 노동조합과 단체교섭을 실시하고 단체협약의 내용과 형태로 고용보장 합의를 한 이상 사용자에게 그 합의를 이행하여야 할 법적의무가 있음을 규범으로 인정하여 규범적 효력을 부여하고 있다.

2. 고용안정협약을 위반한 해고

   (1) 노동조합의 동의 내지 합의를 요건으로 하는 고용안정협약 위반

   판례는 사용자의 경영권에 속하는 사항이라 하더라도 그에 관하여 노사는 임의로 단체교섭을 진행하여 단체협약을 체결할 수 있고, 그 내용이 강행법규나 사회질서에 위배되지 아니하는 이상 단체협약으로서의 효력이 인정된다는 입장이다.

   정리해고는 근로자에게 귀책사유가 없는데도 사용자의 경영상의 필요에 의하여 단행되는 것으로서, 정리해고의 대상과 범위, 해고 회피 방안 등에 관하여 노동조합의 합리적인 의사를 적절히 반영할 필요가 있고, 노사 쌍방 간의 협상에 의한 최종 합의 결과 단체협약에 정리해고에 관하여 사전 '협의'와 의도적으로 구분되는 용어를 사용하여 노사 간 사전 '합의'를 요하도록 규정하였다면, 이는 노사 간에 사전 '합의'를 하도록 규정한 것이라고 해석함이 상당하고, 다른 특별한 사정 없이 단지 정리해고의 실시 여부가 경영주체에 의한 고도의 경영상 결단에 속하는 사항이라는 사정을 들어 이를 사전 '협의'를 하도록 규정한 것이라고 해석할 수는 없다는 입장이다.

   (2) 노동조합의 합의권 남용

   판례는 정리해고는 그 필요성과 합리성이 객관적으로 명백하고 피고가 노동조합 측과 정리해고에 관한 합의 도출을 위하여 성실하고 진지한 노력을 다하였는데도 노동조합 측이 합리적 근거나 이유제시 없이 정리해고 자체를 반대하고 불법적인 쟁의행위에 나아감으로써 합의에 이르지 못하였다고 할 것이므로, 이는 노동조합이 사전합의권을 남용하거나 스스로 사전합의권의 행사를 포기한 경우에 해당한다고 봄이 상당하다. 따라서 이 사건 정리해고가 노동조합과 사전 합의를 거치지 아니하였다는 사정만으로 무효라고 볼 수 없다는 입장이다.

Ⅲ. 사안의 해결

1. A회사의 특별단체협약상 고용안정협약의 법적 성질

   A회사는 노동조합과 수차례에 걸쳐 교섭한 결과 "회사는 본 협약의 유효기간(2013.1.1~2014.12.31.) 중 근로자의 고용을 보장하기 위해 정리해고 등 구조조정을 실시하지 않으며, 만일 실시하는 경우에 노동조합과 합의한다."는 내용의 특별단체협약을 체결하였는바 판례에 따르면 A회사와 노동조합이 임의로 특별단체교섭을 진행하여 특별단체협약을 체결할 수 있고 내용이 강행법규나 사회질서에 위배되지 아니하는바 단체협약의 규범적 효력을 인정할 수 있다고 판단된다.

2. A회사의 정리해고 결정이 유효한지

   2014년 1월 불황으로 인해 A회사는 인원감축이 필요하다고 판단하여 정리해고를 실시하기로 결정하였다. A회사는 정리해고의 실시 여부는 단체교섭의 대상이 아니라는 점을 들어 노동조합과의 합의 없이 2014년 6월 정리해고를 실시하였는바 특별단체협약을 위반하였으므로 정리해고는 유효하지 않다.

3. 노동조합의 합의권 남용

   노동조합의 합의권 남용에 해당할 만한 특별한 사정이 없다고 판단된다.

Ⅳ. 결

A회사가 단체협약상의 '합의' 없이 실시한 정리해고는 유효하지 않다.

18 | 단체협약의 효력확장

제1절 법규정

제35조(일반적 구속력)
하나의 사업 또는 사업장에 상시 사용되는 동종의 근로자 반수 이상이 하나의 단체협약의 적용을 받게 된 때에는 당해 사업 또는 사업장에 사용되는 다른 동종의 근로자에 대하여도 당해 단체협약이 적용된다.

제36조(지역적 구속력)
① 하나의 지역에 있어서 종업하는 동종의 근로자 3분의 2 이상이 하나의 단체협약의 적용을 받게 된 때에는 행정관청은 당해 단체협약의 당사자의 쌍방 또는 일방의 신청에 의하거나 그 직권으로 노동위원회의 의결을 얻어 당해 지역에서 종업하는 다른 동종의 근로자와 그 사용자에 대하여도 당해 단체협약을 적용한다는 결정을 할 수 있다.
② 행정관청이 제1항의 규정에 의한 결정을 한 때에는 지체없이 이를 공고하여야 한다.

제2절 일반적 구속력

1 확장요건

(1) 하나의 사업 또는 사업장에 상시 사용되는 근로자

판례는 상시 사용되는 동종의 근로자라 함은 하나의 단체협약의 적용을 받는 근로자가 반수 이상이라는 비율을 계산하기 위한 기준이 되는 근로자의 총수로서 근로자의 지위나 종류, 고용기간의 정함의 유무 또는 근로계약상의 명칭에 구애됨이 없이 사업장에서 사실상 계속적으로 사용되고 있는 동종의 근로자 전부를 의미하므로, 단기의 계약기간을 정하여 고용된 근로자라도 기간 만료 시마다 반복갱신되어 사실상 계속 고용되어왔다면 여기에 포함되고, 또한 사업장 단위로 체결되는 단체협약의 적용범위가 특정되지 않았거나 협약 조항이 모든 직종에 걸쳐서 공통적으로 적용되는 경우에는 직종의 구분없이 사업장 내의 모든 근로자가 동종의 근로자에 해당된다는 입장이다.

(2) 동종의 근로자

판례는 법 제35조의 규정에 따라 단체협약의 일반적 구속력으로서 그 적용을 받게 되는 "동종의 근로자"라 함은 당해 단체협약의 규정에 의하여 그 협약의 적용이 예상되는 자를 가리키며, 단체협약의 규정에 의하여 조합원의 자격이 없는 자는 단체협약의 적용이 예상된다고 할 수 없어 단체협약의 적용을 받지 아니한다는 입장이다.

(3) 반수 이상의 근로자가 하나의 단체협약의 적용을 받게 된 때

2 효과

동종의 다른 근로자에 대해서도 규범적 부분에 한하여 자동적으로 적용, 비조합원들도 적용된다고 보는 것이 합리적이다.

3 다른 조합원에 대한 적용(교섭창구 단일화제도 시행 이전)

판례는 기업별 단위노동조합이 독자적으로 단체교섭권을 행사하여 체결한 단체협약이 존재하고 그 단체협약이 노동조합 및 노동관계조정법 제35조에서 정한 일반적 구속력을 가진다는 사정이 존재한다 하더라도, 교섭창구 단일화에 관한 개정규정이 시행되고 있지 아니하고 달리 단체교섭권 등을 제한하는 규정을 두지 아니한 현행 노동조합 및 노동관계조정법에서 동일한 사업 또는 사업장에 근로자가 설립하거나 가입한 산업별·직종별·지역별 단위노동조합이 가지는 고유한 단체교섭권이나 단체협약 체결권이 제한된다고 할 수는 없다는 입장이다.

제 3 절　지역단위 일반적 구속력

1 효과

(1) 확장적용 부분과 대상

규범적 부분만 확장적용되며, 다른 동종 근로자뿐만 아니라 그 사용자에 대하여도 효력이 미친다.

(2) 유리조건 우선의 원칙

이때의 단체협약은 해당 지역에서의 최저기준을 설정하는 의미이므로, 해당 단체협약과 하위규범 사이에서 유리성 원칙이 적용된다.

2 소수노조에 대한 확장적용 문제

판례는 소수조합에 대한 확장적용과 관련하여 지역적 구속력 제도의 목적을 어떠한 것으로 파악하건 적어도 교섭권한을 위임하거나 협약체결에 관여하지 아니한 협약 외의 노동조합이 독자적으로 단체교섭권을 행사하여 이미 별도의 단체협약을 체결한 경우에는 그 협약이 유효하게 존속하고 있는 한 지역적 구속력 결정의 효력은 그 노동조합이나 그 구성원인 근로자에게는 미치지 않는다고 해석하여야 할 것이고, 또 협약 외의 노동조합이 위와 같이 별도로 체결하여 적용받고 있는 단체협약의 갱신체결이나 보다 나은 근로조건을 얻기 위한 단체교섭이나 단체행동을 하는 것 자체를 금지하거나 제한할 수는 없다고 보아야 한다는 입장이다.

사례연습

Q A회사는 B지역에서 택시운수업을 하는 회사이고, 동 회사에는 A노동조합(기업별 노동조합)이 조직되어 있다. A노동조합에는 A회사 택시기사 전체 200명 중 100명이 조합원으로 가입되어 있고 2017.2.1. A회사와 10% 임금인상을 내용으로 하는 단체협약을 체결하였다. 한편, A회사를 제외한 B지역의 대다수 택시회사는 B지역 택시사업조합에 가입하고 동 조합에 단체교섭권을 위임하였으며, 동 조합은 전국 택시산별노조 B지역 지부와 산별교섭을 하여 2017.4.1. 5% 임금인상을 내용으로 하는 단체협약을 체결하였다. 전국 택시산별노조 B지역 지부에는 B지역 전체 택시기사 1,000명 중 700명이 조합원으로 가입되어 있다. 이에 B지역 행정관청은 노동조합 및 노동관계조정법 제36조에 따라 지역적 구속력 결정·공고를 하였다.

A노동조합에 B지역 행정관청의 지역적 구속력 결정의 효력이 미치는가? **20점**

해설

✔ **단체협약의 지역적 구속력**

I. 문제의 소재

A노동조합에 B지역 행정관청의 지역적 구속력 결정의 효력이 미치는지 여부와 관련하여 전국 택시산별노조 B지역 지부와 B지역 택시사업조합이 체결한 단체협약이 노조법 제36조의 요건을 갖추어 적법하게 '지역적 구속력의 결정'이 된 것인지, 또한 A노동조합은 B지부와 별도로 존재하는 노동조합으로서 원칙적으로 B지부가 체결한 단체협약의 적용을 받지 않으나, B지부가 체결한 단체협약이 지역적 구속력의 결정으로 효력이 확장되는 경우, 그 협약체결에 관여하지 아니한 A노동조합에게도 그 단체협약이 적용되는지 문제된다.

II. 법규정

> 제36조(지역적 구속력)
> ① 하나의 지역에 있어서 종업하는 동종의 근로자 3분의 2 이상이 하나의 단체협약의 적용을 받게 된 때에는 행정관청은 당해 단체협약의 당사자의 쌍방 또는 일방의 신청에 의하거나 그 직권으로 노동위원회의 의결을 얻어 당해 지역에서 종업하는 다른 동종의 근로자와 그 사용자에 대하여도 당해 단체협약을 적용한다는 결정을 할 수 있다.
> ② 행정관청이 제1항의 규정에 의한 결정을 한 때에는 지체없이 이를 공고하여야 한다.

III. 효과 및 판례의 태도

1. 효과
   (1) 확장적용 부분과 대상
   규범적 부분만 확장적용되며, 다른 동종 근로자뿐만 아니라 그 사용자에 대하여도 효력이 미친다.

(2) 유리조건 우선의 원칙

이때의 단체협약은 당해 지역에서의 최저기준을 설정하는 의미이므로, 해당 단체협약과 하위 규범 사이에서 유리성 원칙이 적용된다.

2. 소수노조에 대한 확장적용 문제

판례는 소수조합에 대한 확장적용과 관련하여 지역적 구속력 제도의 목적을 어떠한 것으로 파악하건 적어도 교섭권한을 위임하거나 협약체결에 관여하지 아니한 협약 외의 노동조합이 독자적으로 단체교섭권을 행사하여 이미 별도의 단체협약을 체결한 경우에는 그 협약이 유효하게 존속하고 있는 한 지역적 구속력 결정의 효력은 그 노동조합이나 그 구성원인 근로자에게는 미치지 않는다고 해석하여야 할 것이고, 또 협약 외의 노동조합이 위와 같이 별도로 체결하여 적용받고 있는 단체협약의 갱신체결이나 보다 나은 근로조건을 얻기 위한 단체교섭이나 단체행동을 하는 것 자체를 금지하거나 제한할 수는 없다고 보아야 한다는 입장이다.

IV. 사안의 해결

1. 지역적 구속력 결정

하나의 지역인 B지역에 택시기사인 동종의 근로자 3분의 2 이상(1,000명 중 700명)이 B지부가 체결한 하나의 단체협약(5% 임금인상을 내용으로 하는 단체협약)의 적용을 받고 있다. 그리고 B지역 행정관청은 노조법 제36조에 따라 지역적 구속력의 결정·공고를 하였으므로, 사안의 지역적 구속력의 결정은 적법하다.

2. A노동조합의 확장적용

비록 A노동조합은 B지부에 교섭권한을 위임하거나 위 협약체결에 관여하지 않았으나, 독자적으로 단체교섭권을 행사하여 2017.2.1. 이미 10% 임금인상을 내용으로 하는 별도의 단체협약을 체결한 경우이므로, 그 협약이 유효하게 존속하고 있는 한 지역적 구속력 결정의 효력은 A노동조합이나 A노동조합의 조합원에게는 미치지 않는다고 해석하여야 한다.

3. 결

노조법 제36조에 따라 지역적 구속력 결정은 적법하나, 그 효력은 협약체결에 관여하지 아니한 A노동조합에게는 미치지 않는다. 즉 A노동조합에 B지역 행정관청의 지역적 구속력 결정의 효력이 미치지 않는다.

19 | 단체협약의 유효기간 연장 및 갱신

제1절 서

단체협약의 유효기간과 관련하여 자동연장조항 등에 따른 유효기간 연장 또는 당사자 간의 합의를 통해 단체협약 해지권이 제한될 수 있는지가 문제되는바 법원의 입장을 기준으로 살펴보도록 한다.

제2절 법규정

제32조(단체협약 유효기간의 상한)
① 단체협약의 유효기간은 3년을 초과하지 않는 범위에서 노사가 합의하여 정할 수 있다.
② 단체협약에 그 유효기간을 정하지 아니한 경우 또는 제1항의 기간을 초과하는 유효기간을 정한 경우에 그 유효기간은 3년으로 한다.

제3절 판례의 태도

1 취지

판례는 노동조합법 제32조 제1항, 제2항에서 단체협약의 유효기간을 3년으로 제한한 것은, 단체협약의 유효기간을 너무 길게 하면 사회적·경제적 여건의 변화에 적응하지 못하여 당사자를 부당하게 구속하는 결과에 이를 수 있어 단체협약을 통하여 적절한 근로조건을 유지하고 노사관계의 안정을 도모하고자 하는 목적에 어긋나게 되므로, 그 유효기간을 일정한 범위로 제한하여 단체협약의 내용을 시의에 맞고 구체적 타당성이 있게 조정해 나가도록 하자는 데에 그 뜻이 있다는 입장이다.

2 법내연장

(1) 법규정

> **제32조(단체협약 유효기간의 상한)**
> ③ 단체협약의 유효기간이 만료되는 때를 전후하여 당사자 쌍방이 새로운 단체협약을 체결하고자 단체교섭을 계속하였음에도 불구하고 새로운 단체협약이 체결되지 아니한 경우에는 별도의 약정이 있는 경우를 제외하고는 종전의 단체협약은 그 효력만료일부터 3월까지 계속 효력을 갖는다. 다만, 단체협약에 그 유효기간이 경과한 후에도 새로운 단체협약이 체결되지 아니한 때에는 새로운 단체협약이 체결될 때까지 종전 단체협약의 효력을 존속시킨다는 취지의 별도의 약정이 있는 경우에는 그에 따르되, 당사자 일방은 해지하고자 하는 날의 6월 전까지 상대방에게 통고함으로써 종전의 단체협약을 해지할 수 있다.

(2) 취지

판례는 노동조합법 제32조 제3항 단서는 '단체협약에 그 유효기간이 경과한 후에도 새로운 단체협약이 체결되지 아니한 때에는 새로운 단체협약이 체결될 때까지 종전 단체협약의 효력을 존속시킨다는 취지의 별도의 약정이 있는 경우에는 그에 따르되, 당사자 일방은 해지하고자 하는 날의 6월 전까지 상대방에게 통고함으로써 종전의 단체협약을 해지할 수 있다.'라고 규정하여, 단체협약이 그 유효기간 경과 후에도 불확정기한부 자동연장조항에 따라 계속 효력을 가지게 된 경우에는 당사자 일방이 해지하고자 하는 날의 6개월 전까지 상대방에게 통고하여 종전의 단체협약을 해지할 수 있도록 정하고 있다. 이는 노동조합법 제32조 제1항 및 제2항에도 불구하고 단체협약 자치의 원칙을 어느 정도 존중하면서 단체협약 공백 상태의 발생을 가급적 피하려는 목적에서, 사전에 불확정기한부 자동연장조항에 의하여 일정한 기한 제한을 두지 아니하고 유효기간이 경과한 단체협약의 효력을 새로운 단체협약 체결 시까지 연장하기로 약정하는 것을 허용하되, 위와 같이 단체협약의 유효기간을 제한한 입법 취지가 훼손됨을 방지하고 당사자로 하여금 장기간의 구속에서 벗어날 수 있도록 하고 아울러 새로운 단체협약의 체결을 촉진하기 위하여, 6개월의 기간을 둔 해지권의 행사로 언제든지 불확정기한부 자동연장조항에 따라 효력이 연장된 단체협약을 실효시킬 수 있게 한 것으로 해석된다는 입장이다.

3 연장기간이 3년의 제한을 받는지 여부

판례는 노동조합법 각 규정의 내용과 상호관계, 입법 목적 등을 종합하여 보면, 단체협약이 노동조합법 제32조 제1항, 제2항의 제한을 받는 본래의 유효기간이 경과한 후에 불확정기한부 자동연장조항에 따라 계속 효력을 유지하게 된 경우에, 그 효력이 유지된 단체협약의 유효기간은 노동조합법 제32조 제1항, 제2항에 의하여 일률적으로 3년으로 제한되지는 아니한다고 봄이 타당하다는 입장이다.

4 해지권 제한의 합의 효력

판례는 각 규정의 내용과 입법 취지 등을 종합하여 보면, 단체협약의 유효기간을 제한한 노동조합법 제32조 제1항, 제2항이나 단체협약의 해지권을 정한 노동조합법 제32조 제3항 단서는 모두 성질상 강행규정이라고 볼 것이어서, 당사자 사이의 합의에 의하더라도 단체협약의 해지권을 행사하지 못하도록 하는 등 그 적용을 배제하는 것은 허용되지 않는다고 할 것이라는 입장이다.

5 자동갱신조항

직접적인 법규정이나 판례가 존재하진 않지만 해석상 3년의 제한을 받는 것이 타당한 해석이라고 보인다.

20 | 단체협약의 실효 및 실효 후 근로관계

제1절　서

협약 실효 후의 근로관계는 근로자의 근무조건에 중대한 영향을 미치기에 협약 실효 후 근로관계의 논의가 중요하므로 법원의 입장을 중심으로 살펴보도록 한다.

제2절　판례의 태도

1 원칙(유효기간 만료, 단체협약의 취소, 해지, 시정, 단체협약 당사자의 변동, 신단체협약의 체결)

판례는 노동조합과 회사 사이에 임금교섭기간 중 생겨난 민, 형사상의 문제는 노사가 각 취하하고 회사는 고소된 근로자들이 금고 이상의 형을 선고받더라도 석방과 동시에 원직에 복귀시키기로 한다는 내용의 합의서 및 합의각서에 의한 약정을 체결하였으며, 이와 동시에 노동조합은 회사에 그 동안의 불법적인 단체행동으로 막대한 손해를 끼친 점을 사과하고 앞으로는 정상조업을 방해하는 비합법적인 단체행동을 하지 않을 것을 확약하였으나 그 후 노동조합원들이 회사로부터 구속된 조합원에 대하여 휴직처분이 내려진 데에 반발하며 이틀에 걸쳐 집단적으로 휴일계를 제출하고 결근함으로써 공장가동이 전면적으로 중단되었고 또 임시총회를 개최하며 공장가동을 중단시켰다면 노동조합원들이 위와 같은 비합법적인 단체행동을 저지른 것은 위 약정을 위반한 것이라고 할 수 있으므로 회사로서는 이를 이유로 하여 위 약정을 해제할 수 있고 그 해제에 의하여 위 면책약정은 실효된다는 입장이다.

2 규범적 부분

(1) 근로계약 화체설 기본원칙

판례는 단체협약이 실효되었다고 하더라도 임금, 퇴직금이나 노동시간, 그 밖에 개별적인 노동조건에 관한 부분은 그 단체협약의 적용을 받고 있던 근로자의 근로계약의 내용이 되어 그것을 변경하는 새로운 단체협약, 취업규칙이 체결·작성되거나 또는 개별적인 근로자의 동의를 얻지 아니하는 한 개별적인 근로자의 근로계약의 내용으로서 여전히 남아 있어 사용자와 근로자를 규율하게 되는데, 단체협약 중 해고사유 및 해고의 절차에 관한 부분에 대하여도 이와 같은 법리가 그대로 적용된다는 입장이다.

(2) 새로운 단체협약의 체결

판례는 단체협약이 실효되더라도 임금 등 개별적인 노동조건에 관한 부분은 단체협약의 적용을 받고 있던 근로자의 근로계약 내용이 되어 여전히 사용자와 근로자를 규율한다. 그러나 그것을 변경하는 새로운 단체협약이 체결되면 종전의 단체협약은 더 이상 개별적인 근로계약의 내용으로 남아 있지 않게 된다는 입장이다.

(3) 일정한 조건 성취 시점까지 효력유지를 명시한 합의의 효력

판례는 노사가 일정한 조건이 성취되거나 기한이 도래할 때까지 특정 단체협약 조항에 따른 합의의 효력이 유지되도록 명시하여 단체협약을 체결한 경우에는, 그 단체협약 조항에 따른 합의는 노사의 합치된 의사에 따라 해제조건의 성취로 효력을 잃는다.

3 채무적 부분

(1) 원칙

단체협약의 채무적 부분은 집단적 노사관계에 관한 부분으로 사용자와 노동조합 사이의 계약이며 원칙적으로 단체협약이 소멸되면 채무적 부분은 소멸하는 것이 원칙이다. 판례도 단체협약이 유효기간 만료로 효력이 상실되었고, 단체협약상 노조대표의 전임규정은 새로운 단체협약 체결 시까지 효력을 지속시키기로 약정한 규범적 부분도 아니어서 단체협약의 유효기간 만료 후 노조전임자는 사용자의 원직복귀명령에 응하여야 할 것이므로 원직복직 명령에 불응한 노조전임자를 해고한 것은 정당한 인사권의 행사로서 그 해고사유가 표면적인 구실에 불과하여 징계권 남용에 의한 부당노동행위에 해당하지 않는다는 입장이다.

(2) 조합사무소

판례는 사용자가 노동조합에게 단체협약에 따라 무상 제공하여 온 노동조합의 사무실의 사용관계는 민법상 사용대차에 해당한다고 할 것이고 사용대차 목적물은 그 반환 시기에 관한 약정이 없는 한 계약이나 목적물의 성질에 의한 사용 수익이 종료한 때 또는 사용 수익에 족한 기간이 경과하여 대주(貸主)가 계약을 해지한 때에 반환하도록 되어 있는 것(민법 제613조)에 비추어 보면, 앞서 본 바와 같이 노조사무실 제공을 포함하는 단체협약 전체가 해지된 지 6월이 경과되어 소멸하였다 하더라도 그 사유만으로 당연히 위와 같은 사용대차 목적물의 반환 사유인 사용수익의 종료 또는 사용수익에 족한 기간의 경과가 있다고 할 것은 아니어서 특히 그 반환을 허용할 특별한 사정(예컨대 기존 사무실의 면적이 과대하여 다른 공간으로 대체할 필요가 있다든지 사용자가 이를 다른 용도로 사용할 합리적인 사유가 생겼다는 등)이 있어야만 그 사무실의 명도를 구할 수 있다고 보는 것이 상당하다는 입장이다.

Q A회사는 상시 근로자 200명을 고용하고 있는 운수업체이며, B노동조합은 A회사 근로자들로 조직된 기업별 노동조합이다. A회사가 B노동조합과 체결한 단체협약에는 "회사는 매월 조합원에게 지급할 임금 중에서 조합원이 노동조합에 납부해야 하는 조합비를 일괄 공제하여 노동조합에 교부한다."는 내용의 조합비 일괄 공제조항이 규정되어 있었고, B노동조합의 모든 조합원들은 위 조합비 일괄 공제에 대하여 동의하였다.

A회사와 B노동조합은 위 단체협약의 유효기간이 만료되는 때를 전후하여 새로운 단체협약을 체결하고자 수차례의 단체교섭을 거쳤으나 임금인상에 관한 이견이 커서 새로운 단체협약을 체결하지 못하고 있다. A회사는 위 단체협약의 유효기간이 만료된 후 현재까지 6개월간 B노동조합에게 조합비를 일괄 공제하여 교부하는 것을 중단하고 있다. 위 단체협약에는 자동연장조항이나 자동갱신조항은 없었다.

B노동조합은 A회사가 단체협약의 유효기간이 만료된 후 현재까지 6개월간 B노동조합에게 조합비를 일괄 공제하여 교부하지 않은 것은 단체협약상 A회사가 B노동조합에 대해 부담하는 채무를 불이행한 것이라고 주장한다. B노동조합의 주장은 타당한가? 20점

해설

✔ 단체협약 유효기간 및 실효 후 근로관계

I. 문제의 소재

B노동조합의 주장이 타당하려면, 단체협약에 따른 조합비 일괄 공제조항이 유효하게 존속하여야 한다. 이와 관련하여 단체협약이 유효기간 만료로 실효되었는지, 조합비 일괄 공제조항의 법적 성질이 채무적 부분인지, 단체협약이 실효되는 경우 등 조합의 효력도 소멸하는지 문제된다.

II. 법규정

> **제32조(단체협약 유효기간의 상한)**
> ① 단체협약의 유효기간은 3년을 초과하지 않는 범위에서 노사가 합의하여 정할 수 있다.

III. 판례의 태도

1. **단체협약 유효기간을 정한 취지**

   판례는 노동조합법 제32조 제1항, 제2항에서 단체협약의 유효기간을 3년으로 제한한 것은, 단체협약의 유효기간을 너무 길게 하면 사회적·경제적 여건의 변화에 적응하지 못하여 당사자를 부당하게 구속하는 결과에 이를 수 있어 단체협약을 통하여 적절한 근로조건을 유지하고 노사관계의 안정을 도모하고자 하는 목적에 어긋나게 되므로, 그 유효기간을 일정한 범위로 제한하여 단체협약의 내용을 시의에 맞고 구체적 타당성이 있게 조정해 나가도록 하자는 데에 그 뜻이 있다는 입장이다.

2. 단체협약 유효기간 만료와 실효

(1) 원칙

단체협약의 유효기간이 만료되면 그 협약은 실효되는 것이 원칙이다.

(2) 법내연장

자동연장조항·자동갱신조항 등과 같은 별도의 약정이 없는 경우에는 노조법 제32조 제3항 '본문'에 따라 일정한 경우에 단체협약 유효기간 만료일부터 3개월간 효력이 연장된다.

3. 단체협약의 실효 후 근로관계

(1) 규범적 부분

판례는 단체협약이 실효되었다고 하더라도 임금, 퇴직금이나 노동시간, 그 밖에 개별적인 노동조건에 관한 부분은 그 단체협약의 적용을 받고 있던 근로자의 근로계약의 내용이 되어 그것을 변경하는 새로운 단체협약, 취업규칙이 체결·작성되거나 또는 개별적인 근로자의 동의를 얻지 아니하는 한 개별적인 근로자의 근로계약의 내용으로서 여전히 남아 있어 사용자와 근로자를 규율하게 되는데, 단체협약 중 해고사유 및 해고의 절차에 관한 부분에 대하여도 이와 같은 법리가 그대로 적용된다는 입장이다.

(2) 채무적 부분

단체협약의 채무적 부분은 집단적 노사관계에 관한 부분으로 사용자와 노동조합 사이의 계약이며 원칙적으로 단체협약이 소멸되면 채무적 부분은 소멸하는 것이 원칙이다. 판례도 단체협약이 유효기간 만료로 효력이 상실되었고, 단체협약상 노조대표의 전임규정은 새로운 단체협약 체결시까지 효력을 지속시키기로 약정한 규범적 부분도 아니어서 단체협약의 유효기간 만료 후 노조전임자는 사용자의 원직복귀명령에 응하여야 할 것이므로 원직복직 명령에 불응한 노조전임자를 해고한 것은 정당한 인사권의 행사로서 그 해고사유가 표면적인 구실에 불과하여 징계권 남용에 의한 부당노동행위에 해당하지 않는다는 입장이다.

Ⅳ. 사안의 해결

1. A회사와 B노동조합이 체결한 단체협약은 유효기간이 만료되었으나 법내연장으로 만료일로부터 3개월까지 효력이 연장되고 3개월의 기간이 만료하는 시점에 비로소 실효된다.
2. A회사와 B노동조합 사이에 체결된 단체협약상 조합비 일괄 공제조항은 B노동조합에 대한 A회사의 편의제공의 한 유형으로 단체협약의 채무적 부분에 해당한다. 이러한 채무적 부분은 협약 당사자 사이의 채무적 효력만 존재하므로 단체협약이 실효되면 효력이 없다.
3. 법내연장 기간인 효력만료일부터 3개월까지는 채무적 효력이 인정되므로 3개월이 지난 시점부터 현재까지 3개월간 조합비를 일괄 공제하여 교부하는 것을 중단한 행위는 채무불이행에 해당하지 않는다.
4. 결

   단체협약 유효기간 만료 시점을 기준으로 3개월의 기간 동안에만 A회사의 조합비 일괄 공제·교부를 중단한 행위는 채무불이행에 해당한다. 따라서 B노동조합의 주장은 단체협약 유효기간 만료 시점을 기준으로 3개월의 기간에 한하여 타당하다.

21 | 준법투쟁

제1절 서

노동조합 및 노동관계조정법에서는 '쟁의행위'를 규정하고 있고 '업무저해성'을 요건으로 하고 있다. 다만 근로자가 법령을 준수하는 행위 및 근로자의 권리실현을 행사하는 행위가 사업장의 업무를 저해하는 결과를 발생하는 경우가 있는바 이를 '준법투쟁'이라고 하며 이러한 준법투쟁이 쟁의행위에 해당하는지 여부 및 정당성을 가지는지 여부가 문제되는바 현행법령에서 규정하고 있지 않은바 법원의 입장을 기준으로 살펴보도록 한다.

제2절 판례의 태도

1 원칙

판례는 원고 등이 주도한 집단월차휴가가 형식적으로는 월차휴가를 행사하려는 것이었다고 하더라도, 실질적으로는 원고 등이 직원으로 고용된 의료보험조합들의 업무의 정상한 운영을 저해함으로써 그들의 주장을 관철할 목적으로 하는 것으로서 쟁의행위에 해당하고 원고가 지부장으로 종사하던 노동조합이 위와 같은 쟁의행위를 함에 있어서, 노조원들의 직접, 비밀, 무기명투표에 의한 과반수의 찬성으로 결정하지 않음은 물론, 노동쟁의의 신고 및 냉각기간의 경과 등의 절차를 거치지 않음으로써, 시기와 절차면에서 위법할 뿐만 아니라, 그로 인하여 사용자인 의료보험조합들의 업무를 마비상태에 빠지게 함으로써, 사용자 측뿐만 아니라 제3자인 피보험자들에게 막대한 지장을 초래한 점 등을 감안하면, 원고 등의 위와 같은 행위를 정당한 행위로 보기는 어렵다는 입장이다.

2 헌법재판소의 지적

판례는 연장근로의 거부, 정시출근, 집단적 휴가의 경우와 같이 일면 근로자들의 권리행사로서의 성격을 갖는 쟁의행위에 관하여도 정당성이 인정되지 않는다고 하여 바로 형사처벌할 수 있다는 대법원 판례의 태도는 지나치게 형사처벌의 범위를 확대하여 근로자들의 단체행동권의 행사를 사실상 위축시키는 결과를 초래하여 헌법이 단체행동권을 보장하는 취지에 부합하지 않고 근로자들로 하여금 형사처벌의 위협하에 노동에 임하게 하는 측면이 있음을 지적하여 두고자 한다는 입장을 취하고 있다.

3 학설(판례로 정리된 부분)

(1) 사실정상설

'정상'이란 사실상의 정상을 말한다고 전제하면서 준법투쟁은 사용자가 평소 사실상 하던 업무운영을 방해하는 것이므로 쟁의행위로 볼 수 있다는 입장이다.

(2) 법률정상설

'정상'이란 법률상의 정상을 말한다고 전제하면서 적법한 업무운영을 방해하는 준법투쟁은 쟁의행위지만, 위법한 업무운영을 방해하는 준법투쟁은 쟁의행위가 아니라는 입장이다.

제3절 종류

1 안전투쟁

법령, 단체협약, 취업규칙, 근로계약서의 내용을 평소보다 엄격하게 준수하여 업무의 정상적 운영을 저해하는 효과를 발생시키는 행위로 법규를 이전보다 더 잘 준수하는 행위가 쟁의행위에 해당하는지 여부가 문제가 된다.

2 판례의 태도

(1) 원칙

판례는 "준법운행"이란, 차량의 운행과 여객의 운송에 있어서 제반법규를 지키고 근로시간에 관하여는 단체협약이나 취업규칙에 정하여져 있는 시간을 그대로 지켜 그 당시까지 수입금을 높이기 위하여 관행이 되다시피 한 과속, 부당요금징수, 합승행위, 승차거부 등 불법적인 운행과 연장근로를 지양하고 법규와 단체협약에 의한 근로를 하자는 것으로서 그 자체를 탓할 수는 없다고 할 것이나, 원고조합의 간부들인 위 소외인들이 운영위원회의 결의를 거쳐 위 준법운행을 시행함에 있어서, 위 준법운행사항 외에 1일 수입금까지 금 50,000원 이하로 할 것을 정하여 놓고 조합원들이 이를 지키도록 지시하였을 뿐만 아니라, 조합간부들로 하여금 위 준법운행사항 외에 조합원들이 회사에 입금시키는 당일의 수입금까지 회사에 입금시키기 전에 먼저 확인을 하고, 그 금액이 금 50,000원을 초과하는 경우 위 금액을 초과하지 못하도록 통제를 하여 참가인회사로 하여금 영업수익면에서 큰 손해를 보게 하였음은 물론, 일부조합원들은 위 수입금액에 맞추기 위하여 인적이 드문 해안도로를 공차로 운행하거나 운행을 정지하고 도박을 하는 등의 파행적인 운행을 하게 하는 결과까지 낳게 하였다면, 이는 근로자가 그 주장을 관철할 목적으로 참가인회사의 업무의 정상적인 운영을 저해한 행위로서, 노동쟁의조정법 제3조가 규정하고 있는 일종의 쟁의행위(태업 또는 부분파업)라고 보아야 할 것이라는 입장이다.

(2) 최근 하급심 경향성(안전투쟁의 쟁의행위 해당성을 부정하는 경향)

하급심은 노동조합이 안전운행 투쟁을 벌인 것에 대하여 근로자들이 의욕하는 안전규정의 준수가 당해 규정이 객관적으로 요청하는 정도를 현저히 넘어선 것이거나 준수되는 규정이 이미 객관적으로 사문화된 것으로 간주되어 이를 준수하는 것이 오히려 근로자의 권리남용에 해당한다는 특별한 사정이 없는 한 안전규정을 엄격히 준수하는 방식으로의 안전투쟁은 쟁의행위에 해당한다고 할 수 없으므로 이에 대하여 노동조합이나 근로자가 손해배상책임을 지지 않는다는 입장이다.

3 권리행사형 투쟁

(1) 의의

근로자들이 법률상 부여받은 권리를 일제히 행사함으로써 업무의 정상적인 운영을 저해하는 효과를 발생시키는 것을 말하며 이러한 집단행위가 쟁의행위에 해당하는지가 문제된다.

(2) 판례의 태도

판례는 노동조합의 간부들이 시간외수당의 감소와 파업기간 내의 식대환수조치를 철회시킬 의도로 소속 노조원 총 307명 중 181명으로 하여금 하루 전에 사용자 측에 집단적으로 월차휴가를 신청하게 하여 업무수행의 지장을 이유로 한 신청반려에도 불구하고 하루동안 일제히 월차휴가를 실시하게 하였다면, 위 집단적 월차휴가는 형식적으로는 월차휴가권을 행사하려는 것이었다고 하여도 사용자 측 업무의 정상한 운영을 저해하는 행위를 하여 그들의 주장을 관철할 목적으로 하는 것으로서 실질적으로는 쟁의행위에 해당한다고 보아야 한다는 입장이다.

(3) 구체적 검토

① 연장근로의 거부

판례는 연장근로가 당사자 합의에 의하여 이루어지는 것이라고 하더라도 근로자들을 선동하여 근로자들이 통상적으로 해오던 연장근로를 집단적으로 거부하도록 함으로써 회사업무의 정상운영을 저해하였다면 이는 쟁의행위로 보아야 한다는 입장이다.

② 복장위반

판례는 위생문제에 특히 주의해야 하고 신분을 표시할 필요가 있는 간호사들이 집단으로 규정된 복장을 하지 않는 것은 병원업무의 정상적인 운영을 저해하는 것으로서 역시 쟁의행위에 해당한다는 입장이다.

PART
02

사례연습

Q A회사는 상시 근로자 100명이 종사하는 동물 혈액의 공급을 담당하는 연구소이다. A회사의 A노동조합은 '산재를 당한 직원들의 자녀 채용 조항'이 반사회적 법률행위에 해당한다는 이유로 A회사에 교섭을 요구하였으나 교섭 대상이 아니라는 이유로 거부당했다. A노동조합은 A회사가 업무 특성상 관행적으로 설립 초기부터 20년이 넘는 기간 동안 수행해오던 연장근로를 집단적으로 거부하여 혈액공급사업에 차질을 주고 있다.

A노동조합의 연장근로 집단거부행위의 법적 성질을 설명하시오. 25점

※ 정당성 여부를 논하지 않음. 연장근로에 대한 별도 수당을 지급, 근로기준법 위반의 문제는 없다고 전제함.

해설

✔ **준법투쟁**

I. 문제의 소재

A노동조합은 A회사가 업무특성상 관행적으로 설립 초기부터 20년이 넘는 기간 동안 수행해오던 연장근로를 집단적으로 거부하고 있는바 이른바 '준법투쟁'에 해당하며 이러한 준법투쟁이 쟁의행위에 해당하는지 여부 및 정당성을 가지는지에 대해 법원의 입장을 기준으로 살펴보도록 한다.

II. 의의 및 학설

1. 의의

노동조합 및 노동관계조정법에서는 '쟁의행위'를 규정하고 있고 '업무저해성'을 요건으로 하고 있으나, 근로자가 법령을 준수하는 행위 및 근로자의 권리실현을 행사하는 행위가 사업장의 업무를 저해하는 결과를 발생하는 경우가 있는바 이를 '준법투쟁'이라 한다.

2. 학설

(1) 사실정상설

'정상'이란 사실상의 정상을 말한다고 전제하면서 준법투쟁은 사용자가 평소 사실상 하던 업무운영을 방해하는 것이므로 쟁의행위로 볼 수 있다는 입장이다.

(2) 법률정상설

'정상'이란 법률상의 정상을 말한다고 전제하면서 적법한 업무운영을 방해하는 준법투쟁은 쟁의행위이지만, 위법한 업무운영을 방해하는 준법투쟁은 쟁의행위가 아니라는 입장이다.

III. 판례의 태도(사실정상설 입장)

1. 원칙

판례는 원고 등이 주도한 집단월차휴가가 형식적으로는 월차휴가를 행사하려는 것이었다고 하더라도, 실질적으로는 원고 등이 직원으로 고용된 의료보험조합들의 업무의 정상한 운영을 저해함으로써 그들의 주장을 관철할 목적으로 하는 것으로서 쟁의행위에 해당하고 원고가 지부장으로

종사하던 노동조합이 위와 같은 쟁의행위를 함에 있어서, 노조원들의 직접, 비밀, 무기명투표에 의한 과반수의 찬성으로 결정하지 않음은 물론, 노동쟁의의 신고 및 냉각기간의 경과 등의 절차를 거치지 않음으로써, 시기와 절차면에서 위법할 뿐만 아니라, 그로 인하여 사용자인 의료보험조합들의 업무를 마비상태에 빠지게 함으로써, 사용자 측뿐만 아니라 제3자인 피보험자들에게 막대한 지장을 초래한 점 등을 감안하면, 원고 등의 위와 같은 행위를 정당한 행위로 보기는 어렵다는 입장이다.

2. 헌법재판소의 지적

판례는 연장근로의 거부, 정시출근, 집단적 휴가의 경우와 같이 일면 근로자들의 권리행사로서의 성격을 갖는 쟁의행위에 관하여도 정당성이 인정되지 않는다고 하여 바로 형사처벌할 수 있다는 대법원 판례의 태도는 지나치게 형사처벌의 범위를 확대하여 근로자들의 단체행동권의 행사를 사실상 위축시키는 결과를 초래하여 헌법이 단체행동권을 보장하는 취지에 부합하지 않고 근로자들로 하여금 형사처벌의 위협하에 노동에 임하게 하는 측면이 있음을 지적하여 두고자 한다는 입장을 취하고 있다.

3. 최근 하급심 경향성 : 안전투쟁의 쟁의행위 해당성을 부정하는 경향

하급심은 노동조합이 안전운행 투쟁을 벌인 것에 대하여 근로자들이 의욕하는 안전규정의 준수가 당해 규정이 객관적으로 요청하는 정도를 현저히 넘어선 것이거나 준수되는 규정이 이미 객관적으로 사문화된 것으로 간주되어 이를 준수하는 것이 오히려 근로자의 권리남용에 해당한다는 특별한 사정이 없는 한 안전규정을 엄격히 준수하는 방식으로의 안전투쟁은 쟁의행위에 해당한다고 할 수 없으므로 이에 대하여 노동조합이나 근로자가 손해배상책임을 지지 않는다는 입장이다.

Ⅳ. 종류

1. 안전투쟁

(1) 논의 실익

법령, 단체협약, 취업규칙, 근로계약서의 내용을 평소보다 엄격하게 준수하여 업무의 정상적 운영을 저해하는 효과를 발생시키는 행위로 법규를 이전보다 더 잘 준수하는 행위가 쟁의행위에 해당하는지 여부가 문제가 된다.

(2) 판례의 태도

판례는 "준법운행"이란, 차량의 운행과 여객의 운송에 있어서 제반법규를 지키고 근로시간에 관하여는 단체협약이나 취업규칙에 정하여져 있는 시간을 그대로 지켜 그 당시까지 수입금을 높이기 위하여 관행이 되다시피 한 과속, 부당요금징수, 합승행위, 승차거부 등 불법적인 운행과 연장근로를 지양하고 법규와 단체협약에 의한 근로를 하자는 것으로서 그 자체를 탓할 수는 없다고 할 것이나, 원고조합의 간부들인 위 소외인들이 운영위원회의 결의를 거쳐 위 준법운행을 시행함에 있어서, 위 준법운행사항 외에 1일 수입금까지 금 50,000원 이하로 할 것을 정하여 놓고 조합원들이 이를 지키도록 지시하였을 뿐만 아니라, 조합간부들로 하여금 위 준법운행사항 외에 조합원들이 회사에 입금시키는 당일의 수입금까지 회사에 입금시키기 전에 먼저 확인을 하고, 그 금액이 금 50,000원을 초과하는 경우 위 금액을 초과하지 못하도록 통제를 하여 참가인회사로 하여금 영업수익면에서 큰 손해를 보게 하였음은 물론, 일부조합원들은 위 수입금액에 맞추기 위하여 인적이 드문 해안도로를 공차로 운행하거나 운행을 정지하고 도박을 하는 등의 파행적인 운행을 하게 하는 결과까지 낳게 하였다면, 이는 근로자가 그 주장을 관철할 목적으로 참가인회사의 업무의 정상적인 운영을 저해한 행위로서, 노동쟁의조정법 제3조가 규정하고 있는 일종의 쟁의행위(태업 또는 부분파업)라고 보아야 할 것이라는 입장이다.

2. 권리행사형 투쟁

(1) 의의

근로자들이 법률상 부여받은 권리를 일제히 행사함으로써 업무의 정상적인 운영을 저해하는 효과를 발생시키는 것을 말하며 이러한 집단행위가 쟁의행위에 해당하는지가 문제된다.

(2) 판례의 태도

판례는 노동조합의 간부들이 시간외수당의 감소와 파업기간 내의 식대환수조치를 철회시킬 의도로 소속 노조원 총 307명 중 181명으로 하여금 하루 전에 사용자 측에 집단적으로 월차휴가를 신청하게 하여 업무수행의 지장을 이유로 한 신청반려에도 불구하고 하루동안 일제히 월차휴가를 실시하게 하였다면, 위 집단적 월차휴가는 형식적으로는 월차휴가권을 행사하려는 것이었다고 하여도 사용자 측 업무의 정상한 운영을 저해하는 행위를 하여 그들의 주장을 관철할 목적으로 하는 것으로서 실질적으로는 쟁의행위에 해당한다고 보아야 한다는 입장이다.

V. 사안의 해결

1. A노동조합의 연장근로 집단거부행위가 쟁의행위에 해당하는지 여부

판례는 사실정상설에 따라 A노동조합의 연장근로 집단거부행위로 혈액공급사업에 차질이 있는바 쟁의행위로 판단할 수 있다.

2. A노동조합의 연장근로 집단거부행위의 성격

판례에 따르면 연장근로 거부는 근로자의 권리행사로 볼 수 있는바 준법투쟁의 권리행사형 투쟁으로 판단할 수 있다.

3. 결

A노동조합의 연장근로 집단거부행위는 준법투쟁 유형 중 권리행사형 투쟁의 법적 성질을 가진다고 판단된다.

22 | 쟁의행위의 주체의 정당성

제1절 법규정

헌법 제33조

① 근로자는 근로조건의 향상을 위하여 자주적인 단결권·단체교섭권 및 단체행동권을 가진다.

노조법 제2조(정의)

5. "노동쟁의"라 함은 노동조합과 사용자 또는 사용자단체(이하 "勞動關係 當事者"라 한다) 간에 임금·근로시간·복지·해고 기타 대우 등 근로조건의 결정에 관한 주장의 불일치로 인하여 발생한 분쟁상태를 말한다. 이 경우 주장의 불일치라 함은 당사자 간에 합의를 위한 노력을 계속하여도 더이상 자주적 교섭에 의한 합의의 여지가 없는 경우를 말한다.

제37조(쟁의행위의 기본원칙)

① 쟁의행위는 그 목적·방법 및 절차에 있어서 법령 기타 사회질서에 위반되어서는 아니 된다.

② 조합원은 노동조합에 의하여 주도되지 아니한 쟁의행위를 하여서는 아니 된다.

제2절 판례의 태도

1 원칙

판례는 노동조합의 쟁의행위가 정당하기 위해서는 그 주체가 단체교섭의 주체로 될 수 있는 자이어야 하고, 노동조합과 사용자의 교섭과정에서 노사대등의 입장에서 근로조건의 향상 등 근로자의 경제적 지위를 향상시키려는 목적에서 나온 것이어야 하며, 사용자가 근로자의 근로조건 개선에 관한 구체적인 요구에 대하여 단체교섭을 거부하거나 단체교섭에서 그와 같은 요구에 반대의 의사표시를 하거나 묵살하고 반대하고 있는 것을 분명하게 하고 있을 경우에 개시할 수 있으며 특별한 사정이 없는 한 법령이 규정한 절차를 밟아야 하고, 그 수단과 방법이 사용자의 재산권과 조화를 이루어야 할 뿐 아니라, 다른 기본적 인권을 침해하지 아니하는 등 그 밖의 헌법상의 요청과 조화되어야 하고, 다만 이 경우에도 당해 쟁의행위 자체의 정당성과 이를 구성하거나 부수되는 개개의 행위의 정당성은 구별되어야 하므로 일부 소수의 근로자가 폭력행위 등의 위법행위를 하였다고 하더라도 전체로서의 쟁의행위가 위법하게 되는 것은 아니라는 입장이다.

2 구체적 검토

(1) 법외노조

판례는 노동조합법이 노동조합의 자유 설립을 원칙으로 하면서도 그 설립에 관하여 신고주의를 택한 취지는 노동조합의 조직체계에 대한 행정관청의 효율적인 정비·관리를 통하여 노동조합이 자주성과 민주성을 갖춘 조직으로 존속할 수 있도록 보호·육성하려는 데에 있으며(대법원 2014.4.10. 선고 2011두6998 판결 등 참조), 신고증을 교부받은 노동조합에 한하여 노동기본권의 향유 주체로 인정하려는 것은 아니므로 법외노조도 노동기본권의 향유 주체로 인정하는 입장이다.

(2) 살쾡이 파업

노동조합의 하부단체인 분회나 지부가 독자적인 규약 및 집행기관을 가지고 독립된 조직체로서 활동을 하는 경우 당해 조직이나 그 조합원에 고유한 사항에 대하여는 독자적으로 단체교섭하고 단체협약을 체결할 수 있고, 이는 그 분회나 지부가 노조법 시행령 제7조의 규정에 따라 그 설립신고를 하였는지 여부에 영향 받지 아니한다는 원칙하에 노동조합 대표자를 배제하고 비상대책위원회가 쟁의행위를 주도한 사안에서 당해 쟁의행위의 정당성을 부인한바 있다.

(3) 지부·분회

① 원칙

지부·분회는 독립적인 노동조합으로 인정될 수 없기 때문에 단체교섭 및 쟁의행위의 당사자로 인정될 수 없다.

② 예외

노동조합의 하부단체인 분회나 지부가 독자적인 규약 및 집행기관을 가지고 독립된 조직체로서 활동을 하는 경우 당해 조직이나 그 조합원에 고유한 사항에 대하여는 독자적으로 단체교섭하고 단체협약을 체결할 수 있고, 이는 그 분회나 지부가 노조법 시행령 제7조의 규정에 따라 그 설립신고를 하였는지 여부에 영향 받지 아니한다.

제3절 주요방위산업체 근로자의 쟁의행위 제한

1 원칙

판례는 주요방위산업체의 원활한 가동이 국가의 안전보장에 필수불가결한 요소라는 점에서 법률로써 주요방위산업체 종사자의 단체행동권을 제한하거나 금지하는 것이 불가피한 면은 있으나, 헌법 제37조 제2항이 규정하는 기본권 제한입법에 관한 최소침해의 원칙과 비례의 원칙, 죄형법정주의의 원칙에서 파생되는 형벌법규 엄격해석의 원칙에 비추어 볼 때 노동조합법 제41조 제2항에 의하여 쟁의행위가 금지됨으로써 기본권이 중대하게 제한되는 근로자의 범위는 엄격하게 제한적으로 해석하여야 한다는 입장이다.

2 구체적 검토

판례는 방위사업법 등 관계 법령이 정한 요건과 절차에 따라 산업자원부장관이 주요방위산업체를 개별적으로 지정하도록 되어 있고, 노동조합법 제41조 제2항은 주요방위산업체로 지정된 업체에 종사하는 근로자 가운데에서도 전력, 용수 및 대통령령에서 구체적으로 열거한 업무에 종사하는 자로 그 적용범위를 제한하고 있다. 위에서 본 법해석 원칙에 기초하여 위 법규정의 문언, 내용, 체계와 목적을 종합해 보면, 주요방위산업체로 지정된 회사가 그 사업의 일부를 사내하도급 방식으로 다른 업체에 맡겨 방산물자를 생산하는 경우에 그 하수급업체에 소속된 근로자는 노동조합법 제41조 제2항이 쟁의행위를 금지하는 '주요방위산업체에 종사하는 근로자'에 해당한다고 볼 수 없다. 주요방위산업체로 지정된 하도급업체의 사업장과 동일한 장소에 근무하면서 주요 방산물자를 생산하는 업무에 노무를 제공한다는 사정만으로 주요방위산업체로 지정되지 않은 독립된 사업자인 하수급업체에 소속된 근로자가 하도급업체인 주요방위산업체에 '종사'한다고 보는 것은 형벌규정을 피고인에게 불리한 방향으로 지나치게 확장해석하는 것으로서 허용되지 않는다는 입장이다.

23 | 쟁의행위의 목적의 정당성

제1절 법규정

제37조(쟁의행위의 기본원칙)
① 쟁의행위는 그 목적·방법 및 절차에 있어서 법령 기타 사회질서에 위반되어서는 아니 된다.

제2절 판례의 태도

1 원칙

판례는 단체교섭의 대상이 되는 단체교섭사항에 해당하는지 여부는 헌법 제33조 제1항과 노동조합 및 노동관계조정법 제29조에서 근로자에게 단체교섭권을 보장한 취지에 비추어 판단하여야 하므로 일반적으로 구성원인 근로자의 노동조건 기타 근로자의 대우 또는 당해 단체적 노사관계의 운영에 관한 사항으로 사용자가 처분할 수 있는 사항은 단체교섭의 대상인 단체교섭사항에 해당한다는 입장이다.

2 주된·진정한 목적

(1) 판단기준

판례는 쟁의행위에서 추구되는 목적이 여러 가지이고 그중 일부가 정당하지 못한 경우에는 주된 목적 내지 진정한 목적의 당부에 의하여 그 쟁의목적의 당부를 판단하여야 할 것이고, 부당한 요구사항을 뺐더라면 쟁의행위를 하지 않았을 것이라고 인정되는 경우에는 그 쟁의행위 전체가 정당성을 갖지 못한다고 보아야 할 것이라는 입장이다.

(2) 구체적 검토

① 목적이 부정된 사례

판례는 정리해고나 사업조직의 통폐합, 공기업의 민영화 등 기업의 구조조정의 실시 여부는 경영주체에 의한 고도의 경영상 결단에 속하는 사항으로서 이는 원칙적으로 단체교섭의 대상이 될 수 없고, 그것이 긴박한 경영상의 필요나 합리적인 이유 없이 불순한 의도로 추진되는 등의 특별한 사정이 없는 한, 노동조합이 실질적으로 그 실시를 반대하기 위하여 쟁의행위에 나아간다면, 비록 그 실시로 인하여 근로자들의 지위나 근로조건의 변경이 필연적으로 수반된다 하더라도 그 쟁의행위는 목적의 정당성을 인정할 수 없는 것이고, 여기서 노동조합이 '실질적으로' 그 실시를 반대한다고 함은 비록 형식적으로는 민영화 등 구조조정을 수용한다고 하면서도 결과적으로 구조조정의 목적을 달성할 수 없게 하는 요구조건을 내세움으로써 실질적으로 구조조정의 반대와 같이 볼 수 있는 경우도 포함한다는 입장이다.

② 목적이 인정된 사례

판례는 근로자들이 쟁의행위를 함에 있어 연구소장의 퇴진을 요구하였다 하더라도 이는 부차적인 것이고 주된 목적은 일부 근로자들에 대한 파면처분이 노동조합의 핵심적 관심사항인 연구자율수호운동을 주동한 것에 대한 보복조치라고 하여 이의 철회를 구하는 것이고 그 뜻은 조합원의 근로조건의 개선요구에 있다고도 볼 수 있다면 이는 단체교섭사항이 될 수 있는 것이므로 위 쟁의행위는 그 목적에 있어 정당하다는 입장이다.

제 3 절 ▌ 정치파업과 동정파업

1 정치파업

(1) 의의

정치파업이란 사용자의 처분가능성 없는 정치적 사안을 목적으로 국가나 기타 공공기관 등을 상대로 행하는 쟁의행위를 말한다.

(2) 판례의 태도

판례는 일관되게 정치적 사안은 근로조건에 관한 주장을 관철하기 위한 것도 아니고 그 요구의 상대방도 사용자가 아닌 국가이므로 정당성이 인정되지 않는다는 입장이다.

2 동정파업

동정파업이란 자기의 사업장에는 아무런 분쟁이 없음에도 불구하고 타기업 또는 직업·산업에서의 쟁의행위를 지원할 목적으로 행하는 쟁의행위를 말한다. 해당 사업장의 사업주와 교섭을 하는 것이 효율적이므로 목적의 정당성을 인정하기 어렵다.

24 | 쟁의행위의 절차의 정당성

제1절 법규정

> 제37조(쟁의행위의 기본원칙)
> ① 쟁의행위는 그 목적·방법 및 절차에 있어서 법령 기타 사회질서에 위반되어서는 아니 된다.
> 제45조(조정의 전치)
> ① 노동관계 당사자는 노동쟁의가 발생한 때에는 어느 일방이 이를 상대방에게 서면으로 통보하여야 한다.
> 시행령 제17조(쟁의행위의 신고)
> 노동조합은 쟁의행위를 하고자 할 경우에는 고용노동부령이 정하는 바에 따라 행정관청과 관할노동위원회에 쟁의행위의 일시·장소·참가인원 및 그 방법을 미리 서면으로 신고하여야 한다.

제2절 판례의 태도

1 조정절차를 거치지 않은 쟁의행위의 정당성

판례는 노동조합 및 노동관계조정법 제45조의 조정전치에 관한 규정의 취지는 분쟁을 사전 조정하여 쟁의행위 발생을 회피하는 기회를 주려는 데에 있는 것이지 쟁의행위 자체를 금지하려는 데에 있는 것이 아니므로, 쟁의행위가 조정전치의 규정에 따른 절차를 거치지 아니하였다고 하여 무조건 정당성이 결여된 쟁의행위라고 볼 것이 아니고, 그 위반행위로 말미암아 사회·경제적 안정이나 사용자의 사업운영에 예기치 않는 혼란이나 손해를 끼치는 등 부당한 결과를 초래할 우려가 있는지의 여부 등 구체적 사정을 살펴서 그 정당성 유무를 가려 형사상 죄책 유무를 판단하여야 할 것이라는 입장이다.

2 행정지도와 쟁의행위의 정당성

(1) 문제의 소재

조정신청을 하였으나 노동위원회가 조정안을 제시하는 것이 아닌 ① 당사자 부적격, ② 비교섭 대상, ③ 교섭미진 등을 이유로 행정지도를 한 경우 조정을 거친 것으로 볼 수 있는지 여부가 문제 된다. 만약 조정을 거친 것으로 볼 수 없다면 전술한 조정절차를 거치지 않은 쟁의행위 정당성 법리가 적용될 것이다.

(2) 판례의 태도

판례는 '조정은 당사자 사이의 자주적인 해결에 노동위원회가 조력하는 제도인 점, 이 사건과 같이 사용자 측의 교섭거절로 실질적인 교섭이 이루어지지 아니한 경우 중노위가 이를 노동쟁의가 아니라는 이유로 조정결정을 하지 아니한다면 오히려 조정전치주의 때문에 노동조합의 쟁의권이 부당하게 침해된다는 점, 헌법상 단체행동권을 보장하는 규정 취지와 노조법 제45조, 제54조의 해석상 조정종결원인과 관계없이 조정이 종료되었다면 노조법 제5장 제2절의 조정절차를 거친 것으로 보는 것이 타당한 점 등에 비추어 보면 중노위의 행정지도 이후에 이루어진 이 사건 쟁의행위는 노조법 제45조의 규정에 따라 일응 조정절차를 거친 이후에 이루어진 쟁의행위로 보는 것이 옳고, 이렇게 본다면 이 사건 쟁의행위의 절차적 정당성도 인정된다 할 것이다'라고 판시한바 있다.

가사 실질적으로 중노위에서 조정안을 제시하는 등 조정결정을 해야만 조정절차를 거쳤다고 해석하여야 한다고 하더라도, 쟁의행위의 시기와 절차에 대한 법규정에 위반함으로써 벌칙 적용 대상이 된다고 하여 이것만으로 바로 쟁의행위로서 정당성이 상실되는 것이 아니고, 그 위반행위로 말미암아 국민생활의 안정이나 사용자의 사업운영에 예기치 않는 혼란이나 손해를 끼치는 것과 같은 부당한 결과를 초래하는지 여부 등 구체적 사정을 살펴서 그 정당성 유무를 가려야 하는바, 이 사건 쟁의행위는 국민생활의 안정이나 사업자의 사업운영에 예기치 않는 혼란이나 손해를 끼치는 것과 같은 부당한 결과를 초래하지 아니하였으므로 정당하다 할 것이라는 입장이다.

3 조정기간의 경과

판례는 노동쟁의는 특별한 사정이 없는 한 그 절차에 있어 조정절차를 거쳐야 하지만, 노동조합이 노동위원회에 노동쟁의 조정신청을 하여 조정절차가 마쳐지거나 조정이 종료되지 아니한 채 조정기간이 끝나면 노동위원회의 조정결정이 없더라도 조정절차를 거친 것으로 보아야 한다는 입장이다.

4 새로운 쟁의사항 부가

판례는 근로조건에 관한 노동관계 당사자 간 주장의 불일치로 인하여 근로자들이 조정전치절차 및 찬반투표절차를 거쳐 정당한 쟁의행위를 개시한 후 쟁의사항과 밀접하게 관련된 새로운 쟁의사항이 부가될 경우에는, 근로자들이 새로이 부가된 사항에 대하여 쟁의행위를 위한 별도의 조정절차 및 찬반투표절차를 거쳐야 할 의무가 있다고 할 수 없다는 입장이다.

5 지부 · 분회와 조정전치주의

판례는 전국보건의료산업노동조합(이하 '보건의료노조'라 함) 서울대병원지부는 노동조합 설립신고를 하지 않았으므로 노동위원회에 노동쟁의 조정신청을 할 수 없었다고 하여 피고인들이 노동위원회의 조정절차를 거치지 않은 채 쟁의행위를 하였다는 공소사실 부분에 관하여 무죄라고 판단한바 있다.

25 | 쟁의행위 찬반투표

제1절 법규정

제41조(쟁의행위의 제한과 금지)
① 노동조합의 쟁의행위는 그 조합원(제29조의2에 따라 교섭대표노동조합이 결정된 경우에는 그 절차에 참여한 노동조합의 전체 조합원)의 직접·비밀·무기명투표에 의한 조합원 과반수의 찬성으로 결정하지 아니하면 이를 행할 수 없다. 이 경우 조합원 수 산정은 종사근로자인 조합원을 기준으로 한다.

제2절 찬반투표를 거치지 않은 쟁의행위의 정당성

1 과거 판례의 태도

판례는 절차를 따를 수 없는 정당한 객관적 사정이 있거나 조합원의 민주적 의사결정이 실질적으로 확보된 경우에는 투표 자체를 거치지 않았다는 사정만으로 쟁의행위의 절차가 위법한 것은 아니라는 입장이다.

2 최근 판례의 태도

판례는 쟁의행위를 함에 있어 조합원의 직접·비밀·무기명투표에 의한 찬성결정이라는 절차를 거쳐야 한다는 노동조정법 제41조 제1항의 규정은, 노동조합의 자주적이고 민주적인 운영을 도모함과 아울러 쟁의행위에 참가한 근로자들이 사후에 그 쟁의행위의 정당성 유무와 관련하여 어떠한 불이익을 당하지 않도록 그 개시에 관한 조합의사의 결정에 보다 신중을 기하기 위하여 마련된 규정이므로, 위의 절차에 위반한 쟁의행위는 그 절차에 따를 수 없는 객관적인 사정이 인정되지 아니하는 한 정당성이 상실한다는 원칙적 입장을 유지하면서 이러한 해석견해와 달리 쟁의행위의 개시에 앞서 노동조정법 제41조 제1항에 의한 투표절차를 거치지 아니한 경우에도 조합원의 민주적 의사결정이 실질적으로 확보된 때에는 단지 노동조합 내부의 의사형성 과정에 결함이 있는 정도에 불과하다고 하여 쟁의행위의 정당성이 상실되지 않는 것으로 해석한다면 위임에 의한 대리투표, 공개결의나 사후결의, 사실상의 찬성간주 등의 방법이 용인되는 결과, 그와 같은 견해는 위의 관계규정과 대법원의 판례취지에 반하는 것이 된다는 입장이다.

3 지부·분회의 찬반투표

(1) 원칙

판례의 취지에 비추어 보면, 지역별·산업별·업종별 노동조합의 경우에는 총파업이 아닌 이상 쟁의행위를 예정하고 있는 당해 지부나 분회소속 조합원의 과반수의 찬성이 있으면 쟁의행위는 절차적으로 적법하다고 보아야 할 것이라는 입장이다.

(2) 구체적 검토

판례는 원심은 채택 증거에 의하여 그 판시와 같은 사실을 인정한 다음, 보건의료노조 차원의 파업찬반투표가 있었다고 하여 위 투표가 각 지부별 단체교섭 거부에 대응한 파업찬반투표로서의 성격까지 겸한다고 할 수는 없고, 보건의료노조 차원의 단체협약이 체결되어 쟁의행위가 종료된 이상 지부 차원의 구체적인 요구사항들에 대하여 사용자와 협상을 거친 후 그 협상이 거부당하거나 결렬되었을 때 지부 차원의 파업찬반투표를 별도로 거쳐야 한다고 판단하였는바, 기록에 비추어 살펴보면 원심의 위와 같은 사실인정과 판단은 정당한 것으로 수긍이 가고, 거기에 노동조합 및 노동관계조정법 제41조 제1항에 대한 법리를 오해하거나 채증법칙 위배 또는 심리미진으로 인한 사실오인의 위법이 있다고 할 수 없으므로 피고인들의 이 부분 상고이유 역시 받아들일 수 없다는 입장을 취한바 있다.

4 쟁의행위 찬반투표의 시기

(1) 원칙

판례는 노동조합이 쟁의행위를 할 때에 조합원의 직접·비밀·무기명투표에 의한 과반수의 찬성결정이라는 절차를 거치도록 한 노동조합 및 노동관계조정법(이하 '노동조합법'이라 한다) 제41조 제1항은 노동조합의 자주적이고 민주적인 운영을 도모함과 아울러 쟁의행위에 참가한 근로자들이 사후에 그 쟁의행위의 정당성 유무와 관련하여 어떠한 불이익을 당하지 않도록 그 개시에 관한 조합의사의 결정에 보다 신중을 기하기 위하여 마련된 규정이므로 위의 절차를 위반한 쟁의행위는 그 절차를 따를 수 없는 객관적인 사정이 인정되지 않는 한 정당성이 상실된다는 입장이다.

(2) 조정을 거치기 전에 실시한 찬반투표의 정당성

쟁의행위에 대한 조합원 찬반투표가 노동조합법 제45조가 정한 노동위원회의 조정절차를 거치지 않고 실시되었다는 사정만으로는 그 쟁의행위의 정당성이 상실된다고 보기 어렵다. 그 이유는 다음과 같다.

① 노동조합법은 조합원의 찬반투표를 거쳐 쟁의행위를 하도록 제한하고 있을 뿐(제41조 제1항) 쟁의행위에 대한 조합원 찬반투표의 실시 시기를 제한하는 규정을 두고 있지 않다. 노동조합은 근로자들이 스스로 '근로조건의 유지·개선 기타 근로자의 경제적·사회적 지위 향상'을 위하여 국가와 사용자에 대항하여 자주적으로 단결한 조직이어서 국가나 사용자 등으로

부터 자주성을 보장받아야 하므로, 쟁의행위에 대한 조합원 찬반투표의 실시 시기도 법률로써 제한되어 있다는 등의 사정이 없는 한 노동조합이 자주적으로 결정하는 것이 헌법상 노동 3권 보장의 취지에 부합한다.

② 쟁의행위에 대한 조정전치를 정하고 있는 노동조합법 제45조의 규정 취지는 분쟁을 사전 조정하여 쟁의행위 발생을 회피하는 기회를 주려는 데에 있는 것이지 쟁의행위 자체를 금지하려는 데에 있는 것이 아니므로, 쟁의행위가 조정전치의 규정에 따른 절차를 거치지 않았더라도 무조건 정당성을 결여한 쟁의행위가 되는 것은 아니다. 이러한 노동조합법 제45조의 규정 내용과 취지에 비추어 보아도, 쟁의행위에 대한 조합원 찬반투표 당시 노동쟁의 조정절차를 거쳤는지 여부를 기준으로 쟁의행위의 정당성을 판단할 것은 아니라는 입장이다.

26 | 쟁의행위의 수단 · 방법의 정당성

제1절 기본원칙

판례는 근로자의 쟁의행위가 정당성을 갖추기 위하여는 그 주체가 단체교섭이나 단체협약 체결능력이 있는 자, 노동조합이어야 하고, 그 목적이 근로조건의 향상을 위한 노사 간의 자치적 교섭을 조성하기 위한 것이어야 하며, 그 시기는 사용자가 근로자의 근로조건 개선에 관한 구체적인 요구에 대하여 단체교섭을 거부하거나 단체교섭의 자리에서 그러한 요구를 거부하는 회답을 했을 때 개시하되, 특별한 사정이 없는 한 법령이 정하는 바에 따라 조합원의 찬성결정 및 노동쟁의 발생신고를 거쳐야 하고, 그 방법은 소극적으로 노무의 제공을 전면적 또는 부분적으로 정지하여 사용자에게 타격을 주는 것이어야 하며, 노사관계의 신의성실의 원칙에 비추어 공정성의 원칙에 따라야 하고, 사용자의 기업시설에 대한 소유권 기타의 재산권과 조화를 이루어야 함은 물론 폭력이나 파괴행위를 수반하여서는 아니 되는 것이라는 입장이다.

제2절 재산권과의 균형 · 조화

1 직장점거

(1) 법규정

> 제37조(쟁의행위의 기본원칙)
> ③ 노동조합은 사용자의 점유를 배제하여 조업을 방해하는 형태로 쟁의행위를 해서는 아니 된다.

(2) 판례의 태도

① 원칙

판례는 직장 또는 사업장시설의 점거는 적극적인 쟁의행위의 한 형태로서 그 점거의 범위가 직장 또는 사업장시설의 일부분이고 사용자 측의 출입이나 관리지배를 배제하지 않는 병존적인 점거에 지나지 않을 때에는 정당한 쟁의행위로 볼 수 있으나, 이와 달리 직장 또는 사업장시설을 전면적, 배타적으로 점거하여 조합원 이외의 자의 출입을 저지하거나 사용자 측의 관리지배를 배제하여 업무의 중단 또는 혼란을 야기케 하는 것과 같은 행위는 이미 정당성의 한계를 벗어난 것이라고 볼 수밖에 없다는 입장이다.

② 구체적 검토

판례는 파업 시 사용자의 의사에 반하여 직장에 체류하는 쟁의수단인 직장점거는 사용자 측의 점유를 완전히 배제하지 아니하고 그 조업도 방해하지 않는 <u>부분적, 병존적 점거</u>일 경우에 한하여 정당성이 인정되고, 이를 넘어 사용자의 기업시설을 장기간에 걸쳐 <u>전면적, 배타적으로 점유</u>하는 것은 사용자의 시설관리권능에 대한 침해로서 정당화될 수 없다. 원고들이 참가인 회사에 진입을 시도하거나 진입한 행위는 조합원의 수와 진입 경위 등에 비추어 사용자 측의 점유를 배제하기 위한 것으로서 정당한 사업장 출입이라고 할 수 없다. 이 사건 사업장 출입이 사용자 측의 점유를 배제하기 위한 것인 이상, 설령 참가인이 그 무렵까지 이 사건 직장폐쇄를 유지한 것이 위법하다고 하더라도 원고들의 행위가 정당행위로서 허용된다고 볼 수는 없다는 입장이다.

③ 사용자가 제3자와 공동으로 관리·운영하는 시설의 점거

판례는 2인 이상이 하나의 공간에서 공동생활을 하고 있는 경우에는 각자 <u>주거의 평온</u>을 누릴 권리가 있으므로, 사용자가 제3자와 공동으로 관리·사용하는 공간을 사용자에 대한 쟁의행위를 이유로 관리자의 의사에 반하여 침입·점거한 경우 비록 그 공간의 점거가 사용자에 대한 관계에서 정당한 쟁의행위로 평가될 여지가 있다 하여도 이를 <u>공동으로 관리·사용하는 제3자의 명시적 또는 추정적인 승낙이 없는 이상</u> 위 제3자에 대하여서까지 이를 정당행위라고 하여 주거침입의 위법성이 조각된다고 볼 수는 없다 할 것이라는 입장이다.

④ 수급인 소속 근로자들이 도급인 사업장에서 행한 집회·시위 등의 경우

판례는 <u>수급인 소속 근로자들이 집결하여 함께 근로를 제공하는 장소로서 도급인의 사업장은 수급인 소속 근로자들의 삶의 터전</u>이 되는 곳이고, 쟁의행위의 주요 수단 중 하나인 파업이나 태업은 도급인의 사업장에서 이루어질 수밖에 없다. 또한 도급인은 비록 수급인 소속 근로자와 직접적인 근로계약관계를 맺고 있지는 않지만, 수급인 소속 근로자가 제공하는 근로에 의하여 일정한 이익을 누리고, 그러한 이익을 향수하기 위하여 수급인 소속 근로자에게 사업장을 근로의 장소로 제공하였으므로 그 사업장에서 발생하는 쟁의행위로 인하여 일정 부분 법익이 침해되더라도 <u>사회통념상 이를 용인하여야 하는 경우</u>가 있을 수 있다. 따라서 사용자인 수급인에 대한 정당성을 갖춘 쟁의행위가 도급인의 사업장에서 이루어져 형법상 보호되는 도급인의 법익을 침해한 경우, 그것이 항상 위법하다고 볼 것은 아니고, 법질서 전체의 정신이나 그 배후에 놓여있는 사회윤리 내지 사회통념에 비추어 용인될 수 있는 행위에 해당하는 경우에는 형법 제20조의 '<u>사회상규에 위배되지 아니하는 행위</u>'로서 위법성이 조각된다. 이러한 경우에 해당하는지 여부는 쟁의행위의 목적과 경위, 쟁의행위의 방식·기간과 행위 태양, 해당 사업장에서 수행되는 업무의 성격과 사업장의 규모, 쟁의행위에 참여하는 근로자의 수와 이들이 쟁의행위를 행한 장소 또는 시설의 규모·특성과 종래 이용관계, 쟁의행위로 인해 도급인의 시설관리나 업무수행이 제한되는 정도, 도급인 사업장 내에서의 노동조합 활동 관행 등 여러 사정을 종합적으로 고려하여 판단하여야 한다는 입장이다.

2 피케팅

(1) 법규정

> 제38조(노동조합의 지도와 책임)
> ① 쟁의행위는 그 쟁의행위와 관계없는 자 또는 근로를 제공하고자 하는 자의 출입·조업 기타 정상적인 업무를 방해하는 방법으로 행하여져서는 아니 되며 쟁의행위의 참가를 호소하거나 설득하는 행위로서 폭행·협박을 사용하여서는 아니 된다.

(2) 판례의 태도

판례는 파업에 참가한 근로자들이 파업에 동조하지 아니하고 조업을 하는 위의 사람들에게 "피케팅"을 하고, 피고공단의 위와 같은 법규위반행위를 저지하기 위하여 상당한 정도의 실력을 행사하는 것은 동맹파업 등 근로자들에 의한 쟁의행위가 실효를 거둘 수 있도록 하기 위하여 마련된 위 규정의 취지에 비추어 허용된다고 보아야 할 것이나, 그렇다고 하더라도 모든 사람에 의한 고지서 발송작업을 전면적으로 저지하기 위하여 그 작업현장에 있던 고지서를 전부 탈취하여 은닉한 원심판시와 같은 행위는 파업의 보조적 쟁의수단인 "피케팅"으로서도 정당화될 수 없다 할 것이어서, 판시 고지서 발송업무의 저지행위가 위법하다는 원심의 판단결과는 정당하다고 보아야 한다는 입장이다.

(3) 최근 판례의 태도

판례는 사용자는 쟁의행위 기간 중 그 쟁의행위로 중단된 업무의 수행을 위하여 당해 사업과 관계없는 자를 채용 또는 대체할 수 없다. 사용자가 당해 사업과 관계없는 자를 쟁의행위로 중단된 업무의 수행을 위하여 채용 또는 대체하는 경우, 쟁의행위에 참가한 근로자들이 위법한 대체근로를 저지하기 위하여 상당한 정도의 실력을 행사하는 것은 쟁의행위가 실효를 거둘 수 있도록 하기 위하여 마련된 위 규정의 취지에 비추어 정당행위로서 위법성이 조각된다. 위법한 대체근로를 저지하기 위한 실력 행사가 사회통념에 비추어 용인될 수 있는 행위로서 정당행위에 해당하는지는 그 경위, 목적, 수단과 방법, 그로 인한 결과 등을 종합적으로 고려하여 구체적인 사정 아래서 합목적적·합리적으로 고찰하여 개별적으로 판단하여야 한다는 입장이다.

제 3 절   안전보호시설 정지 등의 금지

1 법규정

제42조(폭력행위 등의 금지)
① 쟁의행위는 폭력이나 파괴행위 또는 생산 기타 주요업무에 관련되는 시설과 이에 준하는 시설로서 대통령령이 정하는 시설을 점거하는 형태로 이를 행할 수 없다.

② 사업장의 안전보호시설에 대하여 정상적인 유지·운영을 정지·폐지 또는 방해하는 행위는 쟁의행위로서 이를 행할 수 없다.

③ 행정관청은 쟁의행위가 제2항의 행위에 해당한다고 인정하는 경우에는 노동위원회의 의결을 얻어 그 행위를 중지할 것을 통보하여야 한다. 다만, 사태가 급박하여 노동위원회의 의결을 얻을 시간적 여유가 없을 때에는 그 의결을 얻지 아니하고 즉시 그 행위를 중지할 것을 통보할 수 있다.

2 판례의 태도

(1) 원칙

판례는 '노동조합 및 노동관계조정법'(이하 '법'이라고만 한다) 제42조 제2항은 사업장의 안전보호시설에 대하여 정상적인 유지·운영을 정지·폐지 또는 방해하는 행위는 쟁의행위로서 이를 행할 수 없다고 규정하고 있는 바, 여기서 '안전보호시설'이라 함은 사람의 생명이나 신체의 안전을 보호하는 시설을 말하는 것으로, 이에 해당하는지 여부는 당해 사업장의 성질, 당해 시설의 기능 등의 제반 사정을 구체적·종합적으로 고려하여 판단한다는 입장이다.

(2) 구체적 검토

판례는 한편, 노조법 제42조 제2항의 입법목적이 '사람의 생명·신체의 안전보호'라는 점과 노조법 제42조 제2항이 범죄의 구성요건이라는 점 등을 종합적으로 고려하면, 형식적으로는 안전보호시설의 유지·운영을 정지·폐지 또는 방해하는 행위가 있었지만 그로 인하여 사람의 생명이나 신체에 대한 위험이 전혀 발생하지 않는 경우에는 노조법 제91조 제1호, 제42조 제2항 위반죄가 성립하지 않는다 할 것이라는 입장이다.

제4절 　　필수유지업무 방해죄

판례는 각 법규정의 동일 내지는 유사성, 입법취지 등을 고려할 때, 안전보호시설 운영방해죄에 관한 대법원 판례를 필수유지업무 운영방해죄에 유추적용할 수 있다고 봄이 상당하다고 하면서, 유지업무 운영방해죄의 성립을 위해서는 단지 근로자가 필수유지업무에서 이탈하였다는 것만으로는 부족하고 그로 인하여 공중의 생명·건강 또는 신체의 안전이나 공중의 일상생활에 현저한 위험이 발생해야 한다는 입장이다.

사례연습

> **Q** B회사는 산업별 노동조합의 C사 지부(이하 "C지부")만이 존재하며 B회사 소속 근로자만으로만 구성되어 있다. C지부는 B회사에게 기본급 20% 인상을 대상으로 단체교섭을 요구하였으나 B회사는 교섭 도중 회사의 경영상 사정을 이유를 주장하여 교섭이 결렬되자 C지부는 관할 노동위원회에 조정신청을 하고 조정회의가 진행 중인 상황에서 지부 소속 조합원을 대상으로 쟁의행위 찬반투표를 실시하였으며 총파업이 아닌바 C지부 소속 조합원 80% 이상의 찬성으로 쟁의행위 실시가 가결되었다. 이후 C지부는 노동위원회의 조정이 종료된 후 2주 동안 파업을 전개하였다. C지부의 파업의 정당성과 관련하여 절차상 하자가 있는지 논하라. **25점**

해설

✔ 쟁의행위의 절차적 정당성

I. 문제의 소재

C지부의 파업의 정당성과 관련하여 절차상 하자에 대해 산업별 노동조합의 지부인 C지부를 대상으로 쟁의행위 찬반투표를 거칠 수 있는지 여부 및 노동위원회 조정결정이 이루어지기 전에 찬반투표를 진행하였는바 찬반투표는 조정절차를 거친 이후 쟁의행위 돌입 직전에 실시되어야 하는지를 노조법 제41조 제1항 및 법원의 입장을 기준으로 사안을 해결하도록 한다.

II. 법규정

> **제37조(쟁의행위의 기본원칙)**
> ① 쟁의행위는 그 목적·방법 및 절차에 있어서 법령 기타 사회질서에 위반되어서는 아니 된다.
>
> **제41조(쟁의행위의 제한과 금지)**
> ① 노동조합의 쟁의행위는 그 조합원(제29조의2에 따라 교섭대표노동조합이 결정된 경우에는 그 절차에 참여한 노동조합의 전체 조합원)의 직접·비밀·무기명투표에 의한 조합원 과반수의 찬성으로 결정하지 아니하면 이를 행할 수 없다. 이 경우 조합원 수 산정은 종사근로자인 조합원을 기준으로 한다.

III. 판례의 태도

1. 쟁의행위의 정당성 판단기준

판례는 노동조합의 쟁의행위가 정당하기 위해서는 그 주체가 단체교섭의 주체로 될 수 있는 자이어야 하고, 노동조합과 사용자의 교섭과정에서 노사대등의 입장에서 근로조건의 향상 등 근로자의 경제적 지위를 향상시키려는 목적에서 나온 것이어야 하며, 사용자가 근로자의 근로조건 개선에 관한 구체적인 요구에 대하여 단체교섭을 거부하거나 단체교섭에서 그와 같은 요구에 반대의 의사표시를 하거나 묵살하고 반대하고 있는 것을 분명하게 하고 있을 경우에 개시할 수 있으며 특별한 사정이 없는 한 법령이 규정한 절차를 밟아야 하고, 그 수단과 방법이 사용자의 재산권과 조화를 이루어야 할 뿐 아니라, 다른 기본적 인권을 침해하지 아니하는 등 그 밖의 헌법상의 요청과 조화되어야 하고, 다만 이 경우에도 당해 쟁의행위 자체의 정당성과 이를 구성하거나 부수되는 개개의 행위의 정당성은 구별되어야 하므로 일부 소수의 근로자가 폭력행위 등의 위법행위를 하였다고 하더라도 전체로서의 쟁의행위가 위법하게 되는 것은 아니라는 입장이다.

2. 찬반투표를 거치지 않은 쟁의행위의 정당성

(1) 과거 판례의 태도

판례는 절차를 따를 수 없는 정당한 객관적 사정이 있거나 조합원의 민주적 의사결정이 실질적으로 확보된 경우에는 투표 자체를 거치지 않았다는 사정만으로 쟁의행위의 절차가 위법한 것은 아니라는 입장이다.

(2) 최근 판례의 태도

판례는 쟁의행위를 함에 있어 조합원의 직접·비밀·무기명투표에 의한 찬성결정이라는 절차를 거쳐야 한다는 노동조정법 제41조 제1항의 규정은, 노동조합의 자주적이고 민주적인 운영을 도모함과 아울러 쟁의행위에 참가한 근로자들이 사후에 그 쟁의행위의 정당성 유무와 관련하여 어떠한 불이익을 당하지 않도록 그 개시에 관한 조합의사의 결정에 보다 신중을 기하기 위하여 마련된 규정이므로, 위의 절차에 위반한 쟁의행위는 그 절차에 따를 수 없는 객관적인 사정이 인정되지 아니하는 한 정당성이 상실한다는 원칙적 입장을 유지하면서 이러한 해석견해와 달리 쟁의행위의 개시에 앞서 노동조정법 제41조 제1항에 의한 투표절차를 거치지 아니한 경우에도 조합원의 민주적 의사결정이 실질적으로 확보된 때에는 단지 노동조합 내부의 의사형성 과정에 결함이 있는 정도에 불과하다고 하여 쟁의행위의 정당성이 상실되지 않는 것으로 해석한다면 위임에 의한 대리투표, 공개결의나 사후결의, 사실상의 찬성간주 등의 방법이 용인되는 결과, 그와 같은 견해는 위의 관계규정과 대법원의 판례취지에 반하는 것이 된다는 입장이다.

3. 지부·분회의 찬반투표

(1) 원칙

판례의 취지에 비추어 보면, 지역별·산업별·업종별 노동조합의 경우에는 총파업이 아닌 이상 쟁의행위를 예정하고 있는 당해 지부나 분회소속 조합원의 과반수의 찬성이 있으면 쟁의행위는 절차적으로 적법하다고 보아야 할 것이라는 입장이다.

(2) 구체적 검토

판례는 원심은 채택 증거에 의하여 그 판시와 같은 사실을 인정한 다음, 보건의료노조 차원의 파업찬반투표가 있었다고 하여 위 투표가 각 지부별 단체교섭 거부에 대응한 파업찬반투표로서의 성격까지 겸한다고 할 수는 없고, 보건의료노조 차원의 단체협약이 체결되어 쟁의행위가 종료된 이상 지부 차원의 구체적인 요구사항들에 대하여 사용자와 협상을 거친 후 그 협상이 거부당하거나 결렬되었을 때 지부 차원의 파업찬반투표를 별도로 거쳐야 한다고 판단하였는바, 기록에 비추어 살펴보면 원심의 위와 같은 사실인정과 판단은 정당한 것으로 수긍이 가고, 거기에 노동조합 및 노동관계조정법 제41조 제1항에 대한 법리를 오해하거나 채증법칙 위배 또는 심리미진으로 인한 사실오인의 위법이 있다고 할 수 없으므로 피고인들의 이 부분 상고이유 역시 받아들일 수 없다는 입장을 취한바 있다.

4. 쟁의행위 찬반투표의 시기

(1) 원칙

판례는 노동조합이 쟁의행위를 할 때에 조합원의 직접·비밀·무기명투표에 의한 과반수의 찬

성결정이라는 절차를 거치도록 한 노동조합 및 노동관계조정법(이하 '노동조합법'이라 한다)
제41조 제1항은 노동조합의 자주적이고 민주적인 운영을 도모함과 아울러 쟁의행위에 참가한
근로자들이 사후에 그 쟁의행위의 정당성 유무와 관련하여 어떠한 불이익을 당하지 않도록 그
개시에 관한 조합의사의 결정에 보다 신중을 기하기 위하여 마련된 규정이므로 위의 절차를 위
반한 쟁의행위는 그 절차를 따를 수 없는 객관적인 사정이 인정되지 않는 한 정당성이 상실된다
는 입장이다.

(2) 조정을 거치기 전에 실시한 찬반투표의 정당성

판례는 쟁의행위에 대한 조합원 찬반투표가 노동조합법 제45조가 정한 노동위원회의 조정절
차를 거치지 않고 실시되었다는 사정만으로는 그 쟁의행위의 정당성이 상실된다고 보기 어렵
다는 입장을 취하고 있다.

① 노동조합법은 조합원의 찬반투표를 거쳐 쟁의행위를 하도록 제한하고 있을 뿐(제41조 제1
항) 쟁의행위에 대한 조합원 찬반투표의 실시 시기를 제한하는 규정을 두고 있지 않다. 노
동조합은 근로자들이 스스로 '근로조건의 유지·개선 기타 근로자의 경제적·사회적 지위
향상'을 위하여 국가와 사용자에 대항하여 자주적으로 단결한 조직이어서 국가나 사용자
등으로부터 자주성을 보장받아야 하므로, 쟁의행위에 대한 조합원 찬반투표의 실시 시기
도 법률로써 제한되어 있다는 등의 사정이 없는 한 노동조합이 자주적으로 결정하는 것이
헌법상 노동3권 보장의 취지에 부합한다.

② 쟁의행위에 대한 조정전치를 정하고 있는 노동조합법 제45조의 규정 취지는 분쟁을 사전 조
정하여 쟁의행위 발생을 회피하는 기회를 주려는 데에 있는 것이지 쟁의행위 자체를 금지하
려는 데에 있는 것이 아니므로, 쟁의행위가 조정전치의 규정에 따른 절차를 거치지 않았더라
도 무조건 정당성을 결여한 쟁의행위가 되는 것은 아니다. 이러한 노동조합법 제45조의 규
정 내용과 취지에 비추어 보아도, 쟁의행위에 대한 조합원 찬반투표 당시 노동쟁의 조정절차
를 거쳤는지 여부를 기준으로 쟁의행위의 정당성을 판단할 것은 아니라는 입장이다.

IV. 사안의 해결

1. 찬반투표의 조합원 범위

B회사는 산업별 노동조합의 C사 지부(이하 "C지부")만이 존재하며 B회사 소속 근로자만으로만
구성되어 있고 산업별 노동조합의 하부기관이지만 이 사건 쟁의행위는 총파업이 아니며 C지부에
한정하여 예정되어 있으므로 판례에 따르면 노조법 제41조 제1항의 찬반투표는 C지부 소속 조합
원만을 대상으로 실시할 수 있다.

2. 찬반투표의 방법 및 시기

C지부는 관할 노동위원회에 조정신청을 하고 조정회의가 진행 중인 상황에서 지부 소속 조합원을
대상으로 쟁의행위 찬반투표를 실시하였고, C지부 소속 조합원 80% 이상의 찬성으로 쟁의행위
실시가 가결되었는바 판례에 따르면 쟁의행위 찬반투표의 시기와 관련한 법규정이 없으며 조정절
차의 취지를 고려할 때 조정절차 종료 여부와 상관없이 쟁의행위 찬반투표를 진행해도 절차상
정당성을 갖춘 것으로 볼 수 있다.

3. 결

C지부의 파업의 정당성과 관련하여 절차상 하자가 없다.

27 | 위법한 쟁의행위에 대한 책임

제1절 민사책임

1 법규정

제3조(손해배상 청구의 제한)
사용자는 이 법에 의한 단체교섭 또는 쟁의행위로 인하여 손해를 입은 경우에 노동조합 또는 근로자에 대하여 그 배상을 청구할 수 없다.

민법 제750조(불법행위의 내용)
고의 또는 과실로 인한 위법행위로 타인에게 손해를 가한 자는 그 손해를 배상할 책임이 있다.

민법 제390조(채무불이행과 손해배상) _ 개별근로자
채무자가 채무의 내용에 좇은 이행을 하지 아니한 때에는 채권자는 손해배상을 청구할 수 있다. 그러나 채무자의 고의나 과실없이 이행할 수 없게 된 때에는 그러하지 아니하다.

2 조합원 책임

(1) 상당인과관계가 있는 손해

판례는 불법쟁의행위를 기획·지시·지도하는 등으로 주도한 조합간부들이 아닌 일반조합원의 경우, 쟁의행위는 언제나 단체원의 구체적인 집단적 행동을 통하여서만 현실화되는 집단적 성격과 근로자의 단결권은 헌법상 권리로서 최대한 보장되어야 하는데 일반조합원에게 쟁의행위의 정당성 여부를 일일이 판단할 것을 요구하는 것은 근로자의 단결권을 해칠 수도 있는 점, 쟁의행위의 정당성에 관하여 의심이 있다 하여도 일반조합원이 노동조합 및 노동조합 간부들의 지시에 불응하여 근로제공을 계속하기를 기대하기는 어려운 점 등에 비추어 보면, 일반조합원이 불법쟁의행위 시 노동조합 등의 지시에 따라 단순히 노무를 정지한 것만으로는 노동조합 또는 조합간부들과 함께 공동불법행위책임을 진다고 할 수 없다. 다만, 근로자의 근로내용 및 공정의 특수성과 관련하여 그 노무를 정지할 때에 발생할 수 있는 위험 또는 손해 등을 예방하기 위하여 그가 노무를 정지할 때에 준수하여야 할 사항 등이 정하여져 있고, 당해 근로자가 이를 준수함이 없이 노무를 정지함으로써 그로 인하여 손해가 발생하였거나 확대되었다면, 그 근로자가 일반조합원이라고 할지라도 그와 상당인과관계에 있는 손해에 대하여는 이를 배상할 책임이 있다는 입장이다.

※ 채무불이행은 근로계약성 근로제공의무 위반에 대한 채무불이행 책임이 있다.

(2) 개별 조합원들의 손해배상 범위

① 원칙

판례는 노동조합이라는 단체에 의하여 결정·주도되고 조합원의 행위가 노동조합에 의하여 집단적으로 결합하여 실행되는 쟁의행위의 성격에 비추어, 단체인 노동조합이 쟁의행위에 따른 책임의 원칙적인 귀속주체가 된다. 위법한 쟁의행위를 결정·주도한 노동조합의 지시에 따라 그 실행에 참여한 조합원으로서는 쟁의행위가 다수결에 의해 결정되어 일단 그 방침이 정해진 이상 쟁의행위의 정당성에 의심이 간다고 하여도 노동조합의 지시에 불응하기를 기대하기는 사실상 어렵고, 급박한 쟁의행위 상황에서 조합원에게 쟁의행위의 정당성 여부를 일일이 판단할 것을 요구하는 것은 근로자의 단결권을 약화시킬 우려가 있다. 그렇지 않은 경우에도 노동조합의 의사결정이나 실행행위에 관여한 정도 등은 조합원에 따라 큰 차이가 있을 수 있다. 이러한 사정을 전혀 고려하지 않고 위법한 쟁의행위를 결정·주도한 주체인 노동조합과 개별 조합원 등의 손해배상책임의 범위를 동일하게 보는 것은 헌법상 근로자에게 보장된 단결권과 단체행동권을 위축시킬 우려가 있을 뿐만 아니라 손해의 공평·타당한 분담이라는 손해배상제도의 이념에도 어긋난다.

② 판단기준

개별 조합원 등에 대한 책임제한의 정도는 노동조합에서의 지위와 역할, 쟁의행위 참여 경위 및 정도, 손해 발생에 대한 기여 정도, 현실적인 임금 수준과 손해배상 청구금액 등을 종합적으로 고려하여 판단하여야 한다.

3 노동조합과 간부의 책임

(1) 노동조합

판례는 노동조합의 간부들이 불법쟁의행위를 기획·지시·지도하는 등으로 주도한 경우에 이와 같은 간부들의 행위는 조합의 집행기관으로서의 행위라 할 것이므로 이러한 경우 민법 제35조 제1항의 유추적용에 의하여 노동조합은 그 불법쟁의행위로 인하여 사용자가 입은 손해를 배상할 책임이 있다 할 것이라는 입장이다.

> 민법 제35조(법인의 불법행위능력)
> ① 법인은 이사 기타 대표자가 그 직무에 관하여 타인에게 가한 손해를 배상할 책임이 있다.

(2) 조합간부

판례는 조합간부들의 행위는 일면에 있어서는 노동조합 단체로서의 행위라고 할 수 있는 외에 개인의 행위라는 측면도 아울러 지니고 있고, 일반적으로 쟁의행위가 개개 근로자의 노무정지를 조직하고 집단화하여 이루어지는 집단적 투쟁행위라는 그 본질적 특징을 고려하여 볼 때 노동조합의 책임 외에 불법쟁의행위를 기획·지시·지도하는 등으로 주도한 조합의 간부들 개인에 대하여도 책임을 지우는 것이 상당하다 할 것이라는 입장이다.

※ 노동조합은 평화조항, 쟁의조항에 위반하여 위법한 쟁의행위를 한 경우 채무불이행 책임. 비전임 간부의 근로계약상 근로제공의무 위반의 책임이 있다.

(3) 책임의 범위

① 손해액의 산정

판례는 불법쟁의행위에 대한 귀책사유가 있는 노동조합이나 불법쟁의행위를 기획, 지시, 지도하는 등 이를 주도한 노동조합 간부 개인이 그 배상책임을 지는 배상액의 범위는 불법쟁의행위와 상당인과관계에 있는 모든 손해이고, 그러한 노동조합 간부 개인의 손해배상책임과 노동조합 자체의 손해배상책임은 부진정 연대채무관계에 있는 것이므로 노동조합의 간부도 불법쟁의행위로 인하여 발생한 손해 전부를 배상할 책임이 있고 다만, 사용자가 노동조합과의 성실교섭의무를 다하지 않거나, 노동조합과의 기존합의를 파기하는 등 불법쟁의행위에 원인을 제공하였다고 볼 사정이 있는 경우 등에는 그러한 사용자의 과실을 손해배상액을 산정함에 있어 참작할 수 있을 뿐이라는 입장이다.

② 고정비용 상당 손해액

종래 대법원은 제조업체가 위법한 쟁의행위로 조업을 하지 못함으로써 입은 고정비용 상당 손해배상을 구하는 경우, 해당 제품이 적자제품이라거나 불황, 제품의 결함 등으로 판매가능성이 없다는 등의 특별한 사정의 간접반증이 없는 한, 생산된 제품이 판매되어 제조업체가 매출이익을 얻고 그 생산에 지출된 고정비용을 매출원가의 일부로 회수할 수 있다고 추정하여 왔는바 이러한 추정 법리가 매출과 무관하게 일시적인 생산 차질이 있기만 하면 고정비용 상당 손해가 발생한다는 취지는 아니므로, 위법한 쟁의행위가 종료된 후 제품의 특성, 생산 및 판매방식 등에 비추어 매출 감소를 초래하지 않을 정도의 상당한 기간 안에 추가 생산을 통하여 쟁의행위로 인한 부족 생산량의 전부 또는 일부가 만회되는 등, 위법한 쟁의행위로 조업이 중단되어 생산이 감소되었더라도 그로 인하여 매출 감소의 결과에 이르지 아니할 것으로 볼 수 있는 사정이 증명되면, 그 범위에서는 고정비용 상당 손해의 발생 추정이 더 이상 유지될 수 없다고 판단하여, 생산량이 회복되었더라도 이는 손해 산정에 고려할 요소가 되지 않는다고 보아 부족 생산량이 만회되었는지에 관하여 심리, 판단하지 않고 피고들의 생산량 회복 주장을 배척한 원심판결 중 피고들 패소 부분을 파기·환송하였다.

③ 손해의 범위

판례는 불법쟁의행위로 인하여 노동조합이나 근로자가 그 배상책임을 지는 배상액의 범위는 불법쟁의행위와 상당인과관계에 있는 모든 손해라 할 것이고, 노동조합이나 근로자의 불법쟁의행위로 인하여 의료업무를 수행하는 사용자가 그 영업상의 손실에 해당하는 진료수입의 감소로 입은 손해는 일실이익으로서 불법쟁의행위와 상당인과관계가 있는 손해라 할 것이라는 입장이다.

※ 최근 인건비도 고려한 판결도 나옴.

④ 권리남용의 여부

판례는 권리 행사가 권리의 남용에 해당한다고 할 수 있으려면, 주관적으로 그 권리 행사의 목적이 오직 상대방에게 고통을 주고 손해를 입히려는 데 있을 뿐 행사하는 사람에게 아무런 이익이 없는 경우이어야 하고, 객관적으로는 그 권리 행사가 사회질서에 위반된다고 볼 수 있어야 한다. 이와 같은 경우에 해당하지 않는 한 비록 그 권리의 행사에 의하여 권리행사자가 얻는 이익보다 상대방이 잃을 손해가 현저히 크다고 하여도 그러한 사정만으로는 이를 권리남용이라 할 수 없다는 입장이다.

> ※ 구하는 손해배상금이 다소 다액이라는 사정만으로는 소제기가 권리남용에 해당한다고 볼 수 없다[폭력시위 주도 손해배상 판결].

4 입증책임

일반적으로 불법행위책임은 피해자가 가해자의 귀책사유 있음을 입증해야 하며 결국 위법한 쟁의행위의 불법행위책임은 사용자가 입증해야 한다. 예컨대 '제조업'의 경우 손해배상을 구하는 측에서는 ① 불법휴무로 인하여 일정량의 제품을 생산하지 못하였다는 점 뿐만 아니라 ② 생산되었을 제품이 판매될 수 있다는 점까지 증명해야 한다. 다만 특별한 사정에 대한 간접반증이 없는 한 당해 제품이 생산되었다면 그 후 판매되어 당해 업체가 이로 인한 매출이익을 얻고 또 그 생산에 지출된 고정비용을 매출원가의 일부로 회수할 수 있었다고 추정함이 타당하는 것이 최근 판례의 입장이다.

제2절   형사책임

1 법규정

제4조(정당행위)
형법 제20조의 규정은 노동조합이 단체교섭·쟁의행위 기타의 행위로서 제1조의 목적을 달성하기 위하여 한 정당한 행위에 대하여 적용된다. 다만, 어떠한 경우에도 폭력이나 파괴행위는 정당한 행위로 해석되어서는 아니 된다.

형법 제314조(업무방해)
① 제313조의 방법 또는 위력으로써 사람의 업무를 방해한 자는 5년 이하의 징역 또는 1천500만원 이하의 벌금에 처한다.

※ 위법한 쟁의행위가 업무상 방해죄의 구성요건을 만족하는지가 포인트

2 취지

판례는 헌법재판소는 정당한 쟁의행위는 원칙적으로 범죄의 구성요건에 해당되지 않는다는 입장이다.

3 위법한 쟁의행위와 업무방해죄

※ 노무제공거부(부작위)가 위력에 해당하는지 여부가 문제

(1) 원칙

판례는 근로자는 원칙적으로 헌법상 보장된 기본권으로서 근로조건 향상을 위한 자주적인 단결권·단체교섭권 및 단체행동권을 가지므로(헌법 제33조 제1항), 쟁의행위로서 파업이 언제나 업무방해죄에 해당하는 것으로 볼 것은 아니고, 전후 사정과 경위 등에 비추어 사용자가 예측할 수 없는 시기에 전격적으로 이루어져 사용자의 사업운영에 심대한 혼란 내지 막대한 손해를 초래하는 등으로 사용자의 사업계속에 관한 자유의사가 제압·혼란될 수 있다고 평가할 수 있는 경우에 비로소 집단적 노무제공의 거부가 위력에 해당하여 업무방해죄가 성립한다고 보는 것이 타당하다는 입장이다.

※ 이 판례는 집단적 노무제공 거부(이른바 "단순파업")가 업무방해죄에 해당되는지 여부에 대해 "언제나" 업무방해죄에 해당된다는 종전 판례를 변경, 일정한 조건에서만 업무방해죄에 해당된다고 하였다.

(2) 전격성의 구체적 판단기준

① 필수공익사업의 경우

판례는 공중의 일상생활이나 국민경제에 큰 영향을 미치는 필수공익사업을 경영하는 한국철도공사로서는 공소 외 노동조합이 위와 같은 부당한 목적을 위하여 순환파업 및 전면파업을 실제로 강행하리라고는 예측할 수 없었다고 평가함이 타당하고, 비록 그 일정이 예고되거나 알려지고 필수유지업무 근무 근로자가 참가하지 아니하였다고 하여 달리 볼 것은 아니다. 나아가 피고인들이 주도하여 전국적으로 진행된 순환파업 및 전면파업으로 말미암아 다수의 열차 운행이 중단되어 거액의 영업수익 손실이 발생하고 열차를 이용하는 국민의 일상생활이나 기업의 경제활동에 지장이 생기지 않도록 적지 않은 수의 대체인력이 계속적으로 투입될 수밖에 없는 등 큰 피해가 야기된 이상, 이로써 한국철도공사의 사업운영에 심대한 혼란 내지 막대한 손해를 끼치는 상황을 초래하였음이 분명하다는 입장이다.

② '전격성'의 의미

전원합의체 판결이 업무방해죄의 구성요건인 '위력'의 표지 중 하나로 '사용자의 예측 가능성을 고려한 전격성'을 제시한 것은, 헌법상 보장된 근로자의 단체행동권과 사용자의 조업(操業) 계속의 자유를 조화시키려는 것으로 이해된다.

따라서 파업의 '전격성'을 판단함에 있어서 고려할 '사용자의 예측가능 여부'는 단순히 '노동조합이 파업을 사전에 예고하여 사용자가 파업 일정을 알 수 있었는지'만을 기준으로 판단할 것이 아니라, '전후 사정과 경위 등에 비추어 사용자가 객관적으로 파업을 예측하고 이에 대비하여 조업을 계속할 준비를 갖출 수 있었는지'를 기준으로 판단하여야 할 것이다.

'전격성'을 판단함에 있어서는 존재(sein)의 관점, 즉 사용자가 파업을 실제로 예측하고 이에 대비하여 조업을 계속할 준비를 갖출 수 있었는지 여부를 주된 요소로 고려하여야 하고, 당위(sollen)의 관점, 즉 규범적 측면에서의 예측가능성은 부수적 요소로 고려함이 타당하다 할 것이라는 입장이다.

(3) 사용자의 사업운영에 대한 심대한 혼란 내지 막대한 손해의 구체적 검토

판례는 파업 결의 후 10일이나 지난 시점에 파업에 돌입했으므로 회사가 예측할 수 없는 시기에 전격적으로 이뤄져 심대한 혼란을 초래했다고 단정하기 어렵고, 무노동 무임금 원칙에 따라 파업 기간 70억원 내외의 인건비가 절감됐기 때문에 금전적 피해가 있었다고 볼 수 없다고 판단한 원심의 판결에 위법이 없다는 입장이다.

4 형사책임의 귀속

(1) 노동조합의 책임

노동조합은 원칙적으로 형사책임을 부담하지 않으며 관련 법령에 명시적 규정이 있는 경우에 한한다. 다만 노조법 제94조는 대표자 등의 위법행위 시 노동조합에 대한 양벌규정을 마련하고 있다.

(2) 조합간부의 책임

조합간부의 구체적인 행위와 위법한 쟁의행위와의 실질적인 관련성을 고려하여 판단해야 한다는 입장이다.

(3) 개별 근로자의 책임

단순 가담 조합원은 업무방해죄 성립을 부인한다. 다만 노동조합의 승인을 얻지 않거나 지시·통제에 위반하여 쟁의행위를 한 경우에는 형사책임을 부담한다.

제3절 　 최근 판례 : 업무방해죄가 부정된 사례

매장을 방문한 대표이사에 대한 피켓시위의 건조물침입죄 및 업무방해죄가 문제된 사안에서 대법원은 원심과 다른 판단을 하였는바 이유는 아래와 같다.

1 폭력행위 등 처벌에 관한 법률 위반(공동주거침입) 여부

주거침입죄는 사실상 주거의 평온을 보호법익으로 한다. 주거침입죄의 구성요건적 행위인 침입은 주거침입죄의 보호법익과의 관계에서 해석하여야 하므로, 침입이란 주거의 사실상 평온상태를 해치는 행위 태양으로 주거에 들어가는 것을 의미하고, 침입에 해당하는지는 출입 당시 객관적·외형적으로 드러난 행위 태양을 기준으로 판단함이 원칙이다. 사실상의 평온상태를 해치는 행위 태양으로 주거에 들어가는 것이라면 대체로 거주자의 의사에 반하겠지만, 단순히 주거에 들어가는 행위 자체가 거주자의 의사에 반한다는 주관적 사정만으로는 바로 침입에 해당한다고 볼 수 없다. 따라서 침입행위에 해당하는지는 거주자의 의사에 반하는지가 아니라 사실상의 평온상태를 해치는 행위 태양인지에 따라 판단되어야 한다.

일반적으로 출입이 허용되어 개방된 건조물에 관리자의 출입 제한이나 제지가 없는 상태에서 통상적인 방법으로 들어갔다면, 사실상의 평온상태를 해치는 행위 태양으로 그 건조물에 들어갔다고 볼 수 없으므로 건조물침입죄에서 규정하는 침입행위에 해당하지 않는다.

이 사건에서 보건대, I 노동조합 간부와 조합원인 피고인들이 들어간 H 강서점 2층 매장은 영업시간 중에는 출입자격 등의 제한 없이 일반적으로 개방되어 있는 장소이고, 피고인들은 공소사실과 같이 영업시간에 손님들이 이용하는 정문과 매장 입구를 차례로 통과하여 2층 매장에 들어가면서 보안요원 등에게 제지를 받거나 보안요원이 자리를 비운 때를 노려 몰래 들어가는 등 특별한 조치를 취하지도 아니하였다.

위와 같은 사실관계를 앞서 본 법리에 비추어 살펴보면, 일반적으로 출입이 허용되어 개방된 H 강서점 매장에 관리자의 출입 제한이나 제지가 없는 상태에서 통상적인 방법으로 들어간 이상 사실상의 평온상태를 해치는 행위 태양으로 들어갔다고 볼 수 없으므로 건조물침입죄에서 규정하는 침입행위에 해당하지 않는다. H 강서점 관리자의 명시적 출입 금지 의사는 확인되지 않고, 설령 피고인들이 이 부분 공소사실과 같이 H 강서점 매장에 들어간 행위가 그 관리자의 추정적 의사에 반하였더라도, 그러한 사정만으로는 사실상의 평온상태를 해치는 행위 태양으로 출입하였다고 평가할 수 없다. 따라서 피고인들에 대하여 건조물침입죄가 성립하지 않는다.

2 업무방해죄의 해당 여부

(1) 판단기준

업무방해죄의 '위력'이란 사람의 자유의사를 제압·혼란하게 할 만한 일체의 세력으로, 유형적이든 무형적이든 묻지 아니하고, 현실적으로 피해자의 자유의사가 제압되어야만 하는 것도 아니지만, 범인의 위세, 사람 수, 주위의 상황 등에 비추어 피해자의 자유의사를 제압하기 족한 정도가 되어야 하는 것으로서, 그러한 위력에 해당하는지는 범행의 일시·장소, 범행의 동기, 목적, 인원수, 세력의 태양, 업무의 종류, 피해자의 지위 등 제반 사정을 고려하여 객관적으로 판단하여야 하고, 피해자 등의 의사에 의해 결정되는 것은 아니다.

(2) 구체적 사안별 정리

① 피고인들의 행위로 피해자의 자유의사가 제압당하기 충분하였는지는 피해자의 의사나 진술에만 의존할 것이 아니라 피고인들의 행위 태양, 피고인들 인원, 성별과 나이 그리고 피해자 측 인원과 지위 등까지 고려해서 객관적으로 판단해야 한다.

② 피고인들은 공소사실과 같은 행위를 하면서 피해자 등과 약 1~2m 이상의 거리를 둔 채 피켓을 들고 서 있다가 피해자 등의 진행에 따라 뒤따라 다녔지 피해자 등에게 그 이상 가까이 다가가거나 피해자 등의 진행이나 업무를 물리적인 방법으로 막지 않았다.

③ 피고인들이 피해자 등에게 욕설, 협박을 하지 않았고, 공소사실과 달리 존댓말까지 사용하여 요구사항을 외쳤다.

④ 피고인들은 인사정책 결정권과 인사 재량권을 가진 대표이사를 직접 만날 수 있는 기회에 해고와 전보 인사명령 등에 대하여 항의하거나 복직과 전보 인사명령의 철회를 요청하려 한 것이지 H 강서점장인 피해자의 강서점 관리업무를 막거나 중단시키려는 의도를 가지고 공소사실과 같은 행위를 하였다고 보기는 어렵다.

⑤ 공소사실과 같은 피고인들의 행위에도 불구하고 대표이사의 현장점검 업무가 약 30분간 진행되었다.

(3) 검토

다음과 같은 사정에 비추어 살펴보면, 피고인들이 공모하여 피해자 등의 자유의사를 제압하기에 족한 위력을 행사하였다고 단정하기는 어렵다. 그럼에도 피고인들이 '위력'을 행사하였다고 보아 업무방해죄의 성립을 인정한 원심 판단에는 업무방해죄의 '위력'에 관한 법리를 오해하여 판결에 영향을 미친 잘못이 있다고 보인다.

제4절 관련문제

1 조합원 개인의 징계책임

판례는 원고 A는 원고 철도노조의 간부가 아닌 평조합원에 불과하고, 대전청사 남문 진입행위는 2년 전의 비위행위로서 위 원고를 제외한 나머지 관련자들에 대하여는 이미 징계처분이 마무리된 사안이며, 그 밖의 비위행위 역시 이 사건 전면파업에 참가한 행위보다 더 중한 비위행위라고 평가하기 어려운 점 등을 볼 때, 참가인이 위 원고에게까지 이 사건 전면파업 등에 대하여 무거운 책임을 지워 근로자로서의 신분을 박탈하는 해임의 징계처분을 한 것은 그 비위행위의 정도에 비추어 지나치게 가혹한 것으로서 재량권을 일탈·남용하여 부당하다.

2 면책협정과 징계권 남용

판례는 파업기간 중에 발생한 사건에 관하여 민·형사상 일체의 문제를 제기하지 않기로 합의하였다면 그를 이유로 징계책임을 물을 수는 없음은 물론 그 후 원고들이 파업기간 중의 행위로 말미암아 형사유죄판결을 받았다고 하더라도 이를 이유로 징계책임을 물을 수도 없다는 입장이다.

3 형법상 정당행위와 관계

(1) 적법한 쟁의행위에 통상 수반되는 부수적 행위가 형법상 정당행위에 해당하는지 여부 판단기준

판례는 근로자의 쟁의행위가 형법상 정당행위에 해당하려면, ① 주체가 단체교섭의 주체로 될 수 있는 자이어야 하고, ② 목적이 근로조건의 향상을 위한 노사 간의 자치적 교섭을 조성하는 데에 있어야 하며, ③ 사용자가 근로자의 근로조건 개선에 관한 구체적인 요구에 대하여 단체교섭을 거부하였을 때 개시하되 특별한 사정이 없는 한 조합원의 찬성결정 등 법령이 규정한 절차를 거쳐야 하고, ④ 수단과 방법이 사용자의 재산권과 조화를 이루어야 함은 물론 폭력의 행사에 해당되지 아니하여야 한다는 조건을 모두 구비하여야 한다. 이러한 <u>기준은 쟁의행위의 목적을 알리는 등 적법한 쟁의행위에 통상 수반되는 부수적 행위가 형법상 정당행위에 해당하는지 여부를 판단할 때에도 동일하게 적용된다</u>는 입장이다.

(2) 노조위원장이 사내 방송실에 들어가 쟁의행위의 목적을 알리는 등의 방송을 한 행위는 형법상 정당행위에 해당

판례는 한국○○시설공단 노동조합의 위원장인 피고인이 다른 노조간부 7명과 함께 공단의 경영노무처 사무실로 찾아가 방송실 관리자인 총무부장의 승인 없이 무단으로 방송실 안으로 들어가 문을 잠근 다음 방송을 하고, 다른 노조간부들은 방송실 문 밖에서 다른 직원들이 방송실에 들어가지 못하도록 막음으로써, 노조간부 7명과 공모하여 방송실에 침입함과 동시에 위력으로 방송실 관리업무를 방해하였다는 공소사실로 기소되었는바 <u>피고인의 행위는 외견상 그 각 구성요건에 해당한다고 볼 여지가 있으나, 그 주체와 목적의 정당성이 인정되고 절차적 요건을 갖추어 적법하게 개시된 쟁의행위의 목적을 공지하고 이를 준비하기 위한 부수적 행위이자, 그와 관련한 절차적 요건의 준수 없이 관행적으로 실시되던 방식에 편승하여 이루어진 행위로서, 전체적으로 수단과 방법의 적정성을 벗어난 것으로 보이지 않으므로, 형법상 정당행위에 해당하여 위법성이 조각된다</u>고 봄이 타당하다는 입장이다.

사례연습

A회사는 철강을 제조하는 철강회사로 대한민국 1위를 유지하고 있다. A회사에는 근로자의 70% 이상 가입하고 있는 A노동조합이 있다. 甲은 노동조합의 사무국장을 맡고 있으며 노동조합의 행정업무를 총괄 담당하고 있다. 乙은 대의원회 의장으로 현재 노동조합의 대의원회를 이끌어 가는 수장이다. 甲과 乙은 A노동조합의 핵심 간부로 조합활동에 있어 중요한 사항에 대한 결정권을 가지고 있다. A회사는 최근 주요 원료 수입국인 중국과 무역전쟁으로 원료 수입에 차질이 발생하여 철강을 제조하는 수량이 현저하게 줄어들어 총 10개의 용광로 중 5개의 용광로의 가동을 중단하였다. 이에 A회사는 부분휴업과 무급휴직, 교대근무 등으로 경영상 위기를 극복하고자 A노동조합과 교섭 중 상호 의견의 차이를 좁히지 못하였는바 A노동조합은 쟁의행위를 기획하고 별도 찬반투표 없이 곧바로 쟁의행위에 돌입하였다. 쟁의행위의 전반적인 기획은 사무국장인 甲이 하였으며 세부적인 활동에 대한 지시는 대의원회 의장인 乙이 하였다. 甲과 乙은 A회사가 교섭 태도에 소극적인 면을 보이자 운영하지 않은 용광로에 불(방화)을 지르고 용광로를 훼손하는 등의 행위를 하면서 교섭 재개를 요구하였다. A회사는 경영상 어려움에 동참해줬으면 한다는 의견을 전달하였으나 A노동조합은 甲과 乙의 지시로 현재 가동하는 용광로를 중단시키면서 쟁의행위를 이어갔다. A회사와 A노동조합의 단체협약에는 '쟁의행위 중이라도 현재 가동하는 용광로의 가동은 유지하는 것으로 한다.'라고 규정하고 있다. 丙은 가동하는 용광로의 전원을 담당하는 직책을 가지고 있는 조합원임에도 평소 甲의 지시나 감독을 받는 부하직원이고 노동조합에서도 사무국장을 보좌하는 보좌관 지위에 있어 쟁의행위에 참여하였다. A회사는 전혀 예상하지 못한 시점에 용광로 가동이 되지 않아 예기치 못한 영업손실이 50억에 달했다. 丁은 신규입사자로 A노동조합에 1개월 전에 가입하였으며 현재 노동조합이 쟁의행위를 하는 이유를 전혀 알지 못하고 노동조합 간부들의 지시로 쟁의행위에 참가하였다. A회사는 경영상 어려움을 함께 버티고자 A노동조합을 통해 참여를 요구하였음에도 이러한 불법쟁의행위를 진행하였는바 선처는 없다는 의견과 함께 A노동조합, 甲, 乙, 丙, 丁 모두 공동불법행위 책임을 지므로 손해배상 금액 각각 50억을 민사소송으로 제기하였다. 또한 A회사는 A노동조합이 현재 진행하고 있는 쟁의행위는 A회사의 업무를 방해하는 '업무방해죄'에 해당하므로 형사고소도 함께 진행하였다. 이에 A노동조합은 정당한 쟁의행위였으며 노동조합 및 노동관계조정법에 따라 민사 및 형사책임을 면제받을 수 있다고 주장하고 있다.

Q1 A노동조합, 甲, 乙, 丙, 丁 모두 공동불법행위 책임을 지며 손해배상금도 각각 50억에 해당한다는 A회사의 주장은 타당한가? 25점

* 해당 쟁의행위는 불법쟁의행위로 전제한다.

Q2 A노동조합, 甲, 乙, 丙, 丁의 쟁의행위가 업무상 방해죄에 해당하는지 여부 및 각각의 형사책임의 귀속 주체가 되는지에 대하여 서술하시오. 25점

[참조조문]

> **형법 제314조(업무방해)**
> ① 제313조의 방법 또는 위력으로써 사람의 업무를 방해한 자는 5년 이하의 징역 또는 1천500만원 이하의 벌금에 처한다.

해설

Q1 위법한 쟁의행위의 민사책임

Ⅰ. 문제의 소재

A노동조합은 쟁의행위 찬반투표를 거치지 않고 불법적인 폭력행위(방화, 훼손)를 수반하여 불법 쟁의행위에 해당하는바 이에 따라 A노동조합, 甲, 乙, 丙, 丁이 공동불법행위 책임을 지는지 및 손해배상 범위와 관련하여 법원이 최근 판단기준을 추가로 제시하였는바 해당 판단기준을 중심으로 사안을 해결해 보도록 한다.

Ⅱ. 법규정

> **제3조(손해배상 청구의 제한)**
> 사용자는 이 법에 의한 단체교섭 또는 쟁의행위로 인하여 손해를 입은 경우에 노동조합 또는 근로자에 대하여 그 배상을 청구할 수 없다.
>
> **민법 제750조(불법행위의 내용)**
> 고의 또는 과실로 인한 위법행위로 타인에게 손해를 가한 자는 그 손해를 배상할 책임이 있다.
>
> **민법 제390조(채무불이행과 손해배상)_ 개별근로자**
> 채무자가 채무의 내용에 좇은 이행을 하지 아니한 때에는 채권자는 손해배상을 청구할 수 있다. 그러나 채무자의 고의나 과실없이 이행할 수 없게 된 때에는 그러하지 아니하다.

Ⅲ. 판례의 태도

1. 조합원 책임

(1) 상당인과관계가 있는 손해

판례는 불법쟁의행위를 기획·지시·지도하는 등으로 주도한 조합간부들이 아닌 일반조합원의 경우, 쟁의행위는 언제나 단체원의 구체적인 집단적 행동을 통하여서만 현실화되는 집단적 성격과 근로자의 단결권은 헌법상 권리로서 최대한 보장되어야 하는데 일반조합원에게 쟁의행위의 정당성 여부를 일일이 판단할 것을 요구하는 것은 근로자의 단결권을 해칠 수도 있는 점, 쟁의행위의 정당성에 관하여 의심이 있다 하여도 일반조합원이 노동조합 및 노동조합 간부들의 지시에 불응하여 근로제공을 계속하기를 기대하기는 어려운 점 등에 비추어 보면, 일반조합원이 불법쟁의행위 시 노동조합 등의 지시에 따라 단순히 노무를 정지한 것만으로는 노동조합 또는 조합간부들과 함께 공동불법행위책임을 진다고 할 수 없다. 다만, 근로자의 근로내용 및 공정의 특수성과 관련하여 그 노무를 정지할 때에 발생할 수 있는 위험 또는 손해 등을 예방하기 위하여 그가 노무를 정지할 때에 준수하여야 할 사항 등이 정하여져 있고, 당해 근로자가 이를 준수함이 없이 노무를 정지함으로써 그로 인하여 손해가 발생하였거나 확대되었다면, 그 근로자가 일반조합원이라고 할지라도 그와 상당인과관계에 있는 손해에 대하여는 이를 배상할 책임이 있다는 입장이다.

(2) 개별 조합원들의 손해배상 범위

① 원칙

판례는 노동조합이라는 단체에 의하여 결정·주도되고 조합원의 행위가 노동조합에 의하여 집단적으로 결합하여 실행되는 쟁의행위의 성격에 비추어, 단체인 노동조합이 쟁의행위에 따른 책임의 원칙적인 귀속주체가 된다. 위법한 쟁의행위를 결정·주도한 노동조합의 지시에 따라 그 실행에 참여한 조합원으로서는 쟁의행위가 다수결에 의해 결정되어 일단 그 방침이 정해진 이상 쟁의행위의 정당성에 의심이 간다고 하여도 노동조합의 지시에 불응하기를 기대하기는 사실상 어렵고, 급박한 쟁의행위 상황에서 조합원에게 쟁의행위의 정당성 여부를 일일이 판단할 것을 요구하는 것은 근로자의 단결권을 약화시킬 우려가 있다. 그렇지 않은 경우에도 노동조합의 의사결정이나 실행행위에 관여한 정도 등은 조합원에 따라 큰 차이가 있을 수 있다. 이러한 사정을 전혀 고려하지 않고 위법한 쟁의행위를 결정·주도한 주체인 노동조합과 개별 조합원 등의 손해배상책임의 범위를 동일하게 보는 것은 헌법상 근로자에게 보장된 단결권과 단체행동권을 위축시킬 우려가 있을 뿐만 아니라 손해의 공평·타당한 분담이라는 손해배상제도의 이념에도 어긋난다.

② 판단기준

개별 조합원 등에 대한 책임제한의 정도는 노동조합에서의 지위와 역할, 쟁의행위 참여 경위 및 정도, 손해 발생에 대한 기여 정도, 현실적인 임금 수준과 손해배상 청구금액 등을 종합적으로 고려하여 판단하여야 한다.

2. 노동조합과 간부의 책임

(1) 노동조합

판례는 노동조합의 간부들이 불법쟁의행위를 기획·지시·지도하는 등으로 주도한 경우에 이와 같은 간부들의 행위는 조합의 집행기관으로서의 행위라 할 것이므로 이러한 경우 민법 제35조 제1항의 유추적용에 의하여 노동조합은 그 불법쟁의행위로 인하여 사용자가 입은 손해를 배상할 책임이 있다 할 것이라는 입장이다.

(2) 조합간부

판례는 조합간부들의 행위는 일면에 있어서는 노동조합 단체로서의 행위라고 할 수 있는 외에 개인의 행위라는 측면도 아울러 지니고 있고, 일반적으로 쟁의행위가 개개 근로자의 노무정지를 조직하고 집단화하여 이루어지는 집단적 투쟁행위라는 그 본질적 특징을 고려하여 볼 때 노동조합의 책임 외에 불법쟁의행위를 기획·지시·지도하는 등으로 주도한 조합의 간부들 개인에 대하여도 책임을 지우는 것이 상당하다 할 것이라는 입장이다.

(3) 책임의 범위

① 손해액의 산정

판례는 불법쟁의행위에 대한 귀책사유가 있는 노동조합이나 불법쟁의행위를 기획, 지시,

지도하는 등 이를 주도한 노동조합 간부 개인이 그 배상책임을 지는 배상액의 범위는 불법 쟁의행위와 상당인과관계에 있는 모든 손해이고, 그러한 노동조합 간부 개인의 손해배상 책임과 노동조합 자체의 손해배상책임은 부진정 연대채무관계에 있는 것이므로 노동조합 의 간부도 불법쟁의행위로 인하여 발생한 손해 전부를 배상할 책임이 있고 다만, 사용자가 노동조합과의 성실교섭의무를 다하지 않거나, 노동조합과의 기존합의를 파기하는 등 불법 쟁의행위에 원인을 제공하였다고 볼 사정이 있는 경우 등에는 그러한 사용자의 과실을 손 해배상액을 산정함에 있어 참작할 수 있을 뿐이라는 입장이다.

② 고정비용 상당 손해액

종래 대법원은 제조업체가 위법한 쟁의행위로 조업을 하지 못함으로써 입은 고정비용 상 당 손해배상을 구하는 경우, 해당 제품이 적자제품이라거나 불황, 제품의 결함 등으로 판 매가능성이 없다는 등의 특별한 사정의 간접반증이 없는 한, 생산된 제품이 판매되어 제조 업체가 매출이익을 얻고 그 생산에 지출된 고정비용을 매출원가의 일부로 회수할 수 있다 고 추정하여 왔는바 이러한 추정 법리가 매출과 무관하게 일시적인 생산 차질이 있기만 하면 고정비용 상당 손해가 발생한다는 취지는 아니므로, 위법한 쟁의행위가 종료된 후 제품의 특성, 생산 및 판매방식 등에 비추어 매출 감소를 초래하지 않을 정도의 상당한 기간 안에 추가 생산을 통하여 쟁의행위로 인한 부족 생산량의 전부 또는 일부가 만회되는 등, 위법한 쟁의행위로 조업이 중단되어 생산이 감소되었더라도 그로 인하여 매출 감소의 결과에 이르지 아니할 것으로 볼 수 있는 사정이 증명되면, 그 범위에서는 고정비용 상당 손해의 발생 추정이 더 이상 유지될 수 없다고 판단하여, 생산량이 회복되었더라도 이는 손해 산정에 고려할 요소가 되지 않는다고 보아 부족 생산량이 만회되었는지에 관하여 심 리, 판단하지 않고 피고들의 생산량 회복 주장을 배척한 원심판결 중 피고들 패소 부분을 파기·환송한바 있다.

③ 손해의 범위

판례는 불법쟁의행위로 인하여 노동조합이나 근로자가 그 배상책임을 지는 배상액의 범위 는 불법쟁의행위와 상당인과관계에 있는 모든 손해라 할 것이고, 노동조합이나 근로자의 불법쟁의행위로 인하여 의료업무를 수행하는 사용자가 그 영업상의 손실에 해당하는 진료 수입의 감소로 입은 손해는 일실이익으로서 불법쟁의행위와 상당인과관계가 있는 손해라 할 것이라는 입장으로 최근 대체인력을 투입한 추가 인건비도 손해배상 범위에 고려한 판 결도 있다.

④ 권리남용의 여부

판례는 권리 행사가 권리의 남용에 해당한다고 할 수 있으려면, 주관적으로 그 권리 행사 의 목적이 오직 상대방에게 고통을 주고 손해를 입히려는 데 있을 뿐 행사하는 사람에게 아무런 이익이 없는 경우이어야 하고, 객관적으로는 그 권리 행사가 사회질서에 위반된다 고 볼 수 있어야 한다. 이와 같은 경우에 해당하지 않는 한 비록 그 권리의 행사에 의하여 권리행사자가 얻는 이익보다 상대방이 잃을 손해가 현저히 크다고 하여도 그러한 사정만 으로는 이를 권리남용이라 할 수 없으므로 구하는 손해배상금이 다소 다액이라는 사정만 으로는 소제기가 권리남용에 해당한다고 볼 수 없다는 입장이다.

3. 입증책임

　일반적으로 불법행위책임은 피해자가 가해자의 귀책사유 있음을 입증해야 하며 결국 위법한 쟁의행위의 불법행위책임은 사용자가 입증해야 한다.

IV. 사안의 해결

　개별 조합원 등에 대한 책임제한의 정도는 노동조합에서의 지위와 역할, 쟁의행위 참여 경위 및 정도, 손해 발생에 대한 기여 정도, 현실적인 임금 수준과 손해배상 청구금액 등을 종합적으로 고려하여 판단하여야 하는바 A노동조합, 甲, 乙, 丙, 丁 모두 공동불법행위 책임을 진다는 주장은 타당하지 않으며 손해배상금도 위법한 쟁의행위가 종료된 이후의 생산성 회복에 대한 사정도 고려하여야 하는바 각각 50억에 해당한다는 A회사의 주장은 타당하지 않다.

Q2 위법한 쟁의행위의 형사책임

I. 문제의 소재

　A노동조합의 불법쟁의행위가 형법상 업무방해죄에 해당하기 위해서는 '위력'이 인정되어야 하며 A노동조합, 甲, 乙, 丙, 丁의 행위의 정도에 따라 형사책임 범위가 달라지는바 법원의 입장을 기준으로 사안을 해결해 보도록 한다.

II. 법규정

> 제4조(정당행위)
> 형법 제20조의 규정은 노동조합이 단체교섭·쟁의행위 기타의 행위로서 제1조의 목적을 달성하기 위하여 한 정당한 행위에 대하여 적용된다. 다만, 어떠한 경우에도 폭력이나 파괴행위는 정당한 행위로 해석되어서는 아니 된다.

III. 판례의 태도

1. 원칙

　판례는 근로자는 원칙적으로 헌법상 보장된 기본권으로서 근로조건 향상을 위한 자주적인 단결권·단체교섭권 및 단체행동권을 가지므로(헌법 제33조 제1항), 쟁의행위로서 파업이 언제나 업무방해죄에 해당하는 것으로 볼 것은 아니고, 전후 사정과 경위 등에 비추어 사용자가 예측할 수 없는 시기에 전격적으로 이루어져 사용자의 사업운영에 심대한 혼란 내지 막대한 손해를 초래하는 등으로 사용자의 사업계속에 관한 자유의사가 제압·혼란될 수 있다고 평가할 수 있는 경우에 비로소 집단적 노무제공의 거부가 위력에 해당하여 업무방해죄가 성립한다고 보는 것이 타당하다는 입장이다.

2. 전격성의 구체적 판단기준

(1) 필수공익사업의 경우

　판례는 공중의 일상생활이나 국민경제에 큰 영향을 미치는 필수공익사업을 경영하는 한국철도공사로서는 공소 외 노동조합이 위와 같은 부당한 목적을 위하여 순환파업 및 전면파업을 실제로 강행하리라고는 예측할 수 없었다고 평가함이 타당하고, 비록 그 일정이 예고되거나 알려지고 필수유지업무 근무 근로자가 참가하지 아니하였다고 하여 달리 볼 것은 아니다. 나아가 피고인들이 주도하여 전국적으로 진행된 순환파업 및 전면파업으로 말미암아 다수의 열차 운행이 중단되어 거액의 영업수익 손실이 발생하고 열차를 이용하는 국민의 일상생활이나 기업의 경제활동에 지장이 생기지 않도록 적지 않은 수의 대체인력이 계속적으로 투입될 수밖에 없는 등 큰 피해가 야기된 이상, 이로써 한국철도공사의 사업운영에 심대한 혼란 내지 막대한 손해를 끼치는 상황을 초래하였음이 분명하다는 입장이다.

(2) '전격성'의 의미

전원합의체 판결이 업무방해죄의 구성요건인 '위력'의 표지 중 하나로 '사용자의 예측 가능성을 고려한 전격성'을 제시한 것은, 헌법상 보장된 근로자의 단체행동권과 사용자의 조업(操業) 계속의 자유를 조화시키려는 것으로 이해된다.

따라서 파업의 '전격성'을 판단함에 있어서 고려할 '사용자의 예측가능 여부'는 단순히 '노동조합이 파업을 사전에 예고하여 사용자가 파업 일정을 알 수 있었는지'만을 기준으로 판단할 것이 아니라, '전후 사정과 경위 등에 비추어 사용자가 객관적으로 파업을 예측하고 이에 대비하여 조업을 계속할 준비를 갖출 수 있었는지'를 기준으로 판단하여야 할 것이다.

'전격성'을 판단함에 있어서는 존재(sein)의 관점, 즉 사용자가 파업을 실제로 예측하고 이에 대비하여 조업을 계속할 준비를 갖출 수 있었는지 여부를 주된 요소로 고려하여야 하고, 당위 (sollen)의 관점, 즉 규범적 측면에서의 예측가능성은 부수적 요소로 고려함이 타당하다 할 것이라는 입장이다.

(3) 사용자의 사업운영에 대한 심대한 혼란 내지 막대한 손해의 구체적 검토

판례는 파업 결의 후 10일이나 지난 시점에 파업에 돌입했으므로 회사가 예측할 수 없는 시기에 전격적으로 이뤄져 심대한 혼란을 초래했다고 단정하기 어렵고, 무노동 무임금 원칙에 따라 파업 기간 70억원 내외의 인건비가 절감됐기 때문에 금전적 피해가 있었다고 볼 수 없다고 판단한 원심의 판결에 위법이 없다는 입장이다.

(4) 최근 판례의 태도

판례는 업무방해죄의 '위력'이란 사람의 자유의사를 제압·혼란하게 할 만한 일체의 세력으로, 유형적이든 무형적이든 묻지 아니하고, 현실적으로 피해자의 자유의사가 제압되어야만 하는 것도 아니지만, 범인의 위세, 사람 수, 주위의 상황 등에 비추어 피해자의 자유의사를 제압하기 족한 정도가 되어야 하는 것으로서, 그러한 위력에 해당하는지는 범행의 일시·장소, 범행의 동기, 목적, 인원수, 세력의 태양, 업무의 종류, 피해자의 지위 등 제반 사정을 고려하여 객관적으로 판단하고 피해자 등의 의사에 의해 결정되는 것은 아니다.

3. 형사책임의 귀속

(1) 노동조합의 책임

노동조합은 원칙적으로 형사책임을 부담하지 않으며 관련법령에 명시적 규정이 있는 경우에 한한다. 다만 노조법 제94조는 대표자 등의 위법행위 시 노동조합에 대한 양벌규정을 마련하고 있다.

(2) 조합간부의 책임

조합간부의 구체적인 행위와 위법한 쟁의행위와의 실질적인 관련성을 고려하여 판단해야 한다는 입장이다.

(3) 개별 근로자의 책임

단순 가담 조합원은 업무방해죄 성립을 부인한다. 다만 노동조합의 승인을 얻지 않거나 지시·통제에 위반하여 쟁의행위를 한 경우에는 형사책임을 부담한다.

IV. 사안의 해결

A노동조합, 甲, 乙, 丙, 丁의 쟁의행위는 폭력행위(방화, 훼손 등)가 수반되었으며 전격적으로 이루어져 A회사가 예기치 못한 손해인 50억이 발생하였는바 '위력'에 해당하여 업무방해죄에 해당한다고 판단된다.

1. A노동조합의 책임

노동조합은 원칙적으로 형사책임을 부담하지 않는바 별도 형사책임을 물을 수 없다.

2. 甲, 乙의 노동조합간부의 책임

불법쟁의행위의 기획·지시를 구체적으로 실행하였는바 실질적인 관련성이 인정되어 업무방해죄의 형사책임이 있다고 판단된다.

3. 丙의 책임

단체협약을 위반하여 쟁의행위에 참가하였으나 노동조합의 승인을 얻지 않거나 지시를 위반한 행위가 아닌바 업무방해죄 성립을 인정하기 어렵다.

4. 丁의 형사책임

단순 가담 조합원은 업무방해죄 성립을 부인하는 것이 타당하다.

28 | 조정과 중재

제1절 법규정

제2조(정의)

이 법에서 사용하는 용어의 정의는 다음과 같다.

5. "노동쟁의"라 함은 노동조합과 사용자 또는 사용자단체(이하 "勞動關係 當事者"라 한다) 간에 임금·근로시간·복지·해고 기타 대우 등 근로조건의 결정에 관한 주장의 불일치로 인하여 발생한 분쟁상태를 말한다. 이 경우 주장의 불일치라 함은 당사자 간에 합의를 위한 노력을 계속하여도 더이상 자주적 교섭에 의한 합의의 여지가 없는 경우를 말한다.

제2절 노사합의를 통하여 신청한 경우

판례는 중재절차는 원칙적으로 노동쟁의가 발생한 경우에 노동쟁의의 대상이 된 사항에 대하여 행하여지는 것이고, 노동조합 및 노동관계조정법 제2조 제5호에서는 노동쟁의를 '노동조합과 사용자 또는 사용자단체 간에 임금·근로시간·복지·해고 기타 대우 등 근로조건의 결정에 관한 주장의 불일치로 인하여 발생한 분쟁상태'라고 규정하고 있으므로 근로조건 이외의 사항에 관한 노동관계 당사자 사이의 주장의 불일치로 인한 분쟁상태는 근로조건의 결정에 관한 분쟁이 아니어서 현행법상의 노동쟁의라고 할 수 없고, 특별한 사정이 없는 한 이러한 사항은 중재재정의 대상으로 할 수 없다. 중재절차는 노동쟁의의 자주적 해결과 신속한 처리를 위한 광의의 노동쟁의조정절차의 일부분이므로 노사관계 당사자 쌍방이 합의하여 단체협약의 대상이 될 수 있는 사항에 대하여 중재를 해 줄 것을 신청한 경우이거나 이와 동일시할 수 있는 사정이 있는 경우에는 근로조건 이외의 사항에 대하여도 중재재정을 할 수 있다고 봄이 상당하다는 입장이다.

제 3 절　중재제도의 위법·월권

1　법규정

제69조(중재재정 등의 확정)

① 관계 당사자는 지방노동위원회 또는 특별노동위원회의 중재재정이 위법이거나 월권에 의한 것이라고 인정하는 경우에는 그 중재재정서의 송달을 받은 날부터 10일 이내에 중앙노동위원회에 그 재심을 신청할 수 있다.

② 관계 당사자는 중앙노동위원회의 중재재정이나 제1항의 규정에 의한 재심결정이 위법이거나 월권에 의한 것이라고 인정하는 경우에는 행정소송법 제20조의 규정에 불구하고 그 중재재정서 또는 재심결정서의 송달을 받은 날부터 15일 이내에 행정소송을 제기할 수 있다.

③ 제1항 및 제2항에 규정된 기간 내에 재심을 신청하지 아니하거나 행정소송을 제기하지 아니한 때에는 그 중재재정 또는 재심결정은 확정된다.

④ 제3항의 규정에 의하여 중재재정이나 재심결정이 확정된 때에는 관계 당사자는 이에 따라야 한다.

2　판례의 태도

(1) 위법 또는 월권의 의미

판례는 '위법' 또는 '월권'이라 함은 중재재정의 절차가 위법하거나 그 내용이 근로기준법 위반 등으로 위법한 경우 또는 당사자 사이에 분쟁의 대상이 되어 있지 않은 사항이나 정당한 이유 없이 당사자 간의 분쟁범위를 벗어나는 부분에 대하여 월권으로 중재재정을 한 경우를 말하고, 중재재정이 단순히 어느 노사 일방에 불리하거나 불합리한 내용이라는 사유만으로는 불복이 허용되지 않는다고 할 것이라는 입장이다.

(2) 재량권 남용

판례는 법원의 심사결과 행정청의 재량행위가 사실오인 등에 근거한 것이라고 인정된다면 이는 재량권을 일탈·남용한 것으로서 위법하여 그 취소를 면치 못한다는 입장이다.

Q B회사의 B노동조합은 노동쟁의가 발생하였으며 이에 B노동조합은 관할 노동위원회에 노동쟁의의 조정을 신청하였지만, 관할 노동위원회는 단체교섭이 이루어지지 않은 것을 이유로 조정절차를 개시하지 않고, 노사당사자가 자주적으로 교섭할 것을 권고하였다. 위 관할 노동위원회의 권고에도 불구하고 B노동조합은 노동쟁의 조정신청 후 2주가 경과된 시점에서 조합원 찬반투표를 거쳐 재적 조합원 과반수의 찬성을 얻어서 파업을 개시하였다. 이러한 B노동조합의 쟁의행위는 절차적 측면에서 정당한가? 25점

해설

✔ **조정전치주의**

Ⅰ. **문제의 소재**

B노동조합은 노동쟁의 조정신청 후 2주가 경과된 시점에 쟁의행위의 찬반투표를 거쳐서 쟁의행위에 돌입하였는바 노조법 제45조의 조정전치주의를 택하고 있는 우리나라에서 조정의 기간이 경과된 사정만으로 조정을 거친 것으로 볼 수 있는지가 문제되며 해당 쟁의행위의 절차적 정당성이 문제된다.

Ⅱ. **법규정**

> 제45조(조정의 전치)
> ① 노동관계 당사자는 노동쟁의가 발생한 때에는 어느 일방이 이를 상대방에게 서면으로 통보하여야 한다.

Ⅲ. **판례의 태도**

1. **조정절차를 거치지 않은 쟁의행위의 정당성**

판례는 노동조합 및 노동관계조정법 제45조의 조정전치에 관한 규정의 취지는 분쟁을 사전 조정하여 쟁의행위 발생을 회피하는 기회를 주려는 데에 있는 것이지 쟁의행위 자체를 금지하려는 데에 있는 것이 아니므로, 쟁의행위가 조정전치의 규정에 따른 절차를 거치지 아니하였다고 하여 무조건 정당성이 결여된 쟁의행위라고 볼 것이 아니고, 그 위반행위로 말미암아 사회·경제적 안정이나 사용자의 사업운영에 예기치 않는 혼란이나 손해를 끼치는 등 부당한 결과를 초래할 우려가 있는지의 여부 등 구체적 사정을 살펴서 그 정당성 유무를 가려 형사상 죄책 유무를 판단하여야 할 것이라는 입장이다.

2. **행정지도와 쟁의행위의 정당성**

판례는 '조정은 당사자 사이의 자주적인 해결에 노동위원회가 조력하는 제도인 점, 이 사건과 같이 사용자 측의 교섭거절로 실질적인 교섭이 이루어지지 아니한 경우 중노위가 이를 노동쟁의가 아니라는 이유로 조정결정을 하지 아니한다면 오히려 조정전치주의 때문에 노동조합의 쟁의권이 부당하게 침해된다는 점, 헌법상 단체행동권을 보장하는 규정 취지와 노조법 제45조, 제54조의 해석상 조정종결원인과 관계없이 조정이 종료되었다면 노조법 제5장 제2절의 조정절차를 거친

것으로 보는 것이 타당한 점 등에 비추어 보면 중노위의 행정지도 이후에 이루어진 이 사건 쟁의행위는 노조법 제45조의 규정에 따라 일응 조정절차를 거친 이후에 이루어진 쟁의행위로 보는 것이 옳고, 이렇게 본다면 이 사건 쟁의행위의 절차적 정당성도 인정된다 할 것이다'라고 판시한 바 있다.

가사 실질적으로 중노위에서 조정안을 제시하는 등 조정결정을 해야만 조정절차를 거쳤다고 해석하여야 한다고 하더라도, 쟁의행위의 시기와 절차에 대한 법규정에 위반함으로써 벌칙 적용 대상이 된다고 하여 이것만으로 바로 쟁의행위로서 정당성이 상실되는 것이 아니고, 그 위반행위로 말미암아 국민생화의 안정이나 사용자의 사업운영에 예기치 않는 혼란이나 손해를 끼치는 것과 같은 부당한 결과를 초래하는지 여부 등 구체적 사정을 살펴서 그 정당성 유무를 가려야 하는바, 이 사건 쟁의행위는 국민생활의 안정이나 사업자의 사업운영에 예기치 않는 혼란이나 손해를 끼치는 것과 같은 부당한 결과를 초해하지 아니하였으므로 정당하다 할 것이라는 입장이다.

3. 조정기간의 경과

판례는 노동쟁의는 특별한 사정이 없는 한 그 절차에 있어 조정절차를 거쳐야 하지만, 노동조합이 노동위원회에 노동쟁의 조정신청을 하여 조정절차가 마쳐지거나 조정이 종료되지 아니한 채 조정기간이 끝나면 노동위원회의 조정결정이 없더라도 조정절차를 거친 것으로 보아야 한다는 입장이다.

IV. 사안의 해결

B노동조합은 노동쟁의 조정신청 후 조정기간이 경과함으로써 쟁의행위를 할 수 있는바, 노조법 제45조 제2항의 조정전치주의를 준수한 것으로 볼 수 있다. 따라서 B노동조합의 쟁의행위는 절차적 측면에서 정당하다.

29 | 유니온 숍

제1절   법규정

제81조(부당노동행위)

① 사용자는 다음 각 호의 어느 하나에 해당하는 행위(이하 "不當勞動行爲"라 한다)를 할 수 없다.

2. 근로자가 어느 노동조합에 가입하지 아니할 것 또는 탈퇴할 것을 고용조건으로 하거나 특정한 노동조합의 조합원이 될 것을 고용조건으로 하는 행위. 다만, 노동조합이 당해 사업장에 종사하는 근로자의 3분의 2 이상을 대표하고 있을 때에는 근로자가 그 노동조합의 조합원이 될 것을 고용조건으로 하는 단체협약의 체결은 예외로 하며, 이 경우 사용자는 근로자가 그 노동조합에서 제명된 것 또는 그 노동조합을 탈퇴하여 새로 노동조합을 조직하거나 다른 노동조합에 가입한 것을 이유로 근로자에게 신분상 불이익한 행위를 할 수 없다.

제2절   판례의 태도

1 원칙

판례는 이른바 유니온 숍 협정은 노동조합의 단결력을 강화하기 위한 강제의 한 수단으로서 근로자가 대표성을 갖춘 노동조합의 조합원이 될 것을 '고용조건'으로 하고 있는 것이므로 단체협약에 유니온 숍 협정에 따라 근로자는 노동조합의 조합원이어야만 된다는 규정이 있는 경우에는 다른 명문의 규정이 없더라도 사용자는 노동조합에서 탈퇴한 근로자를 해고할 의무가 있다는 입장이다.

2 해고의무 미이행과 부당노동행위

판례는 단체협약상의 유니온 숍 협정에 의하여 사용자가 노동조합을 탈퇴한 근로자를 해고할 의무는 단체협약상의 채무일 뿐이고, 이러한 채무의 불이행 자체가 바로 노동조합법 소정 노동조합에 대한 지배·개입의 부당노동행위에 해당한다고 단정할 수 없다는 입장이다.

3 신규입사자가 소수노조에 이미 가입한 경우

(1) 취지

판례는 헌법 제33조 제1항은 "근로자는 근로조건의 향상을 위하여 자주적인 단결권·단체교섭권 및 단체행동권을 가진다."라고 규정하고 있고, 헌법 제11조 제1항은 "모든 국민은 법 앞에 평등하다. 누구든지 성별·종교 또는 사회적 신분에 의하여 정치적·경제적·사회적·문화적 생활의 모든 영역에 있어서 차별을 받지 아니한다."라고 정하고 있으며, 헌법 제32조 제1항 전문은 "모든 국민은 근로의 권리를 가진다."라고 규정하고 있다.

한편 노동조합 및 노동관계조정법 제5조 본문은 "근로자는 자유로이 노동조합을 조직하거나 이에 가입할 수 있다."라고 규정하고 있고, 같은 법 제81조 제2호 본문은 '근로자가 어느 노동조합에 가입하지 아니할 것 또는 탈퇴할 것을 고용조건으로 하거나 특정한 노동조합의 조합원이 될 것을 고용조건으로 하는 행위'를 부당노동행위의 한 유형으로 정하고 있다. 또한, 같은 호 단서는 "다만, 노동조합이 당해 사업장에 종사하는 근로자의 3분의 2 이상을 대표하고 있을 때에는 근로자가 그 노동조합의 조합원이 될 것을 고용조건으로 하는 단체협약의 체결은 예외로 하며, 이 경우 사용자는 근로자가 그 노동조합에서 제명된 것 또는 그 노동조합을 탈퇴하여 새로 노동조합을 조직하거나 다른 노동조합에 가입한 것을 이유로 근로자에게 신분상 불이익한 행위를 할 수 없다."라고 규정하고 있고, 근로기준법 제23조 제1항은 "사용자는 근로자에게 정당한 이유 없이 해고, 휴직, 정직, 전직, 감봉 그 밖의 징벌을 하지 못한다."라고 정하고 있다.

(2) 판단기준 및 한계

위와 같은 헌법, 노동조합 및 노동관계조정법, 근로기준법 등 관련 법령의 문언과 취지 등을 함께 고려하면, 근로자에게는 단결권 행사를 위해 가입할 노동조합을 스스로 선택할 자유가 헌법상 기본권으로 보장되고, 나아가 근로자가 지배적 노동조합에 가입하지 않거나 그 조합원 지위를 상실하는 경우 사용자로 하여금 그 근로자와의 근로관계를 종료시키도록 하는 내용의 유니온 숍 협정이 체결되었다 하더라도 지배적 노동조합이 가진 단결권과 마찬가지로 유니온 숍 협정을 체결하지 않은 다른 노동조합의 단결권도 동등하게 존중되어야 한다. 유니온 숍 협정이 가진 목적의 정당성을 인정한다고 하더라도, 지배적 노동조합이 체결한 유니온 숍 협정은 사용자를 매개로 한 해고의 위협을 통해 지배적 노동조합에 가입하도록 강제한다는 점에서 그 허용 범위가 제한적일 수밖에 없다. 이러한 점들을 종합적으로 고려하면, 근로자의 노동조합 선택의 자유 및 지배적 노동조합이 아닌 노동조합의 단결권이 침해되는 경우에까지 지배적 노동조합이 사용자와 체결한 유니온 숍 협정의 효력을 그대로 인정할 수는 없고, 유니온 숍 협정의 효력은 근로자의 노동조합 선택의 자유 및 지배적 노동조합이 아닌 노동조합의 단결권이 영향을 받지 아니하는 근로자, 즉 어느 노동조합에도 가입하지 아니한 근로자에게만 미친다고 보아야 한다. 따라서 신규로 입사한 근로자가 노동조합 선택의 자유를 행사하여 지배적 노동조합이 아닌 노동조합에 이미 가입한 경우에는 유니온 숍 협정의 효력이 해당 근로자에게까지 미친다고 볼 수 없고, 비록 지배적 노동조합에 대한 가입 및 탈퇴 절차를 별도로 경유하지 아니하였다고 하더라도 사용자가 유니온 숍 협정을 들어 신규 입사 근로자를 해고하는 것은 정당한 이유가 없는 해고로서 무효로 보아야 한다는 입장이다.

4 재가입 거부행위

판례는 노조와 사용자 사이에 회사의 종업원은 3개월이 경과하면 조합원이 되며 노조가입을 거부하거나 탈퇴할 경우 회사는 즉시 해고하여야 한다는 유니온 숍 협정을 체결한 경우 조합은 조합원의 자격을 갖춘 근로자의 조합가입을 함부로 거절할 수 없고 탈퇴 조합원의 재가입에 대한 제약이나 거부는 위법 부당한 것으로 권리남용 또는 신의칙 위반에 해당한다는 입장이다.

30 | 부당노동행위 불이익 취급

제1절 | 법규정

제81조(부당노동행위)

① 사용자는 다음 각 호의 어느 하나에 해당하는 행위(이하 "不當勞動行爲"라 한다)를 할 수 없다.

    1. 근로자가 <u>노동조합에 가입 또는 가입하려고 하였거나 노동조합을 조직하려고 하였거나 기타 노동조합의 업무를 위한 정당한 행위를 한 것을 이유로 그 근로자를 해고하거나 그 근로자에게 불이익을 주는 행위</u>

    5. 근로자가 정당한 단체행위에 참가한 것을 이유로 하거나 또는 노동위원회에 대하여 사용자가 이 조의 규정에 위반한 것을 신고하거나 그에 관한 증언을 하거나 기타 행정관청에 증거를 제출한 것을 이유로 그 근로자를 해고하거나 그 근로자에게 불이익을 주는 행위

제2절 | 판례의 태도

1 불이익 취급 기본원칙

판례는 사용자가 근로자에 대하여 해고 등의 징계처분을 함에 있어서 표면적으로 내세우는 징계사유와는 달리 실질적으로는 근로자의 정당한 조합활동 등을 이유로 해고 등의 징계처분을 한 것으로 인정되는 경우에 있어서 그 징계처분은 부당노동행위라고 보아야 할 것이나 사용자가 표면적으로 내세우는 징계사유와는 달리 실질적으로는 근로자의 정당한 조합활동 등을 이유로 해고 등의 징계처분을 한 것인지 여부는 사용자가 내세우는 징계사유와 근로자가 한 노동조합활동 등의 행위의 내용, 징계처분을 한 시기, 징계처분을 하기까지 사용자가 취한 절차, 동종사례에 있어서의 제재의 불균형, 사용자와 노동조합과의 관계 등 부당노동행위의사를 추정할 수 있는 제반사정을 비교 검토하여 종합적으로 판단하여야 하고 단순히 징계절차에 하자가 있다거나 징계양정이 부당하다는 사정은 그것이 부당노동행위의사 여부를 판단하는 하나의 자료가 되기는 하여도 그러한 사정만으로 곧바로 부당노동행위를 인정할 수는 없는 것이며, 특히 근로자에 대한 해고 등의 징계처분을 포함한 불이익처분에 정당한 이유가 있는 것으로 인정되는 경우에는 비록 사용자가 근로자의 조합활동을 못마땅하게 여긴 흔적이 있다거나 사용자에게 반노동조합의사가 추정된다고 하더라도 당해 징계사유 등이 단순히 표면상의 구실에 불과하다고 할 수는 없어 그와 같은 불이익처분이 부당노동행위에 해당한다고 할 수 없다는 입장이다.

2 조합활동상 불이익

사용자가 근로자의 노동조합활동을 혐오하거나 노동조합활동을 방해하려는 의사로 노동조합의 간부이거나 노동조합활동에 적극적으로 관여하는 근로자를 승진시켜 조합원 자격을 잃게 한 경우에는 노동조합활동을 하는 근로자에게 불이익을 주는 행위로서 부당노동행위가 성립될 수 있을 것인바, 이 경우에 근로자의 승진이 사용자의 부당노동행위의사에 의하여 이루어진 것인지의 여부는 승진의 시기와 조합활동과의 관련성, 업무상 필요성, 능력의 적격성과 인선의 합리성 등의 유무와 해당 근로자의 승진이 조합활동에 미치는 영향 등 제반 사정을 고려하여 판단해야 한다는 입장이다.

3 승진배제와 불이익 취급

(1) 원칙

판례는 사용자가 노조전임자의 노동조합활동을 혐오하거나 노동조합활동을 방해하려는 의사로 노조전임자를 승진에서 배제시켰다면 이러한 행위는 노동조합활동을 하는 근로자에게 불이익을 주는 것이어서 부당노동행위에 해당할 것이나, 사용자의 노조전임자에 대한 승진배제 행위가 위와 같이 부당노동행위의사에 의하여 이루어진 부당노동행위에 해당하는지 여부는 사용자와 노동조합의 관계, 노조전임자와 비전임자 사이에 승진기준의 실질적인 차별이 존재하는지, 종래의 승진 관행에 부합하는지 등과 같이 부당노동행위의사의 존재 여부를 추정할 수 있는 여러 객관적 사정을 종합하여 판단해야 한다는 입장이다.

(2) 구체적 검토

판례는 업무능력, 근무성적, 상위직에 대한 적격성 등의 반영에 의하여 승진이 이루어지는 이른바 능력주의 승진제도 하에서 조합원이 노동조합에 가입하고 있음을 이유로 비조합원과 비교하여 승진에 있어서 불이익한 취급을 받았다고 하기 위해서는, 당해 조합원이 비교대상으로 된 비조합원과의 사이에 업무능력, 근무성적, 상위직에 대한 적격성 등에 있어 차이가 없어야 하므로, 노조원과 비노조원을 비교하여 볼 때 결과적으로 승진에 있어 격차가 발생하였다고 하더라도 그로써 곧 노동조합 및 노동관계조정법 제81조 제1호의 부당노동행위가 있었다고 단정할 수 없다는 입장이다.

4 인사고과를 통한 집단차별

(1) 유의미한 격차

판례는 부당노동행위에 해당하는지 여부는, 조합원 집단과 비조합원 집단을 전체적으로 비교하여 양 집단이 서로 동질의 균등한 근로자집단임에도 불구하고 인사고과에 있어서 양 집단 사이에 통계적으로 유의미한 격차가 있었는지, 인사고과에 있어서의 그러한 격차가 노동조합의 조합원임을 이유로 하여 비조합원에 비하여 불이익 취급을 하려는 사용자의 반조합적 의사에 기인하는 것, 즉 사용자의 부당노동행위의사의 존재를 추정할 수 있는 객관적인 사정이 있었는지, 인사고과에 있어서의 그런한 차별이 없었더라면 해고 대상자 선정기준에 의할 때 해고 대상자로 선정되지 않았을 것인지 등을 심리하여 판단해야 한다는 입장이다.

(2) 불리한 인사고과에 따른 상여금 지급

판례는 근로자에 대한 인사고과가 상여금의 지급기준이 되는 사업장에서 사용자가 특정 노동조합의 조합원이라는 이유로 다른 노동조합의 조합원 또는 비조합원보다 불리하게 인사고과를 하여 상여금을 적게 지급하는 불이익을 주었다면 그러한 사용자의 행위도 부당노동행위에 해당할 수 있다. 이 경우 사용자의 행위가 부당노동행위에 해당하는지 여부는, 특정 노동조합의 조합원 집단과 다른 노동조합의 조합원 또는 비조합원 집단을 전체적으로 비교하여 양 집단이 서로 동질의 균등한 근로자집단임에도 불구하고 인사고과에 양 집단 사이에 통계적으로 유의미한 격차가 있었는지, 인사고과의 그러한 격차가 특정 노동조합의 조합원임을 이유로 불이익 취급을 하려는 사용자의 반조합적 의사에 기인한다고 볼 수 있는 객관적인 사정이 있었는지, 인사고과에서의 그러한 차별이 없었더라도 동등한 수준의 상여금이 지급되었을 것은 아닌지 등을 심리하여 판단해야 하며 사용자가 특정 노조원이라는 이유로 다른 노조원 또는 비노조원보다 불리하게 인사고과를 하여 상여금을 적게 지급한 것은 불이익 취급의 부당노동행위에 해당한다는 입장이다.

5 경제상 불이익

(1) 과거 판례

판례는 일반적으로 근로자가 연장 또는 휴일근로를 희망할 경우 회사에서 반드시 이를 허가하여야 할 의무는 없지만, 특정 근로자가 파업에 참가하였거나 노조활동에 적극적이라는 이유로 해당 근로자에게 연장근로 등을 거부하는 것은 해당 근로자에게 경제적 내지 업무상의 불이익을 주는 행위로서 부당노동행위에 해당할 수 있다. 한편, 사용자가 근로자를 해고함에 있어 표면적으로 내세우는 해고사유와는 달리 실질적으로는 근로자의 정당한 노동조합 활동을 이유로 해고한 것으로 인정되는 경우에는 그 해고는 부당노동행위라고 보아야 하고, 근로자의 노동조합 업무를 위한 정당한 행위를 실질적인 해고사유로 한 것인지의 여부는 사용자 측이 내세우는 해고사유와 근로자가 한 노동조합 업무를 위한 정당한 행위의 내용, 해고를 한 시기, 사용자와 노동조합과의 관계, 동종의 사례에 있어서 조합원과 비조합원에 대한 제재의 불균형 여부, 종래 관행에의 부합 여부, 사용자의 조합원에 대한 언동이나 태도, 기타 부당노동행위의사의 존재를 추정할 수 있는 제반 사정 등을 비교 검토하여 판단하여야 하는바, 이는 근로자에게 연장근로 등을 거부하여 해당 근로자에게 경제적 내지 업무상의 불이익을 주는 행위의 경우에도 같은 입장이다.

(2) 최근 판례

판례는 조합원들에 대한 2008년 하기휴가비와 2008년 추석상여금은 출근율에 비례하여 일부만 지급한 반면, 직장폐쇄가 철회된 이후 신규로 채용된 근로자들에게는 근무기간이 채 4개월이 되지 않았음에도 그 휴가비나 상여금 전액을 지급한 점 등 그 판시와 같은 사정을 종합하여 보면, 피고인의 위와 같은 행위는 노동조합 활동을 이유로 한 불이익 취급의 부당노동행위에 해당한다는 입장이다.

제 3 절 입증책임

1 원칙

판례는 사용자의 행위가 노동조합 및 노동관계조정법에 정한 부당노동행위에 해당하는지 여부는 사용자의 부당노동행위의사의 존재 여부를 추정할 수 있는 모든 사정을 전체적으로 심리 검토하여 종합적으로 판단하여야 하고, 부당노동행위에 대한 증명책임은 이를 주장하는 근로자 또는 노동조합에게 있으므로, 필요한 심리를 다하였어도 사용자에게 부당노동행위의사가 존재하였는지 여부가 분명하지 아니하여 그 존재 여부를 확정할 수 없는 경우에는 그로 인한 위험이나 불이익은 그것을 주장한 근로자 또는 노동조합이 부담할 수밖에 없다는 입장이다.

2 불이익 취급의 입증책임

판례는 노동조합 및 노동관계조정법(이하 '노동조합법'이라고 한다) 제81조 제1호는 '근로자가 노동조합에 가입 또는 가입하려고 하였거나 노동조합을 조직하려고 하였거나 기타 노동조합의 업무를 위한 정당한 행위를 한 것을 이유로 그 근로자를 해고하거나 그 근로자에게 불이익을 주는 행위'를 사용자의 부당노동행위의 한 유형으로 규정하고 있다. 위 조항에서 말하는 부당노동행위가 성립하기 위해서는 근로자가 '노동조합의 업무를 위한 정당한 행위'를 하고 사용자가 이를 이유로 근로자에 대하여 해고 등의 불이익을 주는 차별적 취급행위를 한 경우라야 하며, 그 사실의 주장 및 증명책임은 부당노동행위임을 주장하는 측에 있다는 입장이다.

제 4 절 노동위원회 구제명령

1 노동위원회 재량적 권한 강조

판례는 노동조합법 제81조 내지 제86조가 규정하고 있는 부당노동행위에 대한 구제제도는 집단적 노사관계의 질서를 파괴하는 사용자의 행위를 예방·제거함으로써 근로자의 단결권·단체교섭권 및 단체행동권을 확보하여 노사관계의 질서를 신속하게 정상화하고자 하는데 그 목적이 있다(대법원 1998.5.8. 선고 97누7448 판결 등 참조). 다만 현실적으로 발생하는 부당노동행위의 유형은 다양하고, 노사관계의 변화에 따라 그 영향도 다각적이어서 그에 대응하는 부당노동행위 구제의 방법과 내용도 유연하고 탄력적일 필요가 있다. 노동조합법 제84조 또한 노동위원회가 전문적·합목적적 판단에 따라 개개 사건에 적절한 구제조치를 할 수 있도록 하기 위해, 부당노동행위가 성립한다고 판정한 때에는 사용자에게 구제명령을 발하여야 한다고 규정하고 있을 뿐 구제명령의 유형 및 내용에 관하여는 특별히 정하고 있지 아니하다(대법원 2010.3.25. 선고 2007두8881 판결 등 참조).

2 인사고과에 따른 불이익 취급의 구제명령

이러한 노동조합법 규정의 내용과 부당노동행위 구제제도의 취지 등에 비추어 살펴보면, 원심이 이 사건 구제명령은 이 사건 지회에 대한 반조합적 의사를 배제한 상태에서 2014년 하반기 성과평가를 재실시한 후 그 평가결과에 따라 재산정한 성과상여금과 기존에 지급한 성과상여금과의 차액을 지급할 것을 명하는 것으로 해석된다는 등 그 판시와 같은 이유를 들어, 이 사건 구제명령이 불명확하고 사실상 실현이 불가능하여 위법하다는 취지의 원고의 주장을 배척한 것은 정당하다. 거기에 상고이유 주장과 같이 부당노동행위에 대한 구제명령의 적법성에 관한 법리를 오해한 잘못이 없다.

제 5 절   결

판례는 불이익 취급과 관련하여 사용자의 부당노동행위의사가 있었는지 여부에 대해 객관적으로 드러나는 제반사정을 종합적으로 검토하여 추정할 수밖에 없다는 입장이다.

사례연습

A회사는 상시 근로자 300명을 사용하는 여성 인권 향상을 위해 제품을 제조·판매하여 수익금 일부를 세계 여성 인권 단체 후원을 하는 영리회사이다. A회사에는 기업별 노동조합 B가 존재하며 A회사 근로자의 3분의 2 이상을 대표하고 있으며 단체협약 제30조 '모든 근로자는 입사와 동시에 B노동조합의 조합원이 되며 조합원 자격을 고용조건으로 하며 탈퇴한 자는 해고한다.'는 내용의 유니온 숍 협정을 적법하게 체결하였다. 복수 노조 체제하에 기존 B노동조합에서 탈퇴한 근로자 甲과 乙이 새롭게 C노동조합을 A회사에 설립하여 운영하고 있으며 별도 가입 제한은 없었다. 甲과 乙은 B노동조합의 운영방식이 본인들과 맞지 않다고 하여 스스로 탈퇴하였으나 시간이 지나 甲은 B노동조합으로 돌아가 지배노조의 단결권 행사에 힘이 되고자 하는 마음이 커져 甲은 B노동조합 대표와 조합원들에게 '본인의 짧은 생각으로 탈퇴를 결정하게 된 점은 죄송하며 앞으로 B노동조합의 단결권 강화를 위해 한 몸 다 바치겠다.'라는 호소문을 공식적으로 보냈다. 하지만 B노동조합은 '甲과 乙은 우리 노동조합의 단결권 강화에 악영향을 미친 자이므로 절대 받아들일 수 없다.'라는 의사와 함께 재가입 거부를 하였다. 지원자인 丙이 A회사에 면접을 보고 나오는 길에 C노동조합의 대표인 乙을 만나 이야기를 나누는 과정에서 C노동조합의 일을 하고 싶다는 생각에 C노동조합에 가입하였다. 이후 丙은 최종적으로 합격하게 되었고 A회사에 정식으로 입사하면서 B노동조합의 존재를 알게 되었지만 乙의 운영방식과 신념이 본인과 더 잘 맞는다는 판단하에 B노동조합에 가입하지 않기로 하였다. 이에 B노동조합은 A회사가 단체협약 제30조를 준수해서 丙을 해고하지 않으면 부당노동행위에 해당한다고 주장하고 있다. 또한 甲과 乙도 B노동조합에 가입하고 있지 않은 자에 해당하므로 해고하여야 한다고 주장하고 있다.

Q1 A회사는 甲, 乙, 丙을 해고하지 않았는바 A회사의 부당노동행위가 성립하는지와 B노동조합이 甲의 노동조합 가입을 거부한 행위의 정당성이 있는지 논하라. 30점

B노동조합의 조합원 丁은 노동조합의 인사수석을 맡으면서 노동조합의 임원 후보자 검증 및 조합원 가입 절차를 총괄하는 중요한 역할을 하는 자이다. A회사는 평소 강성노동조합 출신이거나 다른 기업에서 불법적인 쟁의행위를 기획·주도한 노동조합 간부 출신임에도 丁이 인사 검증상 문제가 없다는 공식 의견을 통해 B노동조합의 임원진에 선출된 사례가 많아지자 丁만 B노동조합에 없다면 노동조합에 대한 관리 및 대응이 쉬워질 것이라는 생각을 가지며 丁의 노동조합 인사수석 역할을 평소에도 못마땅하게 여기고 있었다. 그러던 중 丁은 A회사의 회식 자리에서 신규 입사한 여직원에게 '술 한번 따라 봐라.'라고 말하며 여직원을 껴안거나 엉덩이를 잡는 행위를 하면서 '내가 승진시켜 주겠다.'라고 발언하는 사건이 발생하였다. 다음날 여직원은 충격으로 회사를 그만두고 A회사는 丁을 취업규칙 제40조에 따라 '직장 내 성희롱 가해자는 징계해고'라는 규정으로 적법한 징계 절차를 거쳐 징계해고를 하였다. 丁은 A회사가 부당노동행위에 해당하는 불이익 취급을 하였다며 지방노동위원회에 부당노동행위 구제신청을 제기하였다.

Q2 지방노동위원회는 어떠한 판정을 할 것인가? 20점

해설

Q1 유니온 숍 조항

I. 문제의 소재

A회사는 B노동조합과 유니온 숍 협정을 체결하고 있는바 B노동조합에 가입하고 있지 아니한 甲, 乙, 丙을 해고해야 할 의무 미이행이 노조법 제81조 제1항 제4호에 해당하는 부당노동행위에 해당하는지, B노동조합이 탈퇴한 甲의 재가입을 거부한 행위가 위법하지 않는지에 대해 판례의 태도를 기준으로 살펴보도록 한다.

II. 법규정

> **제81조(부당노동행위)**
> ① 사용자는 다음 각 호의 어느 하나에 해당하는 행위(이하 "不當勞動行爲"라 한다)를 할 수 없다.
>   2. 근로자가 어느 노동조합에 가입하지 아니할 것 또는 탈퇴할 것을 고용조건으로 하거나 특정한 노동조합의 조합원이 될 것을 고용조건으로 하는 행위. 다만, 노동조합이 당해 사업장에 종사하는 근로자의 3분의 2 이상을 대표하고 있을 때에는 근로자가 그 노동조합의 조합원이 될 것을 고용조건으로 하는 단체협약의 체결은 예외로 하며, 이 경우 사용자는 근로자가 그 노동조합에서 제명된 것 또는 그 노동조합을 탈퇴하여 새로 노동조합을 조직하거나 다른 노동조합에 가입한 것을 이유로 근로자에게 신분상 불이익한 행위를 할 수 없다.
>   4. 근로자가 노동조합을 조직 또는 운영하는 것을 지배하거나 이에 개입하는 행위와 근로시간면제한도를 초과하여 급여를 지급하거나 노동조합의 운영비를 원조하는 행위. 다만, 근로자가 근로시간 중에 제24조 제2항에 따른 활동을 하는 것을 사용자가 허용함은 무방하며, 또한 근로자의 후생자금 또는 경제상의 불행 그 밖에 재해의 방지와 구제 등을 위한 기금의 기부와 최소한의 규모의 노동조합사무소의 제공 및 그 밖에 이에 준하여 노동조합의 자주적인 운영 또는 활동을 침해할 위험이 없는 범위에서의 운영비 원조행위는 예외로 한다.

III. 판례의 태도

1. 원칙

판례는 이른바 유니온 숍 협정은 노동조합의 단결력을 강화하기 위한 강제의 한 수단으로서 근로자가 대표성을 갖춘 노동조합의 조합원이 될 것을 '고용조건'으로 하고 있는 것이므로 단체협약에 유니온 숍 협정에 따라 근로자는 노동조합의 조합원이어야만 된다는 규정이 있는 경우에는 다른 명문의 규정이 없더라도 사용자는 노동조합에서 탈퇴한 근로자를 해고할 의무가 있다는 입장이다.

2. 해고의무 미이행과 부당노동행위

판례는 단체협약상의 유니온 숍 협정에 의하여 사용자가 노동조합을 탈퇴한 근로자를 해고할 의무는 단체협약상의 채무일 뿐이고, 이러한 채무의 불이행 자체가 바로 노동조합법 소정 노동조합에 대한 지배·개입의 부당노동행위에 해당한다고 단정할 수 없다는 입장이다.

3. 신규입사자가 소수노조에 이미 가입한 경우

(1) 취지

판례는 헌법 제33조 제1항은 "근로자는 근로조건의 향상을 위하여 자주적인 단결권·단체교섭권 및 단체행동권을 가진다."라고 규정하고 있고, 헌법 제11조 제1항은 "모든 국민은 법 앞에 평등하다. 누구든지 성별·종교 또는 사회적 신분에 의하여 정치적·경제적·사회적·문화적 생활의 모든 영역에 있어서 차별을 받지 아니한다."라고 정하고 있으며, 헌법 제32조 제1항 전문은 "모든 국민은 근로의 권리를 가진다."라고 규정하고 있다.

한편 노동조합 및 노동관계조정법 제5조 본문은 "근로자는 자유로이 노동조합을 조직하거나 이에 가입할 수 있다."라고 규정하고 있고, 같은 법 제81조 제2호 본문은 '근로자가 어느 노동조합에 가입하지 아니할 것 또는 탈퇴할 것을 고용조건으로 하거나 특정한 노동조합의 조합원이 될 것을 고용조건으로 하는 행위'를 부당노동행위의 한 유형으로 정하고 있다. 또한, 같은 호 단서는 "다만, 노동조합이 당해 사업장에 종사하는 근로자의 3분의 2 이상을 대표하고 있을 때에는 근로자가 그 노동조합의 조합원이 될 것을 고용조건으로 하는 단체협약의 체결은 예외로 하며, 이 경우 사용자는 근로자가 그 노동조합에서 제명된 것 또는 그 노동조합을 탈퇴하여 새로 노동조합을 조직하거나 다른 노동조합에 가입한 것을 이유로 근로자에게 신분상 불이익한 행위를 할 수 없다."라고 규정하고 있고, 근로기준법 제23조 제1항은 "사용자는 근로자에게 정당한 이유 없이 해고, 휴직, 정직, 전직, 감봉 그 밖의 징벌을 하지 못한다."라고 정하고 있다.

(2) 판단기준 및 한계

위와 같은 헌법, 노동조합 및 노동관계조정법, 근로기준법 등 관련 법령의 문언과 취지 등을 함께 고려하면, 근로자에게는 단결권 행사를 위해 가입할 노동조합을 스스로 선택할 자유가 헌법상 기본권으로 보장되고, 나아가 근로자가 지배적 노동조합에 가입하지 않거나 그 조합원 지위를 상실하는 경우 사용자로 하여금 그 근로자와의 근로관계를 종료시키도록 하는 내용의 유니온 숍 협정이 체결되었다 하더라도 지배적 노동조합이 가진 단결권과 마찬가지로 유니온 숍 협정을 체결하지 않은 다른 노동조합의 단결권도 동등하게 존중되어야 한다. 유니온 숍 협정이 가진 목적의 정당성을 인정한다고 하더라도, 지배적 노동조합이 체결한 유니온 숍 협정은 사용자를 매개로 한 해고의 위협을 통해 지배적 노동조합에 가입하도록 강제한다는 점에서 그 허용 범위가 제한적일 수밖에 없다. 이러한 점들을 종합적으로 고려하면, 근로자의 노동조합 선택의 자유 및 지배적 노동조합이 아닌 노동조합의 단결권이 침해되는 경우에까지 지배적 노동조합이 사용자와 체결한 유니온 숍 협정의 효력을 그대로 인정할 수는 없고, 유니온 숍 협정의 효력은 근로자의 노동조합 선택의 자유 및 지배적 노동조합이 아닌 노동조합의 단결권이 영향을 받지 아니하는 근로자, 즉 어느 노동조합에도 가입하지 아니한 근로자에게만 미친다고 보아야 한다. 따라서 신규로 입사한 근로자가 노동조합 선택의 자유를 행사하여 지배적 노동조합이 아닌 노동조합에 이미 가입한 경우에는 유니온 숍 협정의 효력이 해당 근로자에게까지 미친다고 볼 수 없고, 비록 지배적 노동조합에 대한 가입 및 탈퇴 절차를 별도로 경유하지 아니하였다고 하더라도 사용자가 유니온 숍 협정을 들어 신규 입사 근로자를 해고하는 것은 정당한 이유가 없는 해고로서 무효로 보아야 한다는 입장이다.

4. 재가입 거부행위

판례는 노조와 사용자 사이에 회사의 종업원은 3개월이 경과하면 조합원이 되며 노조가입을 거부하거나 탈퇴할 경우 회사는 즉시 해고하여야 한다는 유니온 숍 협정을 체결한 경우 조합은 조합원의 자격을 갖춘 근로자의 조합가입을 함부로 거절할 수 없고 탈퇴 조합원의 재가입에 대한 제약이나 거부는 위법 부당한 것으로 권리남용 또는 신의칙 위반에 해당한다는 입장이다.

Ⅳ. 사안의 해결

1. 甲과 乙의 해고 미이행

A회사가 노동조합을 탈퇴한 근로자를 해고할 의무는 단체협약상의 채무일 뿐이고, 이러한 채무의 불이행 자체가 바로 노동조합법 소정 노동조합에 대한 지배·개입의 부당노동행위에 해당한다고 단정할 수 없는바 甲과 乙에 대한 해고 미이행은 지배·개입 의사가 인정되지 않는 한 부당노동행위가 성립하지 않는다.

2. 丙의 해고 미이행

丙이 가입한 C노동조합과 B노동조합의 단결권도 동등하게 존중되어야 하므로 丙의 해고 미이행도 부당노동행위가 성립하지 않으며 해고도 부당해고로 인정받을 것이다.

3. 甲의 재가입 거부

B노동조합은 본인의 잘못을 인정하고 제명된 자가 아닌 스스로 탈퇴한 자의 재가입에 대한 거부는 위법 부당한바 甲의 재가입 거부는 정당성이 없다.

4. 결

A회사는 甲, 乙, 丙을 해고하지 않았는바 A회사의 부당노동행위가 성립하지 않으며 B노동조합이 甲의 노동조합 가입을 거부한 행위의 정당성은 없다.

Q2 불이익 취급

Ⅰ. 문제의 소재

B노동조합의 중요한 역할을 하는 丁이 정당한 사유로 해고당하였는바 이러한 정당한 해고의 과정에서 A회사가 노동조합을 못마땅하게 여기는 흔적이 있다고 하여 노조법 제81조 제1항 제1호의 불이익 취급의 부당노동행위에 해당하는지와 관련하여 법원의 판단기준으로 사안을 해결하고자 한다.

Ⅱ. 법규정

제81조(부당노동행위)
① 사용자는 다음 각 호의 어느 하나에 해당하는 행위(이하 "不當勞動行爲"라 한다)를 할 수 없다.
　　1. 근로자가 노동조합에 가입 또는 가입하려고 하였거나 노동조합을 조직하려고 하였거나 기타 노동조합의 업무를 위한 정당한 행위를 한 것을 이유로 그 근로자를 해고하거나 그 근로자에게 불이익을 주는 행위

Ⅲ. 판례의 태도

1. 불이익 취급 기본원칙

판례는 사용자가 근로자에 대하여 해고 등의 징계처분을 함에 있어서 표면적으로 내세우는 징계사유와는 달리 실질적으로는 근로자의 정당한 조합활동 등을 이유로 해고 등의 징계처분을 한 것으로 인정되는 경우에 있어서 그 징계처분은 부당노동행위라고 보아야 할 것이나 사용자가 표면적으로 내세우는 징계사유와는 달리 실질적으로는 근로자의 정당한 조합활동 등을 이유로 해고 등의 징계처분을 한 것인지 여부는 사용자가 내세우는 징계사유와 근로자가 한 노동조합활동 등의 행위의 내용, 징계처분을 한 시기, 징계처분을 하기까지 사용자가 취한 절차, 동종사례에 있어서의 제재의 불균형, 사용자와 노동조합과의 관계 등 부당노동행위의사를 추정할 수 있는 제반사정을 비교 검토하여 종합적으로 판단하여야 하고 단순히 징계절차에 하자가 있다거나 징계양정이 부당하다는 사정은 그것이 부당노동행위의사 여부를 판단하는 하나의 자료가 되기는 하여도 그러한 사정만으로 곧바로 부당노동행위를 인정할 수는 없는 것이며, 특히 근로자에 대한 해고 등의 징계처분을 포함한 불이익처분에 정당한 이유가 있는 것으로 인정되는 경우에는 비록 사용자가 근로자의 조합활동을 못마땅하게 여긴 흔적이 있다거나 사용자에게 반노동조합의사가 추정된다고 하더라도 당해 징계사유 등이 단순히 표면상의 구실에 불과하다고 할 수는 없어 그와 같은 불이익처분이 부당노동행위에 해당한다고 할 수 없다는 입장이다.

2. 구체적 사례

사용자가 근로자의 노동조합활동을 혐오하거나 노동조합활동을 방해하려는 의사로 노동조합의 간부이거나 노동조합활동에 적극적으로 관여하는 근로자를 승진시켜 조합원 자격을 잃게 한 경우에는 노동조합활동을 하는 근로자에게 불이익을 주는 행위로서 부당노동행위가 성립될 수 있을 것인바, 이 경우에 근로자의 승진이 사용자의 부당노동행위의사에 의하여 이루어진 것인지의 여부는 승진의 시기와 조합활동과의 관련성, 업무상 필요성, 능력의 적격성과 인선의 합리성 등의 유무와 당해 근로자의 승진이 조합활동에 미치는 영향 등 제반 사정을 고려하여 판단해야 한다는 입장이다.

3. 입증책임

판례는 사용자의 행위가 노동조합 및 노동관계조정법에 정한 부당노동행위에 해당하는지 여부는 사용자의 부당노동행위의사의 존재 여부를 추정할 수 있는 모든 사정을 전체적으로 심리 검토하여 종합적으로 판단하여야 하고, 부당노동행위에 대한 증명책임은 이를 주장하는 근로자 또는 노동조합에게 있으므로, 필요한 심리를 다하였어도 사용자에게 부당노동행위의사가 존재하였는지 여부가 분명하지 아니하여 그 존재 여부를 확정할 수 없는 경우에는 그로 인한 위험이나 불이익은 그것을 주장한 근로자 또는 노동조합이 부담할 수밖에 없다는 입장이다.

4. 검토

판례는 불이익 취급과 관련하여 사용자의 부당노동행위의사가 있었는지 여부에 대해 객관적으로 드러나는 제반사정을 종합적으로 검토하여 추정할 수밖에 없다는 입장이다.

IV. 사안의 해결

1. A회사의 부당노동행위의사에 대한 객관적인 사정

단순히 A회사가 丁만 B노동조합에 없다면 노동조합에 대한 관리 및 대응이 수월하며 丁의 노동조합 인사수석 역할을 평소에도 못마땅하게 여긴 정도의 사정이 존재할 뿐이지 객관적으로 부당노동행위의사가 있다고 단정할 만한 사정은 없다고 판단되며 이러한 입증책임은 丁이나 B노동조합이 가진다.

2. A회사의 불이익 취급 성립

A회사가 여성 인권 관련 사업을 하고 있으며 丁은 명백한 직장 내 성희롱 가해자에 해당하고 실제 피해자인 여직원은 충격으로 회사를 그만두는 등의 사정을 고려하면 징계해고가 정당한 이유가 있다고 보이는바 이와 같은 丁의 인사상 불이익 처분이 단순히 표면상 이유에 불과하다고 판단할 수 없어 부당노동행위에 해당한다고 판단하기 어렵다.

3. 결

지방노동위원회는 丁의 징계해고가 정당하다고 보아 부당노동행위를 인정하지 않는 기각판정을 할 것이다.

31 | 지배 · 개입

제1절 법규정

제81조(부당노동행위)
① 사용자는 다음 각 호의 어느 하나에 해당하는 행위(이하 "不當勞動行爲"라 한다)를 할 수 없다.
  4. 근로자가 노동조합을 조직 또는 운영하는 것을 지배하거나 이에 개입하는 행위와 근로시간면제 한도를 초과하여 급여를 지급하거나 노동조합의 운영비를 원조하는 행위. 다만, 근로자가 근로시간 중에 제24조 제2항에 따른 활동을 하는 것을 사용자가 허용함은 무방하며, 또한 근로자의 후생자금 또는 경제상의 불행 그 밖에 재해의 방지와 구제 등을 위한 기금의 기부와 최소한의 규모의 노동조합사무소의 제공 및 그 밖에 이에 준하여 노동조합의 자주적인 운영 또는 활동을 침해할 위험이 없는 범위에서의 운영비 원조행위는 예외로 한다.

제2절 지배 · 개입의 성립요건

1 지배 · 개입의 성립요건

(1) 사용자의 행위

원칙적으로 노조법상 사용자에 한정된다. 최근 현대중공업 사안에서 지배 · 개입에 있어서의 사용자 개념의 확장을 인정한바 있다.

(2) 지배 · 개입행위의 존재

근로자가 노동조합을 조직 또는 운영하는 것을 지배하거나 이에 개입하는 행위와 근로시간면제 한도를 초과하여 급여를 지급하거나 노동조합의 운영비를 원조하는 행위 등 노동조합의 유지 · 존속 · 확대를 위한 의사결정을 좌우하거나 의사결정에 영향을 미치는 행위 등을 말한다.

(3) 지배 · 개입의 의사

판례는 노동조합의 조직이나 운영을 지배하거나 이에 개입하는 의사가 인정되는 경우에 부당노동행위가 성립한다고 하여 의사필요설의 입장이다.

(4) 결과의 발생

판례는 지배 · 개입으로서의 부당노동행위의 성립에 반드시 단결권의 침해라는 결과의 발생을 요하는 것은 아니라는 입장이다.

제 3 절 　 판례의 태도

1 원칙

판례는 지배·개입의사가 사용자에게 있어야 한다는 전제하에 지배·개입으로서의 부당노동행위의 성립에 반드시 근로자의 단결권의 침해라는 결과의 발생을 요하는 것은 아니라는 입장이다.

2 사용자의 언론의 자유와 지배·개입

(1) 원칙

판례는 사용자가 연설, 사내방송, 게시문, 서한 등을 통하여 의견을 표명하는 경우 그 표명된 의견의 내용과 함께 그것이 행하여진 상황, 시점, 장소, 방법 및 그것이 노동조합의 운영이나 활동에 미치거나 미칠 수 있는 영향 등을 종합하여 노동조합의 조직이나 운영 및 활동을 지배하거나 이에 개입하는 의사가 인정된다면 노동조합 및 노동관계조정법 제81조 제4호에 규정된 '근로자가 노동조합을 조직 또는 운영하는 것을 지배하거나 이에 개입하는 행위'로서 부당노동행위가 성립하고, 또 그 지배·개입으로서의 부당노동행위의 성립에 반드시 근로자의 단결권의 침해라는 결과의 발생까지 요하는 것은 아니라는 입장이다.

(2) 한계

그러나 사용자 또한 자신의 의견을 표명할 수 있는 자유를 가지고 있으므로, 사용자가 노동조합의 활동에 대하여 단순히 비판적 견해를 표명하거나 근로자를 상대로 집단적인 설명회 등을 개최하여 회사의 경영상황 및 정책방향 등 입장을 설명하고 이해를 구하는 행위 또는 비록 파업이 예정된 상황이라 하더라도 그 파업의 정당성과 적법성 여부 및 파업이 회사나 근로자에 미치는 영향 등을 설명하는 행위는 거기에 징계 등 불이익의 위협 또는 이익제공의 약속 등이 포함되어 있거나 다른 지배·개입의 정황 등 노동조합의 자주성을 해칠 수 있는 요소가 연관되어 있지 않는 한, 사용자에게 노동조합의 조직이나 운영 및 활동을 지배하거나 이에 개입하는 의사가 있다고 가볍게 단정할 것은 아니라는 입장이다.

3 개별 교섭에서의 노동조합 간의 차별

(1) 법규정

> 제29조의2(교섭창구 단일화 절차)
> ② 제1항 단서에 해당하는 경우 사용자는 교섭을 요구한 모든 노동조합과 성실히 교섭하여야 하고, 차별적으로 대우해서는 아니 된다.

(2) 판례의 태도

① 조합비 공제 관련 지배·개입의 부당노동행위 관련성

제1노조 소속 조합원 210명이 제1노조를 탈퇴하고 새로 설립된 제2노조에 가입하자, 사측이 임금지급일에 위 조합원들의 임금에서 조합비를 공제하여 제2노조에 이를 일괄적으로 인도한 행위는 노동조합의 조직과 활동에 영향을 미치려는 의도에서 이루어진 지배·개입의 부당노동행위에 해당한다.

② 단체협약과 관련한 차별적 취급에 의한 지배·개입의 부당노동행위 관련성

사측은 제2노조와 단체협약을 체결한 이후 제1노조와 단체교섭을 하는 과정에서, 제2노조와 체결한 단체협약과 비교하여 불리한 내용의 단체협약안을 제1노조에 제시하였다. 이는 근로자의 단결권을 보장한 헌법 제33조와 노동조합법상의 부당노동행위 제도의 취지 등에서 도출되는 사용자의 중립의무를 위반한 것으로, 제1노조의 운영과 활동을 위축시키려는 의도에서 이루어진 지배·개입의 부당노동행위에 해당한다.

③ 경영소식지 발간으로 인한 지배·개입의 부당노동행위 관련성

사측이 발행한 경영소식지 내용은 제1노조의 주장에 대한 비판적 견해를 밝히고, 회사의 경영상황 및 정책 방향 등 입장을 설명하는 것으로, 사용자 측에 허용된 언론의 자유의 범위를 벗어난 것이라고 단정하기 어렵다. 따라서 위와 같은 내용의 경영소식지를 발행한 행위가 노동조합의 조직이나 운영 및 활동을 지배하거나 이에 개입한 부당노동행위에 해당한다고 볼 수 없다.

(3) 구체적 검토

판례는 노동조합 및 노동관계조정법 제29조의2 제1항 단서에 따라 개별 교섭 절차가 진행되던 중에 사용자가 특정 노동조합과 체결한 단체협약의 내용에 따라 해당 노동조합의 조합원에게만 금품을 지급한 경우, 사용자의 이러한 금품 지급 행위가 다른 노동조합의 조직이나 운영을 지배하거나 이에 개입하는 의사에 따른 것이라면 부당노동행위에 해당할 수 있다. 이 경우 사용자의 행위가 부당노동행위에 해당하는지 여부는, 금품을 지급하게 된 배경과 명목, 금품 지급에 부가된 조건, 지급된 금품의 액수, 금품 지급의 시기나 방법, 다른 노동조합과의 교섭 경위와 내용, 다른 노동조합의 조직이나 운영에 미치거나 미칠 수 있는 영향 등을 종합적으로 고려하여 판단하여야 한다. 다만 그 지배·개입으로서의 부당노동행위의 성립에 반드시 근로자의 단결권의 침해라는 결과의 발생까지 요하는 것은 아니다.

(4) 최근 판례

판례는 사용자가 복수 노동조합 하의 각 노동조합에 동일한 내용의 조건을 제시하였고, 또 그 내용이 합리적·합목적적이라면 원칙적으로 부당노동행위의 문제는 발생하지 않는다. 그러나 예외적으로 사용자가 복수 노동조합 중 한 노동조합의 약체화를 꾀하기 위하여 해당 노동조합의 입장에서 받아들이기 어려울 것으로 예상되는 전제조건을 제안하고 이를 고수함으로써 다른 노

동조합은 그 전제조건을 받아들여 단체교섭이 타결되었으나 해당 노동조합은 그 전제조건을 거절하여 단체교섭이 결렬되었고, 그와 같은 전제조건을 합리적·합목적적이라고 평가할 수 없는 경우와 같이 다른 복수 노동조합과의 단체교섭을 조작하여 해당 노동조합 또는 그 조합원의 불이익을 초래하였다고 인정되는 특별한 사정이 있는 경우에는 사용자의 중립유지의무 위반으로서 해당 노동조합에 대한 불이익 취급의 부당노동행위 내지는 지배·개입의 부당노동행위가 성립한다.

그리고 위와 같은 특별한 사정은 전제조건의 합리성, 근로조건 등의 연관성, 전제조건이 각 노동조합에 미치는 영향, 조건 제안의 사정, 교섭과정, 사용자의 노동조합에 대한 현재 및 과거의 태도 등을 종합적으로 고려하여 판단하여야 한다.

피고는 이 사건 통상임금소송을 유지하는 F지회 조합원들로 하여금 무쟁의 장려금을 지급받을 수 없도록 하여 위 조합원들을 불이익하게 취급함으로써 F지회의 단결력을 약화시키려는 의도로 무쟁의 장려금 지급 조건을 통상임금 부제소 격려금 지급 조건과 결부시키는 내용의 이 사건 합의를 제시하고 이를 계속 고수하였다고 봄이 타당하고, 이 사건 합의가 F지회 조합원들뿐만 아니라 기업노조 조합원들에게도 동일하게 적용된다고 하더라도 이는 F조합원들 중 이 사건 통상임금 소송을 유지할 필요성이 있었던 원고들에 대한 관계에서 받아들이기 어려운 전제조건일 뿐만 아니라 합리성이 있다고 볼 수도 없으므로 원고들에 대한 사실상의 차별에 해당하며, 이로 인하여 실제 F지회 조합원들 중 상당수가 이 사건 통상임금소송을 취하하고 F지회를 탈퇴함으로써 F지회의 단결력도 약화되었다고 할 것이다. 따라서 이는 노동조합법 제81조 제1호의 불이익 취급 및 제81조 제4호의 지배·개입의 부당노동행위에 해당하고, 이는 원고들에 대한 관계에서 건전한 사회통념이나 사회상규상 용인될 수 없는 불법행위를 구성한다고 할 것이므로, 피고는 원고들에게 위와 같은 부당노동행위로 인하여 원고들이 입은 손해를 배상할 의무가 있다는 입장이다.

(5) 검토

결과 발생 여부와 관계없이 구체적인 사정에 따라 부당노동행위의 의사 여부를 판단한 최근 대법원의 입장이 타당하다. 최근 개정노조법 제29조의2 제2항에 따르면, 개별 교섭을 진행하는 경우 사용자는 교섭을 요구한 모든 노동조합과 성실히 교섭하여야 하고, 차별적으로 대우해서는 아니 되므로 최근 대법원의 태도는 개정법의 취지에도 부합하는 판결이다.

4 입증책임

판례는 사용자의 행위가 노동조합 및 노동관계조정법에 정한 부당노동행위에 해당하는지 여부는 사용자의 부당노동행위 의사의 존재 여부를 추정할 수 있는 모든 사정을 전체적으로 심리 검토하여 종합적으로 판단하여야 하고, 부당노동행위에 대한 증명책임은 이를 주장하는 근로자 또는 노동조합에게 있다는 입장이다.

5 **근로기간 면제한도를 초과하여 급여를 지급하거나 노동조합의 운영비를 원조하는 행위**

(1) 법규정

> 제81조(부당노동행위)
> ② 제1항 제4호 단서에 따른 "노동조합의 자주적 운영 또는 활동을 침해할 위험" 여부를 판단할 때에는 다음 각 호의 사항을 고려하여야 한다.
> 1. 운영비 원조의 목적과 경위
> 2. 원조된 운영비 횟수와 기간
> 3. 원조된 운영비 금액과 원조방법
> 4. 원조된 운영비가 노동조합의 총수입에서 차지하는 비율
> 5. 원조된 운영비의 관리방법 및 사용처 등

(2) 지배·개입 의사

판례는 노조전임자 급여 지원 행위 또는 노동조합 운영비 원조 행위에서 부당노동행위 의사는 노동조합법 제81조 제4호 단서에 의하여 예외적으로 허용되는 경우가 아님을 인식하면서도 급여 지원 행위 혹은 운영비 원조 행위를 하는 것 자체로 인정할 수 있고, 지배·개입의 적극적·구체적인 의도나 동기까지 필요한 것은 아니다라는 입장이다.

(3) 근로시간면제제도와 지배·개입

① 원칙

판례는 근로시간면제자에게 지급하는 급여는 근로제공의무가 면제되는 근로시간에 상응하는 것이어야 한다. 그러므로 단체협약 등 노사 간 합의에 의한 경우라도 타당한 근거 없이 과다하게 책정된 급여를 근로시간면제자에게 지급하는 사용자의 행위는 노동조합법 제81조 제4호 단서에서 허용하는 범위를 벗어나는 것으로서 노조전임자 급여 지원 행위나 노동조합 운영비 원조 행위에 해당하는 부당노동행위가 될 수 있다.

여기서 근로시간면제자에 대한 급여 지급이 과다하여 부당노동행위에 해당하는지는 근로시간면제자가 받은 급여 수준이나 지급 기준이 그가 근로시간면제자로 지정되지 아니하고 일반 근로자로 근로하였다면 해당 사업장에서 동종 혹은 유사업무에 종사하는 동일 또는 유사 직급·호봉의 일반 근로자의 통상 근로시간과 근로조건 등을 기준으로 받을 수 있는 급여 수준이나 지급 기준을 사회통념상 수긍할 만한 합리적인 범위를 초과할 정도로 과다한지 등의 사정을 살펴서 판단하여야 한다는 입장이다.

② 구체적 검토

판례는 노동조합법 제81조 제4호 단서에서 정한 행위를 벗어나서 주기적이나 고정적으로 이루어지는 운영비 원조 행위는 노조전임자 급여 지원 행위와 마찬가지로 노동조합의 자주성을 잃게 할 위험성을 지닌 것으로서 노동조합법 제81조 제4호 본문에서 금지하는 부당노동행위라고 해석되고, 비록 그 운영비 원조가 노동조합의 적극적인 요구 내지 투쟁으로 얻어진 결과라 하더라도 이러한 사정만을 가지고 달리 볼 것은 아니라는 입장이다.

③ 검토

최근 노조법 제81조 제2항으로 입법하여 운영비 원조 행위에 대한 대법원 판단기준을 입법하여 판단기준을 명확히 마련하였다.

제4절 지배·개입의 효과와 구제

1 벌칙

사용자의 지배·개입행위가 부당노동행위로 인정되는 경우에는 노조법 제90조 벌칙이 부과된다.

2 불법행위 책임과 관계

판례는 민법 제751조 제1항은 불법행위로 인한 재산 이외의 손해에 대한 배상책임을 규정하고 있고, 재산 이외의 손해는 정신상의 고통만을 의미하는 것이 아니라 그 외에 수량적으로 산정할 수 없으나 사회통념상 금전평가가 가능한 무형의 손해도 포함된다. 그리고 이러한 비재산적 손해의 배상청구는 독립된 하나의 소송물로서 소송상 일체로 취급되어야 한다.

사용자가 노동조합의 조직 또는 운영에 지배·개입하는 행위가 건전한 사회통념이나 사회상규상 용인될 수 없는 정도에 이른 부당노동행위로 인정되는 경우에 그 지배·개입행위는 헌법이 보장하고 있는 노동조합의 단결권을 침해하는 위법한 행위로 평가되어 노동조합에 대한 불법행위가 되고, 사용자는 이로 인한 노동조합의 비재산적 손해에 대하여 위자료 배상책임을 부담한다는 입장이다.

사례연습

> **Q** D회사에는 F노동조합이 유일한 노동조합이다. F노동조합의 창립총회 기념일 행사는 매년 모든 조합원 500명이 종합 운동장을 대관하여 체육대회와 함께 진행하였으며 D회사도 이러한 노동조합 활동을 적극 권유하고 응원하기에 해당 행사를 회사 공식 휴일로 지정하였다. D회사의 대표는 올해 처음으로 F노동조합 행사에 초대되어 행사 시작을 알리는 개회사를 발표하는 기회를 부여받았다. 대표이사는 개회사에서 작년에 F노동조합이 주도한 쟁의행위로 인한 영업이익 손실과 추후 손실을 복구하는 과정에서 쟁의행위 자제를 호소하였고 올해 경영방침을 설명하면서 불법적 쟁의행위에 대한 위법성에 대한 부분에 대한 노동조합의 민사 및 형사책임에 대한 부분을 개회사의 연설문에 담아 연설을 진행하였다. 이에 F노동조합 대표는 명백한 지배개입 행위로 부당노동행위에 해당한다고 주장한다. 이러한 F노동조합의 주장은 타당한가? 25점

해설

✔ 지배 · 개입

Ⅰ. 문제의 소재

D회사의 대표이사가 F노동조합의 창립총회 행사에서 연설한 내용이 노조법 제81조 제1항 제4호에 해당하여 지배 · 개입의 부당노동행위를 구성하는지와 관련하여 법원이 제시한 판단기준이 존재하는 바 해당 기준을 중심으로 사안을 해결하고자 한다.

Ⅱ. 법 규정

> **제81조(부당노동행위)**
> ① 사용자는 다음 각 호의 어느 하나에 해당하는 행위(이하 "不當勞動行爲"라 한다)를 할 수 없다.
> 4. 근로자가 노동조합을 조직 또는 운영하는 것을 지배하거나 이에 개입하는 행위와 근로시간면제한도를 초과하여 급여를 지급하거나 노동조합의 운영비를 원조하는 행위. 다만, 근로자가 근로시간 중에 제24조 제2항에 따른 활동을 하는 것을 사용자가 허용함은 무방하며, 또한 근로자의 후생자금 또는 경제상의 불행 그 밖에 재해의 방지와 구제 등을 위한 기금의 기부와 최소한의 규모의 노동조합사무소의 제공 및 그 밖에 이에 준하여 노동조합의 자주적인 운영 또는 활동을 침해할 위험이 없는 범위에서의 운영비 원조행위는 예외로 한다.

Ⅲ. 지배 · 개입의 성립요건

1. 지배 · 개입의 성립요건

(1) 사용자의 행위

원칙적으로 노조법상 사용자에 한정된다. 최근 현대중공업 사안에서 지배 · 개입에 있어서의 사용자 개념의 확장을 인정한바 있다.

(2) 지배 · 개입행위의 존재

근로자가 노동조합을 조직 또는 운영하는 것을 지배하거나 이에 개입하는 행위와 근로시간면

제 한도를 초과하여 급여를 지급하거나 노동조합의 운영비를 원조하는 행위 등 노동조합의 유지·존속·확대를 위한 의사결정을 좌우하거나 의사결정에 영향을 미치는 행위 등을 말한다.

(3) 지배·개입의 의사

판례는 노동조합의 조직이나 운영을 지배하거나 이에 개입하는 의사가 인정되는 경우에 부당노동행위가 성립한다고 하여 의사필요설의 입장이다.

(4) 결과의 발생

판례는 지배·개입으로서의 부당노동행위의 성립에 반드시 단결권의 침해라는 결과의 발생을 요하는 것은 아니라는 입장이다.

IV. 판례의 태도

1. 원칙

판례는 지배·개입의사가 사용자에게 있어야 한다는 전제하에 지배·개입으로서의 부당노동행위의 성립에 반드시 근로자의 단결권의 침해라는 결과의 발생을 요하는 것은 아니라는 입장이다.

2. 사용자의 언론의 자유와 지배·개입

(1) 원칙

판례는 사용자가 연설, 사내방송, 게시문, 서한 등을 통하여 의견을 표명하는 경우 그 표명된 의견의 내용과 함께 그것이 행하여진 상황, 시점, 장소, 방법 및 그것이 노동조합의 운영이나 활동에 미치거나 미칠 수 있는 영향 등을 종합하여 노동조합의 조직이나 운영 및 활동을 지배하거나 이에 개입하는 의사가 인정된다면 노동조합 및 노동관계조정법 제81조 제4호에 규정된 '근로자가 노동조합을 조직 또는 운영하는 것을 지배하거나 이에 개입하는 행위'로서 부당노동행위가 성립하고, 또 그 지배·개입으로서의 부당노동행위의 성립에 반드시 근로자의 단결권의 침해라는 결과의 발생까지 요하는 것은 아니라는 입장이다.

(2) 한계

그러나 사용자 또한 자신의 의견을 표명할 수 있는 자유를 가지고 있으므로, 사용자가 노동조합의 활동에 대하여 단순히 비판적 견해를 표명하거나 근로자를 상대로 집단적인 설명회 등을 개최하여 회사의 경영상황 및 정책방향 등 입장을 설명하고 이해를 구하는 행위 또는 비록 파업이 예정된 상황이라 하더라도 그 파업의 정당성과 적법성 여부 및 파업이 회사나 근로자에 미치는 영향 등을 설명하는 행위는 거기에 징계 등 불이익의 위협 또는 이익제공의 약속 등이 포함되어 있거나 다른 지배·개입의 정황 등 노동조합의 자주성을 해칠 수 있는 요소가 연관되어 있지 않는 한, 사용자에게 노동조합의 조직이나 운영 및 활동을 지배하거나 이에 개입하는 의사가 있다고 가볍게 단정할 것은 아니라는 입장이다.

V. 사안의 해결

1. D회사 대표이사의 지배·개입 의사

대표이사는 쟁의행위로 인한 영업이익 손실과 추후 손실을 복구하는 과정에서 쟁의행위 자제와 올해 경영방침 설명, 불법적 쟁의행위에 대한 위법성에 대한 부분에 대한 노동조합의 민사 및 형사책임에 대한 부분을 설명한 것 이외에 해당 연설에서 징계 등 불이익의 위협 또는 이익제공의 약속 등이 포함되어 있거나 다른 지배·개입의 정황 등 노동조합의 자주성을 해칠 수 있는 요소가 연관되어 있는 행위로 여겨질 행위를 찾아보기 힘든바 지배·개입 의사가 인정되기 어렵다.

2. 결

F노동조합의 주장은 타당하지 않다.

박문각
공인노무사

류호진 **노동법**
핵심주제 및 사례연습

2차 | 기본서

제1판 인쇄 2024. 1. 25. | **제1판 발행** 2024. 1. 30. | **편저자** 류호진

발행인 박 용 | **발행처** (주)박문각출판 | **등록** 2015년 4월 29일 제2015-000104호

주소 06654 서울시 서초구 효령로 283 서경 B/D 4층 | **팩스** (02)584-2927

전화 교재 문의 (02)6466-7202

저자와의
협의하에
인지생략

정가 30,000원
ISBN 979-11-6987-738-1